böhlauWien

MARGARETE SCHÜTTE-LIHOTZKY
Soziale Architektur
Zeitzeugin eines Jahrhunderts

herausgegeben von Peter Noever, MAK

Renate Allmayer-Beck

Susanne Baumgartner-Haindl

Marion Lindner-Gross

Christine Zwingl

2., verb. Auflage

BÖHLAU VERLAG WIEN · KÖLN · WEIMAR

Die 1. Auflage dieses Werkkataloges ist anläßlich der Ausstellung 1993
im MAK – Österreichisches Museum für angewandte Kunst, Wien erschienen.

Graphik-Design:
Marianne Friedl

Coverphoto: Siedlung Praunheim, Frankfurt 1927, geplant von Ernst May
in Zusammenarbeit mit Margarete Schütte-Lihotzky und Eugen Kaufmann

Die Deutsche Bibliothek – CIP-Einheitsaufnahme
Schütte-Lihotzky, Margarete: soziale Architektur;
Zeitzeugin eines Jahrhunderts / hrsg. von Peter Noever – 2. Aufl. –
Wien · Köln · Weimar : Böhlau, 1996
ISBN 3-205-98607-5
NE: Schütte-Lihotzky, Margarete [III]; Noever, Peter [Hrsg.]

Das Werk ist urheberrechtlich geschützt. Die dadurch begründeten Rechte,
insbesondere die der Übersetzung, des Nachdruckes, der Entnahme von
Abbildungen, der Funksendung, der Wiedergabe auf photomechanischem
oder ähnlichem Wege und der Speicherung in Datenverarbeitungsanlagen,
bleiben, auch bei nur auszugsweiser Verwertung, vorbehalten.

© 1993, 1. Auflage MAK und Forschungsgruppe Schütte-Lihotzky
© 1996, 2. verb. Auflage MAK, Forschungsgruppe Schütte-Lihotzky und
  Böhlau Verlag Ges.m.b.H. und Co. KG., Wien · Köln · Weimar

Gedruckt auf umweltfreundlichem, chlor- und säurefreiem Papier.

Gesamtherstellung: F. Seitenberg Ges.m.b.H., Wien

Inhalt

Peter Noever · **ZUM THEMA**	7
VORWORT	8
Friedrich Achleitner · **BAUEN, FÜR EINE BESSERE WELT**	9
GESPRÄCH MIT MARGARETE SCHÜTTE-LIHOTZKY	13
Christine Zwingl · **DIE ERSTEN JAHRE IN WIEN**	17
PROJEKTE WIEN BIS 1926	31
Renate Allmayer-Beck · **MARGARETE SCHÜTTE-LIHOTZKYS TÄTIGKEIT AM FRANKFURTER HOCHBAUAMT**	71
PROJEKTE FRANKFURT 1926 – 1930	83
Susanne Baumgartner-Haindl · **DIE ZEIT IN DER SOWJETUNION**	125
PROJEKTE SOWJETUNION 1930 – 1937	137
Susanne Baumgartner-Haindl · **VORKRIEGS- UND ERSTE KRIEGSJAHRE**	167
PROJEKTE FRANKREICH 1937 – 1938	
PROJEKTE TÜRKEI 1938 – 1940	169
WIDERSTAND UND GEFÄNGNISZEIT 1940 – 1945	181
Christine Zwingl · **AUFENTHALT IN BULGARIEN**	183
PROJEKTE BULGARIEN 1946	185
Marion Lindner-Gross · **WIEN NACH 1945: ARCHITEKTUR, POLITIK UND ENGAGEMENT FÜR DIE FRAUEN**	193
PROJEKTE WIEN NACH 1945	205
Renate Allmayer-Beck · **ZUSAMMENHÄNGE ZWISCHEN WOHNUNGSBAU UND RATIONALISIERUNG DER HAUSWIRTSCHAFT ANHAND DER KÜCHENPLANUNGEN VON MARGARETE SCHÜTTE-LIHOTZKY**	235
Susanne Baumgartner-Haindl · **FÜR KINDER BAUEN**	247
Christine Zwingl · **WOHNBAU UND GESELLSCHAFT**	261
BIOGRAPHIE	268
BIOGRAPHISCHE DATEN	279
WERKVERZEICHNIS	283
SCHRIFTENVERZEICHNIS	293
SEKUNDÄRLITERATUR	298
ABBILDUNGSVERZEICHNIS	304

Wir danken für die Unterstützung zur Realisierung von Ausstellung und Katalog

Bundesministerium für Wissenschaft und Forschung
Bundesministerium für Unterricht und Kunst
Kulturabteilung der Stadt Wien
Geschäftsgruppe Stadtentwicklung, Stadtplanung und Verkehr der Stadt Wien
Fonds zur Förderung der wissenschaftlichen Forschung
Panasonic Austria
Tischlerei Moser Ges.m.b.H.
Trend-Verlag
Trilux-Leuchten Lenze Ges.m.b.H.
WIBEBA, Wiener Betriebs- und Baugesellschaft m.b.H.
Alfred Eipeldauer
Prof. Marie Christine Dangl
Dr. Georg Grynitzki
Prof. Wilhelm Holzbauer, Architekt
Prof. Helmut Kovacs

Für die Realisierung der 2. Auflage gilt unser besonderer Dank

Lorenzo Gerster
sowie
Margarete Schütte-Lihotzky
Bank Austria – Wohnbaubank AG

Zum Thema

Margarete Schütte-Lihotzky
anläßlich des Empfangs zu ihrem
95. Geburtstag im MAK, 1992

Provokant erscheint heute wie damals ihre Position zur Architektur.

Damals war sie die erste Frau, die an der Wiener Kunstgewerbeschule („der Angewandten") studierte, und in der Folge eine der ersten sozial engagierten Architektinnen, die für eine radikale Veränderung kämpfte, sich der „Moderne" von Beginn ihrer Tätigkeit an verpflichtet fühlte. Heute in einer Zeit, in der es Mode ist, sich mit Zitaten vergangener Epochen auszudrücken und somit der Architekt keinen Anspruch auf das Originäre erheben kann, steht man der Ideologie der Moderne wieder skeptisch gegenüber.

Die erste große Ausstellung im MAK und die vorliegende umfassende Publikation über das Lebenswerk von Margarete Schütte-Lihotzky stellen gleichsam das Bekenntnis zu einer Theorie und ihrer Methode dar. Es läßt sich daran ein klar definierter Weg, gekennzeichnet durch die Orientierung am Neuen vor dem Hintergrund eines allgemein vorherrschenden poststrukturalistischen Vorbehalts gegen das Neue, nachvollziehen. Schütte-Lihotzky war es auch, die, geprägt von der Aufbruchstimmung der zwanziger Jahre, bahnbrechende Lösungen für den Wohnbau entwickelte. Die „Frankfurter Küche" ist nur ein genialer Entwurf unter vielen anderen. Mit der Realisierung dieses Küchenkonzeptes gelang es ihr, über 10.000 Haushalten und vor allem der berufstätigen Frau Arbeitserleichterungen zu verschaffen und eine Entwicklung einzuleiten, die die Küchenplanung in Schweden und Amerika nachhaltig beeinflußte.

Unermüdlich im Einsatz um eine Verbesserung der Wohnqualität, der praktischen Bewirtschaftung und des bequemen Wohnens in kleinen Wohnungen, hat sie versucht, eine humane und soziale Architektur, die sich vor allem am Gebrauchswert orientiert, zu entwickeln.

Ihre oft sparsamen, nahezu puristisch anmutenden, einfachen Entwürfe erweisen sich bei näherer Betrachtung als präzise und genau durchdachte Lösungen.

Aufträge hat sie in Österreich kaum erhalten, dafür in jüngster Zeit wiederholt Ehrungen, die jedoch nichts daran ändern, daß ihre Ideen bis heute weitgehend in Österreich wenig Beachtung gefunden haben.

Ihr Leben für die Architektur, ihr persönliches Engagement, ihr Lebenswerk, das ohne Zweifel einen essentiellen Beitrag zur Architektur dieses Jahrhunderts darstellt, waren Anlaß für diese längst fällige Ausstellung.

Somit gebührt mein besonderer Dank Margarete Schütte-Lihotzky, die entscheidend an der authentischen, einer in ihrem Sinne gelegenen Präsentation ihrer Arbeiten mitwirkte. Ebenso danken möchte ich den Architektinnen Renate Allmayer-Beck, Susanne Baumgartner-Haindl, Marion Lindner und Christine Zwingl von der Forschungsgruppe Schütte-Lihotzky, die seit Jahren mit der wissenschaftlichen Aufarbeitung des Gesamtwerkes von Margarete Schütte-Lihotzky beschäftigt sind.

Peter Noever

Vorwort

Das Gesamtwerk der Architektin Margarete Schütte-Lihotzky wird hier erstmals in Form eines Werkkataloges vorgestellt, chronologisch geordnet und in Abschnitte, den Stationen ihres Lebens entsprechend, gegliedert. Die Entstehungsgeschichte ihrer Arbeiten wird in den Artikeln zu den jeweiligen Zeitabschnitten, die versuchen den historischen Kontext darzustellen, erklärt. Weitere Texte bringen eine Annäherung an die Hauptthemen aus dem Werk der Architektin. Biografie und Datenangaben, sowie ein vollständiges Werk- und Schriftenverzeichnis komplettieren diesen Werkkatalog.

Diese umfassende Arbeit entstand aus der Aufarbeitung des privaten Archives der Architektin durch die Forschungsgruppe „Schütte-Lihotzky", natürlich in ständigem Kontakt mit Frau Schütte-Lihotzky selbst und verbunden mit vielen langen, anregenden Gesprächen. So entstand das vorliegende Buch mit der einmaligen Quelle der authentischen Aussagen der Urheberin aller behandelten Arbeiten und den Erzählungen einer Zeitzeugin der Geschichte dieses Jahrhunderts und der Entstehungsgeschichte der modernen Architektur. Für uns als junge Architektinnen, alle Absolventinnen der TU Wien, war es eine weitere Lehrzeit und vor allem eine große Ehre, mit der ersten Architektin Österreichs zusammenzuarbeiten. Die Bekanntschaft mit Margarete Schütte-Lihotzky wurde zu einem intensiven Erlebnis und einer Freundschaft mit einem beeindruckenden Menschen. Ein erster Schritt dieser großen alten Dame der Architektur zu folgen war, daß wir unsere gemeinsamen Kräfte einsetzten um dieses Lebenswerk bekanntzumachen.

Die grundlegende wissenschaftliche Aufarbeitung wurde durch die Förderung des „Fonds zur Förderung der wissenschaftlichenForschung" (FWF) ermöglicht. Anfangs zu fünft (mit unserer Kollegin Andrea Heyer), später zu viert, erfaßten wir das Archiv, die auffindbare Literatur und suchten Originalbauplätze auf. Ein weiterer großer Arbeitsschritt war die Kürzung der wissenschaftlichen Arbeit auf das Format dieses Werkkatalogs. Es kam schließlich zum Auftrag durch das Österreichische Museum für Angewandte Kunst für das inhaltliche Konzept einer Ausstellung über das Gesamtwerk der Architektin. In Folge wurde die Forschungsgruppe in Zusammenarbeit mit der Architektin Margarete Schütte-Lihotzky auch mit Gestaltung und Durchführung der Ausstellung betraut. Der Anlaß zur Buchpräsentation war mit der Ausstellungseröffnung geschaffen und für uns ein erstes großes Ziel erreicht.

Für die Unterstützung und das Verständnis bei dieser jahrelangen Arbeit müssen wir vor allem unseren Partnern und vielen interessierten Freunden danken, die uns Mut gemacht haben durchzuhalten.

Forschungsgruppe Schütte-Lihotzky

FRIEDRICH ACHLEITNER

Bauen, für eine bessere Welt

Das Lebenswerk von Margarete Schütte-Lihotzky wird zu einer Zeit der Öffentlichkeit vorgelegt, in der die *Revision der Moderne* selbst einer Revision unterworfen ist und in der das große aufklärerische *Projekt der Moderne* nicht nur nach Irrwegen und Fehlentwicklungen, sondern auch nach seinen produktiven Erkenntnissen und tragfähigen Utopien untersucht wird. Wenn einmal Bernard Rudofsky in einer *Architektur ohne Architekten* Beständigeres gesucht hat als die zeitgebundenen Ästhetisierungsstrategien von Architekturtendenzen, so wird man in Zukunft vielleicht auch wieder einer *Architektur ohne Architektur,* also einer baulichen Welt außerhalb des traditionellen Selbstverständnisses von Architektur ein größeres Interesse schenken müssen.

Wenn ich mich richtig erinnere, kommt die Vokabel *Architektur* in Margarete Schütte-Lihotzkys Texten nicht vor und wenn, dann in einer sozialwissenschaftlichen Bedeutung, als erweiterter Begriff, der das Bauen eben in einen gesellschaftlichen und sozialen Zusammenhang stellt. Dieser radikale Ansatz war Grete Lihotzky nicht in die Wiege gelegt, schließlich wuchs sie in einem (bildungs-)bürgerlichen Milieu im Wien der Donaumonarchie auf und ihre Lehrer waren sicher keine Sozialrevolutionäre. Interessant ist für uns aber, was sich die junge Studentin – die sich in den Kopf gesetzt hatte Architektin zu werden – von ihren Lehrern aneignete: Oskar Strnad riet ihr, sich anzuschaun, wie die Arbeiter wirklich wohnen, bevor sie sich an den Entwurf von Arbeiterwohnungen machte; er forderte also den *Befund* vor einer Stellungnahme; Max Ermers und Adolf Loos bestärkten sicher ihre Begeisterung für die Wiener Siedlerbewegung und das Interesse einer sich artikulierenden Wohnkultur des Arbeiters. Was aber Grete Lihotzky von vornherein ausschloß, das war die romantische Ästhetisierung der Armut, den nicht absichtslosen Imperativ nach Bescheidenheit als kleinbürgerliche Tugend, der oft sogar von einer Avantgarde dem Arbeiter ästhetisch zugemutet wurde. Grete Lihotzkys Architekturauffassung, in vielem jener von Hannes Meyer oder Hans Schmidt verwandt, bestand in der Verbesserung aller Lebensbedingungen durch Bauen, ja mehr, in einer Architektur, die alle jene Kräfte und Prinzipien widerspiegelt, die eine bessere Zukunft herzustellen vermögen. Das führte natürlich auch zu neuen Formen, aber diese durften nicht Selbstzweck werden.

Auch der Kontakt zu Otto Neurath (und damit zum *Wiener Kreis*) hatte sicher die Architektin in ihrem analytischen Engagement bestärkt. Neurath war nicht nur ein Philosoph und Soziologe von hohem Rang, sondern auch ein unermüdlicher Volksbildner, Erfinder der *Bildstatistik* zur schnellen und einprägsamen Erfassung von politischen und ökonomischen Zusammenhängen, sein Fundament allen Denkens und Planens war die wissenschaftliche Disziplin, was natürlich auch für die Architektur und das Bauen galt.

In Wien wurden also, wenn man noch an Lehrer wie Heinrich Tessenow oder „Herausforderer" wie Josef Frank denkt, die Weichen für das spätere Wirken von Grete Lihotzky gestellt. Ihr Weg nach Frankfurt, in das Team von Ernst May, war die logische Konsequenz aus den Wiener Planungen und Forschungen. Wie wenig die Öffentlichkeit, auch die fachliche, auf das Rollenbild einer Architektin vorbereitet war und noch ist, kann man daran erkennen, daß ihr ganzer „Mythos", ja ihre Legitimation als große Persönlichkeit des *Neuen Bauens* auf ihre *Frankfurter Küche* reduziert wurde, was bei der ausgeprägten persönlichen Interesselosigkeit der Architektin an „Häuslichkeit" besonders pikant ist. Ihr berufliches Interesse galt ausschließlich der Minimierung von Hausarbeit, also der Befreiung der Frau aus jenen Tätigkeiten, wofür sie selbst dann als „Spezialistin" gefeiert werden sollte.

Hier wird die eindrucksvolle Darstellung ihrer umfangreichen Entwurfs-, Forschungs- und Vermittlungstätigkeit nach den Lebensstationen endgültig die richtigen Verhältnisse zeigen. Wenn es einen Schwerpunkt in der umfassenden Arbeit der Margarete Schütte-Lihotzky gibt, dann ist es das Bauen in einem pädagogischen Kontext, dann sind es ihre Forschungen und Entwicklungen im Kindergarten- und Schulbau. Aber auch hier wurde nicht die Grenze zu einem einseitigen Spezialistentum überschritten.

Die eigentliche Botschaft ihres Werkes scheint mir in der Unteilbarkeit der Anstrengungen, in der Untrennbarkeit von Theorie und Praxis, von Gedanken und Handlungen zu liegen. Es gab nie einen Berufsmenschen, einen politischen Menschen und eine Privatmenschen Grete Schütte-Lihotzky nebeneinander, die Architektur war auch kein abgekoppeltes System von Fertigkeiten und Angeboten und ihre politische Arbeit war auch keine österreichische Parallelaktion. So war es für sie auch keine Frage, als die *Gruppe May* nach Moskau eingeladen wurde am Aufbau sowjetischer Städte mitzuwirken, diesem Ruf zu folgen. So war auch ihre Teilnahme am kommunistischen Widerstand, ihre gezielte Rückkehr aus der Türkei nach Wien – Verhaftung, Prozeß, beantragtes Todesurteil, schließlich Verurteilung zu fünfzehn Jahren Zuchthaus – eher aus der „Logik" eines verantwortlichen Handelns als aus der Struktur einer abgehobenen Ideologie zu erklären. Wer ihre *Erinnerungen aus dem Widerstand* liest, diesen präzisen, emotionslos wirkenden Bericht ohne einen Schatten von Pathos, so gelten ihre Erinnerungen weniger der zynischen, menschenverachtenden Mechanik des nationalsozialistischen Terrors, als der Bewunderung und dem Andenken vieler „einfacher" Menschen, die durch eine spontane Hilfsbereitschaft ihr Leben aufs Spiel gesetzt und auch verloren haben.

Grete Schütte-Lihotzky zeichnet ein unbeirrbarer, ständig präsenter, wacher und kritischer Realitätsbezug aus, sie ist offenbar fähig, in Bruchteilen von Sekunden richtige Entscheidungen zu treffen. Die *ethischen* Fundamente hat sie in ihrem Leben sehr früh gelegt, ihre Tragfähigkeit mußte sie nicht ständig neu überprüfen.

Dieser *ethische Realismus* (man verzeihe mir diese Simplifikation) steckt als zentrale Qualität oder als Motor in allen Arbeiten. Natürlich ist die strengste Objektivität, die diszipinierteste Wissenschaftlichkeit auch Interpretation von Wirklichkeit. Gerade in der Architektur. Und diese unterliegt dem Gang der Geschichte. Je radikaler aber die Analyse von Problemen versucht wird, umso mehr dringen ihre Ergebnisse in das „kollektive Gedächtnis" der Gesellschaft ein, umso folgenreicher kann ihre historische Aussage sein. Wenn die *Postmoderne* die Geschichte als Erinnerung, als Gleichzeitigkeit alles Gedachten und Denkbaren wiederentdeckt hat, so war und ist die *Moderne* der „Ort" des historischen Handelns und damit der

Veränderung. Die Omnipräsenz des Historischen hat in die Geschichtslosigkeit geführt, in die Verdrängung von Wirklichkeit durch Bilder. So betrachtet war vielleicht die Geschichtsfeindlichkeit der funktionalistischen Avantgarde deren besondere historische Qualität. Sie hat zumindest Geschichte als gefährliche, manipulierte und manipulierbare Konkursmasse der feudalen und bürgerlichen Gesellschaft erkannt, auch bloßgestellt, um schließlich selbst ihr Opfer zu werden. Den postmodern verkündeten Ausstieg aus der Geschichte hat die Geschichte selbst wieder eingeholt.

Wir haben heute, um nur ein aktuelles Beispiel zu nennen, keinen Wohnbau mehr, der schnell und effektiv auf die alte und neue Wohnungsnot reagieren könnte. Das Wohnen insgesamt ist weit davon entfernt ein Grundrecht des Menschen zu sein. Das *Neue Bauen* hatte für die Probleme sowohl Fragen als Antworten bereit.

So betrachtet, legt heute Margarete Schütte-Lihotzky ein aktuelles Werk vor. Natürlich ist dieses eingebunden in eine über siebzigjährige Berufstätigkeit und auf den Wegen und Irrwegen des zwanzigsten Jahrhunderts entstanden. Natürlich hat sich der Architekturbegriff auch in andere Richtungen erweitert; aber ihr Beharren auf der gründlichen Erforschung des gesellschaftlichen Umfelds allen Bauens, auf einer klaren Formulierung der Ziele und des Einbringens aller Erfahrungen und Erkenntnisse, kurz, die Utopie von einer menschenwürdigen Behausung für alle, ist notwendiger denn je.

Es muß offenbar ein Architekt, eine Architektin, fast ein Jahrhundert durchmessen, um noch die Anerkennung und gebührende Darstellung der Arbeit erleben zu können. Grete Schütte-Lihotzky wurde in Wien nicht verwöhnt, ihr Kampf um die Freiheit Österreichs nicht belohnt und ihre Kenntnisse und Fähigkeiten nicht in Anspruch genommen. Zwei Kindergärten und die Mitarbeit an zwei Wohnbauten der Gemeinde sind im Boom des Wiederaufbaus für sie abgefallen. Sie kann daraus nur den befriedigenden Schluß ziehen, daß Wien mit ihr keine Ausnahme gemacht hat, daß sie rechtzeitig in ihrer vollen Bedeutung erkannt und in der bewährten Wiener Weise *nicht einmal ignoriert* wurde.

Gespräch mit Margarete Schütte-Lihotzky

Forschungsgruppe: Frau Schütte-Lihotzky, wie kamen Sie zu dem Entschluß, den damals für Frauen sehr ungewöhnlichen Beruf einer Architektin zu ergreifen?

Margarete Schütte-Lihotzky: Ja, heute im Rückblick sehe ich im wesentlichen drei Ursachen, die mich zu diesem Entschluß veranlaßt haben.

Erstens basiert die Architektur im Verhältnis zu anderen Künsten immer auf einer konkreten Aufgabe. Sie kann deshalb nie Selbstzweck sein wie die Malerei oder Bildhauerei, denn sie ist letzten Endes immer eine direkte Dienstleistung am Menschen, sie ist nie „l'art pour l'art", sie kann deshalb nie im Wolkenkuckucksheim schweben.

Der zweite Grund, mich für Architektur zu entscheiden, war das technisch-wissenschaftliche, das Präzise an ihr, die Gesetzmäßigkeiten, das Mathematische, das meiner Veranlagung sehr entgegen kam.

Aber die dritte und wesentlichste Ursache war wohl die, daß die Architektur auch ins Gebiet der Kunst fällt. Es ist nicht so, wie man uns Funktionalisten nachsagt, daß, wenn bei einem Entwurf die Funktion erfüllt ist, die Arbeit ihr Ende hat. Ich wäre nicht Schülerin von Strnad und hätte nicht mit Loos gearbeitet, wenn ich so denken würde. Nein, erst wenn die Funktion gelöst ist, fängt die Arbeit an der künstlerischen Gestaltung an. Der Architektur kann im Grunde genommen niemand entrinnen. Ständig bewegt sich jeder Mensch in Räumen, entweder in Innen- oder in städtebaulichen Räumen. Diese erzeugen in ihm, bewußt oder unbewußt, Wohlbefinden oder Mißbehagen, Ruhe oder Unruhe, Harmonie oder Disharmonie. Und das ist letzten Endes eine künstlerische Wirkung, eine Wirkung auf die Nerven und nicht auf das Auge.

FG: Haben Sie das schon damals, 1916, so gesehen?

MSL: Das kam so: Als ich an die Schule kam, habe ich keine Ahnung gehabt, welchen Beruf ich ergreifen möchte. Ich wollte nur einfach an die damalige Kunstgewerbeschule (heute heißt sie Hochschule für angewandte Kunst), weil sie damals die beste Kunstschule in der Monarchie, vielleicht sogar die beste in Europa war. In jener Zeit – es war 1915 – leiteten dort Josef Hoffmann, Oskar Strnad und Heinrich Tessenow die drei Architekturklassen, außerdem Anton Hanak Bildhauerei, Larisch ornamentale Schrift, Kokoschka war Assistent. Alle diese Persönlichkeiten haben die Atmosphäre an der Schule geprägt, eine Atmosphäre, die natürlich einen sehr starken Einfluß auf jeden jungen Menschen haben mußte.

Nach der Aufnahmeprüfung kam man automatisch zuerst in eine Vorbereitungsklasse, die damals von Professor Strnad geleitet wurde. Strnad war ein großartiger Lehrer.

Künstlerisch war ich völlig unverbildet. Mein einziges Urteil über Architektur war „das gefällt mir und das gefällt mir nicht". Durch Strnad aber habe ich begriffen, daß Architektur nicht nur äußere Form ist, sondern Inhalt, daß sie gesellschaftliche und wirtschaftliche Grundlagen hat, daß Technik und Material bestimmend sind. Das alles aber war für mich wie eine Offenbarung. Nach einem halben Jahr habe ich erklärt, daß ich Architektin werden will.

FG: Wie drückt sich die soziale Verantwortung der Architekten in ihrer Arbeit aus?

MSL: Von Anfang an wollte ich immer nur Wohnbau machen, Wohnbau mit allem was dazu gehört: Kinderanstalten, Schulen, Ambulatorien, Bibliotheken, was man eben soziales Bauen nennt. Schon 1917 hab ich mich an der Schule an einem Wettbewerb für Arbeiterwohnungen beteiligt. Vorher ging ich in die Außenbezirke und habe dort gesehen, wie die Arbeiter bei uns wohnen. In Wien gab es damals eine strenge Trennung zwischen bürgerlichen und Arbeiterbezirken. Damals habe ich erkannt, welch angespanntes, schweres Leben Hunderte und Tausende Menschen in unserer Stadt führen mußten. Mir wurde das erste Mal die große soziale Verantwortung der Architekten bewußt, mir wurde klar, daß der Wohnbau letzten Endes ein Spiegel der Lebensgewohnheiten der Menschen zu sein hat, daß wir, ausgehend von diesem Leben, von innen nach außen zu projektieren haben und nicht von der äußeren Form ausgehend nach innen.

FG: Was hat sich im Wohnbau in dieser langen Zeit, seit den 20er Jahren, verändert?

MSL: Also, jetzt von der Vergangenheit in die Zukunft, denn ich habe immer sehr stark in der Zukunft gelebt. Das tue ich übrigens auch heute noch trotz meiner über 90 Jahre. Natürlich mache ich mir auch meine Gedanken, wie der Wohnbau heute auszusehen hat. Immer wieder komme ich zu dem Schluß, daß es grotesk ist, daß wir immer noch wie vor 60 oder 70 Jahren abgeschlossene Ein-, Zwei-, Drei-, Vierzimmerwohnungen bauen, obwohl sich das Leben in den vergangenen Jahrzehnten so ungeheuer verändert hat. Eine der größten Veränderungen, die sich im Wohnbau niederschlagen muß, ist die allgemeine Berufstätigkeit der Frauen. Diese Tatsache verlangt aber völlig neue Lösungen. Wir Architekten haben deshalb die verflixte Pflicht und Schuldigkeit, uns den Kopf darüber zu zerbrechen, was im Wohnbau getan werden muß, um den Frauen und Männern das Leben zu erleichtern und den alltäglichen Stress abzubauen, zum Beispiel Räume für Nachbarschaftshilfe, zentrale Dienstleistungen u.s.w. zu schaffen.

FG: Wie sehen Sie generell die Entwicklung der Architektur, speziell des Funktionalismus in diesem Jahrhundert?

MSL: Das ist ein interessantes Kapitel. Immerhin habe ich 75 Jahre oder sagen wir drei Viertel unseres Jahrhunderts die kulturelle Entwicklung als erwachsener Mensch miterlebt. Man muß sich das vor Augen halten, ich bin ja noch in eine Zeit hineingeboren, in der man Parlamente griechisch und Rathäuser gotisch gebaut hat, in eine Zeit, die selbst nicht genug Kraft hatte, eine Architektur des eigenen Jahrhunderts zu entwickeln. Nachher kam die Sezession, die ja eine Revolte gegen den Eklektizismus, gegen das Nachahmen der alten Stile war, die aber später im Ornament erstickt ist. Dann brach der erste Weltkrieg aus, der die Kontinuität jeder kulturellen Entwicklung plötzlich abgebrochen hat. In der Architektur entstand ein Vakuum, das erst in der zweiten Hälfte der 20er Jahre gefüllt werden konnte. Alle fortschrittlichen Architekten der damaligen Zeit waren sich klar, daß wir im Jahrhundert des Übergangs von der handwerklichen zur industriellen Produktion leben und daß diese Tatsache die Architektur völlig umstürzen muß. Es entstand der sogenannte Funktionalismus, er konnte sich nicht auf das Vorherige stützen und mußte sozusagen bei der Stunde Null beginnen. Wie lange aber hat er gedauert? Von etwa 1925 (vorher war die Bauindustrie nach dem 1. Weltkrieg noch nicht entsprechend entwickelt) bis 1939, als der 2. Weltkrieg ausbrach, der wieder die kontinuierliche Entwicklung jäh unterbrochen hat. 14 Jahre! Was sind 14 Jahre für die Entwicklung eines neuen Stils? Und was kam dann nach dem Krieg? Sehr viel Experimentieren und schließlich die Postmoderne, unter der jeder etwas anderes versteht. Erst die letzten 10, höchstens 20 Jahre, also schon gegen Ende unseres Jahrhunderts, können wir die Entstehung eines Stils unserer eigenen Zeit beobachten. Es bleibt demnach der nächsten Architektengeneration vorbehalten, den Stil des 21. Jahrhunderts als Ausdruck des eigenen Lebens zu schaffen.

FG: Sie arbeiten jetzt an ihren Memoiren, schon vor einigen Jahren haben Sie ein Buch geschrieben über ihre Tätigkeit im Widerstand gegen den Nationalsozialismus, wie war das damals?

MSL: Ja, das war das einzige Buch, das ich in meinem Leben geschrieben habe, denn die Memoiren, von denen Sie vorher gesprochen haben sind ja noch im Urzustand; im übrigen habe ich immer sehr ungern geschrieben und wollte immer nur bauen. Aber dieses Widerstandsbuch war mir außerordentlich wichtig, denn die meisten Menschen in Österreich – vom Ausland gar nicht zu reden – haben keine Ahnung, daß es die ganzen sieben Jahre der Naziherrschaft hindurch einen organisierten Widerstand in unserem Lande gegeben hat. Es war mir sehr wichtig, daß die Leute etwas darüber erfahren. Ich glaube, das war ich meinen Gefängniskameradinnen und -kameraden schuldig, die mit ungeheurem Opfermut und einer Selbstverständlichkeit in den Tod gegangen sind, wie man sich das heute gar nicht mehr vorstellen kann.

FG: Ist es möglich, ein Resumée aus so vielen Jahren beruflicher Tätigkeit zu ziehen?

MSL: Na ja, das ist natürlich sehr schwierig, fast unmöglich über so viele Jahre hinweg mit ein paar Sätzen zu sagen. Ich könnte da nur eines dazu bemerken: Es war mir immer wesentlich in meinem Beruf und auch außerhalb desselben mit allen meinen kleinen Miniminikräften dazu beizutragen, daß ich schließlich aus einer besseren Welt scheide als diejenige, in die ich hineingeboren war.

FG: Vielen Dank für das Gespräch.

CHRISTINE ZWINGL

Die ersten Jahre in Wien

Studium – erste selbständige Tätigkeit – Arbeit für die Siedlerbewegung

Studium an der Kunstgewerbeschule in Wien

Die Kunstgewerbeschule in Wien war Anfang des 20. Jahrhunderts wohl eine der besten Kunstschulen Europas. An ihr unterrichteten Künstlerpersönlichkeiten wie Oskar Kokoschka, Kolo Moser, Anton Hanak und Rudolf Larisch. Der Geist der Secession und seine Auflehnung gegen Historismus und Eklektizismus war noch spürbar.[1] Es herrschte die anregende kreative Atmosphäre einer fortschrittlichen Kunstschule, die nachhaltigen Einfluß auf Bildung und Persönlichkeit ihrer Schüler/Innen ausübt. In dieser Zeit kam Grete Lihotzky an die Schule, im Herbst 1915 trat sie zur Aufnahmsprüfung an, wurde aufgenommen und kam in die Vorbereitungsklasse „Allgemeine Formenlehre", geleitet im Jahrgang 1915/16 von Prof. Dr. Oskar Strnad.

Ihre Berufsvorstellungen waren noch unklar. In der Nationale dieses Jahrganges[2] trug sie in die Rubrik Berufsvorstellung „Illustrationszeichnerin" ein. Ein Jahr später findet sich an dieser Stelle die Eintragung „Möbelzeichnerin" und zu Beginn des dritten Studienjahres hatte sie sich entgegen den abratenden Meinungen von Lehrern und Eltern entschlossen, „Architektin" zu werden.

„Ich bin also zu Strnad gekommen und nebenan war die Architekturklasse, und da habe ich gesehen, wie die Leute arbeiten: daß jeder Millimeter einen Sinn hat, den man zeichnet, daß dann etwas umgesetzt wird, was die tägliche Umgebung des Menschen beeinflußt. Nach einem halben Jahr habe ich erklärt, ich will Architektin werden."[3]

Das Studium an der Schule am Stubenring war damals folgendermaßen aufgebaut: Nach drei Jahren Vorbereitungsklassen sollten die Schüler entscheiden, in welche Fachklasse sie wollten. Ein Jahr Vorbereitungszeit wurde Grete Lihotzky erlassen, weil sie ausreichend Vorbildung in den Fächern Kopfzeichnen, Schrift und grafisches Grundwissen hatte. Für das zweite Studienjahr vereinbarte sie, vormittags an der Kunstgewerbeschule zu sein und nachmittags in der Tischlerei Pospischil Praxis als Möbelzeichnerin zu erwerben. Im Herbst, zu Beginn des Studienjahres, war jedoch in der Tischlerei kein Platz für sie. Strnad nahm sie nun in die Architekturklasse auf.

Architekturstudium für Frauen

An der K. K. Kunstgewerbeschule gab es zu Grete Lihotzkys Studienzeit (1915–1919) drei Architekturklassen, geleitet von Josef Hoffmann, Heinrich Tessenow und Oskar Strnad.

In Hoffmanns Klasse waren in jedem Jahrgang 20 Studenten, davon mehr als die Hälfte Frauen. Die Studentinnen wurden allerdings nur in kunstgewerblichen

An der Kunstgewerbeschule, Wien 1919 (Grete Lihotzky unten Mitte)

[1] nach: Schütte-Lihotzky, Grete: Vortragsmanuskript, Wien, 1991
[2] im Archiv der Hochschule für Angewandte Kunst
[3] Schütte-Lihotzky, Margarete: Erinnerungen aus dem Widerstand, Hamburg, 1985, S. 12

DIE ERSTEN JAHRE IN WIEN

Fächern unterrichtet, also direkt für die Tätigkeit an den Wiener Werkstätten ausgebildet.

In Tessenows Architekturklasse studierte Elisabeth Nießen aus Schlesien, die 1917 ihre Ausbildung als Architektin abschloß.[4] Über ihre Tätigkeit und ihren Lebensweg ist nichts bekannt, bzw. konnte in Wien nichts in Erfahrung gebracht werden.

Oskar Strnad leitete seine Architekturklasse seit 1914. Grete Lihotzky war die erste Frau, die das Studium abschloß und den Beruf der Architektin auch ausübte.

Da es in Österreich, an der Technischen Hochschule und an der Akademie, vor 1919 für eine Frau nicht möglich war, Architektur zu studieren[5], kann Margarete Lihotzky (später Schütte-Lihotzky) als „erste Architektin Österreichs" bezeichnet werden.

Der Lehrer Oskar Strnad

Für die Studentin Grete Lihotzky war Prof. Strnad eine Persönlichkeit von großer Ausstrahlung und Faszination: „Wenn er z.B. auch nur eine halbe Stunde über griechische Architektur sprach, sprühend von geistreichen Kommentaren und Humor, eine Menge Zusammenhänge von historisch-gesellschaftlicher Situation, Technologie, baulichem und künstlerischem Ausdruck bloßlegend, dann hatte man mehr davon, als von einem ganzen Semester Kunstgeschichte bei irgendeinem Kunsthistoriker."[6]

Prof. Dr. Oskar Strnad

Oskar Strnad vermittelte seinen SchülerInnen analytisches aber auch soziales Denken. Er brachte sie dazu, darüber nachzudenken, was es bedeutet, eine Form zu finden, den Zusammenhang zwischen Form und Funktion, Form und Material, Form und Inhalt zu verstehen. Langsam wurde Grete Lihotzky klar, daß Formen nicht zufällig im Gehirn eines einzelnen entstehen, sondern daß jede künstlerische Äußerung etwas mit Gesinnung, mit Charakter und Weltanschauung zu tun hat.[7] 1916 organisierte Strnad die Ausstellung „Einfacher Hausrat" am K. K. Museum für Kunst und Industrie. Mit zahlreichen Möbelentwürfen von ihm und Studenten der Kunstgewerbeschule wurde „für die vom Kriege betroffenen Gegenden gegen die übliche Händlerware"[8] Stellung genommen.

In diesem Jahr 1916/17 war an der Schule ein Wettbewerb „für Arbeiterwohnungen"[9] ausgeschrieben. Grete Lihotzky wollte daran teilnehmen, und Strnad riet ihr: „Ja, aber bevor sie überhaupt anfangen, gehen sie hinaus in die Arbeiterbezirke und sehen sie sich an, wie die Arbeiter bei uns heute wirklich wohnen und leben."[10] So kam sie zum ersten Mal mit der unvorstellbaren Wohnungsnot der Wiener Arbeiter in Berührung. Diese Konfrontation verstärkte ihren Wunsch, einen Beruf zu ergreifen, durch den sie zur Linderung dieser Not beitragen konnte. Ihr Entschluß, Architektin zu werden, festigte sich.

Für ihren Entwurf für Arbeiterwohnungen[11] erhielt sie den Max-Mauthner-Preis, obwohl dieses Projekt eine ihrer ersten Architekturarbeiten war.

Bei Tessenow nahm sie am Unterricht über Baukonstruktionen teil. Grete Lihotzky beschreibt ihn als „großartigen Handwerker, mit einer außergewöhnlichen künstlerischen Feinfühligkeit, der damals schon die Architektur absolut als soziale Aufgabe ansah".[12]

Nach dem Abschluß ihres ordentlichen Studiums im Sommer 1918 verlängerte sie ihr Architekturstudium bei Strnad um ein weiteres Jahr als hospitierende

---

[4] Möbelzeichnungen von ihr sind in der Mappe „Einfacher Hausrat" (Wien, 1916) enthalten.

[5] Die Zulassung von Frauen zum ordentlichen Studium an den technischen Hochschulen wurde mit Erlaß Nr. 7183-Abtlg. 9 vom 7. 4. 1919 für das Studienjahr 1919/20 erteilt.
Für die Akademie der Bildenden Künste wurde die Genehmigung zur Zulassung von Frauen zum Studium am 14.6.1920 gegeben. vgl.: Aufbruch in das Jahrhundert der Frau? Rosa Mayreder und der Feminismus in Wien um 1900, Wien, 1989

[6] Schütte-Lihotzky, Grete in: /Oskar Strnad/ S.33

[7] nach: Schütte-Lihotzky, Grete: Vortragsmanuskript, Wien 1980

[8] Einfacher Hausrat, Wien, 1916

[9] laut Dekret der Verleihung des Max-Mauthner Preises der Handels- und Gewerbekammer, Wien I, vom 21.7.1917: Wettbewerb für „Eine Wohnküche in der äußeren Vorstadt"

[10] nach: Schütte-Lihotzky, Grete: Vortragsmanuskript, Wien, 1980

[11] siehe Projekt Nr. 3

[12] nach: Schütte-Lihotzky, Grete: Vortragsmanuskript, Wien, 1980

Schülerin.¹³ Für ihre Studienarbeiten, besonders für das Projekt eines „Kulturpalastes"¹⁴, erhielt sie den Lobmeyer-Preis.¹⁵

Erste Praxis erwarb sie im Büro von Prof. Strnad im Sommer 1918. Hier lernte sie eine andere Seite des phantasievollen Architekten kennen: Strnads Beschäftigung mit dem Theater. Sie zeichnete Modellbaupläne für seinen Entwurf eines Schauspielhauses für Max Reinhardt.

Die ersten Jahre nach dem Studium 1919/1920

Nach dem Studium arbeitete Grete Lihotzky einige Wochen im Büro des Architekten Robert Oerley. Aber seine Einstellungen und Arbeiten waren der jungen fortschrittlichen Architektin zu konservativ. Sie blieb nur kurz.

Grete Lihotzky begann, selbständig zu arbeiten. Aus dem Herbst 1919 sind zahlreiche Einrichtungsstudien von Wohnräumen und Küchen vorhanden. Für eine Wiener Baufirma entwarf sie „Zerlegbare Holzhäuser", die für den Wiederaufbau in Nordfrankreich gedacht waren.

Das Ende der Monarchie 1918 brachte die Auflösung von Teilen der K. K. Verwaltungseinrichtungen mit sich, darunter die des kaiserlichen Wiener Stadterweiterungsfonds. Hier war der Vater Grete Lihotzkys bis 1918 als Beamter tätig gewesen. Nun war er in Frühpension und sein Amtszimmer, so wie alle anderen in der Neuen Hofburg, stand leer. Einen dieser ungenutzten Räume konnte Grete Lihotzky nun als Atelier benützen. Während der weiteren Jahre ihrer Tätigkeit in Wien behielt sie dieses Büro für ihre privaten Arbeiten und Studien.

Ihre Schwester Adele arbeitete in einem Hilfskomitee, das hungernden Wiener Kindern einen Erholungsaufenthalt in Holland ermöglichte. Im Dezember 1919 fuhr Grete Lihotzky als Begleitperson mit einem Hollandtransport nach Rotterdam, wo Kinder und Erwachsene bei Familien untergebracht waren. Vormittags unterrichtete die junge Architektin 6–7 Jahre alte Kinder im Schreiben und Lesen, nachmittags arbeitete sie bei dem Architekten Vermeer. Sie hörte in Rotterdam die Vorlesungen des Hendrik Petrus Berlage, des berühmten Architekten der Amsterdamer Warenbörse, und lernte vor allem die holländischen Wohnverhältnisse und die neu gebauten großen genossenschaftlichen Arbeitersiedlungen kennen.

Im Juni 1920, nach Wien zurückgekehrt, nahm sie zusammen mit dem Gartenarchitekt Alois Berger an einem Wettbewerb für eine Schrebergartenanlage auf dem Schafberg (Wien 17) teil. Grete Lihotzky entwarf sämtliche Gebäude, Berger den Lageplan und die gärtnerische Nutzung und Gestaltung. Das Projekt erhielt den vierten Preis. Die Bauten, als Holzhäuser mit standardisierten Balken konzipiert, wurden von den Juroren als „die beste Lösung der Baulichkeiten"¹⁶ gewertet. Umso größer war das Erstaunen, daß dieser rationellste Entwurf der Vorschlag der einzigen teilnehmenden Frau war.

Durch diese Arbeit kam sie erstmals mit Dr. Max Ermers zusammen, dem Siedlungsreferenten der Gemeinde Wien. Ermers machte Grete Lihotzky mit Adolf Loos bekannt, der sie umgehend aufforderte, mit ihm für die Siedlerbewegung zu arbeiten.

Abgangszeugnis der Kunstgewerbeschule, Jänner 1919

---

13 Abgangszeugnis vom 15.1.1919: Frl. Margarete Lihotzky hat die Kunstgewerbeschule als ordentliche Schülerin vom 1.10.1915 bis 30.6.1918 besucht.

14 siehe Projekt Nr. 4

15 Lobmeyer-Preis der Gesellschaft zur Förderung der Kunstgewerbeschule am 28.6.1919 erhalten

16 aus dem Schreiben zur Preisverleihung: 4. Preis für den Schrebergarten-Wettbewerb der österreichischen Gartenbaugesellschaft, 1920-09-09.

DIE ERSTEN JAHRE IN WIEN

Selbsthilfe der Siedler – Eigenarbeit statt Eigenkapital

„Brettldörfer"

Der Beginn der Siedlerbewegung

Die Wiener Siedlerbewegung war aufgrund der Wohnungsnot entstanden, die schon vor dem Krieg in Wien entsetzliche Ausmaße angenommen hatte; in den Kriegsjahren kam die Hungersnot als Erschwernis für die Menschen hinzu. Das „Wilde Siedeln", das rund um Wien entstand, war zunächst eine Selbsthilfemaßnahme der Menschen: Land wurde in Besitz genommen, vor allem um Lebensmittel anbauen zu können und um mit einfachen Bretterbuden neue Wohnmöglichkeiten zu schaffen. Die stadtnahen Wälder wurden gerodet, um Brennholz zu beschaffen; ohne Baugenehmigungen wurden auf den Kleingartengrundstücken Notquartiere errichtet. Spontan entstanden unzählige Kleingarten- und Siedlungsgenossenschaften.

Die Wiener Siedlerbewegung war als einzige derartige Bewegung in Europa „von unten" entstanden.

Daß gerade in Wien eine starke genossenschaftliche Bewegung aufblühte, führen Förster/Novy auf folgende Ursache zurück: „Weil die Kleingartenbewegung wie auch die gemeinnützige Wohnreform vor 1914 praktisch so wenig entfaltet, wenn auch theoretisch vorbereitet waren, konnte sich die Massenbewegung aus der Not nach dem Zusammenbruch und in der Aufbruchsstimmung der jungen Republik konsequent sozialreformerisch entwickeln und – relativ unbelastet von alten Strukturen aus der Monarchie – ein dichtes Netz neuer eigener Organisationen aufbauen."[17]

Die ersten Wahlen der Ersten Republik, die auf der Basis des allgemeinen und gleichen Wahlrechtes abgehalten wurden, brachten sowohl auf Bundesebene als auch im Gemeinderat in Wien am 4. 5. 1919 den Sieg der Sozialdemokraten. Jakob Reumann wurde Bürgermeister von Wien und ernannte Dr. Gustav Scheu, einen leidenschaftlichen Anhänger der Gartenstadtbewegung, zum Berater für das Wohnungswesen. Schon im Februar 1919 hatte der Wiener Gemeinderat eine erste Maßnahme, die von Scheu vorgebracht wurde, verwirklicht. Die Gemeinde stellte städtischen Baugrund im Baurechtsweg an private Bauwerber bzw. an Genossenschaften zur Verfügung und übernahm darüberhinaus die Kosten für den verlorenen Bauaufwand, d.h. sie trug die Differenz zwischen tatsächlichen Baukosten und einem vertretbaren, auf das Einkommensniveau Rücksicht nehmenden

---

[17] Förster/Novy: Einfach Bauen, Wien, 1985, S.27

Mietzins. Die Gemeinde behielt sich Einfluß auf die Vermietung und Festsetzung der Mietzinse vor.[18] Damit wurden erste Maßnahmen eingeleitet, um die wilde Siedlungsbautätigkeit genossenschaftlich zu organisieren und mit Unterstützung von Staat und Gemeinde in geordnete Bahnen zu leiten.

Ermers wurde von Scheu, nun Stadtrat für Wohnungswesen, im April 1920 als Siedlungsreferent bestellt und mit dem Aufbau eines Siedlungsamtes betraut. „Loos stellte sich für die bauliche Beratung sofort zur Verfügung, und mehr als ein Jahr lang stand er vorerst dem Amt als unbezahlter Außenseiter zur täglichen Verfügung. Als Enthusiast und Sachkenner. Wir machten Grundstücke ausfindig, untersuchten sie auf ihre zweckmäßigste Bebauungsfähigkeit, berieten über Kleinhaustypen und Verbauungspläne, berieten die Siedler, die in Massen in unser Amtsheim, ins Eugen-Palais am Parkring strömten. Als wir dann unser Amt ausbauten, setzte Stadtrat Scheu die Ernennung Loos' als dessen Chefarchitekt durch. Die Bürokraten im Rathaus waren natürlich nicht sehr begeistert von uns Nicht-Beamten und warfen uns überall Prügel zwischen die Füße. Es ging aber trotzdem. Wir schufen den Siedlungsfonds und gaben nachher die Anregung zur Wohnbausteuer: Die Wohnenden sollten für die Nicht-Wohnenden sorgen."[19]

Die erste große Massendemonstration der Siedler und Kleingärtner am 26. 9. 1920 brachte 50.000 Wiener auf die Ringstraße; noch nahmen alle parteipolitischen Strömungen daran teil.[20]

Zusammenarbeit mit Adolf Loos und Ernst Egli

Grete Lihotzky beschäftigte sich nun erstmals mit dem Thema Kleinsiedlungshaus, es entstanden Entwürfe und Skizzen für „Arbeiterreihenhäuser" und der „Entwurf zu einer Küche"[21], der erste kompakt kleine Küchengrundriß mit planmäßiger Anordnung der bereits teilweise eingebauten Einrichtung.

Ab Anfang 1921 arbeitete Grete Lihotzky für die „Erste gemeinnützige Siedlungsgenossenschaft der Kriegsinvaliden Österreichs" mit Adolf Loos an der Planung der Siedlung „Friedensstadt" am Lainzer Tiergarten. Zuerst war sie im Büro der Genossenschaft in der Josefstädterstraße tätig, im Februar übersiedelten Loos und sie in das Baubüro in der Hermesstraße. Loos stellte seiner Mitarbeiterin ein ausgezeichnetes Zeugnis aus: „. . . Sie hatte reiche Kentnisse im Ausland erworben und konnte diese, dank ihrem praktischen Verstand ausgezeichnet auf österreichische Verhältnisse anwenden. Ich kann Frl. Lihotzky, die auch durch ihren Fleiß und Genauigkeit viele ihrer männlichen Kollegen in den Schatten stellt, auf das Angelegentlichste jedermann empfehlen."[22]

Anfang Mai wurde das Baubüro der Kriegsinvalidensiedlung im Lainzer Tiergarten aus finanziellen Gründen überraschend aufgelöst. Loos erhielt nun die Position des Chefarchitekten des Siedlungsamtes, das am 24. 5. 1921 als eigene Magistratsabteilung errichtet wurde.

Grete Lihotzky begann, im Büro des Architekten Ernst Egli an der Planung der Reformsiedlung „Eden" zu arbeiten. Sie entwarf verschiedene Haustypen und das Kinderheim für die Theosophen.

Im Frühjahr 1921 kam Ernst May, damals Architekt in Breslau, nach Wien, um die neuen Wiener Siedlungen zu besichtigen. Da Loos keine Zeit hatte, wurde Grete Lihotzky gebeten, den Besuch durch die Siedlungen zu führen. Sie zeigte ihm auch

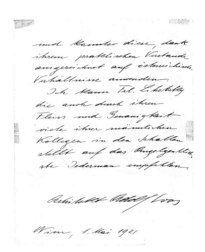

Zeugnis für „Frl. Grete Lihotzky" ausgestellt von Adolf Loos, Wien 1921

---

[18] Seliger, Maren: Sozialdemokratie und Kommunalpolitik in Wien, Wien, 1980

[19] Ermers, Max: Aus Adolf Loos' Siedlerzeit, in: Die Zeit, 9/1934, S.13; vergl. Posch, Wilfried: Die Wiener Gartenstadtbewegung, Wien, 1981, S.48

[20] Förster/Novy: a.a.O., S.28

[21] siehe Projekte Nr. 15, Nr. 19

[22] aus dem Zeugnis für Grete Lihotzky, ausgestellt von Adolf Loos, Architekt, 1921-05-01

DIE ERSTEN JAHRE IN WIEN

Siedlung Eden, „Steinhaus", Wien 14

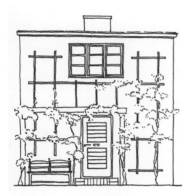

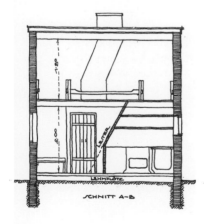

Siedlerhütte, 1921

[23] Lihotzky, Grete: Einiges über die Einrichtung österreichischer Häuser unter besonderer Berücksichtigung der Siedelungsbauten, in: Schlesisches Heim, Breslau, 8/1921, S. 217
[24] Lihotzky, Grete: a.a.O., S. 220
[25] Lihotzky, Grete: a.a.O., S. 220, 221
[26] o.A., Das Siedlungswesen in der III. Kleingartenausstellung, in: Der Siedler Nr. 7, 10/1921, S. 108, 109

ihr privates Büro in der Hofburg und ihre Arbeiten, unter denen sich ihre ersten Überlegungen zur Rationalisierung der Hauswirtschaft befanden. May war sehr interessiert und bot ihr umgehend an, einen Artikel für das „Schlesische Heim" zu schreiben, eine Zeitung, die er in Breslau herausgab.

Im August 1921 erschien daraufhin der erste Artikel von Grete Lihotzky: „Einiges über die Einrichtung österreichischer Häuser unter besonderer Berücksichtigung der Siedlungsbauten", der sich mit Aspekten des Wohnens, Einrichtens und Planens beschäftigte. Im ersten Absatz formulierte sie: „Das Wohnhaus ist die realisierte Organisation unserer Lebensgewohnheiten."[23] Mit großer Sicherheit analysierte sie Lebenszusammenhänge und legte daraus Planungsgrundsätze fest. Sie forderte die Anwendung des Taylor-Systems, der rationellen Betriebsführung, auf die Hauswirtschaft. „Und dann auf Grund dieser ganz genauen Studien und Berechnungen und auf Grund eines derartig ganz genau durchgearbeiteten Systems sollten wir unsere Grundrisse machen."[24]

Als Beispiele ihrer aktuellen Arbeit zeigte sie den Grundriß eines kleinen Siedlungsreihenhauses, der im Erdgeschoß nur eine Wohnküche mit Wohnplatz, Eßplatz und Kochplatz enthält. Die Wohnküche ist der einzige Wohnraum des Hauses, der Kochherd ist gleichzeitig die einzige Heizquelle, die Spülküche ist ein getrennter Raum. Das zweite Beispiel, eine „Kleinküche mit rationeller Raumausnutzung" zeigt, wie die Überlegungen zur Arbeitseinteilung, Griff- und Schrittersparnis Anwendung finden können.[25]

Ihre private Tätigkeit brachte weitere Zusammenarbeit mit Loos und Kontakte zu allen bedeutenden Persönlichkeiten der Siedlerbewegung sowie zum Hauptverband für Siedlungswesen. Sie machte Entwürfe für die Siedlungen Heuberg und Hirschstetten. Auf der 3. Kleingartenausstellung im September 1921 wurde das Siedlungswesen zum ersten Mal durch Ausstellung einer größeren Zahl von Skizzen, Plänen und Modellen dokumentiert. Die ausgestellten Hauspläne waren u. a. von den Architekten Loos, Frank, Wlach, Strnad, Egli und Lihotzky.[26]

Bei der Gründung des Österreichischen Verbandes für Siedlungs- und Kleingartenwesen im Oktober 1921 wurde bereits festgelegt, daß dieser ein eigenes Baubüro führen, und Grete Lihotzky dort arbeiten werde.

Noch im Herbst begann der Verband, gemeinsam mit dem Wiener Volksbildungsverein die „Siedlerschule" einzurichten. 19 verschiedene Kurse von verschiedenen Fachleuten wurden angeboten. Darunter waren: Einführung in das Siedlungswesen: Dr. Max Ermers; Siedlerhaus: Dr. Hans Kampffmeyer; Einrichtung des Siedlerhauses: Architekt Grete Lihotzky; Das Siedlerhaus als Erzieher: Architekt Adolf Loos; Wirtschaftsfragen der Siedlungsbewegung: Dr. Otto Neurath; Sparsame Bauweisen: Architekt Josef Frank.

Grete Lihotzky war nun in die Probleme und Aufgaben der Siedlungsbewegung einbezogen. Sie griff eines der Grundprobleme der Siedler auf: Wer ein Grundstück erhielt, wollte so schnell wie möglich dort wohnen können, um den Boden zu bebauen und möglichst sparsam zu wirtschaften. Diese erste Wohnstätte oder Hütte sollte nun so errichtet werden, daß sie sich in den planmäßigen Bau der späteren Siedlerhäuser einfügte und kein verlorener Bauaufwand war. Sie konzipierte einen Minimalentwurf mit vollständiger Einrichtung,[27] den sie unter dem Titel „Siedlerhütten" wieder im „Schlesischen Heim" (Februar 1922) publizierte.

Im März 1922 war es dann so weit: Das Baubüro des Österreichischen Verbandes für Siedlungs- und Kleingartenwesen konnte die Arbeit aufnehmen, Grete Lihotzky wurde als Architektin angestellt.

Entwicklung der Förderungs- und Organisationsstruktur der genossenschaftlichen Siedlungsbewegung

Die Sozialdemokratische Parteiführung verfolgte die Siedlungsbewegung, wie Neurath feststellte, „nicht ohne Besorgnis..., weil sie so viel ursprünglich Kleinbürgerliches in sich enthält, so viel an Zersplitterung, Eigenbrödelei und Eigennutz". Erst als man um die Jahreswende 1920/21 fürchten mußte, daß die bürgerlichen Parteien die Initiative auf diesem Gebiet übernehmen könnten, wuchs die Neigung zur Integration der Siedler. Die Massendemonstration der Wiener Siedler am 3. April 1921 fand dann bereits unter der Patronanz der Gemeinde Wien statt.[28] Die Siedler marschierten an der Tribüne vor dem Parlament vorbei, auf der die Vertreter der Parteien und der Siedlerbewegung und darunter auch Adolf Loos und Grete Lihotzky standen.

Im März 1921 hatte die Bundeshauptstadt Wien bereits die Gründung eines eigenen Wohn- und Siedlungsfonds vollzogen, dessen Gelder vornehmlich der Siedlerbewegung zugute kommen sollten. Im April zog die Bundesregierung mit der Umwandlung des Wohnungsfürsorgefonds[29] in den Bundes-, Wohn- und Siedlungsfonds nach.[30] Damit waren entscheidende Einrichtungen auf Bundes- und Landesebene geschaffen, die die Errichtung von Kleinwohnungen durch gemeinnützige Siedlungsgenossenschaften fördern sollten.

Am 15. 6. 1921 beschloß die Gemeinde die Festlegung von Siedlungszonen im Generalregulierungsplan.

Die genossenschaftlich organisierten Siedler bildeten nun eine zentrale Interessenvertretung, den Hauptverband für Siedlungswesen, mit Dr. Otto Neurath als Generalsekretär. Der Verband versuchte, die gesammelten Erfahrungen weiterzugeben, sowie den Siedlern beispielhafte Siedlungsplanungen und Neuerungen vorzustellen. Der Hauptverband gab auch eine eigene Zeitschrift „Der Siedler" heraus.

Als Modellbauvorhaben wurde die „Lehrsiedlung Heuberg" errichtet. Ihre Aufgabe bestand darin, „...daß einmal Aufklärung gegeben wird, was eigentlich siedeln heißt... Daß das Wohnen im Siedlerhaus etwas ganz Neues ist, das nicht zu vergleichen ist mit dem Wohnen in der Zinskaserne, nicht mit dem Wohnen im Bauernhaus, nicht mit dem Wohnen in der Villa... Darum bauen wir am Heuberg 19 Häuser auf und richten sie so weit wie möglich mit Möbeln ein."[31] Mindestens 15 Architekten wurden mit der Planung beauftragt, verschiedene Baumethoden wurden ausprobiert und demonstriert.[32]

Max Ermers leitete das Siedlungsamt der Gemeinde Wien nur ein dreiviertel Jahr. Zwistigkeiten mit der Rathausbürokratie waren ausschlaggebend für sein frühzeitiges Ausscheiden. Ermers unterstützte weiterhin die Siedlerbewegung als wortgewaltiger Berichterstatter in verschiedenen Zeitungen. Im „Siedler" Nr. 1 1921 schrieb er, noch als Siedlungsreferent: „Die Durchflutung des Hauses mit Licht und Sonne, die Erweiterung der Wohnung durch vier oder fünf Ar Garten, die allgemeine Lage der Siedlung in gesunder, halbländlicher Umgebung, die flache

---

[27] siehe Projekt Nr. 23

[28] Hoffmann, Robert: Zwischen Wohnreform und Agrarromantik, in: Die Zukunft liegt in der Vergangenheit, Wien, 1983, S.17

[29] Am 25.10. 1919 wurde der kaiserliche Wohnungsfürsorgefonds aus dem Jahre 1910 in den neuen Staat übernommen.

[30] Seliger, Maren: a.a.O.

Der Bundes-, Wohn- und Siedlungsfonds wurde nach 1945 weitergeführt und bestand bis zum Wohnbauförderungsgesetz 1968, wo die verschiedenen vorhandenen Fondsmittel zusammengelegt wurden und deren Verwaltung den Ländern übertragen wurde.

[31] Bauermeister: /Heuberg/

[32] siehe Projekt Nr. 21

Siedlung Heuberg

„Der Siedler" Titelseite 1. 11. 1921

weiträumige Verbauung, die Vermehrung der Wohnräume und die demgemäß ermöglichte Isolierung der einzelnen Familienmitglieder, die überall für die Siedlung geplanten Gesamtwohnungsergänzungen (Spiel- und Sportplätze, Kindergärten und Jugendheime, Luft- und Sonnenbäder, Genossenschaftshaus und Krankenstube usw.) lassen tatsächlich die Siedlung als eine fast revolutionäre Überwindung der Wohnzustände des neunzehnten Jahrhunderts erscheinen und als einen gewaltigen Aufstieg zur Wohnkultur des zwanzigsten Jahrhunderts, die alle eigentlich erst nach der Überwindung des kapitalistischen Zeitalters für möglich hielten und erhofft hatten."[33]

Der Nachfolger von Ermers als Leiter des städtischen Siedlungsamtes war Dr. Hans Kampffmeyer, der seit ihrer Gründung am Aufbau der „Deutschen Gartenstadt Gesellschaft" beteiligt gewesen war. Er leitete das Siedlungsamt von 1921 bis 1928.

Die Voraussetzung für eine wirksame Organisation der Siedlerselbsthilfe war die Schaffung einer „baugenossenschaftlichen Zentralstelle"[34].

Eine solche Leitstelle entstand im Oktober 1921 im „Österreichischen Verband für Siedlungs- und Kleingartenwesen" durch den Zusammenschluß des Zentralverbandes der Kleingärtner und Siedlergenossenschaften und des Hauptverbandes für Siedlungswesen.

Im August 1921 wurde die Gemeinwirtschaftliche Siedlungs- und Baustoffanstalt GESIBA geschaffen, der sozialdemokratische Nationalratsabgeordnete Dr. Julius Deutsch zum Präsidenten gewählt und als Generaldirektor Dr. Hermann Neubacher eingesetzt. Die Hauptaufgaben der Anstalt waren die Versorgung der Siedlervereinigungen mit preiswerten Baustoffen und die treuhändige Durchführung von Siedlungsvorhaben.

Am 10. 2. 1922 wurde die „allgemeine Mietzinsabgabe" für alle Mieter festgelegt, die Bemessungsgrundlage war der laufende Bruttomietzins, die Erträge aus der Besteuerung von Wohnobjekten kamen zur Gänze dem Wohnungsbau zu.

Die Verwendung der Steuereingänge wurde vom Gemeinderat folgendermaßen festgelegt: 6/10 für die Erbauung von Wohnhäusern mit kleineren und mittleren Wohnungen, 3/10 für Siedlungszwecke, 1/10 für die Erhaltung demolierungsreifer Häuser.

---

[33] Ermers, Max: Stand und Charakter der österreichischen Siedlungsbewegung, in: Der Siedler, Nr.1, April 1921, S.3

[34] Hoffmann, Robert: a.a.O., S.17

Am 20.1.1923 löste das Gesetz zur Einführung einer Wohnbausteuer die allgemeine Mietzinsabgabe ab. Der gesamte Ertrag der Steuer wurde dem Wohnbau gewidmet, die Bemessungsgrundlage basierte auf dem Friedenszins des Jahres 1914. Die stark progressiv gestaltete Steuer sorgte dafür, daß fast die Hälfte der Einnahmen von 0,5% der Wohnungs- und Geschäftsbesitzer gezahlt wurde.[35]

Der Österreichische Verband für Siedlungs- und Kleingartenwesen

Zum Obmann des Österreichischen Verbandes für Siedlungs- und Kleingartenwesen wurde der Landtagsabgeordnete Adolf Müller gewählt, zum Generalsekretär Dr. Otto Neurath bestellt.

Der Verband führte nun die Beratungs- und Organisationstätigkeit für die Siedler in großem Umfang weiter. Berater standen in Rechtsfragen, Verwaltungs- und Genossenschaftsfragen, Finanzfragen, Gartenfragen, Baufragen (Architekt Josef Frank) und Bodenfragen zur Verfügung.

1922 umfaßte der Österreichische Verband für Siedlungs- und Kleingartenwesen rund 50.000 Mitglieder in 230 Vereinigungen.

Im März 1922 begann das Baubüro des Verbandes seine Arbeit.

Das Baubüro war die Projektzentrale für die Siedlungsgenossenschaften in Österreich. Es wurden Pläne für gesamte Siedlungsanlagen und für einzelne Haustypen erstellt, Information für die Siedler bis hin zur Beratung in Einrichtungsfragen bereitgestellt und Vorträge für interessierte Siedlergruppen gehalten.

Im Baubüro arbeiteten als Chefarchitekt Georg Karau, die Architektin Grete Lihotzky und als Bauleiter die Brüder Waloschek.

Otto Neurath war Nationalökonom, Sozialdemokrat und ein persönlicher Freund Otto Bauers, der ihn als „Gesellschaftstechniker" bezeichnete. Neurath zählte zur Philosophengruppe „Wiener Kreis", der sich um Moritz Schlick gebildet hatte. 1920 war er Generalsekretär des „Forschungsinstitutes für Gemeinwirtschaft" und begann von hier aus gemeinsam mit Kampffmeyer die Vereinigung der verschiedenen Siedlerverbände einzuleiten.

Er entwickelte und publizierte Sozialisierungstheorien, die er auf den Wirtschaftszweig „Wohnbau" umzusetzen versuchte. Die Siedlerorganisationen sollten in eine höhere Organisationseinheit, die alle Werktätigen umfassen sollte, die mit Produktion, Verwaltung und Nutzung des „Gutes" Wohnung zu tun hatten, unter sozialdemokratischer Leitung eingebunden werden.

Im Februar 1922 wurde die Siedlungs-, Wohnungs- und Baugilde gegründet, durch den Zusammenschluß des Zentralverbands der Bauarbeiter Österreichs mit dem Österreichischen Verband für Siedlungs- und Kleingartenwesen, der Wiener Mietervereinigung und dem Forschungsinstitut für Gemeinwirtschaft.

Neurath war das organisatorische Talent, der Siedlerverband und Gildenorganisation konsequent ausbaute.

Diese vorstaatliche freigemeinwirtschaftliche Wirtschaftsreformpolitik hatte in Wien nur kurzen Erfolg. Gerade die Stärke der Arbeiter- und Siedlerbewegung in Wien bedingte die Übernahme durch staatliche Stellen.[36]

Die Baugilde in dieser starken zentralistischen Form wurde wahrscheinlich bereits Ende 1922 wieder aufgelöst. Die Zeugnisse Grete Lihotzkys über ihre Tätigkeit im Baubüro zeigen folgendes: Anstellung im Baubüro der Baugilde von

[35] Seliger, Maren: a.a.O.
[36] vergl. Förster/Novy: a.a.O., S. 60, 61

DIE ERSTEN JAHRE IN WIEN

1.3.1922 bis 1.1.1923, Anstellung im Baubüro des Österreichischen Verbandes für Siedlungs- und Kleingartenwesen von 1.3.1922 bis 30.5.1925.

Aufgabenbereich und Tätigkeit des Baubüros blieben unberührt von der Eingliederung in die Gildenstruktur 1922.

Dem Baubüro angegliedert war die Warentreuhand. Eine zentrale Beratungsstelle für Wohnungseinrichtung, die das Ziel hatte, das allgemeine Wohnniveau, vor allem der Arbeiterschaft, zu heben. Die Raumdimensionen der kleinen Wohnungen in den Siedlerhäusern benötigten eine neue Art der Einrichtung, zeitgemäße Möbel, die diesen Dimensionen entsprachen. Es wurden Typenmöbel entworfen und bei Tischlern in serienmäßige Produktion gegeben, daher konnten sie den Verbandsmitgliedern billiger angeboten werden. Haushaltsgeräte und Beleuchtungskörper wurden aus vorhandenen Produkten ausgewählt und mit den Händlern Rabatte für die Siedler vereinbart.

Gründung und Organisation der Warentreuhand war, nach ihren eigenen Aussagen, Grete Lihotzkys Verdienst.[37] Sie schreibt darüber: „Die Warentreuhand soll nun zu einer großen zentralen Beratungsstelle zuerst nur für Wohnungseinrichtung, später vielleicht auch für Kleidung ausgebaut werden, die ihren Einfluß weit über den Rahmen der Kleingarten- und Siedlungsbewegung erstrecken muß. Was Wiener Werkstätte und Österreichischer Werkbund neben anderen seinerzeit mit anstrebten, wird vielleicht möglich sein, in dieser Stelle zu verwirklichen. Wiener Werkstätte und Werkbund haben begonnen, Produktionswerkstätten für Kleidung, Möbel, Keramik usw. zu gründen und die nach Meinung hervorragender Künstler hochwertigen Kunsthandwerksgegenstände zu verkaufen. Sie wurden schließlich vorwiegend Lieferanten von reichen Leuten und für die Gesellschaft eine Art Modeerscheinung. Ihr bildender Einfluß auf die Allgemeinheit kam daher bald nicht mehr in Frage. Auch der Verband will durch seine Warentreuhand einen Einfluß auf die Wohnungseinrichtung ausüben, auch er führt den Kampf gegen Möbelschund und Kitsch. Er geht jedoch nicht in der Hauptsache davon aus, das Handwerk zu heben und selbst kunstgewerbliche Gegenstände zu erzeugen, er geht nicht darauf aus, für einen oder den anderen Gegenstand aus edelstem Material die edelste Form zu finden, sondern er geht darauf aus, das allgemeine Wohnniveau vor allem der Arbeiterschaft, welche geringere Tradition, daher geringere Vorurteile als das Bürgertum hat, zu heben."[38]

Grete Lihotzkys Tätigkeit im Baubüro des Österreichischen Verbandes für Siedlungs- und Kleingartenwesen

Die Architektin bearbeitete nun für das Verbandsbaubüro die Themen weiter, mit denen sie sich privat bereits intensiv auseinandergesetzt hatte. Den Bau von Siedlerhütten, die Rationalisierung der Hauswirtschaft und ihr Einfluß auf die Grundriß- und Küchenplanung, und Möbelentwürfe.

Aus diesen komplexen Überlegungen entstanden verschiedene Grundrißtypen für Siedlerhütten mit Wohnküche und einem Schlafraum und für Siedlerhäuser mit Wohnküche, Spülküche und drei Schlafräumen, Abort und Stall. Als Lösung für die Naßzelle entwickelte sie die „Kochnischen- und Spülkücheneinrichtung", ein Fertigteil, das aus Beton gegossen und serienmäßig produziert werden sollte. Die Kochnischeneinrichtung und die Einrichtung einer Wohnküche von Grete

---

[37] 1989-11-17 erhielt Margarete Schütte-Lihotzky den IKEA-Preis, der IKEA-Foundation Amsterdam für ihr Lebenswerk verliehen. – Die Architektin hat Anfang der 20er Jahre bereits grundsätzlich zur Einrichtungsfrage formuliert, was die Firma IKEA nach 1945 begonnen hat und als großen marktwirtschaftlich orientierten Betrieb ausgebaut hat.

[38] Lihotzky, Grete: Beratungsstelle für Wohnungseinrichtung, in: Die Neue Wirtschaft 31.1.1924, (Manuskript im Archiv der Architektin)

Lihotzky waren bei der 4. Wiener Kleingartenausstellung im September 1922 im Rathaus als Modell 1:1 aufgebaut.

Im Jahr 1923 lief die Kernhausaktion, anfangs auch als Siedlerhüttenaktion bezeichnet, an. Die Kernhausidee war folgende: Zuerst sollte der Kernbau (die Siedlerhütte) errichtet werden und später durch Zu- und Ausbauten zu einem vollständigen Siedlerhaus ergänzt werden. Die Gemeinde Wien hatte einen Kredit von zwei Milliarden Kronen zur Verfügung gestellt, den die GESIBA verwaltete. Gemeinsam mit dem Österreichischen Verband für Siedlungs- und Kleingartenwesen führte sie diese Aktion durch. Die Siedler erhielten einen Materialkredit von der GESIBA und waren an die standardisierten Kernhaustypen des Baubüros des Verbandes gebunden. „Das Baubüro hat im Einvernehmen mit dem Siedlungsamt der Gemeinde Wien, um allen Bedürfnissen Rechnung tragen zu können, 20 verschiedene Typen von der Laube bis zum dauernd bewohnbaren Kernhaus ausgearbeitet."[39] Grete Lihotzky entwarf verschiedene Kernhaustypen, darunter das am häufigsten publizierte und bei den Siedlern erfolgreichste Kernhaus Type 7.[40]

Bei der 5. Wiener Kleingarten- und Siedlungs- und Wohnbauausstellung im September 1923 wurden drei verschiedene Kernhaustypen in verschiedenen Ausbaustadien mit vollständiger Inneneinrichtung auf dem Rathausplatz im Maßstab 1:1 aufgebaut. Die Type 7 und die Type 4 waren Entwürfe von Grete Lihotzky, die Type 52 ein Entwurf des Siedlungsamtes der Stadt Wien.

Die Type 7 wurde voll ausgebaut gezeigt, eingerichtet mit eingebauten Möbeln nach den Entwürfen von Grete Lihotzky. Die Type 4 wurde als Sommerwohnung vorgeführt. Errichtet wurden die Häuser von der GESIBA, auch die meisten anderen Bauleistungen wurden von gemeinnützigen Betrieben ausgeführt.

Die Siedlerbewegung zeigte mit dieser Ausstellung ihre volle Stärke, die Kleingartenbewegung der vorigen Jahre hatte sich zur Siedlungs- und Wohnbaubewegung entwickelt.

Grete Lihotzky wurde für ihre hervorragenden Leistungen zum Gemeinwirtschaftswesen und dem Siedlungsbau anläßlich der Ausstellungen 1922 und 1923 die bronzene, dann die silberne Medaille als Ehrenpreis der Stadt Wien verliehen.

Sie publizierte weiterhin Artikel im „Schlesischen Heim", im „Siedler" und in der „Neuen Wirtschaft".

Anfang des Jahres 1924 erhielt der Verband nach Intervention Neuraths bei der Gemeinde den Auftrag für den Bau eines großen Volkswohnhauses, der von den sogenannten „Modernen" ausgeführt werden sollte. Peter Behrens, Josef Frank, Josef Hoffmann, Adolf Loos, Oskar Strnad, Oskar Wlach und die Architekten des Verbandsbaubüros Grete Lihotzky und Franz Schuster, der Ende 1923 die Position Georg Karaus im Baubüro übernommen hatte, begannen mit der Planung des Winarskyhofes im zweiten Wiener Gemeindebezirk, einer Anlage mit etwa 700 Wohnungen. Grete Lihotzkys erster Entwurf für ihren Bauteil, der 60 Wohnungen umfaßte, sah eine Lösung mit Zweispännergrundrissen und Terrassen, die geschoßweise hof- und straßenseitig versetzt waren, vor. Ihre Grundsätze für den Geschoßwohnungsbau waren Querlüftung und ein Freiraum für jede Wohnung. Diese fortschrittlichen Ansätze zur Wohnungsplanung wurden von der Gemeinde Wien jedoch nicht verwirklicht, ausgeführt wurden Vierspänner-Grundrisse; jede Wohnung hatte allerdings eine kleine Loggia.

Am Parteitag der Sozialdemokraten im November 1923 wurde der Österreichische Verband für Siedlungs- und Kleingartenwesen als „Spitzenorganisation" anerkannt.

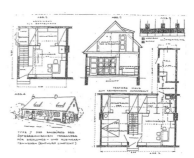

Kernhaus Type 7

Portal der 5. Wiener Kleingarten-, Siedlungs, und Wohnbauausstellung auf dem Wiener Rathausplatz

Otto-Haas-Hof, Bauteil Grete Lihotzky, Foto 1924

---

[39] Lihotzky, Grete: Wiener Kleingarten und Siedlerhüttenaktion, in: Schlesisches Heim, 4/1923, S.83

[40] siehe Projekte Nr. 33, 34

DIE ERSTEN JAHRE IN WIEN

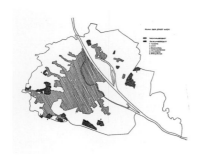

Generalsiedlungsplan

Oskar Strnad:
Terrassenhausanlage

Einige Tage darauf beauftragte der Verband die Architekten Behrens, Frank, Hoffmann, Loos und Strnad mit der Ausarbeitung eines Generalarchitekturplanes für Wien, „der, auf den Grundlagen des Regulierungsplanes fußend, Wien als architektonische Einheit behandeln soll, um so der Kleingarten- und Siedlungsbewegung einen entsprechenden Anteil des Stadtgebietes zu sichern".[41] Das sollte einer der letzten Versuche sein, dem Siedlungsbau innerhalb des Wiener Wohnbaus seine Stellung zu erhalten. Neurath schrieb in dem selben Artikel: „Nun aber, da der Stockwerksbau in großem Stil unvermeidlich geworden, weil die Gemeinde nur über wenig Boden verfügt[42], infolge des Mieterschutzes aber privater Wohnungsbau nicht in Frage kommt, hat der Verband sich mit der Frage auseinandersetzen müssen, wie Stockwerksbau, Kleingartenanlagen und Siedlungen aufs sinnvollste miteinander vereinigt werden könnten."

Die ersten Pläne wurden im Jänner 1924 im Favoritner Arbeiterheim vorgestellt, zur Vorlage im Gemeinderat kam es jedoch nie.

Das Ende der Siedlerbewegung 1924–1925

Bereits ab 1920 wurden auch Gemeindesiedlungen errichtet, die die genossenschaftlichen Selbstverwaltungsstrukturen umgingen und durch zentralistische Bürokratie ersetzten. Auch auf siedlungseigene Werkstätten, Ansätze von Produktionsgemeinschaften oder die Siedlermitarbeit am Bau wurde verzichtet.

Meinungsunterschiede zur Frage „Flachbau oder Hochbau" – Siedlungsbau oder Geschoßwohnungsbau – gab es von Anfang an auch innerhalb der Sozialdemokratischen Partei.

Die Ablösung des Genossenschaftssozialismus und seiner überschaubaren Strukturen durch den Kommunalsozialismus und den städtischen Volkswohnungsbau war nicht aufzuhalten.

Am 21. 9. 1923 beschloß der Gemeinderat das Programm zum Bau von 25.000 Wohnungen.

Der Anteil der Siedlerhäuser an der gesamten Wohnbautätigkeit ging sehr schnell stark zurück: Betrug er 1921 noch 54,9% und 1923 immerhin noch 27,6%, so reduzierte er sich bis 1925 auf 4%.

Bis 1934 wurden rund 7000 Siedlungshäuser gebaut, das sind 11% des gesamten Wohnbauprogramms.[43]

Ende 1924 war das Baubüro des Verbandes wegen großer finanzieller Schwierigkeiten aufgelöst worden. Im Juni 1925 mußten auch Adolf Müller und Otto Neurath, die Verbandsleitung, ihre Ämter zurücklegen, der Siedlerverband existierte nur in einer sehr reduzierten Form als Kleingartenorganisation weiter. Auch Grete Lihotzkys Anstellung war damit beendet.

Aufenthalt in der Lungenheilstätte

Im Frühjahr 1923 starb der Vater Grete Lihotzkys und kurz darauf ihre Mutter an den Folgen einer akuten Tuberkulose. Ein Jahr später im Mai 1924 erkrankte Grete Lihotzky selbst an Tbc und mußte Krankenurlaub nehmen. Von September 1924 bis August 1925 blieb sie in der Lungenheilstätte Grimmenstein, um die Erkran-

---

[41] Neurath, Otto: Generalarchitekturplan, in: Das Kunstblatt, Potsdam, 1/1924

[42] Die Gartenstadtbewegung strebte eine Ausdehnung des Stadtgebietes Wiens ähnlich Groß-Londons an, was eine Ausdehnung der Stadtgrenzen bis etwa zum Semmering bedeutet hätte. Durch das Trennungsgesetz, das am 1.1.1922 in Kraft trat, das Wien als eigenständiges Bundesland von Niederösterreich trennte, ohne Veränderung des Stadtgebietes, war diese Chance einer geänderten Bodenpolitik und großräumigen Planung verloren.

[43] Posch, Wilfried: Die Gartenstadtbewegung in Wien, in: Bauforum 77/78, Wien, 1980, S.19

DIE ERSTEN JAHRE IN WIEN

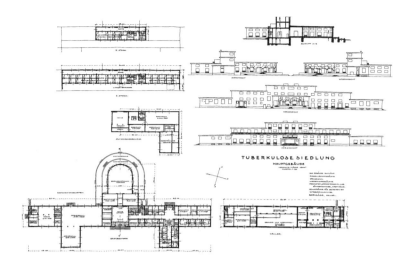

Das Hauptgebäude aus dem Projekt für eine Tuberkulosesiedlung

kung auszukurieren. Dort erarbeitete sie ein Projekt für eine „Tuberkulosesiedlung"[44], eine Anlage die Sanatorium, Wohnsiedlung und Arbeitsstätten zur langsamen Integration Kranker vereint. Wieder ging sie in ihrer architektonischen Planung von einer konkreten Lebenssituation, in diesem Fall auch ihrer eigenen, aus.

Im Frühjahr 1925 wurde das Projekt anläßlich der Hygieneausstellung im Wiener Messepalast gezeigt.

Einrichtungsplanung, Abreise nach Frankfurt

Aus der Lungenheilstätte zurückgekehrt betraute sie Dr. Neubacher, der Direktor der GESIBA, mit dem Auftrag, ein Wohn- und Schlafzimmer für seine Frau einzurichten.[45]

In ihrem Artikel, der 1926 erschien, „Das vorgebaute, raumangepaßte Möbel"[46] zeigt sie Abbildungen der Einrichtung der Wohnung Neubacher und die Einrichtung eines Siedlerhauses, die sie bereits 1923 geplant hatte. Die Ideen, die der Entwicklung des vorgebauten, raumangepaßten Möbels zugrundeliegen, waren die Rationalisierung der Hauswirtschaft (leichte Reinigung des Fußbodens durch Sockel), die Rationalisierung der Produktion (serienmäßige Fertigung gleicher Elemente), und die Raumökonomie (40% Raumersparnis gegenüber einer herkömmlichen Einrichtung mit Kästen).

Wohnung Neubacher: Bettnische mit Regalen und Sitzplatz

In diesen ersten Wiener Jahren ihrer beruflichen Tätigkeit erlebte Grete Lihotzky zum ersten Mal die Arbeit in der Gemeinschaft und die Kraft, die von einer Gruppe ausgeht, „... die vereint ist in dem Bestreben, für ein schöneres und besseres Leben der Menschen einzutreten, zu arbeiten und wenn nötig auch zu kämpfen..."[47]

Im Herbst 1925 war Ernst May, inzwischen Stadtrat für Bauwesen in Frankfurt am Main geworden, wieder auf Besuch in Wien. Er traf Grete Lihotzky, um sie aufzufordern, an das Hochbauamt der Stadt Frankfurt zu kommen, um dort mit ihm für den neuen Wohnungsbau zu arbeiten und ihre Erfahrungen und Erkenntnisse über die Rationalisierung der Hauswirtschaft einzubringen.

Im Jänner 1926 begann dieser neue Abschnitt in Frankfurt am Main, wo Grete Lihotzky wieder mit einer Gruppe von Menschen tätig war, die ihre Überzeugungen von den Aufgaben moderner Architektur teilten.

---

[44] siehe Projekt Nr. 41

[45] siehe Projekt Nr. 42

[46] Lihotzky, Grete: Das vorgebaute raumangepaßte Möbel, in: Das Schlesische Heim, 7/1926

[47] Schütte-Lihotzky, Grete: Vortragsmanuskript, Wien, 1980

Projekte Wien bis 1926

PROJEKTE WIEN BIS 1926

Schule und künstlerische Lehrzeit

Arbeiten an der K. K. Graphischen Lehr- und Versuchsanstalt

Naturstudien in ornamentalem Zeichnen

Portrait des Vaters

PROJEKTE WIEN BIS 1926

PLAKAT DIANABAD, 1914

PROJEKTE WIEN BIS 1926

Studienzeit an der K. u. K. Kunstgewerbeschule in Wien

3 WETTBEWERB FÜR „ARBEITERWOHNUNGEN", 1917
an der K. K. Kunstgewerbeschule,
2. Studienjahr bei Strnad

Beitrag Grete Lihotzkys zu dem an der Kunstgewerbeschule ausgeschriebenen Wettbewerb „Eine Wohnküche in der äußeren Vorstadt".
Grete Lihotzky bindet in ihrem Projekt die Wohnküche in kleine Arbeiterwohnungen ein, die sie zu einer symmetrischen zweigeschossigen Anlage um einen quadratischen Hof addiert. Erschlossen werden die Wohnungen durch vier Stiegenaufgänge, die jeweils in der Mitte der Gebäudeseiten liegen. Die Wohnung besteht aus einem Vorraum mit Nische für den Waschtisch, einem Klosett, zwei Schlafzimmern (je eines für Eltern und Kinder), der Wohnküche und dem Abwaschraum.
Die Wohnküche ist ein großer quadratischer Raum, 5,0 x 5,0 m, der sich in einen Wohnbereich, mit einem runden Tisch und drei Sesseln, einem Kasten und der Kleiderablage, und einen Kochbereich gliedert. Hier ist der Kochherd und Ofen, anschließend eine große Eckbank und der Eßtisch angeordnet. Neben der Wohnküche liegt der kleine Abwaschraum, in dem sich das Ausgußbecken mit der Wasserleitung, das Abwaschbecken und die Badewanne mit Deckel, die tagsüber als Arbeitstisch verwendet werden kann, und die Kohlenkiste befinden.
Grete Lihotzky gewann den Wettbewerb und erhielt den Max-Mauthner Preis, gestiftet von der Handels- und Gewerbekammer, zuerkannt.

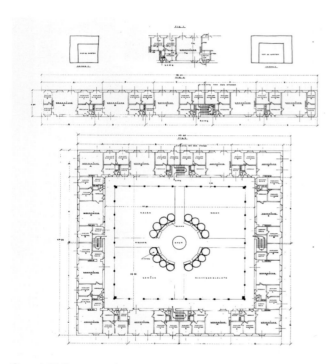

Grundriß Gesamtanlage

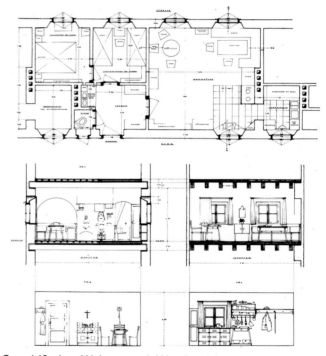

Grundriß einer Wohnung mit Wandansichten der Wohnküche

Möbel der Wohnküche

PROJEKTE WIEN BIS 1926

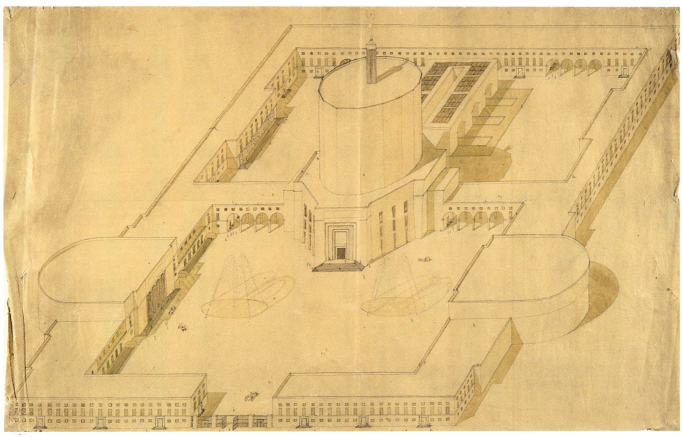

Isometrie Gesamtanlage

4 KULTURPALAST, März 1918
an der K. K. Kunstgewerbeschule,
3. Studienjahr, bei Strnad

Dieses Projekt entsteht nach dem Ende des Ersten Weltkrieges.
Prof. Strnad erzählt von der Idee seines Freundes, Prof. Hanslik, der voraussieht, daß nach dem bevorstehenden Kriegsende überall Denkmäler für die Gefallenen entstehen werden. Er würde jedoch vorschlagen, die Gelder zusammenzulegen und damit ein großes Kulturzentrum zu errichten, das der Gesellschaft Mahnmal gegen den Krieg sein könnte und Aufgaben der Friedenserziehung und der Weitergabe kultureller und humanitärer Werte übernehmen sollte.

Grete Lihotzky entwirft eine zentralsymmetrische Anlage um einen Hof mit einem großen Baukörper in der Mitte. Dieser „Kulturpalast" vereint verschiedene Funktionen: eine Bibliothek, ein großes und ein kleines Theater, Kino, Ausstellungsräume, Kursäle, Wandelgänge und ein Museum. Dieses war in dem mittigen Gebäude angelegt. Eine flach ansteigende, gedrehte Rampe an der Außenwand sollte dem Besucher beim Begehen von unten nach oben die geschichtliche Entwicklung anhand der Ausstellungsstücke erlebbar machen (eine Idee Strnads).[1]

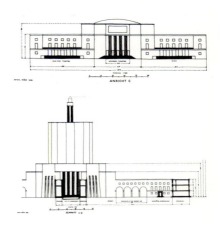

Ansichten

---

[1] Mit dem Bau des Guggenheim Museums in New York verwirklichte Frank Lloyd Wright (1959) die Idee des Museums an der Rampe, das von oben nach unten zu begehen ist.

PROJEKTE WIEN BIS 1926

aquarellierte perspektivische Ansichten: geschlossen und offen

8 TOILETTETISCHCHEN, 1917/18
an der K. K. Kunstgewerbeschule,
3. Studienjahr, bei Strnad

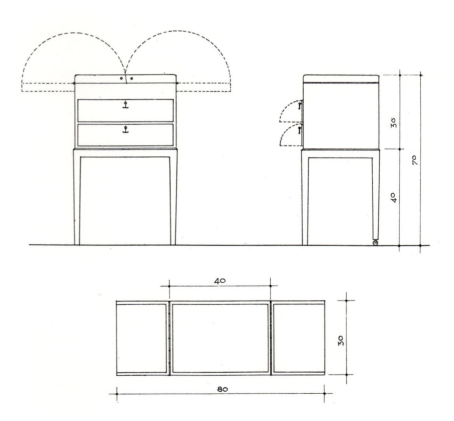

Zeichnung: Grundriß, Ansichten

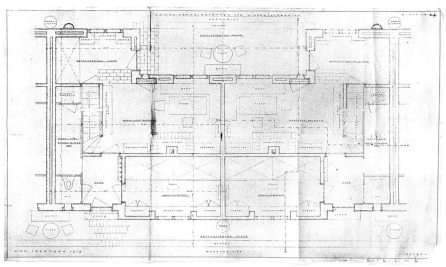

Grundriß

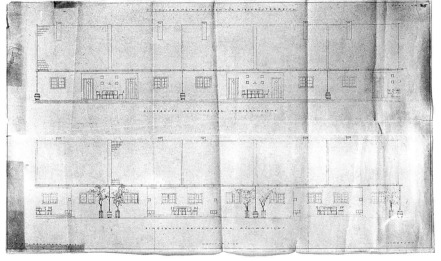

Ansichten

10 INVALIDENHEIMSTÄTTEN,
Dezember 1918
an der Kunstgewerbeschule, letztes Studienjahr, als Hospitantin bei Strnad

Schon 1915 beschloß der Wiener Stadtrat ein Kriegerheimstättenprogramm, das die Errichtung von Siedlungen für zurückkehrende Soldaten, besonders für Invalide und Witwen aus Mitteln eines staatlichen Fonds vorsah.[2]
Auch die Architekturstudenten der Kunstgewerbeschule beschäftigen sich mit dieser Bauaufgabe.
Der Entwurf von Grete Lihotzky sieht Reihenhäuser, eingeschossig mit Satteldach vor, wobei jeweils zwei Häuser eine Einheit bilden. Diese beiden Reihenhausgrundrisse sind zur gemeinsamen Mittelmauer spiegelverkehrt angeordnet und verfügen gartenseitig über eine gemeinsame gedeckte Terrasse.
Der Grundriß jedes Hauses besteht aus einer Wohnküche mit einem großen gemauerten Kamin, gleichzeitig Herd, Eßplatz und Wohnplatz, einem Vorraum, Schlafraum, Abstellraum, Abort und der gedeckten Terrasse.

---

[2] Der Wiener Stadtrat beschließt 1915: ... „Unter ‚Kriegerheimstätten' werden Siedlungen verstanden, welche den vom Feldzug heimkehrenden Kriegern und deren Familien, insbesondere aber den Kriegsinvaliden und Kriegerwitwen vorbehalten sind und diese gegen ein möglichst geringes Entgelt mindestens eine gesicherte und hygienisch einwandfreie Wohnstätte, womöglich mit Nutzgärten (Wohnheimstätten) oder gärtnerische und landwirtschaftliche Anwesen von geeigneter Größe (Wirtschaftsheimstätten) gewähren.

PROJEKTE WIEN BIS 1926

Erste selbständige Tätigkeit als Architektin

11 „EINHEITSMÖBEL" – MÖBELENTWÜRFE, 1919
(Ausführung nicht bekannt)

Die zahlreichen vorliegenden Blätter zeigen eine intensive Auseinandersetzung mit dem Thema der Einrichtung mit einfachen, praktischen Möbeln, die durchschnittlichen Ansprüchen genügen und zeitgemäß sind. Mit den Perspektivzeichnungen überprüft die Architektin Möblierungen in den damals üblichen Räumen.
Der Name *„Einheitsmöbel"* bedeutet, daß die Möbel *einheitlich produziert* werden sollten, damit sie durch Massenproduktion billiger werden, und daß die Möbel *einheitlich Verwendung* finden sollten in den durchschnittlichen Wohnungen der einfachen Bürger und Arbeiter.
An der Idee, Möbel für einfachste Verhältnisse und Bedürfnisse zu entwerfen und damit gegen die übliche Händlerware Stellung zu beziehen, wurde an der K. K. Kunstgewerbeschule während Grete Lihotzkys Studium gearbeitet.[3]
Sie erweitert diese Idee nun um den Gedanken der Massenproduktion.

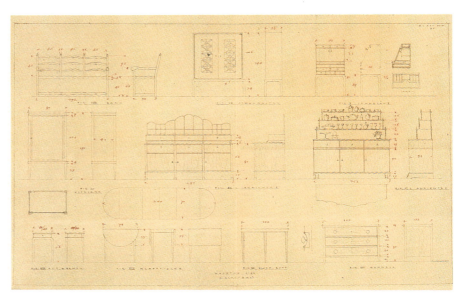
Skizzenblatt Möbel

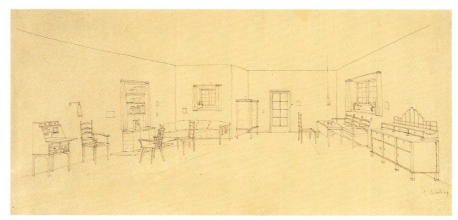
Perspektive

---

[3] Vergl. die von Strnad 1916 herausgegebene Mappe „Einfacher Hausrat".

PROJEKTE WIEN BIS 1926

12 KÜCHENSTUDIE „KENNWORT HAUSHALT", November 1919

Die Studie untersucht Küchengrundrisse anhand dreier „normalgroßer Küchenanlagen", die der Situation in vielen Wiener Wohnungen, die zwischen 1850 und 1910 entstanden sind, entsprechen. In den drei Grundrissen sind jeweils ein gemauerter Herd und eine Wasserentnahmestelle verschieden angeordnet. Für die Küchenmöbel entwarf Grete Lihotzky ein System verschieden zusammensetzbarer Elemente. So ist z.B. das Fußgestell für die Vorratsschränke, die wiederum aus addierbaren Einheiten bestehen, auch für Kochkiste und Gasherd als Unterkonstruktion verwendbar.

Perspektive zu Typ 1 (Blick zum Herd)

Perspektive zu Typ 1 (Blick zum Tisch)

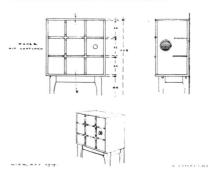

Detail der Küchenmöbel

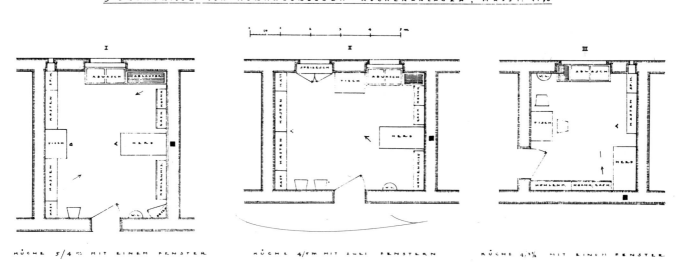

3 Grundrisse von normalgroßen Küchenanlagen

Perspektivische Ansicht Type A und B

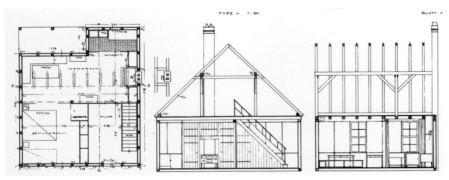

Type A: Grundriß und Schnitte

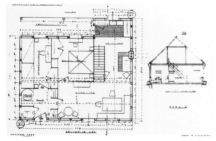

Type B: Grundriß und Schnitt

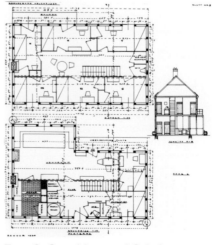

Type C: Grundrisse und Schnitt

13 ZERLEGBARE HOLZHÄUSER FÜR DEN WIEDERAUFBAU IN NORDFRANKREICH,

Jänner–Februar 1920 für das Bauunternehmen Ing. Franz & Co., (Ausführung nicht bekannt)

Für den Wiederaufbau nach dem 1. Weltkrieg in Nordfrankreich entwarf Grete Lihotzky verschiedene Haustypen. Diese „zerlegbaren Holzhäuser" aus Holzständern und Plattenverkleidungen wurden als vorfabrizierte Teile in Wien gefertigt und nach Frankreich transportiert. Alle Typen sind als Reihenhäuser geplant.

Die *Type A* ist die flächenmäßig kleinste Haustype. Im Wohnraum liegt der gemauerte Kamin an der Trennwand zum Nachbarhaus. Hier befindet sich die Kochstelle, die gleichzeitig die einzige Heizquelle des Hauses ist. Die weiteren Aufenthaltsbereiche, Waschnische und Schlafraum sind daher nur durch Vorhänge vom Wohnraum getrennt. Auf beiden Seiten des Herdes und über dem Herd ist eine Art Schrankverbau geplant. Durch die Waschnische führt der Ausgang auf die Terrasse. Vom Flur führt eine Stiege zum Dachboden, dessen Ausbau als Erweiterung möglich ist.

Die *Type B* ist ebenfalls eingeschossig und sieht die Ausbaumöglichkeit des Dachbodens vor. Sie enthält neben dem Wohnraum zwei Schlafräume und sieht Abort und Dusche vor.

In der perspektivischen Ansicht von Type A und B ist eine Reihenhausanordnung über Eck, also einen Hof bildend, erkennbar, ähnlich dem Studienprojekt Arbeiterwohnungen.

Die *Type C* ist zweigeschossig und flächenmäßig erheblich größer. Ein Wohnraum, eine abgetrennte Küche und acht Schlafzimmer sowie eine Dusche und in jedem Geschoß ein WC sind vorgesehen.

Die Küche zeigt einen komprimierten Grundriß, man könnte von der *ersten zweizeiligen Küche* sprechen. Auf einer Seite Herd und Tisch, auf der anderen Abwasch und Speis.

Die *Type D* ist dreigeschossig, mit einem luxuriösen Grundriß für eine Familie mit Hausangestellten.

PROJEKTE WIEN BIS 1926

14 WETTBEWERB FÜR EINE SCHREBERGARTENANLAGE AUF DEM SCHAFBERG, August 1920
mit Gartenarchitekt Alois Berger, Wien 17, (4. Preis)

Grete Lihotzky und Alois Berger verfaßten gemeinsam das Projekt für den Wettbewerb und wählten als Kennwort die vier Buchstaben beider Initialen, die sie zu dem Wort „GLAB" zusammensetzten.
Alois Berger entwarf die Parzellenaufteilung, den Lageplan und die Gestaltung der gärtnerischen Anlage. Grete Lihotzky übernahm den Entwurf sämtlicher Baulichkeiten, kleine Gartenlauben, Wohnhäuser, Werkstätten- und Klubgebäude. Alle Bauten plante sie aus Holz mit standardisierten Balken.
Das Projekt erhielt den 4. Preis. Im Brief der Generaldirektion der österreichischen Gartenbaugesellschaft wurde „Frl. Grete Lihotzky" die Preiszuerkennung mitgeteilt und „zur besten Lösung der Baulichkeiten" gratuliert.

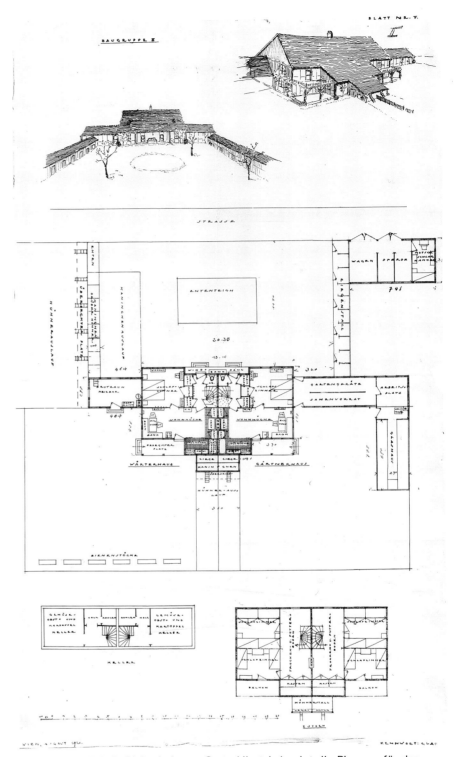

Das Blatt Nr. 5 (mit Sicherheit von Grete Lihotzky) zeigt die Planung für das Gärtner- und Wärterhaus, das sich als Doppelhaus in der Mitte einer u-förmigen symmetrischen Anlage niederer Stall- und Nebengebäude befindet.[4]

---

[4] Der Grundriß des einzelnen Hauses entspricht annähernd den später datierten Entwürfen für Arbeiterreihenhäuser (Nr. 15, vergl. Typ III).

PROJEKTE WIEN BIS 1926

Perspektive der Reihenhäuser

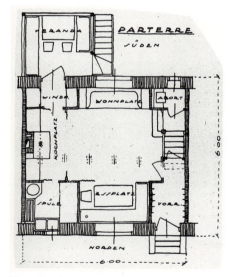

Type IV: Grundriß

perspektivische Zeichnung der Wohnküche

PROJEKTE WIEN BIS 1926

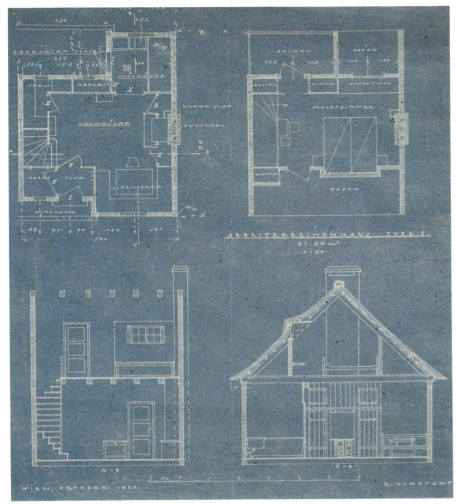

Type I: Grundrisse, Schnitte

15 ENTWÜRFE FÜR (ARBEITER)REIHENHÄUSER,
Oktober–November 1920

Die vorliegenden Skizzen und Pläne sind erste private Überlegungen zu den Themen: Siedlungen, Arbeiterreihenhaus, Minimalgrundriß, Minimalanforderungen an eine Wohnung bzw. Siedlerhaus.[5]
Die Erschließung der Obergeschosse erfolgt bei jeder Type über eine Stiege aus der Wohnküche. Bei diesen kleinen, sparsamen Hausgrundrissen existiert eine einzige Heizquelle, der Herd in der Wohnküche, der ebenso zum Kochen dient. Dieser heizt das Erdgeschoß, das Obergeschoß wird durch die zirkulierende Warmluft über die Stiege mit erwärmt.

Type I (Abb. 2,3)
Der Erdgeschoßgrundriß besteht im wesentlichen aus der Wohnküche mit dem Sitzplatz und dem Kochplatz (Herd zwischen zwei Kästen), und der Spülküche mit dem Gartenausgang.

Type IV[6]
Der Erdgeschoßgrundriß eines Reihenhauses zeigt eine Wohnküche mit getrenntem Kochplatz, Wohnplatz und Eßplatz. Koch- und Eßbereich sind durch Vorhänge vom so entstehenden „Wohnraum" abzutrennen. Die Spülküche liegt straßenseitig, der Gartenausgang erfolt über eine Veranda.

---

[5] In wenig veränderter Form finden sich diese Entwürfe bei ihrer späteren Arbeit für das Baubüro des Österreichischen Verbandes für Siedlungs- und Kleingartenwesen wieder und werden verwirklicht.

[6] abgebildet in: Grete Lihotzky: /Einrichtung der Siedlungsbauten/ S. 221

PROJEKTE WIEN BIS 1926

18 ENTWURF DREIGESCHOSSIGES REIHENHAUS, vermutlich Ende 1920
19 ENTWURF ZU EINER KÜCHE, vermutlich Ende 1920

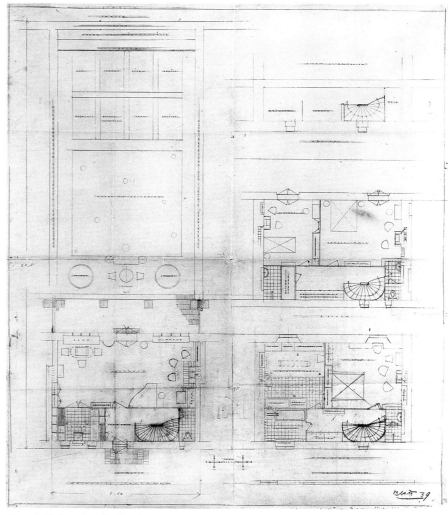

Grundrißplan des Reihenhauses

Dieses dreigeschossige Reihenhaus (Erdgeschoß, 1. und 2. Stock) wurde für eine bürgerliche Familie geplant. Die Hausbreite ist 8,60 m, die Grundstückstiefe 25,50 m.
Im Erdgeschoß sind Vorraum, Wohnraum, Küche und WC angeordnet. Vom Wohnraum aus ist über die gedeckte Terrasse der Garten erreichbar. Im ersten Stock befinden sich Badezimmer, Wirtschaftsraum und ein Schlafzimmer mit Waschnische, im zweiten Obergeschoß liegen vom Flur zugänglich die Mottenkammer (ein Schrankraum), ein Waschraum und WC und zwei Schlafzimmer, eines davon mit eigener Waschnische.
Der Entwurf basiert nicht auf Überlegungen zu Minimalanforderungen, sondern auf Überlegungen zur optimalen Ausnützung des verfügbaren Raumes in einem Einfamilienhaus durchschnittlicher Größe für eine durchschnittliche Familie (ohne Hausangestellte).
Die Überlegungen zur Arbeitsersparnis im Haushalt sowie zur Platzersparnis[7], Wege- und Griffersparnis bei praktischer Einteilung und Einrichtung einer Küche sind in diese Planung bereits eingeflossen.
Wir finden hier den *ersten Entwurf einer Arbeitsküche.*
Sie ist zweizeilig angeordnet, auf der einen Seite befindet sich die Abwasch, auf der anderen die Arbeitsfläche. Ein Gasherd steht dazwischen an der Außenwand. Kästen für Geschirr und Lebensmittel sind hinter den Arbeitsflächen den Wänden vorgebaut bzw. eingebaut. Die Küche ist nur vom Wohnraum aus durch eine Doppeltüre zugänglich.

In ihrem ersten Artikel[8] stellt Grete Lihotzky ihren Küchenentwurf vor: Aus dem Verband des Hauses gelöst, ist er eine eigenständige Idee zur Reform der Hauswirtschaft, des Wohnungs- bzw. Küchengrundrisses, der Einrichtung und der Gestaltung.

---

[7] Grete Lihotzky, /Einrichtung der Siedlungsbauten/ S. 219: „... daß man bei uns in den ärmlichsten Wohnungen Küchen von 16 bis 20 m² Grundfläche gebaut hat, war eine unerhörte Verschwendung."
[8] Grete Lihotzky, a.a.O. S. 220

„In den angegebenen Abbildungen zeige ich eine Küche von 2,00 auf 2,40 m Größe, welche für eine 6–8köpfige Familie vollkommen ausreichend ist. Sie war nicht für ein Siedlerhaus, sondern für ein bescheidenes Einfamilienhaus gedacht. Mit Ziegelwänden, eingelassenen Schränken mit Glastüren und einem Gasherd von 50 x 50 cm (dieser ist für eine achtköpfige Familie vollkommen ausreichend). Nachdem jeder Quadratzentimeter, besser noch jeder Kubikzentimeter genau ausgerechnet ist, so müßte bei Verwendung eines Kohlenherdes der Raum wahrscheinlich um die Differenz des Gasherdes zum Kohlenherd größer werden. Über dem Herd ist eine Nische in der Mauer ausgespart für die verschiedenen Dosen, darüber eine Dunsthaube, die bei einer so kleinen Küche auf keinen Fall fehlen dürfte, im übrigen ist Platz für Koch- und Eßgeschirr für 8 Personen, ein kleiner Schrank mit Entlüftung zum Aufbewahren von Eiern, Fleisch, Butter usw., ferner ein Tisch und ein Schrank mit 8 Laden für Reis, Gries usw. Die größeren Vorräte gehören jedoch in den Keller. Außerdem ist ein Platz für eine Kochkiste, darunter noch ein kleiner Schrank. An der anderen Seite ist die Abwasch mit zwei Becken und beiderseitigen Ablaufbrettern. Auf das eine kommt das schmutzige Geschirr, von da kommt es in das Becken mit warmen Wasser, dann in das Becken mit kaltem Wasser und als reines Geschirr auf das zweite Ablaufbrett zum Abtrocknen. Es ist hier das typische Beispiel, wie sich die Aufeinanderfolge der wirtschaftlichen Arbeiten im Grundrisse immer ausdrücken sollte. Über der Abwasch ist in der Mauer wieder eine Nische für die nötigen Utensilien wie Soda, Sand, Seife usw. ausgespart.
Die ganze Kochnische schließt sich einem Wohnraum an. Die große Tür kann meist offen stehen. Jedoch bei lärmenden Arbeiten, wie Geschirr waschen, kann man eben das Ganze (besonders wenn Besuch da ist) abschließen.
Es ist dies natürlich nur für einen Haushalt ohne Haushaltsgehilfin geeignet."

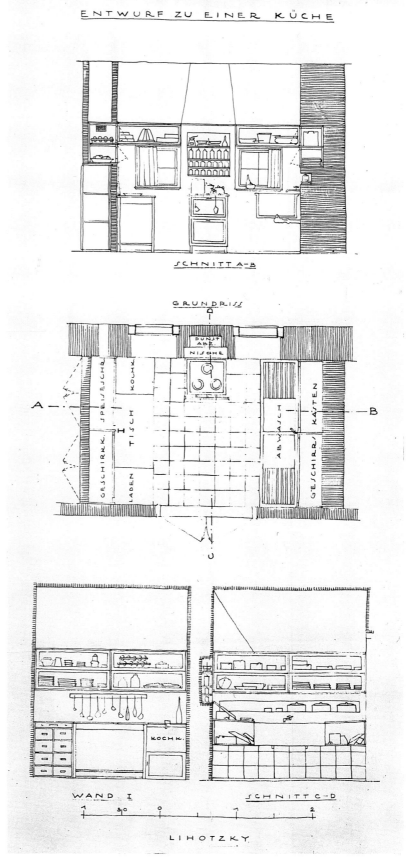

„Entwurf zu einer Küche"

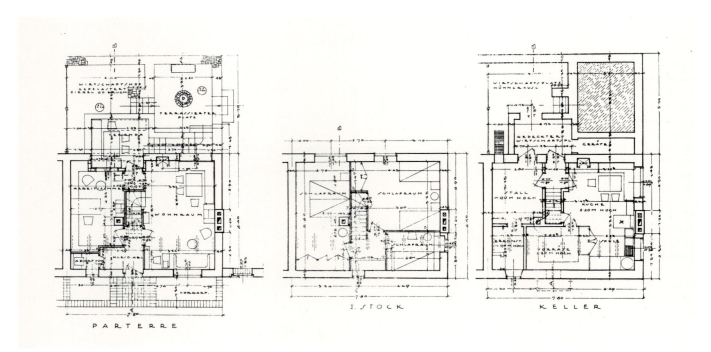

Haus Nr. 13 Grundrisse

21 HAUS FÜR DIE LEHRSIEDLUNG HEUBERG, August 1921
Wien 17., Röntgengasse
(Ein den Entwurfsplänen entsprechendes Haus ist nicht auffindbar.)

Die Siedlung auf dem Heuberg stellt den Versuch der gemeinsamen Planung von Gemeinde und Genossenschaften dar.
Mit der Planung der ersten Häuser wurden mindestens 15 Architekten beauftragt. Die Gesamtplanung lag bei Hugo Mayer vom Hauptverband für Siedlungswesen. Baubeginn für 19 Häuser war im Herbst 1921.
In der „Lehrsiedlung", so war es von Anfang an festgelegt, sollten verschiedene Baumethoden ausprobiert und demonstriert werden, z.B.: Lehmbau, Holzbausysteme, Betonhohlsteine. Für die Dachkonstruktion wählte man auf Anregung von Loos einheitlich das Preßkiesdach. Mehrere Häuser wurden mit kompletter Inneneinrichtung gezeigt.
Grete Lihotzky dürfte diesen Auftrag direkt vom Hauptverband für Siedlungswesen erhalten haben.
Ihr *Projekt für das Haus Nr. 13* ist der Entwurf eines Ecktyps einer

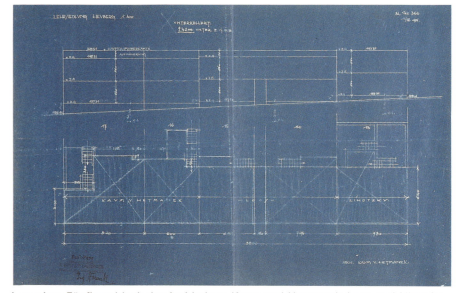

Lageplan: Fünfhausblock der Architekten Kaym und Hetmanek, Loos und Lihotzky

Reihenhausgruppe, auf abfallendem Gelände situiert, die Hausbreite beträgt 7,80 m. Der Hausgrundriß ist verhältnismäßig großzügig für ein Siedlerhaus angelegt. Im Erdgeschoß befinden sich Wohnraum und Arbeitszimmer, im Keller, der durch optimale Ausnützung des abfallenden Geländes mit einem normal großen Fenster ausreichend belichtet ist, die Küche mit Herd, Spüle und Eßplatz.

PROJEKTE WIEN BIS 1926

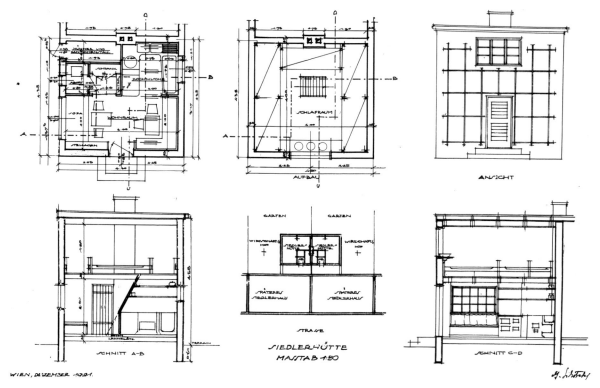

Siedlerhütte: Grundrisse, Schnitte, Ansicht, Lageplan

Schaubild Sitznische

Schaubild Kochnische

23 ENTWURF FÜR EINE SIEDLERHÜTTE, Dezember 1921

„Siedlerhütten haben den Zweck, dem Siedler bis zur Fertigstellung seines Hauses das Wohnen auf seinem Grundstück zu ermöglichen."[9]
Diese Arbeit stellt die erste private Beschäftigung Grete Lihotzkys mit dem Thema „Siedlerhütte" dar.
Die Siedlerhütte ist als Doppelhütte konzipiert, mit gemeinsamer Trennwand und Schornstein. Sie kann später als Stall oder Schuppen dienen und soll so auf dem Grundstück angeordnet werden, daß sie später mit dem Siedlerhaus vereint werden kann.
Der Baukörper einer einzelnen Hütte ist in etwa ein Würfel mit 4,50 m Seitenlänge. Die Räume sind sehr niedrig, im Erdgeschoß 2,00 m, im Obergeschoß 1,80 m (im Plan als „Aufbau" bezeichnet).
Der Eingang im Erdgeschoß führt direkt in den Wohnraum. Links befindet sich der Wohnplatz mit Sofa und Stellage, rechter Hand der Eßtisch mit Eckbank. Durch einen Vorhang vom Wohnbereich abzutrennen ist die Kochnische, die Spülbecken, Waschherd, Badewanne und den Kochherd in einer u-förmigen Anordnung nebeneinander enthält[10].
Neben der Kochnische liegt ein kleiner Vorraum, der zum Abort führt. Hier befindet sich ein eingebauter Schrank und eine Leiter an einer schrägen Wand (die eine Schräge in der Kochnische bildet), über die das Obergeschoß, der Schlafraum, erreichbar ist. Auch ein Kleintierstall ist im Erdgeschoß integriert.
Der Grundriß, ein Minimalgrundriß, und die Einrichtung sind konsequent durchdacht, Beispiele dafür sind eingebaute Kästen mit Sockeln, die Kochnische mit Betonwänden bis zum Boden, die Klapptische[11], die genau zwischen Sofa und Bank passen.

---

[9] Grete Lihotzky, /Die Siedlerhütte/ S. 33

[10] eine Vorstufe zur Kochnischen- und Spülkücheneinrichtung, Projekt Nr. 28

[11] siehe auch: Einheitsmöbel für Siedlerhäuser, Projekt Nr. 26

PROJEKTE WIEN BIS 1926

Im Baubüro des österreichischen Verbandes für Siedlungs- und Kleingartenwesen

24 TYPENENTWÜRFE FÜR SIEDLERHÜTTEN, nach 1.3.1922[12] im Baubüro des Österreichischen Verbandes für Siedlungs- und Kleingartenwesen (ÖVSK) bzw. der Siedlungs-, Wohnungs- und Baugilde Österreichs, (wahrscheinlich ausgeführt)

Ab Anfang März 1922 arbeitete Grete Lihotzky im neugegründeten Baubüro des Österreichischen Verbandes für Siedlungs- und Kleingartenwesen bzw. der Baugilde Österreichs.[13] Eine der ersten Aufgaben im Baubüro war der Entwurf verschiedener Typen von Siedlerhütten, ein Beitrag zur planmäßigen Gestaltung des "wilden Siedelns". Grete Lihotzky brachte ihre Vorstudien zu dem Thema ein (siehe Nr. 23) und entwickelte mehrere Typen und Varianten.

Type A: Grundrißanlage ähnlich der ersten Siedlerhütte (Nr. 23), jedoch Eingang im Vorraum getrennt vom Wohnzimmer, von hier Stiege ins Obergeschoß und Steildach. Sie wurde als Doppelhütte geplant und steht frei, d.h. ohne Verbindung zum späteren Siedlerhaus, auf dem Grundstück.

Type A6: Erste Konzeption einer anbaufähigen Doppelhütte. Aus der Siedlerhütte entsteht durch direkten Anbau das Siedlerhaus. Die Anlage der Hütte, bzw. des ausgebauten Siedlerhauses auf dem Grundstück erfolgt so, daß sich eine Reihe von Hütten zu einer geschlossenen Reihenhausbebauung entwickelt. Diese Type zeigt zum ersten Mal den Gedanken des "in Etappen ausbaubaren Hauses", ist also eine Vorstufe zur Entwicklung des "Kernhauses" (siehe Nr. 33). Der Grundriß zeigt, verglichen mit den späteren Kernhaustypen, bereits die prinzipiellen Anordnungen und Erweiterungsmöglichkeiten des Kernhauses Type 7 (siehe Nr. 34).

Type B: Die Siedlerhütte ist ebenfalls als Doppelhütte angelegt. Diese Hütte muß so auf dem Grundstück plaziert werden, daß sie in das später errichtete Siedlerhaus integriert werden kann. Die für die Siedlerhütte gebaute Kochnische bleibt an der gleichen Stelle im Grundriß des Siedlerhauses erhalten. Die Hütte wurde mit Flachdach und einer Terrasse im Obergeschoß geplant, die fertigen Siedlerhäuser sollten sich zu einer Reihenhauszeile schließen. Eine Ecktype zur Reihenhausgruppe des Typs B wurde gesondert geplant (Type G).

---

[12] Die Pläne sind durch die Stempel des Baubüros der Baugilde, bzw. des Baubüros des Österreichischen Verbandes für Siedlungs- und Kleingartenwesen in die Zeiträume einordenbar, die durch die vorhandenen Zeugnisse über die Mitarbeit von Grete Lihotzky genau bekannt sind.

[13] Übergabe des Baubüros an die Gilde, in: Der Siedler 6/1922, S. 54
Die Baugilde war ein Zusammenschluß des Zentralverbandes der Bauarbeiter Österreichs, des Österreichischen Verbandes für Siedlungs- und Kleingartenwesen und der Wiener Mietervereinigung mit dem Forschungsinstitut für Gemeinwirtschaft. Siehe auch Artikel "Die ersten Jahre in Wien".

PROJEKTE WIEN BIS 1926

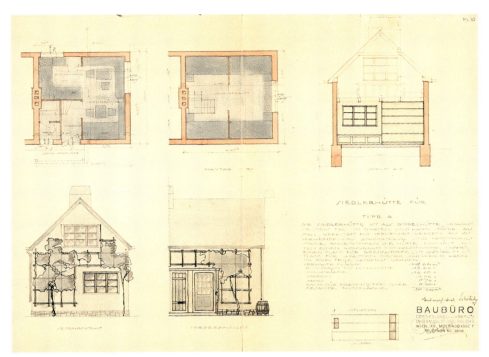

Type A

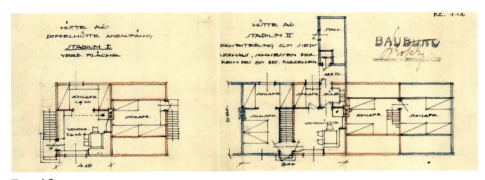

Type A6

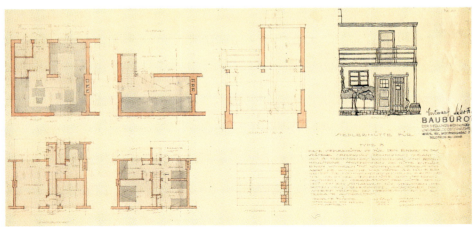

Type B

PROJEKTE WIEN BIS 1926

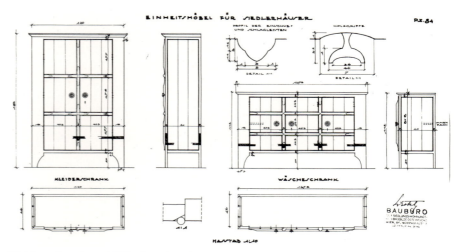

Kleiderschrank und Wäscheschrank

26 „EINHEITSMÖBEL" FÜR SIEDLERHÄUSER, Herbst 1922
im Baubüro des ÖVSK bzw. der Siedlungs-, Wohnungs- und Baugilde Österreichs, (wahrscheinlich ausgeführt)

Da sowohl der Begriff „Einheitsmöbel"[14] als auch die Idee der Klapptische[15] aus der Zeit von Grete Lihotzkys privater Tätigkeit vor ihrer Mitarbeit im Baubüro stammen, kann man ihr diese Entwürfe und Begriffe ganz klar zuschreiben. Sie versucht also schon am Anfang ihrer Tätigkeit im Baubüro, für die Siedler sowohl Häuser als auch Möbel vorzuschlagen, die einem einheitlichen und zeitgemäßen Form- und Gestaltungswillen entsprechen und dem Anspruch nach Fertigung von billigen Produkten durch Großproduktion genügen.

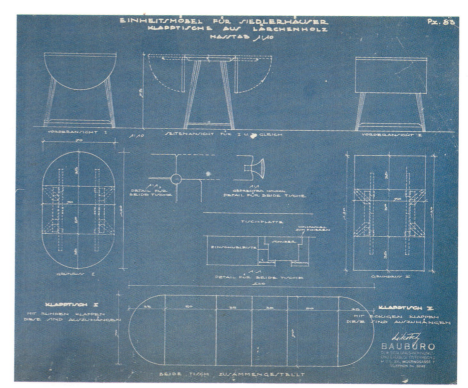

Klapptische aus Lärchenholz

---

[14] siehe Projekt Nr. 11

[15] Die Klapptische werden im Artikel „Die Siedlerhütte", in: Schlesisches Heim 2/1922, S. 34, beschrieben und sind in den abgebildeten Grundrissen sowie in den zugehörigen Plänen aus dem Archiv erkennbar.

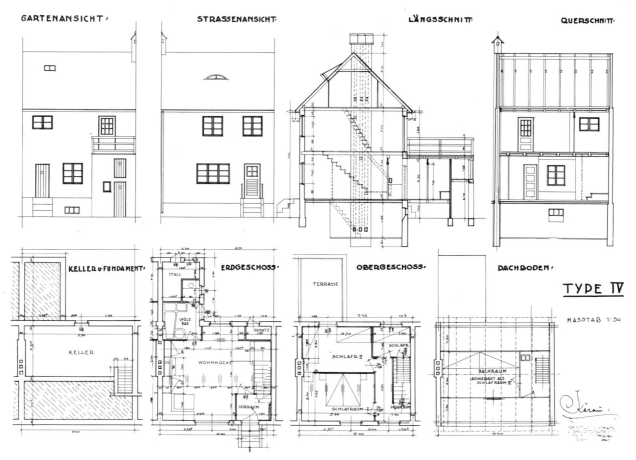

27 SIEDLERHAUS TYPE 4, 1922
im Baubüro des ÖVSK bzw. der Siedlungs-, Wohnungs- und Baugilde Österreichs, (wahrscheinlich ausgeführt)

Entwurf für ein kleines Siedlerhaus, das Grete Lihotzky aus ihren frühen Studien zu Arbeiterreihenhäusern entwickelte.[16]

Das Haus ist 6,00 m breit und für eine Reihenhausanlage konzeptioniert. Im Erdgeschoß befindet sich ein Vorraum mit Abgang in den Keller und die Wohnküche mit dem Herd, der zwischen zwei Kästen eingebaut ist und die einzige Feuerstelle im Haus darstellt. Der Aufgang in das Obergeschoß erfolgt von der Wohnküche. Die Spüle, gleichzeitig das Bad, liegt neben der Wohnküche, als Durchgangsraum mit Ausgang in den Garten und Zugang zum Abort. Im Obergeschoß sind zwei Schlafräume für jeweils zwei Personen angeordnet, einer davon mit Ausgang auf die Terrasse und eine weitere kleine Schlafkammer.

Der Erdgeschoßgrundriß zeigt die „Spülkücheneinrichtung", das kleinere Element der von Grete Lihotzky entwickelten „Kochnischen- oder Spülkücheneinrichtung".[17]

---

[16] Arbeiterreihenhäuser siehe Projekt Nr. 15

[17] siehe Projekt Nr. 28

Foto des Modells

Zertifikat für Musterschutz

28 KOCHNISCHEN- ODER SPÜLKÜCHENEINRICHTUNG,
September 1922
im Baubüro des ÖVSK bzw. der Siedlungs-, Wohnungs- und Baugilde Österreichs, Wien, (nicht ausgeführt) als Musterküche bei der 4. Wiener Kleingartenausstellung im Rathaus als Modell im M 1:1 aufgebaut

Bereits im August 1921 erscheint der erste Artikel von Grete Lihotzky[18], in dem sie sich auf die neue Arbeitslehre von Taylor bezieht und deren Anwendung auf die Hauswirtschaft vorschlägt.
Während der Beschäftigung mit den Minimalgrundrissen für Siedlerhütten und kleine Siedlerhäuser enstehen die Überlegungen zu der optimal ausgenützten Spülküche. Bei diesen Grundrissen befindet sich der Herd in der Wohnküche. Er ist die einzige Feuerstelle des Hauses, also gleichzeitig Heizquelle und Kochherd. Die Funktionen, zu denen Wasser benötigt wird (wie Geschirrspülen) werden in einen eigenen kleinen Raum, die sogenannnte „Spülküche", ausgelagert. Diese dient weiters als Badezimmer und Waschküche.
Die Spülkücheneinrichtung von Grete Lihotzky, komplettiert durch Herd und Kochkisten, umfaßt alle für eine Küche notwendigen Gegenstände und war als Kochnische für einen anschließenden Wohnraum oder als separater Küchenraum gedacht.[19]
Die Größe der Nische beträgt 2,00 m x 2,05 m, der Arbeitszwischenraum 95 cm. Die Kochnische enthält: Waschherd, Wanne, die abgedeckt zugleich Tisch ist, Ablaufbrett, unterhalb ein Fach für verschiedene Utensilien, Abwasch, darunter ein Fach für Eimer und Kannen, Platz für Brennstoff. Dieser Teil wird als Spülkücheneinrichtung bezeichnet, die z.B. im Grundriß Type 4 (Projekt Nr. 27) Anwendung findet. Erweitert durch Herd und Kochkisten, mit Schrankunterbau und einer Lade für Abfälle, vervollständigt durch 12 lfm Stellagen an den Wänden und einen Dunstabzug über Herd und Waschherd bildet sie die vollständige Kochnische.

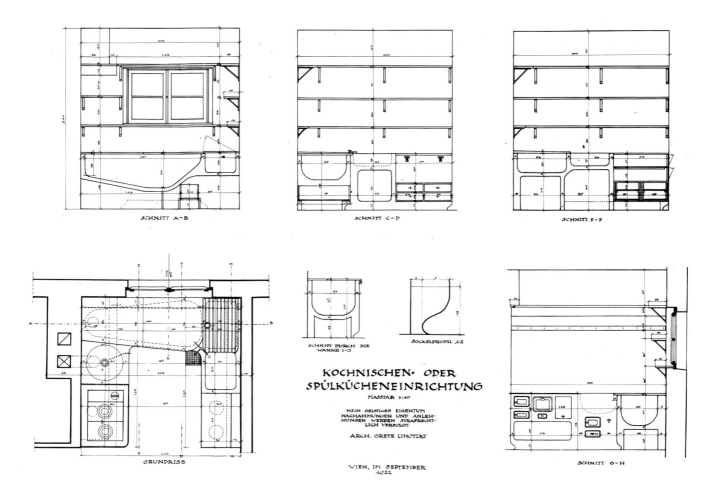

Grundriß und Schnitte

Wanne, Abwasch, das Fach unter dem Ablaufbrett und die äußere Wandung von Herd und Waschherd sind aus Beton gegossen, ebenso der um die ganze Nische laufende 10 cm hohe Sockel. Der Fußboden, der auch einen Bodenablauf enthält, ist ebenfalls betoniert. Alles ist abgerundet, damit keinerlei Kanten und Winkel entstehen. „Das erste Gebot einer modernen Kücheneinrichtung: gute sanitäre Verhältnisse durch leichteste Reinhaltung."[20]
Die Vorteile der Serienproduktion wurden von Grete Lihotzky berücksichtigt, denn: „Je öfter diese Kücheneinrichtung hergestellt wird, umso niedriger werden die Kosten sein, da die einmal verfertigte Gußform wieder verwendet werden kann."[21]

Die Kochnische war als Modell im Maßstab 1 : 1 bei der 4. Wiener Kleingartenausstellung Anfang September 1922 im Wiener Rathaus im Rahmen der Einrichtung einer Siedlerhütte aufgebaut und erhielt durchwegs sehr positive und interessierte Pressemeldungen. Grete Lihotzky reichte die Pläne für die Kochnische als Patent bei der Kammer für Handel, Gewerbe und Industrie in Wien ein und erhielt ein Zertifikat für Musterschutz auf drei Jahre für das überreichte offene Muster, das im Musterregister unter Nr. 159798 vorschriftsmäßig eingetragen worden ist, datiert vom 23. Dezember 1922. Zur Ausführung dieser ersten „Naßzelle" als Fertigteil kam es unseren Ermittlungen nach jedoch nie.

[18] Grete Lihotzky: /Einrichtung der Siedlungsbauten/

[19] siehe Typenprojekte für Siedlerhütten Projekte Nr. 23, Nr. 24
Die „Kochnische" Grete Lihotzkys war das Vorbild für die „Wirtschaftsnische" des Architekten Polak-Hellwig, der diese für das Wohnhaus der Gemeinde Wien, in Wien 17, Bergsteiggasse, Ende 1923, entwickelte.
siehe dazu: Max Ermers: Bauvernunft und Hauswirtschaft, Amerikanisierung und Rationalisierung durch die Gemeinde. – Ausstellung der Taylor-Wirtschaftsnische im Rathaushof, in: Der Tag, Wien 1924; und o.A.: Eine neue Wohnungstype, in: Österreichische Städtezeitung, Wien, 9/1924, S. 144–147

[20] Grete Lihotzky, /Beschreibung Koni 2/ Manuskript

[21] Grete Lihotzky, a.a.O.

PROJEKTE WIEN BIS 1926

33 DAS KERNHAUS, 1923
im Baubüro des ÖVSK

Eigentlich war das *Kernhaus* eine „Notlösung". Die Idee des *in Etappen ausbaubaren Siedlerhauses* wurde im Rahmen der Siedlerhütten- oder Kernhausaktion, die im Frühjahr 1923 anlief, und vom Österreichischen Verband für Siedlungs- und Kleingartenwesen gemeinsam mit der GESIBA, der Gemeinwirtschaftlichen Siedlungs- und Baustoffanstalt, durchgeführt wurde, den wohnungssuchenden Siedlern angeboten.
Die Gemeinde Wien stellte einen Kredit von 2 Milliarden Kronen zur Verfügung, den die GESIBA verwaltete und in Form von Materialkrediten an die Siedler weitergab. Die Siedler waren mit der Übernahme des Kredites an die Errichtung einer Kernhaustype des Verbandsbaubüros oder des Siedlungsamtes der Gemeinde Wien gebunden.
Zuerst wurde das „Kernhaus" = Siedlerhütte errichtet, das je nach vorhandenen Mittel in mehreren Ausbaustufen zu einem vollständigen Siedlerhaus erweitert werden konnte. Wichtig war dabei, daß bereits das Kernhaus so auf dem Grundstück errichtet werden mußte, daß es dem Bebauungskonzept und Lageplan der gesamten Siedlungsanlage entsprach.
Die Armut der Wohnungssuchenden und die Finanzknappheit der öffentlichen Förderungsstellen waren der Anlaß, ein derartiges Bau- und Finanzierungsmodell vorzuschlagen.[22]
Grete Lihotzky war entscheidend am Zustandekommen und an der Verwirklichung dieser Idee beteiligt.
Zur ausführlichen Beschreibung ein Auszug aus Grete Lihotzkys Schriften.

---

22 Vergl. „Die ersten Jahre in Wien"
23 Grete Lihotzky: /Kernhäuser / Manuskript
24 Grete Lihotzky: /Siedlerhüttenaktion/
25 Förster/Novy: /Einfach Bauen/, S. 76

„So ging das Baubüro des österreichischen Verbandes für Siedlungs- und Kleingartenwesen und das Siedlungsamt der Stadt Wien daran Pläne zu entwerfen, die es ermöglichen sollten, mit geringen Mitteln einen sofort bewohnbaren kleineren Hausteil zu errichten, das sogenannte Kernhaus, das später durch genau bestimmte Ergänzungsbauten zu einem vollen Siedlerhaus ausgebaut werden kann. Zu einer Zeit, da Siedlerhäuser mit etwa 70 bis 80 Millionen Kronen Kosten gebaut werden, kann man Kernhäuser mit etwa 35 Millionen Kronen Kosten bauen, während das ausgebaute Häuschen auf etwa 55 bis 60 Millionen Kronen zu stehen kommt. Da entschloß sich die Gemeinde zu einer neuen Art der Finanzierung. Neben die normalen Siedlungskredite, die im allgemeinen 90% der Baukosten betragen, trat nun der sogenannte Kernhauskredit, der ohne viele Schwierigkeiten jedem Ansuchenden gewährt wird.[23]
Die Gemeinde Wien hat im Interesse der Behebung der Wohnungsnot bereits 2 Milliarden Kronen für Bauten von Kleingarten- und Siedlerhütten aus der Wohnzwecksteuer bewilligt. Diese zwei Milliarden gelangen durch die Gemeinwirtschaftliche Siedlungs- und Baustoffanstalt (Gesiba), welche die Herstellung der Baubestandteile sowie den zentralen Verkauf der Baumaterialien durchführt, gemeinsam mit dem Österreichischen Verband für Siedlungs- und Kleingartenwesen in Form von Materialkrediten zur Verteilung.
Anspruch auf Kredit haben nur Kleingärtner und Siedler, welche entweder als Wohnungslose beim Wohnungsamt angemeldet sind oder welche eine Wohnung frei machen. Von diesen haben alle jene die meiste Aussicht einen Materialkredit zu erhalten, welche die meiste Siedlerarbeit aufbringen und bezüglich der Abzahlung die meisten Garantien leisten können. Denn je mehr Wohnungen durch diese zwei Milliarden frei werden, umso eher wird sich die Gemeinde wieder zu weiteren Kreditleistungen entschließen. Alle jene, welche langfristige Kredite erhalten, müssen die kreditierte Summe in drei bis fünf Jahren zurückzahlen.
Alle anderen, welche nicht wohnungslos sind oder eine Wohnung frei machen, erhalten von der Gesiba einen zwei- bis fünfmonatigen Materialkredit.

Das Baubüro des ÖVSK führt sämtliche Planungen und Bauleitungen durch. Es hat im Einvernehmen mit dem Siedlungsamt der Gemeinde Wien 20 verschiedene Typen von der Laube bis zur festen Wohnhütte ausgearbeitet, um allen Bedürfnissen Rechnung tragen zu können.
Ebenso führt es gemeinsam mit dem Regulierungsamt der Gemeinde Wien genaue Bebauungspläne zur Aufstellung der Hütten aus. Es darf von nun an der Einzelne seine Hütte oder auch nur seine Laube nicht an irgendeinem beliebigen Platz seiner Parzelle aufstellen, sondern er muß sich den wohl durchgearbeiteten Baulinien unterwerfen.
Man hofft hierdurch auch im Kleingartengelände eine gewisse Einheitlichkeit zu erzielen und den Mitgliedern begreiflich zu machen, daß in einer Kolonie nur das Gesamte gilt und nicht das Einzelgebäude wirken kann. Aus diesem Grund wird getrachtet, auch Hütten zu Baublocks zusammenzuschließen und womöglich Reihenhütten oder wenigstens Doppelhütten vorzuschlagen. Auch hofft man durch gleichmäßig durchgeführte Dachneigungen, gleiches Dachdeckungsmaterial, normalisierte Türen, Fenster und Geschoßhöhen die bisher zu mangelnde Einheitlichkeit zu erzielen und auch jedem Einzelnen diese Erkenntnis zugänglich zu machen.
Was die Bauweise selbst anbelangt werden entweder Betonhohlsteinwände (Maschin- oder Handschlagsteine) verwendet, oder es werden Holzpflöge verfertigt, welche aufstellfertig an den Bauplatz kommen. Diese werden mit Heraklithmasse (das ist eine Masse von Holzwolle mit Magnesit), welche der Siedler selbst stopfen kann, 15 cm stark ausgefüllt.
Die Grundrisse aller Wohnhütten sind unter Berücksichtigung von An- oder Aufbaumöglichkeiten ausgearbeitet. Sie können in mehreren Stadien (4–5) gebaut werden und doch bereits im fertiggestellten ersten Stadium schon bezogen werden. Der Bewohner kann dadurch mit verhältnismäßig geringem Geldaufwand eine Wohnung frei machen und von Zeit zu Zeit aus seinen laufenden Ersparnissen seine Hütte planmäßig vervollkommnen. . . .
Man hat zuerst versucht den Stallanbau der Siedlerhäuser als vorläufige Notwohnung zu errichten und einzurichten. Diese Form der Siedlerhütte hat sich jedoch nicht bewährt, da sich herausstellte, daß der

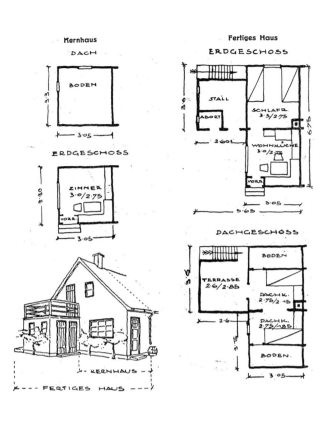

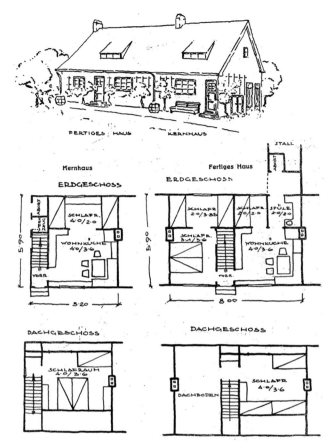

Type 4: Kernhaus, Fertiges Haus, Schaubild

Type 7: Kernhaus, Fertiges Haus, Schaubild

spätere Umzug in das Siedlerhaus gewisse Nachteile mit sich bringt, welche einzelne Siedler davon abhalten....
Den oben erwähnten Siedlerhütten gegenüber hat sie den großen Vorteil, daß die jetzige Wohnküche auch später Wohnküche bleibt. Das „sich Einleben" der Menschen in einen Raum darf nicht unterschätzt werden. Das Bewußtsein, daß man die Wohnung, in der man lebt über kurz oder lang doch verlassen muß, erzeugt vom Wohn- und Einrichtungsstandpunkt eine gewisse Ungemütlichkeit und Unwohnlichkeit.
...
Der Kernbau, also das erste Stadium, enthält eine Wohnküche, einen Schlafraum und einen von außen zugänglichen Abort. Später wird aus dem Schlafraum die Spüle und ein kleinerer Schlafraum, angebaut wird Stall mit Abort und zwei Schlafräume. Im Dach befindet sich dann ein Schlafraum und ein Bodenraum. Die Erweiterung der Hütte verlangt keinerlei Adaptierungsarbeiten, es wird durch die Herstellung eines Provisoriums nicht

das Geringste verschwendet....
Organisatorisch ist der Vorgang folgender:
Das Baubüro des ÖVSK arbeitet einen Katalog aus, der von jeder Hütte Grundriß, Schaubild, Material- und Arbeitsauszug und eine Kostenberechnung enthalten wird. Dieser Katalog wird an die Kleingartenvereine und Siedlungsgenossenschaften geschickt, wonach jeder Einzelne wählen kann. Außerdem erhält jeder Bewerber einen Fragebogen, auf welchem er als wichtigstes angeben muß: welche Type er wählt, wieviel Arbeit er leisten kann, wieviel Geld er aufbringen kann, wie seine Wohnverhältnisse sind. Dies Angaben werden dem ÖVSK zugesendet, der diese zu prüfen hat und dann an die Gesiba weiterleitet, welche durch einen Kreditbeirat über die Kreditverteilung entscheidet."[24]
Insgesamt wurde durch diese Aktion der Bau von 198 Einfamilienhäusern ermöglicht.[25]

Das Kernhaus Type 4 war nur als Sommerwohnung gedacht, in ausgebautem Zustand war es ein vollwertiges, ganzjährig bewohnbares Siedlungshaus. Das Haus sollte in Stauß-Ziegel-Bauweise (Riegelwandbau mit Rabitzsystem) errichtet werden.

PROJEKTE WIEN BIS 1926

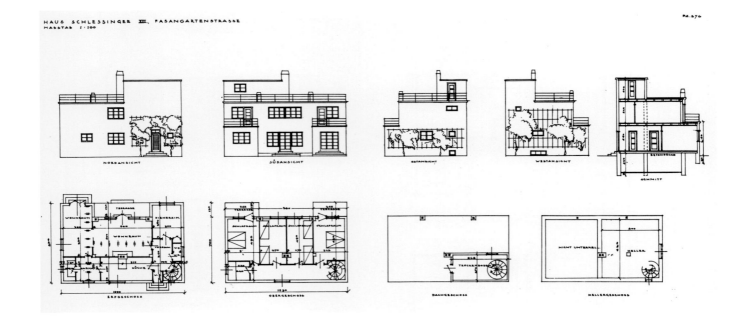

32 ENTWURF HAUS SCHLESSINGER, 1923
im Baubüro des ÖVSK, Wien 13, Fasangartenstraße

Auch Aufträge, wie dieser Entwurf für ein Einfamilienhaus, wurden im Baubüro bearbeitet.

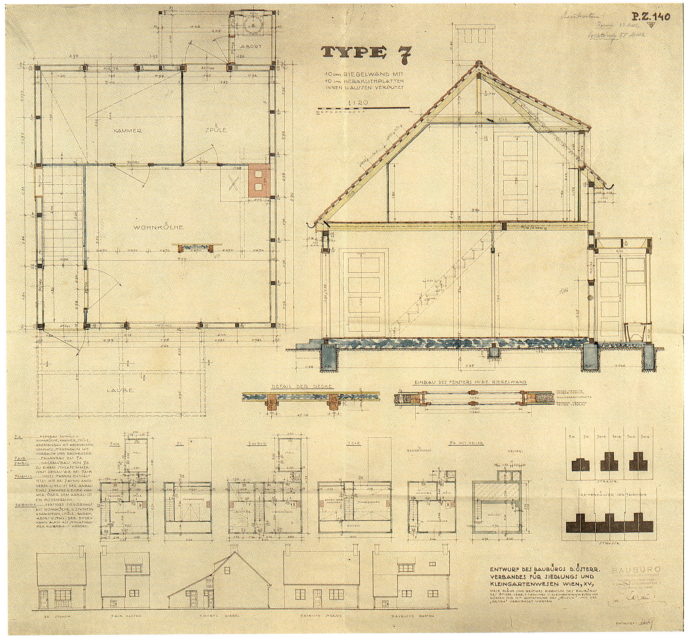

Type 7, Kern: Grundriß und Schnitt, Ausbaustadien

34 KERNHAUS TYPE 7, 1923
im Baubüro des ÖVSK (ausgeführt), bei der 5. Wiener Kleingarten-, Siedlungs- und Wohnbauausstellung auf dem Wiener Rathausplatz als Modell im M 1 : 1 mit Mustereinrichtung aufgebaut.

Die Kernhäuser sollten auf den Parzellen gekuppelt errichtet werden, mit dem First parallel zur Straße. Der Kern (erster Bauabschnitt) enthält im Erdgeschoß Wohnküche mit gemauertem Herd und Klappbett, eine Schlafkammer und die Spüle. Von der Spüle führt ein Ausgang in den Garten, von hier zugänglich und unmittelbar angebaut mit gedecktem Vorplatz ist der Abort.
Die erste Erweiterung bringt den Anbau eines Stalles im Garten an den Abort, die nächste Stufe den Ausbau des Dachbodens zum Schlafraum. Ausbaustufe vier ist die Erweiterung durch einen Zubau im Erdgeschoß, auf der anderen Seite der Stiege. Hier können zwei weitere Zimmer errichtet werden, sodaß das Haus über die ganze Parzellenbreite reicht.
Im letzten Ausbaustadium wird schließlich auch der Dachboden über dem Zubau als Schlafraum ausgebaut. Das so stufenweise entstandene fertige Siedlerhaus verfügt über eine Wohnküche, Spüle, drei Zimmer, zwei Kammern, Bodenraum, Abort, Stall und

einen Keller.
Mit dem Ausbau der Kernhäuser zu vollwertigen Siedlerhäusern entsteht eine geschlossene Reihenhausbebauung.
Das Kernhaus Type 7 sollte in Riegelwandbauweise mit einer Ausfachung aus Heraklithplatten, innen und außen verputzt, errichtet werden.
Auf der 5. Wiener Kleingarten-, Siedlungs- und Wohnbauausstellung im September 1923 wurde die Type 7 als voll ausgebautes Siedlerhaus im Maßstab 1 : 1 auf dem Rathausplatz gezeigt. (siehe auch Projekt Nr. 36).
Das Haus war komplett mit eingebauten Möbeln nach den Entwürfen von Grete Lihotzky eingerichtet.

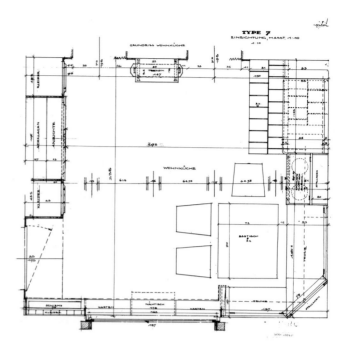

Einrichtung der Wohnküche: Grundriß

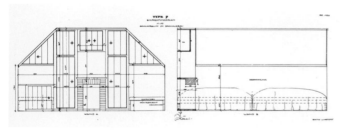

Einrichtung Schlafraum im Dachausbau: Wandansichten Wand A, B

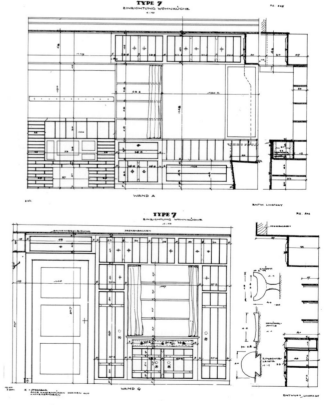

Einrichtung der Wohnküche: Wandansichten Wand A, C

Einrichtung der Wohnküche

Einrichtung Schlafraum im Dachausbau: Schaubild

Wohnküche: Schaubild 1

Wohnküche: Schaubild 2

36 5. WIENER KLEINGARTEN-, SIEDLUNGS- UND WOHNBAUAUSSTELLUNG, 2.–9. September 1923
im Baubüro des ÖVSK, Wien, Rathaus und Rathausplatz,
Planung und Durchführung des Ausstellungsteiles des Baubüros, eigene Ausstellungsteilnahme

Die 5. Wiener Kleingarten-, Siedlungs- und Wohnbauausstellung bildete den Höhepunkt der Wiener Siedlerbewegung. Im Festsaal des Wiener Rathauses fand die Plan-, Bild- und Modellausstellung des Stadtbauamtes, des Siedlungsamtes der Stadt Wien und des Österreichischen Verbandes für Siedlungs- und Kleingartenwesen statt. Die Ausstellung der Siedlerhäuser auf dem Rathausplatz, als Modelle im M 1 : 1, bildete eine besondere Attraktion für die Wiener. Aufgebaut waren drei Typen der Kernhausaktion, darunter die beiden von Grete Lihotzky entwickelten Typen:
Kernhaus Type 7, ausgebaut mit eingebauten Möbeln, Entwurf Haus und Möbel von Grete Lihotzky
Kernhaus Type 4, als Sommerwohnung vorgeführt, Entwurf des Hauses von Grete Lihotzky, Einrichtung mit Kombinationsmöbeln von George Karau.
Weitere Entwürfe von Grete Lihotzky waren:
Simplexhaus Type 101, in der Mitte des Platzes, Entwurf des Hauses von

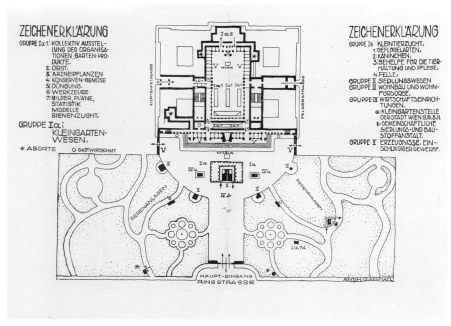

Ausstellungsgrundriß

Grete Lihotzky (abgeändert), Möbel von Grete Lihotzky und der Firma Lorenz
Kleingartenhütte Type 205, Entwurf des Hauses vom Österreichischen Verband für Siedlungs- und Kleingartenwesen, Hans Waloschek, eingebaute Möbel von Grete Lihotzky. Errichtet wurden die Häuser von der GESIBA, auch die meisten anderen Bauleistungen wurden von gemeinnützigen Betrieben ausgeführt, darunter die Bauausführung von der gemeinnützigen Baugesellschaft

„Grundstein", die Spenglerarbeiten von einer Produktivgenossenschaft der Invalidensiedler in Hirschstetten, die Anstreicherarbeiten von der Invaliden-Siedlungsgenossenschaft im Lainzer Tiergarten, die Zimmermanns-, Tischler- und Schlosserarbeiten von den Wiener Holzwerken (Arsenal). Anläßlich dieser Ausstellung wurde Grete Lihotzky für ihre hervorragenden Leistungen auf dem Gebiet des Wohn- und Siedlungswesens als Ehrenpreis die silberne Medaille der Gemeinde Wien verliehen.

Type 7 – Ausstellungsfoto

Type 4 – Ausstellungsfoto

Type 101 Einrichtung der Wohnküche

PROJEKTE WIEN BIS 1926

38 ENTWURF FÜR EIN WOHNHAUSPROJEKT, 1923
39 WINARSKYHOF UND OTTO-HAAS-HOF, 1924
im Baubüro des ÖVSK, Wien 20, Stromstraße 36–38, Pasettistraße, Durchlaufstraße, Winarskystraße (früher Kaiserwasserstraße)

Die Gemeinde Wien beauftragte das Baubüro des Österreichischen Verbandes für Siedlungs- und Kleingartenwesen mit dem Entwurf eines Volkswohnhauses, der an die sogenannten „Modernen" unter den Wiener Architekten vergeben werden sollte: Peter Behrens, Josef Hoffmann, Josef Frank, Oskar Strnad, Oskar Wlach, Adolf Loos, Franz Schuster und Grete Lihotzky waren daran beteiligt. Der *erste Entwurf* von Grete Lihotzky war ein Vorschlag für einen *Zweispänner-Grundriß* mit Terrassen, die geschoßweise hof- und straßenseitig versetzt waren. So wäre ein interessanter, kubisch terrassierter Baukörper entstanden.
Die Wohnungen hatten Wohnküche mit Kochnische, Schlafzimmer, Kammer, Vorraum, Abort und einen großen Freiraum, insbesondere hätten sie über gute Querlüftung und Besonnung verfügt.
Die nächste Überarbeitung, der *zweite Entwurf,* zeigt einen *Dreispänner-Grundriß.* Jede Wohnung hat im Grundriß integriert eine kleine, gedeckte Loggia. Die Querlüftung der mittig liegenden Wohnung ist über die Loggia gegeben, die seitlich liegenden Wohnungen reichen noch von Außenwand zu Außenwand.
Diese Entwürfe wurden nicht verwirklicht. Sie basierten auf Kriterien, die Gesundheit und Hygiene an die erste Stelle setzen; diese waren jedoch für den Bauherrn, die Gemeinde Wien, zu unwirtschaftlich. ▷

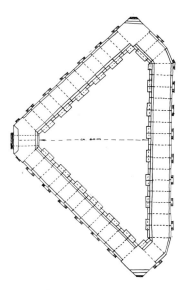

Erster Entwurf: Lageplan

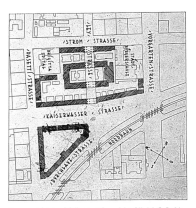

Lageplan „Winarsky-Hof" (1924)
Der südlich gelegene etwa dreiseitige Wohnhof wurde 1950 nach dem Widerstandskämpfer Dr. Otto Haas benannt.

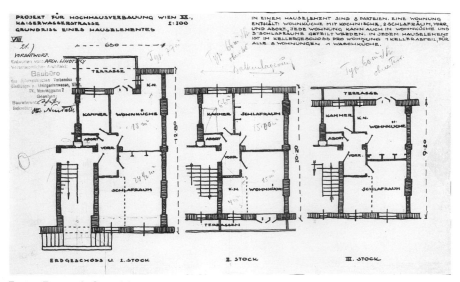

Erster Entwurf: Grundrisse

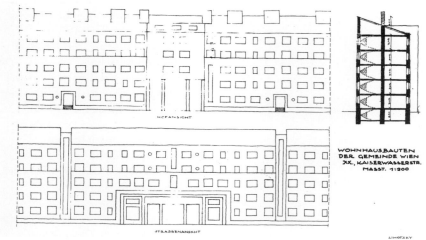

Zweiter Entwurf: Ansichten

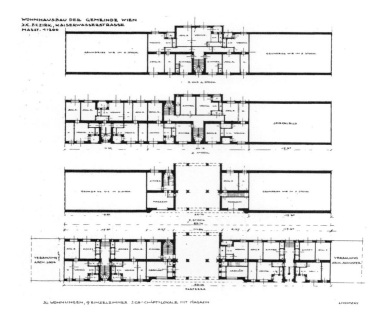

Zweiter Entwurf: Grundrisse

Verwirklicht wurde eine weitere Überarbeitung des Projektes. Das Projekt zerfällt in zwei große Baublöcke, die heute verschiedene Namen tragen, der *Leopold Winarsky-Hof*, Planung von Peter Behrens, Josef Hoffmann, Josef Frank, Oskar Strnad und Oskar Wlach und der *Otto-Haas-Hof*, Planung von Karl Dirnhuber, Grete Lihotzky und Franz Schuster. Adolf Loos legte seine Mitarbeit zurück, nachdem sein Entwurf für ein Terrassenhaus von der Gemeinde nicht angenommen wurde.

Der Otto-Haas-Hof liegt an der Pasettistraße, Winarskystraße, früher Kaiserwasserstraße, Durchlaufstraße und Leystraße. Er bildet einen geschlossenen, annähernd dreiseitigen Baublock.

Im Bauteil an der Winarskystraße mit dem Durchgang in den Innenhof befindet sich der von Grete Lihotzky geplante Abschnitt des Blocks. Die Hauseingänge liegen im Innenhof. Nach ihren Entwürfen wurden drei Stiegenhäuser mit vier Wohnungen je Geschoß, insgesamt 59 Wohnungen, ausgeführt.

Die zwei hofseitigen Wohnungen enthalten Vorraum, WC, Wohnküche, Loggia, Zimmer. Die straßenseitigen Wohnungen enthalten Vorraum, WC, Wohnküche, Loggia, Zimmer und Kammer.

Die ursprünglichen Ideen von Grete Lihotzky wurden leider nicht verwirklicht. Übrig blieb die Realisierung der Loggien, die sie nach wie vor für eine richtige Form des Freiraumes in einer Stadtwohnung bei unseren klimatischen Verhältnissen hält.

PROJEKTE WIEN BIS 1926

Ausführungsprojekt

Ausführungsprojekt: Ansichten

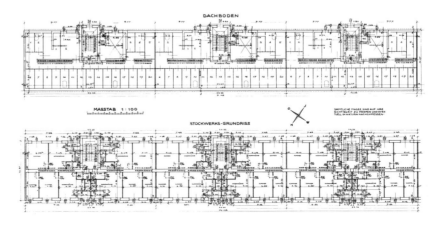

Ausführungsprojekt: Grundrisse

PROJEKTE WIEN BIS 1926

41 ENTWURF FÜR EINE „TUBERKULOSESIEDLUNG", 1925

Diese Planung entstand während Grete Lihotzkys Aufenhalt in der Lungenheilstätte Grimmenstein, September 1924–August 1925.
Der Primarius der Heilstätte erkannte, daß Grete Lihotzky während der langen Wochen der Rekonvaleszenz eine Betätigung gut tun würde. Er gab ihr die Anregung ein Projekt auszuarbeiten, das folgender Idee entsprechen sollte:
Tuberkulosekranken Menschen, die sich im Heilungsprozeß befinden, sollte ein langsamer Übergang vom Aufenthalt in der Lungenheilstätte zur neuerlichen Integration in das Berufsleben ermöglicht werden. Durch den üblicherweise viel zu schnellen Übergang und die fehlende medizinische Betreuung nach Verlassen der Heilstätte wurden viele Patienten sehr schnell rückfällig.
Die „Tuberkulosesiedlung" vereint Wohnungen, Arbeitsstätten und Sanatorium. Es sollte die Möglichkeit gegeben sein, daß die Menschen leichte Arbeit unter ärztlicher Kontrolle verrichten und genügend Ruhezeiten beanspruchen können. Das Schlafen in Lufthütten sollte noch, wie in den Lungenheilstätten, obligat bleiben.
Weiters sieht Grete Lihotzky vor, Reihenhäuser für Familien, ein Ledigenheim für Alleinstehende, ein Werkstättenhaus, ein Hauptgebäude, ein Bade- und Garderobenhaus, ein Betriebsgebäude und ein Konsumvereinsgebäude zu errichten.
Das Projekt wurde im Frühjahr 1925 bei der Hygieneausstellung im Messepalast in Wien im Rahmen des Beitrages des Gesellschafts- und Wirtschaftsmuseums gezeigt.

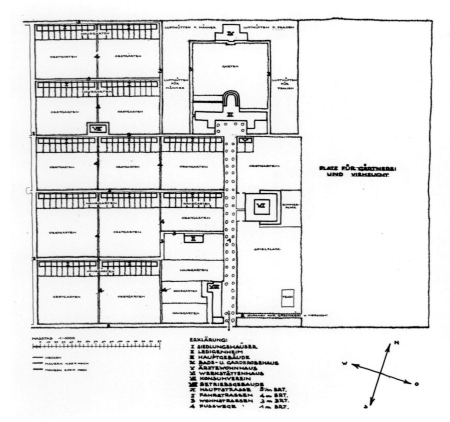

Lageplan

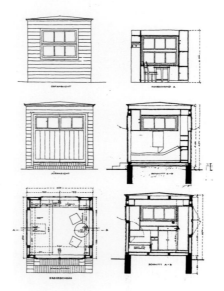

Lufthütte

PROJEKTE WIEN BIS 1926

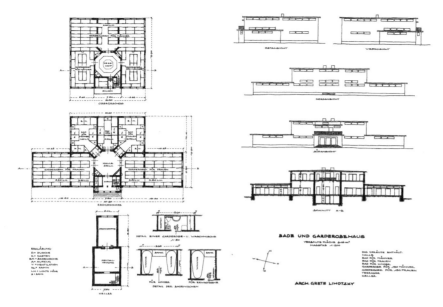

Bade- und Garderobehaus

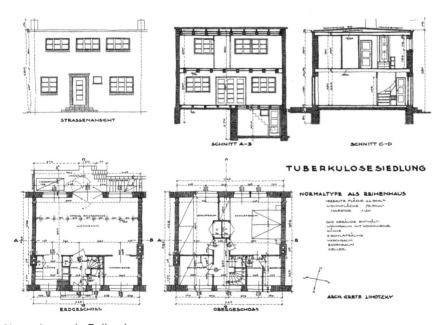

Normaltype als Reihenhaus

Ledigenheim: Grundrisse, Ansichten

„Das vorgebaute, raumangepaßte Möbel"

Die Menschen werden in Zukunft mobiler leben, sie werden die Wohnung ihrem Arbeitsplatz und ihrer Lebenssituation entsprechend wählen – umgezogen wird dann nur mehr mit Tisch und Stühlen! Alle übrigen notwendigen Einrichtungsgegenstände können daher fix in die Wohnung eingebaut werden.

Von diesem Denkmodell gingen Grete Lihotzkys Studien zu einer neuen Art des Einrichtens, die sie in dem Artikel „Das vorgebaute, raumangepaßte Möbel"[26] veröffentlichte, aus. Zu diesem Ansatz fügt sich auch das Entwurfsprinzip, das sie schon in ihrem ersten Artikel 1921 beschrieb: *„Was nur möglich ist, sollte man an Möbeln einbauen. Von diesem Augenblick an sind diese Möbel eigentlich keine Möbel mehr, sondern sie sind Teile des Raumes, vollkommen in sich abgegrenzte Luftvolumen, die beim Entwurf des Raumes von vornherein schon mitgedacht werden müssen."*[27]

Ihr grundsätzlicher Gedanke war, daß der Wand vorgebaute, raumangepaßte Möbel im Vergleich zur herkömmlichen Methode der Einrichtung (mit Kästen) 35–40% der Grundfläche eines Raumes sparen können, was sie mit Berechnungen nachgewiesen hatte.

„Das bedeutet, daß wir um bis zu 40% kleiner bauen könnten, oder einen ohnehin schon kleinen Raum um 40% besser ausnutzen könnten. Es wäre denkbar derartige Möbel serienweise als verschieden große zusammensetzbare Elemente zu erzeugen, die auch beim Wohnungswechsel wieder leicht abmontiert werden können."[28]

Die Überlegungen der Rationalisierung angewendet auf das planerische Denken einer Einheit von Wohnungsgrundriß und Einrichtung ergab die Rationalisierung des Grundrisses. Als Beispiele brachte sie Fotos folgender ausgeführter Einrichtungsplanungen (Nr. 30, Nr. 42):

---

[26] Grete Lihotzky: /Das vorgebaute Möbel/

[27] Grete Lihotzky: /Einrichtung der Siedlerhäuser/, S. 218

[28] Grete Lihotzky: /Das vorgebaute Möbel/

PROJEKTE WIEN BIS 1926

Arbeitsplatz

Kaminecke

Schlafraum

Wohnzimmer

30 EINRICHTUNG EINES HAUSES IN DER SIEDLUNG EDEN,
1922–1923
für den Schriftsteller H. Margulies,
Wien 14 (genaue Adresse unbekannt)

Der Grundriß des Siedlerhauses könnte, nach Rekonstruktionsversuchen mit der Architektin und den vorhandenen Abbildungen, in etwa der Type 4 (Projekt Nr. 27) entsprechen. Die Lage des Kamins auf den Fotos zeigt jedoch Abweichungen zum Grundriß der Type 4.

PROJEKTE WIEN BIS 1926

Sekretär

42 EINRICHTUNG EINES SCHLAFRAUMES FÜR EINE DAME,
Oktober 1925
für Frau C. Neubacher, Wien 18., Ruhrhoferg. 12

„Die Abbildungen zeigen die Einrichtung eines kleinen einfenstrigen Zimmers, das von einer Dame gleichzeitig als Wohn- und Schlafraum benützt werden soll. Ich habe mich bemüht, die ungünstige Proportion dieses Zimmers durch Ausbildung des Bettes zu einer Sofanische zu verbessern und dadurch die Gesamtlänge des Zimmers für das Auge auf nur 3,50 m herabzusetzen. Das Bett wird tagsüber als Sofa benutzt, das Bettzeug wird in demselben Zimmer in einer Kiste untergebracht. Die Kleider werden in einem anderen Zimmer aufbewahrt. Der ganze Raum ist bis zur Höhe von 2,64 m mit 66,66 cm, 33,33 cm und 33,66 cm großen, abgesperrten furnierten Nußholzplatten verkleidet, alle Möbelstücke sind aus denselben Platten in denselben Ausmaßen gearbeitet. Die Decke und der oberste Teil der Wände sind weiß, die Stoffe bunt."[29]

Die Einrichtung dieses Zimmers war bis 1992 im Besitz der Familie unverändert vorhanden.

---

[31] Grete Lihotzky: a.a.O.

PROJEKTE WIEN BIS 1926

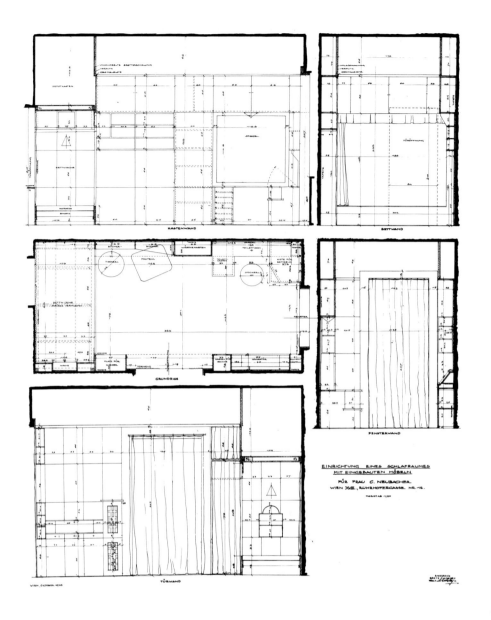

Toilettetisch

Bettnische

RENATE ALLMAYER-BECK

Margarete Schütte-Lihotzkys Tätigkeit am Frankfurter Hochbauamt

Ludwig Landmann

Ernst May

Voll Enthusiasmus begann Margarete Schütte-Lihotzky im Alter von 29 Jahren ihre Tätigkeit am gerade neu strukturierten Frankfurter Hochbauamt. Ernst May holte sich cirka 40 neue Mitarbeiter ans Hochbauamt, unter ihnen auch Margarete Schütte-Lihotzky, die er bereits aus Wien kannte.[1] Dank der Zusammenarbeit von Ludwig Landmann als Oberbürgermeister, Ernst May als Stadtrat für Städtebau und Bauwesen und Bruno Asch als Finanzstadtrat, wurde hier die Möglichkeit geschaffen, städtebaulich umfassende neue Konzepte zu entwickeln und auch zu realisieren.

Zur Situation

Frankfurt am Main entwickelte sich in den ersten zwanzig Jahren dieses Jahrhunderts zur Großstadt. Der damalige Oberbürgermeister Franz Adickes (1891–1912) schaffte durch eine Bodenreform, die es der Stadt ermöglichte, Zonenenteignungen für den Städtebau vorzunehmen, und durch eine neue Bauordnung die Grundlage für eine dezentrale Stadt und die Anfänge einer die Stadtgrenzen überschreitenden Landesplanung. Städtische Baugründe wurden nur verpachtet, und dies sicherte der Stadt Einfluß auf die Miet- und Kaufpreise der Wohnungen auf städtischem Grund.[2]

Der Erste Weltkrieg verschlimmerte die Wohnsituation. Die Stillegung der Bautätigkeit während und nach dem Krieg, aber auch häufigere Eheschließungen und der Zuzug von Bevölkerung, vor allem aus dem besetzten Elsaß, erhöhten den Wohnraumbedarf drastisch. Aus diesen Gründen trachtete die Stadt Frankfurt, die Stadtratsstellen mit Beamten, die diese Probleme lösen konnten, neu zu besetzen.

1924 wurde Ludwig Landmann zum Oberbürgermeister gewählt. Er hatte es verstanden, als Stadtrat des Wohnungsamtes die Stadterweiterungspolitik Adickes fortzusetzen und dann, als Stadtrat des Wirtschaftsamtes, Frankfurt zu einer Handelsmetropole, einem Messestandort und zu einem Verkehrsknotenpunkt mit einem zentralen Flughafen zu entwickeln.

Er forderte schon 1917 die Gründung eines Siedlungsamtes, das „alle Fragen des Städtebaues nach der wirtschaftlichen, rechtlichen, kulturellen oder künstlerischen Seite hin einheitlich nach einem großen Programm"[3] lösen könne, was ihm aber erst nach seiner Wahl zum Oberbürgermeister gelang.

Als Bürgermeister sah er in der Erstellung eines Generalbebauungsplanes die notwendige Grundlage einer erfolgreichen Wohn- und Siedlungspolitik. Für ihn konnte nur ein Einheimischer, der mit der Lage gut vertraut war, diese verantwortungsvolle Aufgabe übernehmen.[4]

---

[1] siehe Zwingl, Christine: Die ersten Jahre in Wien

[2] Müller, Michael/Mohr, Christoph: /Funktionalität/, S 32

[3] Berichte der Stadtverordnetenversammlung 1917, 867ff „Landmann:„..."

[4] Müller, Michael/Mohr, Christoph: a.a.O., S 32

FRANKFURTER HOCHBAUAMT

SIEDLUNGSAMT
BAUPOLIZEI
HOCHBAUAMT

GROSSBAUTEN	Schulen
	Krankenhäuser
TYPISIERUNG	Hausrat
	Graphik
BAUBERATUNG	Plankammer
	Rathausverwaltung
	Modellbau

GROSSBAUTEN
Leiter: Martin Elsässer
 Walter Schwangenscheidt
 Wilhelm Schütte
 Werner Hebebrand
 Max Cetto
 Adolf Meyer
 Bernhard Hermkes

TYPISIERUNG:
Leiter: Eugen Kaufmann
Wohnbau Küche Ausstellungen:
 Margarete Schütte-Lihotzky
Normteile Möbel: Ferdinand Kramer
Graphik: Hans Leistikow

MODELLBAU Loecher

FREIE Franz Schuster
ARCHITEKTEN Anton Brenner
 Mart Stam
 Walter Gropius
 Martin Weber
 Hans Bernoully
 Walter Dexel

Organisation Hochbauamt

---

[5] Frankfurter Architekturmuseum (Hrg.): Ernst May und das Neue Frankfurt, S 42

[6] Müller, Michael/Mohr, Christoph: a.a.O., S 32

[7] Müller, Michael/Mohr, Christoph: a.a.O., S 32

[8] May, Ernst: /Fünf Jahre Wohnungsbautätigkeit/, S 27

Ernst May und seine Vorstellungen einer modernen Großstadtplanung

Ernst May stammte aus Frankfurt. Er wurde am 9. 6. 1925 zum Stadtrat für Bauwesen und Städtebau und zum Leiter des Frankfurter Hochbauamtes bestellt[5]. Er studierte bei Theodor Fischer in München und arbeitete danach im Büro Raymond Unwins in London. Ab 1919 hatte er sich als technischer Leiter der „Schlesischen Landgesellschaft" in Breslau und ab 1921 als Direktor der gemeinnützigen Gesellschaft „Schlesisches Heim" mit Wohnungsnotprogrammen und Siedlungswesen auf dem Land befaßt und sich mit Rationalisierungsversuchen und Bebauungsplanentwürfen einen Namen gemacht.[6]

Im Herbst 1925 arbeitete Ernst May ein Wohnbauprogramm aus, das nach seinen Worten die Beseitigung der Wohnungsnot innerhalb von 10 Jahren vorsah.

Voraussetzungen dafür waren die Bodenreform, die es der Stadt ermöglichte, Grundstücke für Wohnbauzwecke zu enteignen (das heißt, sie zu 3,5 RM anstatt zu 12–15 RM/m^2 abzulösen). Die Stadt mußte dafür sorgen, daß der für den Wohnungsbau benötigte Grund in zusammenhängenden Komplexen bereitgestellt wurde. Eine weitere Voraussetzung war die Einführung der Hauszinssteuer, die Abgabe eines Teils des Gewinns der Hauseigentümer an den Staat, wovon 44,5% für den Wohnungsbau und 55,5% für allgemeine Verwaltungszwecke benutzt wurden.[7]

DER GENERALBEBAUUNGSPLAN

Ernst May propagierte die Erweiterung der Stadt durch trabantenartige Stadtkomplexe, die als autarke Siedlungen abgeschlossen im Freiland eingebettet werden sollten. Im Westen an den Hängen der Niddaniederung sollten ausgedehnte Wohngebiete nahe der Natur entstehen. Das Niddatalprojekt wurde 1926 mit der Errichtung von Praunheim begonnen und umfaßte weiters die Siedlungen Römerstadt und Ginnheim. Es war der Planungsschwerpunkt der Wohnbauideen Ernst Mays.

Die Loslösung von der Zentralstadt bedeutete die Ausstattung der Siedlungen mit allen Versorgungseinrichtungen für das tägliche Leben wie Handwerksbetriebe, Arztpraxen, Rechtsanwaltskanzleien, Volkshäuser, Säuglingsheime und Kinderhorte, zentrale Heizanlagen und zentrale Warmwasserversorgung.

Dieses städtebauliche Planungskonzept, das sich am Ideal der Trennung der Funktionen in der Stadt orientiert ist neben holländischen Beispielen als einziges in diesem Umfang verwirklicht worden. Seine vorausschauenden Grundsätze wurden erst in der CIAM-Charta von Athen 1933 niedergeschrieben.

„Die grundlegende Entscheidung über den Wert oder Unwert großstädtischen Wohnbaues erfolgt bereits bei der Festlegung der Stadtform oder, da es sich heute mehr um Erweiterungen vorhandener Städte handelt, um die Bestimmung der Erweiterungsmethode"[8], schrieb Ernst May 1930. Er erkannte, daß der Wohnungsbau nur dann befriedigende Ergebnisse erzielen kann, wenn er in ein städtebauliches Gesamtkonzept eingebettet ist.

„Licht, Luft, Sonne" waren die Schlagworte der „Neuen Baugesinnung". Die Bauten sollten entlang von Wohnstraßen errichtet werden, die Schmalseiten eines Blockes zur guten Durchlüftung offen bleiben. Die Straßen und Häuser wurden nach den Himmelsrichtungen angeordnet, sodaß die Wohnräume möglichst nach der Sonne ausgerichtet werden konnten.

FRANKFURTER HOCHBAUAMT

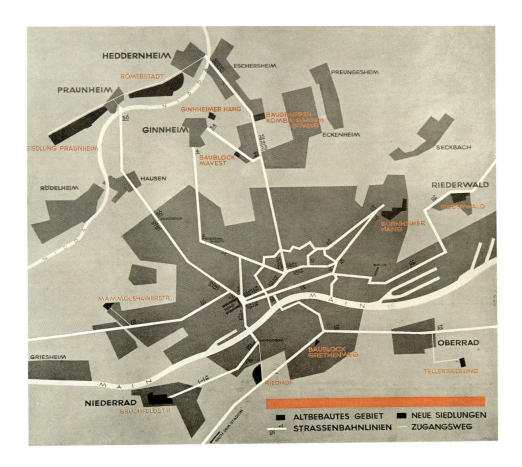

Generalbebauungsplan
von Frankfurt am Main

Der Flachbau gilt als Idealform des Wohnens. Hinter jedem Reihenhaus befindet sich ein Garten, der durch einen Gartenweg erschlossen wird.[9] Die Gärten der Siedlung waren als Nutzgärten gedacht[10], und daher lang und schmal mit Wirtschaftswegen an ihrer Rückseite angelegt. Am Rande der Siedlungen, als Übergang zur Landschaft, liegen Kleingartenanlagen zur Erholung für die städtische Bevölkerung.

Bei Geschoßwohnungen wurde höchstens dreigeschossige Bebauung (inklusive Erdgeschoß) vorgeschlagen. Den Bewohnern des Erdgeschosses standen Mietergärten und den Bewohnern der beiden oberen Geschosse Dachgärten als Freiräume zur Verfügung.

TYPISIERUNG

Ernst May war davon überzeugt, daß der Massenbedarfsartikel Wohnung nur dann gut und billig gebaut werden könnte, wenn er typisiert, seine Elemente normiert und der Bauprozeß mechanisiert werde. Mays Ansicht nach hatten sich schon immer Einheitsformen entwickelt, die in vielfacher Wiederholung und leichten Variationen zur Anwendung kamen und erst im 19. Jahrhundert zugunsten eines falsch verstandenen Individualismus aufgegeben wurden.

„Die wichtigste Arbeit, die zu diesem Zweck zu leisten ist, besteht in der Schaffung planmäßig aufgestellter Grundrisse. Es wird nicht möglich sein, das Wohnungsbedürfnis der breiten Massen der Großstadtbevölkerung mit ein oder zwei Typen zu befriedigen, berufliche Schichtung, Kinderzahl und andere Momente nötigen zur Aufstellung einer Serie solcher Typen", schrieb Ernst May 1930.[11]

---

[9] Aussage Margarete Schütte-Lihotzky: „Jeder Zentimeter mehr Breite kostet mehr Straße mehr Kanal u.s.w., hingegen die Tiefe ist nicht die Schwierigkeit beim Reihenhaus."

[10] Risse, Heike: /Frühe Moderne/,: Die gesamte Ausgestaltung der Siedlung erfolgte nach den Plänen Leberecht Migges unter der Oberleitung der Abteilung Gartenwesen und des Friedhofsamtes., S 267 (A.d.A) Für den Gemüse und Obstanbau hatte es sich nach Untersuchungen von Leberecht Migge günstig erwiesen, lange und schmale Gärten anzulegen, um die besten Besonnungs- und Windverhältnisse zu erreichen.

[11] May, Ernst: a.a.O., S 37

FRANKFURTER HOCHBAUAMT

Planungsschwerpunkt für den neuen Wohnungsgrundriß stellte die Erleichterung der Hauswirtschaft dar:

„... Die Küche selbst erhält Einbauten, die eine rationelle Ausnützung des geringen zur Verfügung stehenden Raumes sichern. Die Anordnung der einzelnen Teile erfolgt nach den Gesichtspunkten sinngemäßer Küchenwirtschaft. Die Planung erfolgt durch eine Frau mit den Frauen."[12]

NORMIERUNG

Der Grundsatz der Rationalisierung des Wohnungsbaues bewirkte auch Normierung der Bauteile wie Türen, Fenster, Beschläge, Decken und Dachkonstruktionen. Diese Normen mußte jeder Bauträger akzeptieren, der Anspruch auf die Hauszinssteuer erhob.

Zur Ergänzung des normierten Wohnungsbaus wurden den Bewohnern die neuen kombinierbaren Möbel der städtischen „Hausrats – A.G."[13], die nach Entwürfen der Architekten Ferdinand Kramer und Franz Schuster hergestellt wurden, angeboten, da diese besser in die kleinen Wohnungen paßten.

Mit dem Frankfurter Register, das ab 1928 der Zeitschrift „Das Neue Frankfurt, die neue Stadt"[14] beigelegt wurde, versuchte man in ähnlicher Weise, eine Serie von praktischen Haushaltsgegenständen zu fördern.

Normen/Fenster – Türen – Beschläge – Das flache Dach, Registerblätter/Das kleinste Bad auf kleinstem Raum, Möbel

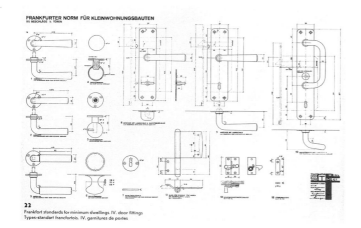

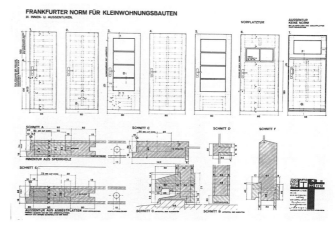

[12] May, Ernst: a.a.O., S 38

[13] Müller, Michael/Mohr, Christoph: a.a.O., S 110
Ferdinand Kramer: In einer leerstehenden Kaserne richtete die Stadt auf meinen Vorschlag hin die Erwerblosenzentrale ein. Hier produzierten arbeitslose Schreiner Möbel nach Entwürfen von Franz Schuster und mir.
(A.d.A.) 1925 hatte Kramer einen Wettbewerb für kombinierbare Möbel gewonnen.

[14] (A.d.A.) Ab 1928 wurde der Name der Zeitschrift von „Das Neue Frankfurt", in „Das Neue Frankfurt, die neue Stadt" geändert.

[15] Lihotzky, Grete: Modern Architecture and the housing problem siehe Projekt Nr. 43

MECHANISIERUNG

Ein weiteres wichtiges Element des billigeren Wohnungsbaus war die Mechanisierung der Bauausführung. Es kam vor allem darauf an, so billig und so schnell wie möglich Wohnungen zu produzieren.

Man entwickelte die Plattenbauweise, bei der Wände und Decken in großformatigen Teilen in der Fabrik vorfabriziert wurden. Das Baumaterial war Bimsbeton. Die fertigen Platten mußten an der Baustelle nur mehr mit dem Kran versetzt werden, ein Rohbau konnte so in vier Tagen entstehen.

Der erste Versuchsblock 1926 bestand aus zehn Häusern in der Siedlung Praunheim; diese Häuser wurden innerhalb von zwanzig Tagen fertiggestellt.[15] Im Herbst 1926 richtete Ernst May eine Plattenbaufabrik im Haus der Technik am Messegelände ein. Er plante eine Serie von zweihundert Häusern für Praunheim, die eine verbesserte Variante des Plattenhauses Typ I waren.

FRANKFURTER HOCHBAUAMT

Plattenbauweise

Die Aufgaben von Margarete Schütte-Lihotzky im Hochbauamt

Ernst May beauftragte Margarete Schütte-Lihotzky, ihre Vorstellungen von der Rationalisierung der Hauswirtschaft in die Konzepte des Frankfurter Wohnungsbaus einzubringen. Er schätzte ihre bisherige Arbeit sehr, besonders ihre pionierhaften Küchenentwürfe aus der Wiener Zeit, die er bereits in seiner Breslauer Zeitschrift „Das Schlesische Heim" publiziert hatte.

Gemeinsam mit Eugen Kaufmann, der die Typisierungsabteilung leitete, und Ernst May entwickelte Margarete Schütte-Lihotzky hier die ersten Grundrißtypen für die Siedlung Praunheim. Im Frühjahr 1926 wurde mit dem Bau der Siedlung Praunheim, Bruchfeldstraße und Ginnheim begonnen, und auf der Basis der so gewonnenen Erfahrungen wurden die Grundsätze und die Ziele für den Wohnungsbau festgeschrieben.

Parallel zum Bau der ersten Siedlungen erfolgte die Entwicklung der Küchen. Da Margarete Schütte-Lihotzky auf diesem Gebiet bereits über umfangreiche Erfahrungen verfügte, fand sie rasch eine Lösung für die Frankfurter Siedlungsbauten und präsentierte diese sofort der Öffentlichkeit. Am 26.3.1926 hielt die Architektin bereits einen Vortrag im Radio über ihre Vorstellungen zum Thema „Arbeitssparende Haushaltsführung", in dem sie darlegte, warum keine Wohnküchen, sondern kleine Arbeitsküchen gebaut werden sollten.[16] Ernst May vertrat dieses Konzept in der Stadtverordnetenversammlung. Elsa Bauer, eine sozialdemokratische Stadtverordnete, stellte am 31.3.1926 den Antrag, alle nötigen Einrichtungen zur Rationalisierung der Hausarbeit in die Wohnungen einzubauen. Ihr Antrag wurde angenommen.[17]

Unter der Mitarbeit von Margarete Schütte-Lihotzky entstanden zwei Haustypen und die erste Versuchsserie von zehn Plattenhäusern in der Siedlung Praunheim, die von der Stadt gebaut wurde, um die Wohnbautätigkeit anzuregen. In den folgenden Jahren diente Praunheim immer wieder als Experimentierfeld für neue Wohnkonzepte. Im ersten Bauabschnitt wurden insgesamt 164 Einfamilienhäuser gebaut.

Die Ausstattung der Häuser ist sparsam, der Zugang des Gartens erfolgt über den Wirtschaftsbereich, wie es auch bei der Vorgängergeneration von Siedlerhäusern üblich war. Es gab eine Neuerung: Man baute Flachdächer und auf diese eine später ausbaubare Dachkammer und gewann dadurch zusätzlich eine Dachterrasse.[18]

[16] siehe Allmayer-Beck, Renate: Zusammenhänge zwischen Wohnungsbau und Rationalisierung der Hauswirtschaft anhand der Küchenplanungen von Margarete Schütte-Lihotzky, bzw. Projekt Nr. 50

[17] Berichte der Stadtverordnetenversammlung der Stadt Frankfurt a. M.: 8. Sitzung vom 31. März 1926

[18] siehe Projekt Nr. 43

FRANKFURTER HOCHBAUAMT

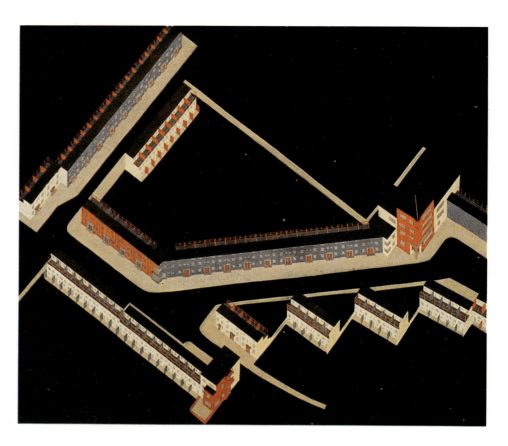

Siedlung Praunheim

Siedlung Bruchfeldstraße, Dachterrasse

Die Küche steht in direktem Zusammenhang zu einem daneben liegenden Bade- und Waschraum, der die Restfunktionen der ehemaligen Spülküche aufnimmt. Der Küchenraum selbst entspricht genau der Vorstellung einer arbeitssparenden Küche, die Beziehung zum Wohnraum ist aber nicht so gelungen wie bei der Stockwerkswohnung in der Bruchfeldstraße.[19]

In der Siedlung Bruchfeldstraße wurde ein bestehendes Wohngebiet durch Geschoßwohnbauten ergänzt. Eine Wohnung setzt sich aus zwei Schlafräumen, einem Wohnraum, einer Küche, einem Bad und einem Vorraum zusammen. Das Konzept, jedem Mieter zusätzlich einen Freiraum, einen Keller und eine Dachkammer, die für größere Kinder als Zimmer verwendet werden konnte, anzubieten, zeigt, daß dieselben Grundsätze wie für Reihenhäuser gelten sollten.

Hier sind sowohl die rationelle Einrichtung der Küche als auch ihre Lage im Grundriß ideal gelöst. Dieser Typ wird später als „Frankfurter Küche" weltberühmt.[20]

In der Siedlung Höhenblick kommt ein größerer Haustyp zur Ausführung. Die Erschließung des Hauses und die Räume entsprechen eher heutigen Größenvorstellungen von Räumen. Es wird auch breiter gebaut. Im Rahmen dieses Projekts entsteht die Küche für einen größeren Haushalt, in der ein Sitzplatz für eine Küchenhilfe vorgesehen ist.[21]

AUSSTELLUNGEN

In Verbindung mit der Frühjahrsmesse 1927 veranstaltete die Stadt Frankfurt am Main eine Sonderausstellung „Die neue Wohnung und ihr Innenausbau", die den

---

[19] siehe Projekt Nr. 44
[20] siehe Projekt Nr. 45
[21] siehe Projekt Nr. 46 und Projekt Nr. 50

FRANKFURTER HOCHBAUAMT

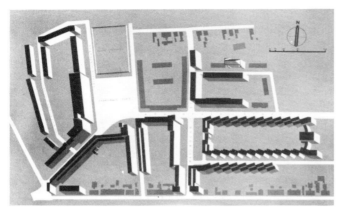

Siedlung Bruchfeldstraße

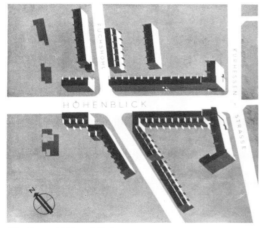

Siedlung Höhenblick

Stand des neuzeitlichen Wohnungsbaus unter besonderer Berücksichtigung der Stadt Frankfurt zeigen sollte. Margarete Schütte-Lihotzky wurde im Rahmen ihrer Tätigkeit am Hochbauamt mit der Gestaltung der Ausstellung beauftragt.

An diese war eine Sonderschau des Frankfurter Hausfrauenvereins „Der neuzeitliche Haushalt" angeschlossen, in der fünf Küchentypen der Architektin und eine Speisewagenküche, welche die Firma Mitropa zur Verfügung stellte, aufgebaut waren.

Das Hochbauamt stellte das 1 : 1-Modell eines Plattenhauses aus der städtischen Hausfabrik aus, dessen Entwurf von Stadtrat Ernst May und seinen Mitarbeitern, den Bauräten Kaufmann, Brenner, Menges und Schütte-Lihotzky, stammte. Die Möbel wurden in der Typisierungsabteilung von Ferdinand Kramer entworfen, die Küche war von Margarete Schütte-Lihotzky[22].

Weiters zeigte man von der Architektin entwickelte Kleingartenhütten, eine davon im 1 : 1-Modell, wie sie in den städtischen Pachtgärten zur Aufstellung kommen sollten.

Auch das Wochenendhaus, das Margarete Schütte-Lihotzky mit Wilhelm Schütte entworfen hatte, wurde vollständig mit eingebauten Möbeln eingerichtet, als 1 : 1-Modell ausgestellt.

Es ging bei allen auf der Ausstellung gezeigten Projekten nicht darum, eine einzelne formal bessere Lösung zu finden, sondern durch gründliche Planung eine zweckmäßige Form zu entwickeln.

[22] o.A.: /Vom neuen Bauen 2/, S B110

Ausstellung „Die neue Wohnung und ihr Innenausbau"

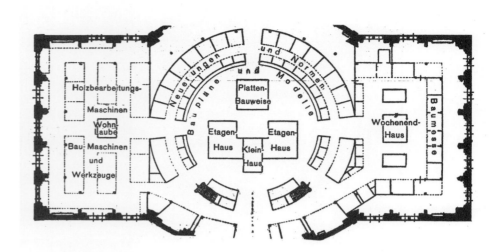

Plattenhaus

Die zweite große Ausstellung des Frühjahrs 1927 war die Werkbundausstellung in Stuttgart. Das Frankfurter Hochbauamt zeigte das neue Plattenhaus mit der Einrichtung von Ferdinand Kramer und der Frankfurter Küche von Margarete Schütte-Lihotzky, die für das Hochbauamt die Bauleitung übernahm. Die Präsentation zeigte, wie verschiedene Architekten die Ausnutzung des Raumes bei beschränkten Grundrissen handhabten. Die neuen Wohnungen waren durchwegs vollständig mit Wandschränken ausgestattet, als bewegliche Möbel blieben nur Tisch und Stühle. Diese Lösung wurde von Margarete Schütte-Lihotzky schon in ihrem Artikel „Das vorgebaute raumangepaßte Möbel" im „Schlesischen Heim" 1926 propagiert und auf der Frankfurter Ausstellung als Ergänzung zu ihren Grundrissen für Gartenhütten und für das Wochenendhaus vorgeschlagen.

PUBLIKATIONSTÄTIGKEIT

Ihre Arbeit an der Rationalisierung der Hauswirtschaft fand in der Öffentlichkeit viel Beachtung. Ernst May und Margarete Schütte-Lihotzky waren die beiden Persönlichkeiten im Hochbauamt, die durch die meisten Publikationen und Vorträge die Leitsätze des „Neuen Wohnungsbaues" propagierten.

Im Herbst 1926 gründete Ernst May die Monatszeitschrift „Das Neue Frankfurt", in der er einerseits die Frankfurter Bautätigkeit dokumentieren, andererseits aber auch ein internationales Forum für neues Bauen und neue Kunst schaffen wollte. Die Zeitschrift erregte weltweit großes Interesse[23].

Margarete Schütte-Lihotzky schreibt in den verschiedensten Zeitschriften unzählige Artikel über ihre Hauptthemen: zuerst über „Die Frankfurter Küche", dann über „Schul- und Lehrküchen" und „Die Wohnung der berufstätigen Frau".

In Vorträgen, die sie auf Einladung der verschiedensten Gremien hält, verbreitet sie mit Enthusiasmus ihre Ideen zu neuen Wohnkonzepten und spricht im Laufe der Jahre in fast allen großen Städten Deutschlands. Die „Frankfurter Küche" und der neue Wohnungsbau sind auch hier Schwerpunktthemen, die sie in den verschiedenen Frauenvereinen den Frauen näherzubringen versucht.

---

[23] Titelseite „Das Neue Frankfurt", Heft 11/1930, Reichweite Abonnenten

Die wichtigsten Punkte ihrer Vorträge sind:
- Die Einkommensverhältnisse, und nicht ideale Formvorstellungen bestimmen die Grundrißplanung einer Wohnung in Frankfurt.
- Rationalisierung und Massenproduktion sind für die Erzielung von niedrigen Mieten notwendig.
- Die Rationalisierung der Hauswirtschaft dient vor allem dem Zweck, mehr Zeit für Erziehung der Kinder, für Kultur, Freizeit und Sport zu haben.
- Zur Errichtung von Kleinstwohnungen ist es notwendig, den minimalen Bedarf an Wohnfläche für eine Familie festzustellen. Fehlende Räume für Kinder in der Wohnung steigern die Kriminalität der Jugendlichen. Je kleiner die Wohnfläche, desto besser muß die Wohnung ausgestattet sein. Eingebaute Möbel sparen bis zu 30% an Grundfläche.
- Gefordert wurden zentrale Einrichtungen in den Siedlungen, die den Frauen die Arbeit erleichtern sollen. Unbedingt notwendig sind dabei die Zentralwäscherei mit modern ausgestatteten Wascheinrichtungen und der Kindergarten, in welchem die Kinder während der Arbeitszeit oder der Erledigungen der Mutter versorgt werden.

Durch ihre Reden möchte sie den Frauen bewußt machen, daß sie sich als Hauptbetroffene gegen den schlechten Wohnungsbau zur Wehr setzen und in Hinkunft den Wohnbau beeinflussen sollen.

Voraussetzung dafür ist aber, daß die Frauen bereit sind, sich mit dem Fortschritt auseinanderzusetzen (das heißt, bereit sind, sich von konventionellen Vorstellungen über Wohnungseinrichtung und Haushaltsführung zu lösen, A.d.A.). „Ein Architekt, der eine Villa plant, spricht mit der Hausfrau. Stadtverwaltungen müssen mit den Frauenorganisationen sprechen, die Erfahrungen von allen soll allen zugute kommen."

BAUAUFGABEN FÜR DIE FRAUEN

Die Themen ihrer Arbeit sind Bauaufgaben, die vor allem Frauen zugute kommen, und deren Behandlung bereits von Frauenvereinen und Frankfurts Politikerinnen gefordert wurde. So setzte sich Elsa Bauer, die sozialdemokratische Stadtverordnete, für die Ausstattung des Hauswirtschaftsbereiches mit arbeitssparenden Geräten ein. Die Sozialdemokratin Bittorff war für eine vernünftige Ausstattung der Berufsschulen. Die Stadtverordnete Lill von der Zentrumspartei und die Sozialdemokratin Ennenbach warfen die Wohnungsfrage alleinstehender Frauen auf, und Frau Lill und Henny Pleimes meldeten sich zur Kindergartenfrage zu Wort.[24]

So ist es eigentlich klar, daß Margarete Schütte-Lihotzky, als einzige Architektin am Hochbauamt, von Ernst May mit weiteren Aufgaben in dieser Richtung betraut wird.

Das Anliegen der Stadtverordnetenversammlung, endlich eine Lösung für die Wohnungsnot alleinstehender Frauen zu finden, beantwortet Margarete Schütte-Lihotzky mit der Idee der Einliegerwohnung. Diese Wohneinheiten sollen anstatt der Dachkammern auf die Reihenhäuser gebaut werden, was in der Siedlung Praunheim auch verwirklicht wurde. Ein Teil sollte jungen Ehepaaren, der andere alleinstehenden Frauen zur Verfügung gestellt werden. Für Praunheim zeigte die Architektin eine Mustereinrichtung für die Einliegerwohnung, wie sie von einem jungen Ehepaar benutzt werden könnte.[25]

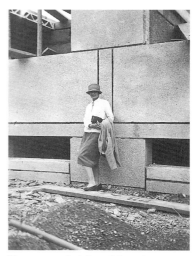

Margarete Schütte-Lihotzky vor dem Plattenhaus des Hochbauamtes Frankfurt auf der Stuttgarter Werkbundausstellung

Grete Lihotzky
Der Kompagnon von May & Co.

O Grete! Als ich sah dein lieblich Bild
In einer Zeitung, hab ich mich gewandelt. —
Ich war ein Nörgler, war fuchsteufelswild, —
Nun weiß ich wohl, daß ich nicht recht gehandelt.

Mir hat es angetan dein Bubikopf
Und deine schnippisch — kecke Nasenspitze;
Du kommst mir Tag und Nacht nicht aus dem Kopf
Und bringt mein kühles Blut zur Siedehitze.

Die Wohnungsnot liegt mir im Magen schwer;
Vor May, dem Zaubermann, es oft mir graute;
Hab ihn verwünscht, weil in die Fluren er
Voll Wollust seine Plattenhütten baute.

Jetzt denk ich anders! Nett muß es doch sein
In solchem winzig kleinen Heim zu weilen;
Denn für das Glück ist wohl kein Raum zu klein, —
Doch müßtest du mit mir die Bude teilen!

Was brauch ich mehr? Die Küche ist komplett,
Ein Tischlein geht zur Not in's „Herrenzimmer."
Das Kämmerlein hat Raum für's Himmelbett, —
Ach Grete komm! Mach glücklich mich für immer!

Denn wenn am Gasherd du das Szepter führst
Und mit den zarten und so flinken Händen,
Voll Anmut die Kartoffelsuppe rührst,
Fühlt man sich wohl auch zwischen kahlen Wänden.

Bescheiden würde ich aufs Bügelbrett
Mich kauern und dich liebevoll umschmeicheln
Und bin und wieder, — wäre das nicht nett? —
Dir deinen schlauen Bubischädel streicheln.

Dann würde ich, vom Größenwahn befreit,
Mich künftig nie mehr mit Problemen quälen
Und dir zu Füßen, allzeit hilfsbereit,
Gemüse putzen und Kartoffeln schälen.

Dein neuer „Lebensstil." das geb ich zu, —
Die Krätscher und die Zweifler leicht belehrt,
Besonders wenn solch süßes Kind wie du
Mit milden, weisen Worten sie belehren. — — —

Spottgedicht

---

[24] Berichte der Stadtverordnetenversammlung aus den Jahren 1926–1930

[25] siehe Projekt Nr. 59

Eigene Wohnung

Auch für sich selber hatte die Architektin ein Dachatelier in einem von dem Architekten Balser geplanten und vom Hochbauamt errichteten Haus in der Kranichsteinerstraße als Junggesellinnenwohnung ausgesucht. Im Frühjahr 1927 heiratete sie den Kollegen Wilhelm Schütte. Als Ehepaar teilten sie bis zu ihrer Abreise in die Sowjetunion diese Wohnung, die aus einem Vorraum, einer „Frankfurter Küche" und einem Wohnraum mit Schlafnische und anschließendem Bad bestand. Vor dem Wohnraum lag eine große Terrasse.

Margarete Schütte-Lihotzky arbeitet an der Lösung der frauenspezifischen Wohnprobleme. Die damals üblichen Ledigenheime lehnt die Architektin ab. Sie plädiert für eine Durchmischung der Bevölkerung und sieht daher Wohneinheiten für alleinstehende Frauen im letzten Stockwerk normaler Geschoßwohnhäuser vor. Diese bewußte Integration von Sonderwohnungen erweist sich als vorausblickend, insofern dies heute wieder speziell für Altenwohnungen gefordert wird. Der Entwurf basiert auf sehr konkreten Berechnungen zum Einkommensniveau berufstätiger Frauen und versucht, diese Wohneinheiten dem Finanzierungskonzept normaler Familienwohnungen anzupassen. Zusätzlich gelingt es ihr darzulegen, wie innerhalb eines solchen Konzeptes Dienstleistungen, die die Bewohner von der Hausarbeit befreien sollen, funktionieren könnten.[26]

Die Rationalität des Entwurfes zeigt sich auf der Münchner Ausstellung „Die kleine Wohnung" 1928, wo ihre Lösung die kleinste Variante einer Einraumwohnung darstellt, deren Miete im Vergleich zu anderen Projekten sehr günstig ist.

1929 bestand immer noch ein großer Bedarf an Wohnungen für alleinstehende Frauen, da die Ledigenheime weder ausreichend noch funktionell organisiert waren. Die Stadtverordnetenversammlung beschloß, in den nächsten vier Jahren den Frauen weitere 4000 Wohnungen zur Verfügung zu stellen, die nach dem Konzept, Wohneinheiten auf normale Geschoßwohnhäuser aufzusetzen, gebaut werden sollten. In diesem Zusammenhang plante Margarete Schütte-Lihotzky wahrscheinlich auch das Studentinnenheim.[27]

Eine starke Durchmischung von verschiedensten Wohnungsarten und die weitgehende Versorgung der Wohnungen mit Dienstleistungseinrichtungen zur Befreiung der Familienmitglieder von der Hausarbeit bleibt eine Forderung der Architektin, die heute noch Gültigkeit hat.

Mit der Ausweitung der Berufsschulen sollte der hohen Jugendarbeitslosigkeit abgeholfen werden. Schul- und Lehrküchen stellen eine notwendige Ergänzung der „Frankfurter Küche" dar. Die Schülerinnen werden nach den Regeln der rationellen Haushaltsführung ausgebildet. Je eine Vierergruppe arbeitet in einer Koje, die mit einer rationellen Einrichtung ausgestattet ist. Durch die Kojeneinteilung werden Wegkreuzungen der Schülerinnen im Klassenraum vermieden.

Die erste Schule, die eine solche Küche bekam, war die Varrentrappschule, dann folgten weitere 14 Frankfurter Schulen. Bei Schulneubauten schlug Margarete Schütte-Lihotzky immer vor, die Küche als halbrunden Anbau an einen Schultrakt zu errichten. Erst 1929 gelang es, einen solchen Idealtyp – die Lehrküche des berufspädagogischen Institutes als Anbau der Voltaschule – zu verwirklichen. In dem halbrunden Raum waren die Kojen am Rand, wo die Lichtverhältnisse optimal waren, untergebracht, in der Mitte des Raumes sollte der theoretische Unterricht stattfinden.

Um den Frauen modernste Waschmaschinen zur Verfügung stellen zu können, sind in den Siedlungen als zentrale Einrichtung Wäschereien vorgesehen, für

---
[26] siehe Projekt Nr. 60
[27] siehe Projekt Nr. 84

die die Architektin zur Verringerung der Wege ebenfalls eine Kojeneinteilung vorschlägt.[28] Mit dem zweiten Bauabschnitt Praunheim wurde eine Zentralwäscherei mit Kojeneinteilung nach den Plänen von Margarete Schütte-Lihotzky gebaut.[29] Dieses Konzept wird auch beim Bau aller anderen Zentralwäschereien beibehalten.

Auf die dringende Anfrage der Bewohner der Siedlung Praunheim beschloß die Stadtverordnetenversammlung 1929 endlich, einen Kindergarten zu bauen. Margarete Schütte-Lihotzky wurde mit der Planung beauftragt. Ein revolutionäres Kindergartenprojekt – ein gangloser Pavillonkindergarten, der nicht mehr ausgeführt wird – beschließt die Reihe ihrer Bauaufgaben für Frauen in Frankfurt.[30]

DIE WOHNUNG FÜR DAS EXISTENZMINIMUM

Bereits mit den ersten Ergebnissen des Wohnungsbaus wurde es 1928 klar, daß noch kleinere Einheiten geschaffen werden müßten, um auch für Arbeiter finanzierbare Wohnungen zur Verfügung stellen zu können. Das Hochbauamt legte daher im Herbst des Jahres 1928 in Gemeinschaft mit den städtischen Körperschaften ein neues Wohnbauprogramm vor, das den Bau von 16.000 Wohnungen vorsah, wovon die Hälfte zweiräumige Kleinstwohnungen sein sollten.[31] Ein Typ, der von May propagiert wurde, war das Zweifamilienhaus, in dem wenigstens gewährleistet war, daß jedem ein entsprechendes Stück Garten als Ausgleich für den fehlenden Wohnraum angeboten wurde. Diese Kleinstwohnungen sollten vollkommen möbliert vermietet werden, da bei so geringer Bemessung des Wohnraumes eine optimale Ausnutzung nur durch eingebaute Möbel erreichbar wäre. Klapp- oder Schiebebetten verwandeln das Wohnzimmer bei Nacht in einen Schlafraum. Im Zuge der Entwicklung von Kleinstwohnungen entwarf Margarete Schütte-Lihotzky ein Zweifamilienhaus, das als Musterhaus mit Einrichtung auf dem Frankfurter Messegelände aufgestellt wurde.[32]

Ausstellung „Die Wohnung für das Existenzminimum"

Im Herbst 1929 fand in Frankfurt der erste große CIAM-Kongreß statt. Ernst May hatte am Gründungskongreß in der Schweiz teilgenommen und vorgeschlagen, den nächsten Kongreß in Frankfurt zum Thema „Die Wohnung für das Existenzminimum" abzuhalten. Er beauftragte Eugen Kaufmann und Margarete Schütte-Lihotzky mit der Vorbereitung des Kongresses von städtischer Seite. Es wurde den Vertretern der verschiedenen Mitgliedsländer die Aufgabe gestellt, Tatsachenmaterial über den Stand der Grundrißgestaltungsarbeit von Kleinstwohnungen anschaulich zu vermitteln und über die Einkommenshöhe der betroffenen Schichten zu informieren. Um das inhaltliche Konzept solcher Wohnungen zu betonen, sollten die ausgewählten Objekte ausschließlich mittels auf Tafeln gezeichneter Grundrisse und Schnitte dargestellt werden.

Die Tendenzen auf diesem Kongreß gingen in Richtung Kleinstwohnungen im Geschoßbau. Ernst May beharrte zu diesem Zeitpunkt noch immer auf dem Reihenhaus als beste Wohnform.

Margarete Schütte-Lihotzky beteiligte sich zusammen mit ihrem Mann mit einem Projekt an der Ausstellung; sie zeigten eine Lösung für Kleinstwohnungen im Reihenhaus.

---

[28] siehe Projekt Nr. 61
[29] Artikelausschnitt, Kojeneinteilung für eine Waschküche, Archiv MSL
[30] siehe Projekt Nr. 80
[31] May, Ernst: /Wohnungspolitik/
[32] siehe Projekt Nr. 62

FRANKFURTER HOCHBAUAMT

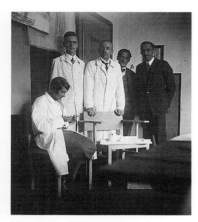

Margarete Schütte-Lihotzky im
Hochbauamt Frankfurt/M, 1928

Ende der Tätigkeit am Hochbauamt

1930, mit beginnender Wirtschaftskrise in Deutschland, versuchte man, bei Doppelverdienern einen Ehepartner aus dem Wirtschaftsprozeß auszugliedern. Margarete Schütte-Lihotzky mußte das Hochbauamt verlassen.

Sie zeichnete für einige Wettbewerbe und widmete sich privaten Aufträgen. Zu diesem Zeitpunkt war aber bereits klar, daß man nur wenige Neuerungen durchsetzen könnte, da die schlechten wirtschaftlichen Verhältnisse die Wohnbautätigkeit schon stark eingeschränkt hatten. Ernst May resümierte fünf Jahre Wohnbautätigkeit in der Zeitschrift „Das Neue Frankfurt". Kurz danach beschloß er, die Berufung nach Moskau anzunehmen, um am Aufbau neuer Städte in der Sowjetunion mitzuarbeiten.

In Frankfurt werden die Vorstellungen einer modernen Stadt durch Ernst May und seine Mitarbeiter erstmals in großem Umfang realisiert. Die daraus resultierenden Erfahrungen bringen den Architekten, unter ihnen auch Margarete Schütte-Lihotzky, den Ruf ein, Aufgaben im Wohnungsbau umfassend bewältigen und realisieren zu können.

Im Oktober 1930 verließen siebzehn Architekten, unter ihnen Margarete Schütte-Lihotzky und Wilhelm Schütte, gemeinsam mit Ernst May Frankfurt.

Rückblickend urteilt Margarete Schütte-Lihotzky über ihre Zeit in Frankfurt folgendermaßen:

„Das Spezialistenteam tat wirklich alles, was es nur konnte, um dem Besten, was in der zweiten Hälfte der zwanziger Jahre in Deutschland technisch und wirtschaftlich möglich war, funktionell und formal Gestalt zu geben. Wieder war ich ein Teil einer Gemeinschaft, der damals verschworenen Gemeinschaft moderner Architekten, geworden, die für bestimmte Prinzipien und Architekturvorstellungen eintraten und dafür auch kompromißlos kämpften. Die ganze Architekturelite, die sich May zusammengeholt hatte, mußte ihre Vorstellungen der Bevölkerung erst verständlich machen. Damals zog sich eine lückenlos laufende Kette für alle Arbeiten, von der Vertretung in den öffentlichen Körperschaften durch Ernst May über den Architekten, vom ersten Vorentwurf angefangen, über Bau- und Ausführungspläne, Baudetails und Kostenvoranschläge, Vergabe, Ausführung bis zum schlüsselfertigen Haus, ja sogar darüber hinaus bis zur Beratung der Bewohner über Einrichtung und Benutzung des Gelieferten. Alles lag in der Hand des planenden Architekten und das funktionierte ausgezeichnet, wohl ein ganz seltener Fall bei einer Stadtverwaltung."[33]

---

[33] Schütte-Lihotzky, Margarete: Erinnerungen, Vortrag in der Gesellschaft für Architektur, Vortragsmanuskript, 1980

Projekte Frankfurt 1926–1930

43 REIHENHAUSTYPEN FÜR PRAUNHEIM, 1926
am Hochbauamt der Stadt Frankfurt am Main, mit Ernst May und Eugen Kaufmann, Frankfurt am Main, Praunheim, Bauabschnitt I

Die Grundprinzipien, die für den Wohnbau gelten sollten, werden hier von Ernst May in der Gesamtkonzeption und von Eugen Kaufmann und Grete Lihotzky in der Typisierung der Grundrisse und der Rationalisierung der Hauswirtschaft erprobt, und ihre Ziele später in der Zeitschrift „Das Neue Frankfurt" festgeschrieben.[1]
Haustyp I entstand für die Bebauung Am Ebelfeld und Damaschkeanger Nord. Es handelt sich um sehr kleine Häuser mit geringer Ausstattung. Im Erdgeschoß gibt es einen Wohnraum, im Anschluß einen Bade-Waschraum, über den man in den Garten und in den Keller kommt. Die Küchen werden von Grete Lihotzky, im Gegensatz zu früheren Konzepten, als abgeschlossener Arbeitsbereich definiert, in dem alle Tätigkeiten verrichtet werden. Die direkte Verbindung von Wohnraum und Küche zur Rationalisierung der Hausarbeit ist Gestaltungsprinzip des Grundrisses.[2]
Haustyp II entsteht für die Bebauung Am Ebelfeld, Damaschkeanger Süd. Die Ausstattung folgt einem großzügigeren Konzept, in welchem das Badezimmer in den ersten Stock zu den Schlafräumen und die Waschküche in den Keller verlegt wird. Die Küche ist ähnlich dem nachfolgenden Typus für kleine Reihenhäuser, in zweizeiliger Anordnung mit einem direkten Ausgang in den Garten und einem Abgang in den Keller angelegt. Neben der Küche entsteht ein kleines Zimmer.[3] Aus den ersten Versuchen zur Mechanisierung des Bauens entstand ein weiterer Haustyp in dieser Entwicklungsphase.
10 Versuchshäuser sind in Plattenbauweise ausgeführt.[4] Diese Häuser sind etwas kleiner, das heißt nicht so tief, und haben daher auch eine kleinere Küche mit Zugang zum Garten, der nicht der Versorgung dient. In diesem Fall ist der Kellerabgang sogar im Wohnzimmer.
All diesen ersten Reihenhäusern in Praunheim ist gemeinsam, daß sie mit der Erschließung des Hauses äußerst sparsam umgehen. Die Küche ist in jedem Fall immer nur durch das Wohnzimmer betretbar.
Von einem sehr kleinen Vorraum führt eine steile Treppe ins Obergeschoß und eine noch steilere Treppe vom Schlafzimmer in die Dachkammer.

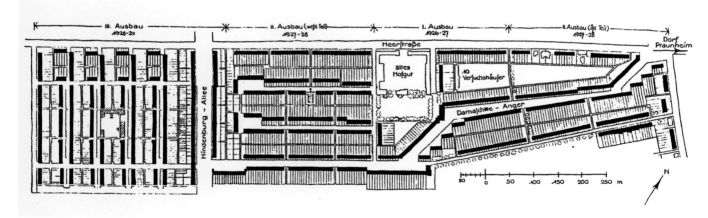

Lageplan

---

[1] siehe Allmayer-Beck, Renate: Die Tätigkeit Margarete Schütte-Lihotzkys in Frankfurt
[2] siehe Projekt Nr. 44
[3] o.A.: /Vom neuen Bauen 1/, S. 118; und Aussage eines Bewohners Am Ebelfeld Nr. 115 – Diese Häuser (Haustyp II) wurden ein Jahr lang als Musterhäuser gezeigt.
[4] Schürmeyer, Walter: /Mechanisierung/, S. 32

PROJEKTE FRANKFURT 1926–1930

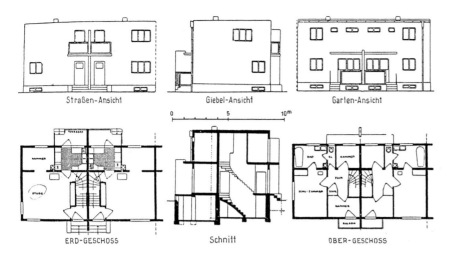

Grundrisse, Schnitt, Ansichten Plattenhaus Typ I

Plattenhaus Typ I

Straßenfassade Haustyp II

Straßenfassade Haustyp I

Grundriß EG, OG Haustyp II

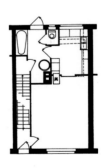

Rekonstruierter Grundriß Haustyp I

85

PROJEKTE FRANKFURT 1926–1930

47 ENTWURF FÜR EIN DOPPELWOHNHAUS FÜR EINE GÄRTNERGESELLSCHAFT, 1926
am Hochbauamt Frankfurt der Stadt Frankfurt am Main, mit Eugen Kaufmann, Frankfurt am Main, Siedlung Tellergelände

Die Siedlung Tellergelände in Oberrad war als Mustersiedlung für Intensivgärtner geplant und wurde 1927 ausgeführt. Auf 20 Parzellen wurden 10 Doppelwohnhäuser mit anschließenden Wirtschaftstrakten und Wirtschaftsanlagen errichtet.
Der Entwurf, den Grete Lihotzky und Eugen Kaufmann am Hochbauamt erstellten, kann als Vorprojekt angesehen werden. Das Projekt gelangte in ähnlicher Weise durch BDA Architekt Franz Roeckle für die Gärtnersiedlungsgenossenschaft „Teller" zur Ausführung.
Die T-förmige Anlage der Wohnhäuser ist durch ihre Nutzung bestimmt. Wohn- und Schlafräume liegen straßenseitig, der anschließende Wirtschaftstrakt ist dem Glashaus zugeordnet. So entsteht ein Wirtschaftshof. Das Haus ist in Holzbauweise konzipiert, hat ca. 120 m² Wohnfläche und ist für 6–8 Personen geplant.
Die tatsächliche Ausführung der Häuser erfolgte in Ziegelbauweise, die Wirtschaftstrakte wurden zusätzlich mit Holz verkleidet.

Straßenfassade des ausgeführten Projektes

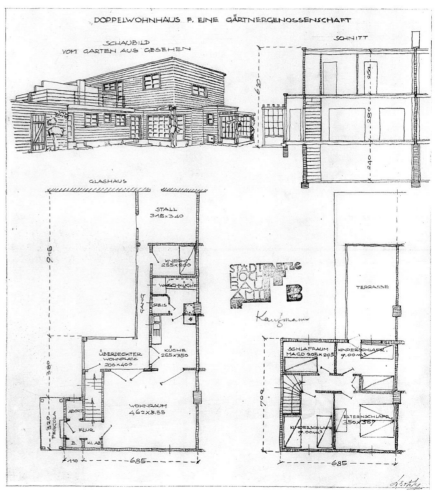

Vorentwurf Margarete Schütte-Lihotzky und Eugen Kaufmann

PROJEKTE FRANKFURT 1926–1930

48 WETTBEWERB SCHLAFWAGENEINRICHTUNG,
1926
Wagon-Lits, Paris, (es wurden keine Preise vergeben)

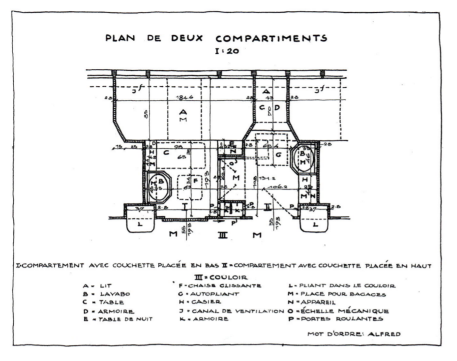

Abteilgrundriß

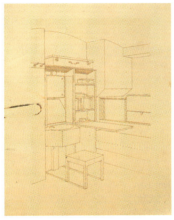

Abteil B Tagessituation

Abteil B Nachtsituation

Abteil C

In den zwanziger Jahren wurden in vielen europäischen Ländern durch Wagon-Lits in Auftrag gegebene Schlafwägen in verschiedensten Ausführungen gebaut. Aufgrund der längeren Fahrzeiten und seiner Bedeutung als Hauptverkehrsmittel wurde der Zug im Gegensatz zu heute mit einer größeren Bandbreite in der Ausstattung hergestellt.
Wagon-Lit schrieb 1926 einen Wettbewerb zu diesem Thema aus, an dem Grete Lihotzky teilnahm. Sie schlug mit ihrem Beitrag platzsparende, komfortable Waggonaufteilungen vor. Bei den Zeichenarbeiten half ihr Max Cetto, mit dem sie später die Lehrküche für das berufspädagogische Institut plante. Es gab 2000 Teilnehmer, trotzdem wurde kein Preis vergeben.
Die erste Variante zeigt eine Bettenaufteilung in Fahrtrichtung, wie es in Amerika üblich war. Zwei Reisende benutzen ein größeres Tagesabteil B, dessen beide Sitzbänke sich für die Nacht in ein Bett umwandeln lassen. Einer wechselt zum Schlafen in das kleinere Abteil C. Es ist sehr schmal, und sein erhöhtes Bett ragt jeweils ein Stück in die Nachbarabteile B hinein. Die Abteile B und C sind mit einem Waschplatz, einer Kofferablage, einem Nachtkästchen und einer Speisedurchreiche ausgestattet. Im Abteil B befindet sich neben einem Sitzplatz zusätzlich ein Bücherbord mit herunterklappbarer Türe, die so als Tisch Verwendung findet. Ein Stuhl, der unter dem Waschtisch hervorgezogen werden kann, bietet die Möglichkeit, dem Mitreisenden auch einmal gegenüber zu sitzen.

Die Frankfurter Küchenentwicklung

Konzept

Das Konzept für Frankfurt ist eine kleine abgeschlossene Arbeitsküche, die vollkommen mit eingebauten Möbeln ausgestattet ist und nach den Erkenntnissen der Griff- und Schrittersparnis von Margarete Schütte-Lihotzky entwickelt wurde. Sie steht durch eine Schiebetür mit dem Wohnraum in Verbindung, um geringste Wege auch zum Eßplatz zu gewährleisten und die spielenden Kinder im Wohnraum während des Kochens beaufsichtigen zu können.
Einbau und Finanzierung erfolgten mit der Errichtung der Wohnbauten. Die Kosten wurden auf die Miete umgelegt.

Küchentypen für die ersten Siedlungen

PROJEKTE FRANKFURT 1926–1930

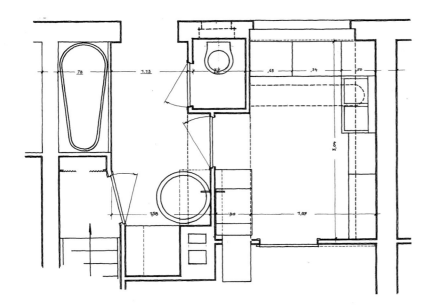

Grundriß Normalküche eines Reihenhauses

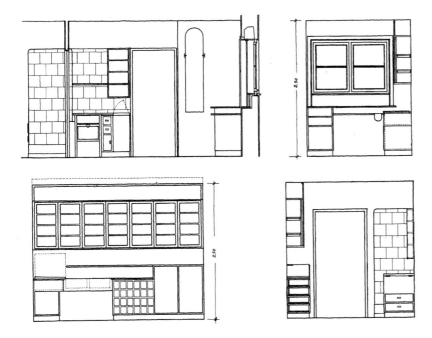

Ansichten Normalküche eines Reihenhauses

44 NORMALKÜCHE EINES REIHENHAUSES, 1926
am Hochbauamt der Stadt Frankfurt am Main, Frankfurt am Main, Siedlung Praunheim

Gemeinsam mit der Planung für den Haustyp I in der Siedlung Praunheim entstand der Entwurf zu einer Küche ohne Haushaltshilfe für Reihenhäuser. Die im Grundriß im Anschluß an den Wohnraum situierte Küche ist durch eine Schiebetüre von diesem abzutrennen. Eine zweite Türe führt von der Küche in einen mit einer Badewanne und einem Waschtrog ausgestatteten Waschraum, über den man in den Garten gelangt.
Eine möglichst direkte Verbindung von der Küche zum Garten war auch in der Vorgängergeneration bei den Siedlerhäusern der Gartenstadtbewegungen gebräuchlich, da die Gärten, wie auch in Praunheim vorgesehen, als Nutzgärten verwendet werden sollten.[5] Schon in ihren Wiener Studien über Griff- und Schrittersparnis wurde die Form einer rationellen Küche von Grete Lihotzky als länglicher, schmaler Raum weitgehend fixiert. Die Anordnung der einzelnen Möbelstücke und Utensilien erfolgte genau nach den Arbeitsabläufen. Die Architektin begann, für die jeweiligen Arbeitssituationen typisierte Möbelelemente, wie sie im Projekt 50 beschrieben sind, zu entwickeln.
Ob die Ausführung dieser Küche nach den vorliegenden Plänen erfolgte, oder ob es sich um ein Vorprojekt handelt, konnte nicht festgestellt werden.[6]

[5] siehe Projekte Nr. 43 und Nr. 27
[6] die Grundrißsituation wurde von der Forschungsgruppe im Haus Damaschkeanger 10 aufgefunden. Die Möblierung war leider nicht mehr vorhanden.

PROJEKTE FRANKFURT 1926–1930

45 NORMALKÜCHE RECHTS MIT SITZPLATZ, 1926
am Hochbauamt der Stadt Frankfurt am Main, Frankfurt am Main, Siedlung Ginnheim

Für einen größeren Haustyp, der in der Siedlung Ginnheim zur Ausführung gelangte, wurde eine Küche für einen Haushalt mit einer Haushaltshilfe entwickelt. Der Grundriß des Raumes ist etwas breiter und enthält einen Sitzplatz für eine Hausangestellte. In diesem Fall stellt eine Durchreiche die Verbindung mit dem im Wohnzimmer liegenden Eßplatz her.
Die Wand zum Wohnzimmer ist mit Schränken verbaut, die teilweise als Durchgabeschränke von beiden Seiten zu bedienen sind. Der Entwurf enthält einen Geschirrschrank mit Holzschiebetüren und eine Dunstabzugshaube.
Es ist nicht nachgewiesen, ob die vorliegenden Pläne so zur Ausführung kamen. Auf der Ausstellung „Die neue Wohnung und ihr Innenausbau – Der neuzeitliche Haushalt" wurde ein leicht verändertes Projekt gezeigt.

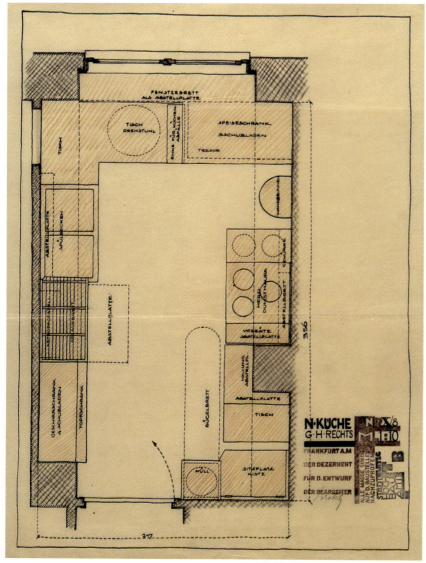

Grundriß Normalküche rechts mit Sitzplatz

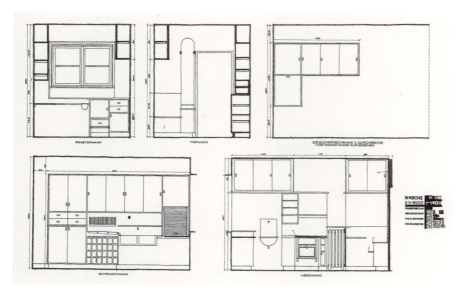

Ansichten Normalküche rechts mit Sitzplatz

PROJEKTE FRANKFURT 1926–1930

46 NORMALKÜCHE RECHTS FÜR STOCKWERKSWOHNUNGEN
1. VARIANTE, 1926
am Hochbauamt der Stadt Frankfurt am Main, Frankfurt am Main, Bruchfeldstraße, (nicht ausgeführt)

Gleichzeitig mit der Planung der Siedlung in der Bruchfeldstraße entstand der Küchentyp für Geschoßwohnungen ohne Haushaltshilfe. Das ausgeführte Projekt wurde auf der Ausstellung „Die neue Wohnung und ihr Innenausbau – Der neuzeitliche Haushalt" gezeigt, und vereinigte in idealer Weise Funktion und Form.[7]
Dieses hier gezeigte Vorprojekt ist in Anordnung und Konzept mit der ausgeführten Variante nahezu identisch, unterschiedlich sind nur einige formale Details. Der Geschirrschrank enthält noch Vollholzschiebetüren und es gibt ein durchgehendes Bord, unter dem eine Reihe großformatiger Fliesen angebracht ist. Vom ästhetischen Standpunkt aus ist diese Küche schöner in den Proportionen und der Linienführung, von den Arbeitsbedingungen her war dieser Entwurf aber nicht optimal. Die tiefe Unterkante des Hängeschrankes stört wahrscheinlich das Sichtfeld beim Abwaschen. Das durchgehende Bord betont die horizontale Gliederung, ist aber bei den Bewegungsabläufen störend. Der durchgehende Topfschrank und das Tellerabtropfgestell sind neue Elemente.

Perspektive Normalküche rechts, Variante I

---

[7] siehe Projekt Nr. 50

PROJEKTE FRANKFURT 1926–1930

49 AUSSTELLUNG „DIE NEUE WOHNUNG UND IHR INNENAUSBAU – DER NEUZEITLICHE HAUSHALT", 1927
am Hochbauamt der Stadt Frankfurt am Main, Frankfurt am Main, Messehalle

Die Ausstellungen „Die neue Wohnung und ihr Innenausbau" und „Der neuzeitliche Haushalt" waren Sonderschauen auf der Frankfurter Frühjahrsmesse, die den Stand des neuzeitlichen Wohnungsbaues, unter besonderer Berücksichtigung der baulichen Entwicklungen in der Stadt Frankfurt, zeigen sollte. Grete Lihotzky war mit der Gestaltung dieser Ausstellung innerhalb ihrer Tätigkeit am Hochbauamt beauftragt.
In der Galerie der Messehalle stellte der Frankfurter Hausfrauenverein unter dem Thema: „Der neuzeitliche Haushalt" fünf Küchentypen von Grete Lihotzky und diverse arbeitssparende Haushaltsgeräte aus.
Den Höhepunkt an Publizität erreicht das Küchenkonzept in dieser Ausstellung. Küchentypen für drei verschieden große Haushalte und zwei Versuchsküchen in anderen Materialien und das Vorbild ihrer Entwicklungen, eine Speisewagenküche der Firma Mitropa, wurden präsentiert.

50 KÜCHE FÜR EINEN HAUSHALT OHNE HAUSHALTSHILFE, 1927
am Hochbauamt der Stadt Frankfurt am Main, Musterküche, (ausgeführt)

Diesen Küchentyp beschreibt Grete Lihotzky in allen ihren Aufsätzen zum Thema: „Rationalisierung der Hauswirtschaft" in Frankfurt.[8] Der Entwurf entspricht in seiner architektonischen Umsetzung vollkommen den theoretischen Forderungen nach einer arbeitssparenden Küche. Durch die richtige Verteilung der Kuben, der Proportionen und der Farbgebung erhält nach den Worten der Architektin die Küche auch wohnlichen Charakter. Ihre Lage im Wohnungsgrundriß im Anschluß an das Wohnzimmer, mit dem sie durch eine 90 cm breite Schiebetüre in Verbindung steht, wobei der maximale Weg zwischen Herd und Eßtisch 3 m nicht überschreiten sollte, ist wichtiger Bestandteil des sozialen Aspekts: die Frau sollte nicht in die Küche verbannt werden. Alle Familienmitglieder konnten dadurch besser miteinander kommunizieren.[9] Eine weitere Türe gliedert die Küche an den Vorraum an; dies ist die kürzerste Verbindung zum Wohnungseingang und zu anderen Räumen.
Dieser Küchentyp ist bereits im Jahre 1926 in den Stockwerkswohnungen der Siedlung Bruchfeldstraße verwirklicht worden[10].
Der Küchenraum selber hat ein Ausmaß von 3,04 m Länge und 1,96 m Breite und ist rundherum mit eingebauten Möbeln ausgestattet. Es verbleibt ein Bewegungsraum von 95 cm Breite. Bauliche Maßnahmen erfolgen durch den Einbau eines Kamins (Marke Schober), eines Besenschranks, der auch vom Gang aus zu bedienen ist (was unnötige Staubentwicklung in der Küche vermeidet), eines Dunstabzugs über dem Herd und einer Blende über dem Hängeschrank. Die Wände sind bis auf 1.30 m mit beigen Fliesen der Marke Villeroy & Boch (2. Wahl) versehen. Der Boden ist mit schwarzen Fliesen und Hohlkehlenstücken zur Ausbildung der Möbelsockel belegt.
Die Möblierung ist aus ultramarinblau lackiertem Weichholz und steht auf einem umlaufenden Betonsockel. Selbst die Farbgebung wurde rational durchdacht, denn Grete Lihotzky hatte erfahren, daß Fliegen „blaue Farbe" meiden[11]. Die Ausstellungsküchen sind aber wahrscheinlich noch in verschiedenen hellen Farben, wie z. B. grün lackiert gewesen.
Die Oberflächen sind mit schwarzem Linoleum belegt und haben Buchenumleimer. Die einfachen Türen und Laden sind mit einem von Grete Lihotzky entwickelten keilförmigen, naturfarbenen Buchenholzgriff und zusätzlich mit einem Kugelfederverschluß ausgestattet. Die restlichen Beschläge sind vernickelte seriell hergestellte Beschläge und einfacher zu pflegen als die damals üblichen Messingbeschläge. Die Rückwände der Kästen fehlen aus Gründen der Sparsamkeit. Eine verschiebbare Hängelampe ermöglicht es, das Licht an der richtigen Stelle zu haben. Der Lichtkegel ist so gewählt, daß er genau in Arbeitshöhe den Raum ausleuchtet. Der Arbeitsbereich zur Vorbereitung der Speisen befindet sich vor dem Fenster. Links ist der belüftete Speiseschrank mit zwei Besteckladen, von denen die obere mit Besteckeinteilung ausgestattet ist. Daneben befindet sich der Arbeitstisch; die Platte ist aus Buchenholz mit abgeschrägter, eingelassener, herausnehmbarer Abfallrinne aus weiß emailliertem Metall. Davor ist ein Bügelbrett an der Wand befestigt, das heruntergeklappt werden kann.
Das Herdelement besteht aus einem Gas- oder E-Herd mit Abstellfläche, mit einem emaillierten Blech mit gestanzten Schlitzen und einem herausziehbaren Blech und einer Dunstabzugshaube. Darunter befinden sich zwei Schubladen für Mehl und Salz, Zutaten, die beim Kochen oft gebraucht werden. Neben dem Herd ist die Kochkiste, bestehend aus einer Holzkiste mit Sägespänen und zwei integrierten Metallzylindern aus Nicklin, einem Deckel aus Holz, der innen mit einer Weißasbestplatte und außen mit einer emaillierten

PROJEKTE FRANKFURT 1926–1930

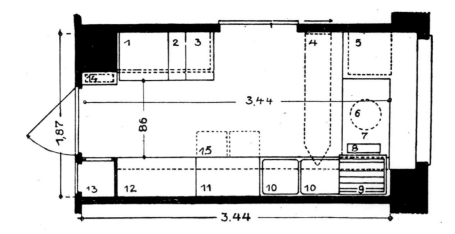

Grundriß Normalküche rechts ohne Haushaltshilfe für Stockwerkswohnungen

1 Herd
2 Abstellplatte
3 Kochkiste
4 klappbares Plättbrett
5 Speiseschrank
6 Drehstuhl
7 Tisch
8 Abfalleinwurf
9 Abtropfbrett
10 Spülbecken
11 Vorratsschubladen
12 Topfschrank
13 Müll- und Besenschrank
14 Heizkörper
15 herausziehbare Abstellplatten
16 verglaster Geschirrschrank
17 Tellergestell
18 Müll und Besenschrank

schwarzen Metallplatte beschichtet ist. Die Kochkiste dient zum Warmhalten und zum Fertigkochen von Speisen, in geschlossenem Zustand ist sie Abstellfläche für heißes Kochgut. Bei der Schiebetür sind zusätzlich noch zwei große Vorratsladen für Mehl und Salz untergebracht. Die Lade für das Mehl ist aus Eichenholz, da Mehlwürmer die Gerbsäure des Holzes meiden. Über dem Herd an der Kaminseite befindet sich ein Bord mit Haken an der Unterseite für diverse Gegenstände und ein Gewürzregal.

Der Aufbewahrungsbereich an der zweiten Längsseite des Küchenraumes enthält diverse Schränke, sowie ein Doppelspülbecken mit Abtropfbrett und Gestell, wobei das Abtropfbrett aufklappbar ist und mit einem Fach für Putzmittel versehen ist. Das Doppelspülbecken besteht aus einer mit Nicklin ausgeschlagenen Holzkiste, warmes und kaltes fließendes Wasser war vorgesehen. Rechts davon befindet sich der Vorratsschrank mit 18 Schütten, zwei Laden und zwei herausziehbaren Brettern. Die Schütten sind aus Aluminium, auf das

der Name des Inhaltes außen geprägt ist, weiters haben sie Stege eingebaut, die eine genaue Dosierung des Kochgutes ermöglichen. Hier schließt der bis zur Decke reichende Geschirrschrank an, bestehend aus einem breiteren Topfschrank, vier Laden und einem Geschirrschrank. Das Kasteninnere ist furniert, die Zwischenbretter sind aus einer Art Sandwichplatte. Der Topfschrank hat statt einem Fachbrett zwei abgekantete Leisten, auf denen alle Töpfe seitlich gelagert werden können. Die Leisten sind so verstellbar, daß auch der letzte Tropfen Wasser ausrinnen kann. Zwischen Geschirrschrank und Wand befindet sich ein Hängekasten mit Glasschiebetüren. Dieser Schrank ist mit einem fixen Zwischenbrett ausgestattet, in die Türrahmen sind Muschelgriffe eingelassen. Er ist für das Tischgeschirr bestimmt. Über der Spüle an der Unterseite des Hängeschrankes befinden sich Haken zur Aufhängung von diversen Bürsten. Rechts daneben ist auf der Höhe der obersten Fliese ein Glasbord für Gewürze angebracht.

[8] Lihotzky, Grete : /Arbeitsparende Haushaltsführung 1/, Manuskript; Lihotzky, Grete: /Arbeitsparende Haushaltsfürung 2/, Manuskript

[9] Wolff, Paul: Die Frankfurter Küche, Demonstrationsfilm über die Arbeitsweise in einer alten Küche und in einer Frankfurter Küche. Dieser Film wurde vom Hochbauamt angefertigt und auf der Ausstellung „Die neue Wohnung und ihr Innenausbau" und in Vorträgen gezeigt.

[10] o.A.: /Von neuen Bauen 1/, S. 119; o.A.:/Wohnhaustypen/; Kaufmann, Eugen: /Frankfurter Kleinstwohnungstypen/, S. 213

[11] Lihotzky, Grete: /Die Frankfurter Küche 1/, S. 6
– o.A.: Die blaue Küche, : „Französische Insektenforscher haben bei Untersuchungen über die Zusammensetzung des Fliegenauges herausgefunden, daß das Auge der Fliege nur auf weiße Farbe reagiert, die blaue Farbe aber bei den Fliegen geradezu panischen Schrecken hervorruft ... In England hat man sich bereits das Resultat dieser Forschungen zunutze gemacht, indem man die Küchen von Krankenhäusern, an die besondere Forderungen an Hygiene und Reinlichkeit gestellt werden müssen, blau streichen ließ ..."

PROJEKTE FRANKFURT 1926–1930

Ausstellungsküche Aufbewahrungs- und Spülkomplex

Ausstellungsküche Arbeitstisch

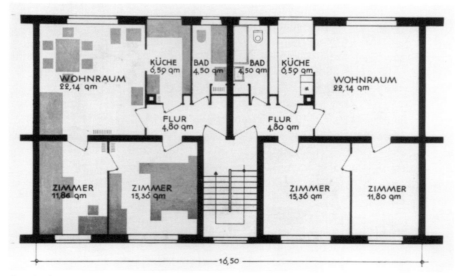

Geschoßgrundriß Bruchfeldstraße

PROJEKTE FRANKFURT 1926–1930

Ausstellungsküche Blick vom Gang gegen das Fenster

Ausstellungsküche Herdkomplex

PROJEKTE FRANKFURT 1926–1930

51 KÜCHE FÜR EINEN HAUSHALT MIT EINER HAUSHALTSHILFE, 1927
am Hochbauamt der Stadt Frankfurt am Main, Musterküche, (ausgeführt)

Die Ausstellungsküche ist eine verbesserte Variante des vorangegangenen Projektes „Normküche mit Sitzplatz". Es wird auf den Ausguß verzichtet und einige Teile der Einrichtung sind anders ausgeführt.

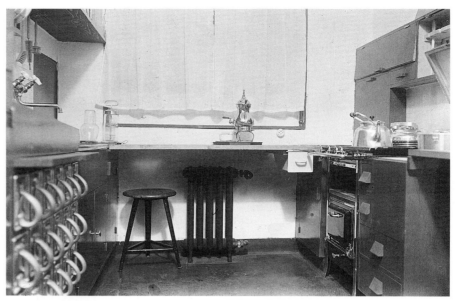

Ausstellungsküche für einen Haushalt mit einer Haushaltshilfe

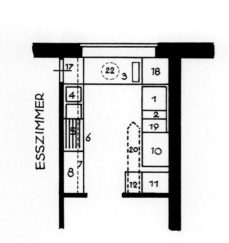

Grundriß

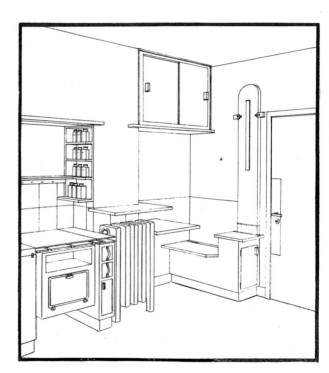

Perspektive

PROJEKTE FRANKFURT 1926–1930

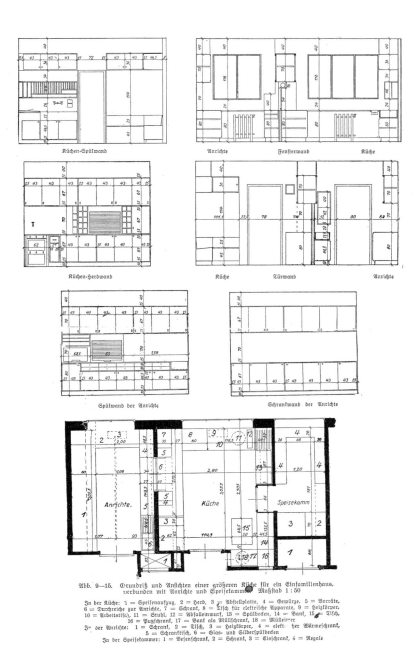

Grundriß

Ausstellungsküche für einen Haushalt mit zwei Haushaltshilfen

52 KÜCHE FÜR EINEN HAUSHALT MIT ZWEI HAUSHALTSHILFEN, 1927

am Hochbauamt der Stadt Frankfurt am Main, Musterküche, (nicht ausgeführt)

Dieser Küchentyp wurde nur für die Ausstellung entwickelt, um auch ein Beispiel einer rationellen Kücheneinrichtung für größere Haushalte zu zeigen. Er besteht aus einer Küche, einer Speis und einem Anrichteraum.
Die Küche selber ist fast quadratisch, sie braucht mehr Bewegungsfläche, da oft zwei Personen in ihr arbeiten. Die Wand zur Anrichte bildet ein Kastenelement, welches von beiden Räumen aus bedient werden kann.
Im wesentlichen gibt es zwei Arbeitsbereiche – die Küche und die Speis – wo je eine Person ungestört arbeiten kann. Besonders gelungen erscheint die Beziehung zur Anrichte mit der Durchreiche und den Durchreichekästen. Bei diesem Küchentyps wurde ein Grundmodul von 60 cm für die Einrichtung gewählt, eine Lösung, die aber bei den ausgeführten Beispielen in Frankfurt nicht weiter verfolgt wurde.

Da das Quellen der in Weichholz hergestellten Küchen in Neubauten unvermeidlich ist, werden zwei weitere Musterküchen, in Betonformstein und Metall gefertigt, ausgestellt. Die Wirtschaftlichkeit anderer Materialien sollte überprüft werden. Beide Küchen waren aber in der Herstellung deutlich teurer und gelangten daher nicht zur Ausführung.

PROJEKTE FRANKFURT 1926–1930

53 FORMSTEINKÜCHE, 1927
am Hochbauamt der Stadt Frankfurt am Main, Musterküche, (nicht ausgeführt)

Bei diesem Modell wurde versucht, die Küche aus normierten Formsteinplatten zusammenzubauen. Auch dieser Vorschlag, ein Grundmodul für die einzelnen Teile zu verwenden, fand keine weitere Fortsetzung.
Die Formsteinküche bestand aus genormten Kunststeinplatten. Es gab drei Normplattengrößen: 36/36, 36/72, 54/72, zwei Sonderplattengrößen: 36/72, 36/72, Sockelsteine und das Ablaufbrett als Spezialformstein. Laden und Türen waren aus schwarz emailliertem Metall. Der Fußboden, ein Holzzementestrich oder ein ähnliches fugenloses Material, und die Formsteine waren mit einem Anstrich versehen. Die Wandverkleidung bestand aus schwarzen Glasplatten. Einige Elemente der Standardausstattung, wie die Oberschränke und das Abtropfgestell, fehlten, wahrscheinlich weil es sich nur um eine Musterküche handelte.

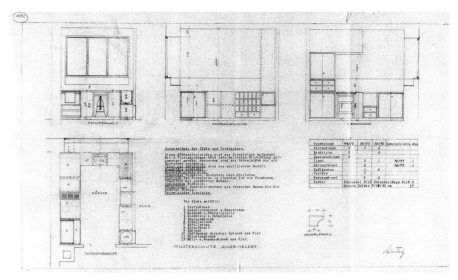

Grundriß, Ansichten

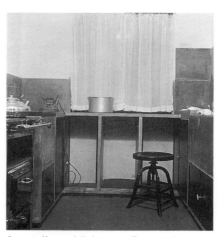 

Ausstellungsküche aus Formstein

54 METALLKÜCHE, 1927
am Hochbauamt der Stadt Frankfurt am Main, Musterküche, (nicht ausgeführt)

Diese Küche wurde als Kochnische für Ledigenwohnungen gezeigt. Es ist nur der Grundriß dieser Musterküche vorhanden.[12]

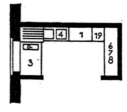

Grundriß Metallküche – als Kochnische auf der Ausstellung aufgebaut

---

[12] Schütte-Lihotzky, Grete: /Der neuzeitliche Haushalt 1/, S. B116

PROJEKTE FRANKFURT 1926–1930

55 KÜCHEN IN TYPENGRUNDRISSEN UND SIEDLUNGEN, 1926-1930
am Hochbauamt der Stadt Frankfurt am Main, für diverse Siedlungen in Frankfurt am Main

Der Küchentyp für Stockwerkswohnungen ohne Haushaltshilfe, die Küche für Reihenhäuser ohne Haushaltshilfe und die Küche für größere Reihenhäuser mit einer Haushalthilfe gelangten in den verschiedenen Frankfurter Siedlungen zur Ausführung.
Die Küche finden wir in den vielen verschiedenen Frankfurter Typengrundrissen in abgewandelter Form wieder. Die richtige Lage zum Wohnraum und die richtige Anordnung der Möbel zur rationellen Führung der Hauswirtschaft ist aber überall in den vom Hochbauamt überwachten Bauten strikt eingehalten. Ab 1928 gelangen vermehrt Kochnischen und kleine Küchen im Zuge der Errichtung von Kleinstwohnungen zur Ausführung.

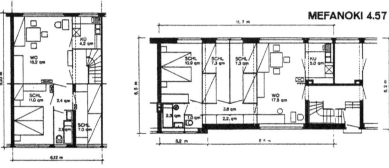

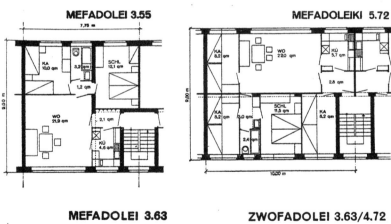

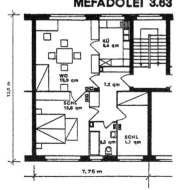

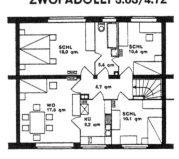

Typengrundrisse

PROJEKTE FRANKFURT 1926–1930

57 KLEINGARTENHÜTTEN UND GARTENLAUBEN, 1927
am Hochbauamt der Stadt Frankfurt am Main, Frankfurt am Main, (ausgeführt in den Siedlungen Lohrberg, Heddernheim, Buchhang)

Schlechte und gesundheitsgefährdende Lebensbedingungen in den Städten bewirkten eine Neuorganisation des Wohnbaues mit der Forderung nach Licht, Luft und Sonne. Wochenendhäuser und Schrebergartenhütten sollten den Menschen wenigstens während ihrer Freizeit zu besseren Lebensbedingungen verhelfen. Es galt daher, kostengünstige, kleine, leicht errichtbare Bauten zu schaffen. Die Kleingartenanlagen waren am Rand der neuen Siedlung als Übergang in die Natur und zur Erholung der städtischen Bevölkerung geplant, und sollten nach Normen, die vom Hochbauamt Frankfurt ausgearbeitetet wurden, ausgeführt werden. Die Gemeinden oder Genossenschaften sollten die serienmäßige Herstellung der Bauten durch geeignete Unternehmen gewährleisten und den einzelnen Nutzern in Pacht übergeben. Damit wollte man zwei Aspekte berücksichtigen. Einerseits konnte ein unerfreuliches Erscheinungsbild dieser Kolonien an den Stadträndern vermieden werden, und andererseits wurde auch für einen Gärtner mit geringem Einkommen ein Schrebergarten finanzierbar.[13]
Die Lauben sind in einer Ständerkonstruktion mit Stulpschalung ausgeführt, die Fenster und Türen sitzen außen und sind weiß gestrichen.
Die funktionell notwendigen Dinge sind an den Rand in Nischen einbaut, in der Mitte bleibt ein klarer, größer erscheinender Raum frei.[14]
Typ I war auf der Ausstellung „Die neue Wohnung und ihr Innenausbau" 1927 ausgestellt. In Frankfurt Lohrberg wurde Typ III und IV und in der Römerstadt Typ II verwirklicht.

[13] o.A.: /Typisierte Gartenhütten/, S. 275–276

[14] siehe Projekt Nr. 15 (Typ IV), 30, 42, 58

Luftbild Kleingartensiedlung Hedderheim, Römerstadt

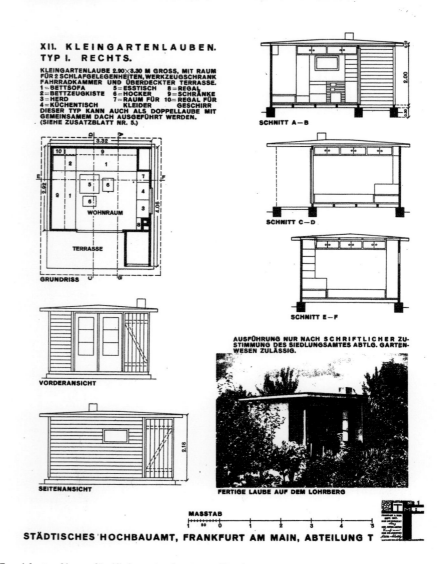

Frankfurter Norm für Kleingartenbauten – Typ I

PROJEKTE FRANKFURT 1926–1930

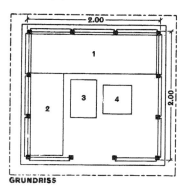

GARTENLAUBE 2.00×2.00 M GROSS, MIT DACH, JEDOCH OHNE WÄNDE. INNEN 2 ABSCHLIESSBARE TRUHEN ZUR AUFBEWAHRUNG VON KLAPPTISCH, KLAPPSTUHL U. WERKZEUG. DIE EINE ALS SCHLAFBANK, DIE ANDERE ALS SITZBANK VERWENDBAR.
1 = SCHLAFBANK UND WERKZEUGKISTE
2 = BANK UND MÖBELKISTE
3 = KLAPPTISCH
4 = KLAPPSTUHL

Musterlaube auf der Ausstellung „Die neue Wohnung und ihr Innenausbau" 1927

Frankfurter Norm für Kleingartenbauten – Zusatzblatt Typ IV

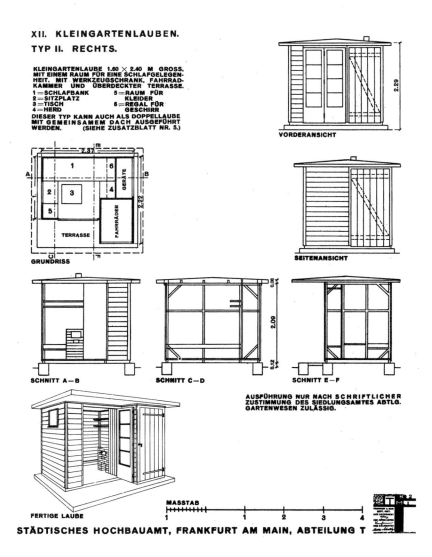

Frankfurter Norm für Kleingartenbauten – Typ II

Innenraum der Musterkleingartenlaube auf der Ausstellung „Die neue Wohnung und ihr Innenausbau 1927

PROJEKTE FRANKFURT 1926–1930

58 WOCHENENDHAUS, 1927
mit Wilhelm Schütte, (nicht ausgeführt)

Margarete Schütte-Lihotzky[15] entwickelte mit ihrem Mann in einer privaten Studie ein kompaktes Einraumhaus von 24 m². Das Haus ist nur Hülle der notwendigen inneren Funktionen, eine einfache Schachtel mit Pultdach, welches in Richtung Süden ansteigt und die Terrasse halb überdeckt. Die innere Organisation erfolgt nach demselben Prinzip wie bei den Wochenendhäusern. Es bietet vier Personen Übernachtungsmöglichkeit. Das Wochenendhaus wurde in Frankfurt als Musterhaus auf der Ausstellung „Die neue Wohnung und ihr Innenausbau" 1927 gezeigt. Es ist ein sehr kleines und billiges Haus und erregte daher großes Interesse bei den Besuchern. Das Ehepaar Schütte reichte den Entwurf auch bei dem Wettbewerb der Berliner Messe AG „Das Wochenendhaus" ein. Das Projekt wurde bei der dazugehörigen Ausstellung in Form von Plänen und Photos gezeigt. Im Vergleich mit vielen anderen Wochenendhäusern fiel es dort als eine gut durchdachte Minimallösung auf.

[15] Die Architektin heiratet im Frühjahr 1927 ihren Kollegen Wilhelm Schütte und nennt sich nun Margarete (Grete) Schütte-Lihotzky

Musterhaus auf der Ausstellung „Die neue Wohnung und ihr Innenausbau" 1927

Stockbetten

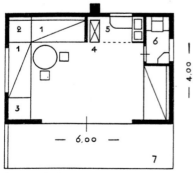

Grundriß Wochenendhaus

Sitzecke im Musterhaus

PROJEKTE FRANKFURT 1926–1930

59 MUSTEREINRICHTUNG EINLIEGERWOHNUNG PRAUNHEIM, 1927

am Hochbauamt der Stadt Frankfurt am Main, Frankfurt am Main, Praunheim, (Mustereinrichtung veröffentlicht in dem Demonstrationsfilm „Einliegerwohnung Praunheim" von Paul Wolff)

Straßenansicht

In der ersten Bauphase der Siedlung Praunheim wurden Einfamilienhäuser mit Dachboden und Dachterrasse gebaut. Margarete Schütte-Lihotzky hatte die Idee, statt dem Dachboden eine Einliegerwohnung für Alleinstehende, junge Ehepaare oder Familienangehörige einzubauen, um mehrere Nutzungsvarianten anzubieten. In der Folge wurden in Praunheim 123 solcher Wohnungen errichtet.[16] [17] Eine dieser Wohnungen richtete die Architektin als Musterwohnung ein, was in einem Demonstrationsfilm zu sehen war.[18]
Die Wohnungen bestehen aus einem Vorraum, einem WC, einem Wohnraum mit Kochnische und einer Schlafnische. Vom Vorraum gelangt man auf die Dachterrasse. Als Möblierung verwendete sie den von ihr entwickelten Klapptisch. Die Küche ist mit dem Küchentyp für Kochnischen ausgestattet[19]. Eine getrennte Waschgelegenheit ist nicht vorhanden.

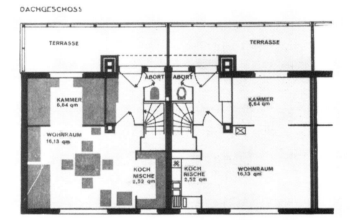

Grundriß

[16] Risse, Heike: /Frühe Moderne/, S. 267 „Im II. Bauabschnitt erhielten 123 Wohnungen eine zusätzliche Wohnung im Obergeschoß, die im Bedarfsfall der unteren Wohnung zugeschlagen werden konnte."
– Kaufmann, Eugen: /Die Wohnung für das Existenzminimum/, S. 215: „Wachsende Bedeutung gewinnt für die Kleinwohnung im Flachbau das Zweifamilienhaus, wobei verschiedene Möglichkeiten in Frage kommen: einmal sogenannte Einliegertypen, wie sie die Stadt Frankfurt am Main in der Siedlung Praunheim durchgeführt hat, d.h. kleine Dachgeschoßwohnungen, die oberhalb einer normalen vierzimmrigen Reihenhauswohnung angeordnet sind, in der Regel ohne besondere Zugänge im Hinblick auf eine etwaige spätere Zusammenziehung beider Wohnungen zu einer einzigen, sobald es die wirtschaftlichen Verhältnisse gestatten, oder es werden Lösungen empfohlen, bei denen zwei gleichwertige Wohnungen übereinander liegen, ebenfalls mit einem gemeinsamen Treppenhaus, aber durch je eine Vorplatztüre getrennt."
[17] Berichte der Stadtverordnetenversammlung, 22. Sitzung vom 15. November 1927, Ernst May: „Was nun die Anfrage der Stadtverordneten Frau Elsa Bauer auf Erhöhung des Wohnkontingentes anlangt, so ist das in erster Linie eine Finanzangelegenheit, zu der ich mich hier nicht zu äußern habe. Dem Bedürfnis, Wohnungen für alleinstehende Frauen und Mädchen zu schaffen, haben wir in diesem Jahre bereits dadurch Rechnung getragen, daß wir in einem Teil der Siedlung Praunheim eine Anzahl Einzimmerwohnungen eingebaut haben. Ebenso haben wir bei der geplanten Erweiterung der Praunheimer Siedlung sowie der Siedlung Nidda eine große Anzahl Einzimmerwohnungen für alleinstehende Frauen vorgesehen."
[18] Wolff, Paul: Einliegerwohnung Praunheim, Demonstrationsfilm vom Hochbauamt 1927 angefertigt.
[19] siehe Projekt Nr. 54

Standfotos aus Videofilmen

103

60 TYPENENTWÜRFE „DIE WOHNUNG DER BERUFSTÄTIGEN FRAU", 1927
(nicht ausgeführt)

Dieser Entwurf beruhte auf Überlegungen zur damaligen Wohnsituation der Frauen. Ihre Arbeit wurde schlechter bezahlt, daher hatten es Alleinstehende schwer, ein ordentliches, halbwegs erschwingliches Zimmer zu bekommen. Nach dem 1. Weltkrieg gab es außerdem einen Frauenüberschuß. Das Problem der Unterbringung wurde akut.
Vielfach sah man die Lösung in der Errichtung von Ledigenheimen. Auch das Frankfurter Hochbauamt nahm sich dieses Themas an und Architekt Hermkes baute ein Ledigenheim.
Der Entwurf der „Frankfurter Küche" brachte Margarete Schütte-Lihotzky mit Frauenorganisationen in Verbindung. Diese und die Politikerinnen der Stadt hielten sie für geeignet, sich mit den Problemen der Frauen auseinanderzusetzen und entsprechende architektonische Lösungen zu finden.
Margarete Schütte-Lihotzkys Grundidee für die Wohnung der berufstätigen Frau entsteht durch ihre soziale Einstellung. Frauen sollen nicht in Ghettos gesperrt werden, es müssen Möglichkeiten zur Nachbarschaftshilfe geschaffen werden.
„Die Frauenorganisationen selbst müssen sich dafür einsetzen, daß solche Wohnungen für berufstätige und studierende Frauen geschaffen werden. Vor allem müssen sie sich dafür einsetzen, daß sie bei den Wohnungsämtern Wohnberechtigung erhalten...!"[20] Im Ausland wurde die Erfahrung gemacht, daß die Frauen nicht nur vorübergehend eine Wohnung bräuchten. Viele wollten länger darin wohnen, was aus humanitärer Sicht den Bau von Heimen problematisch erscheinen ließ. Außerdem war die Errichtung von Ledigenheimen teurer, da sie in Frankfurt nur aus Privatgeldern ohne Hauszinssteuer finanziert wurde. Daher blieb diese Möglichkeit für Frauen mit einem durchschnittlichen Einkommen von 200–300 Mark/Monat unerschwinglich.[21]
Margarete Schütte-Lihotzky konzipierte Wohneinheiten für berufstätige Frauen im letzten Geschoß größerer Wohnblöcke mit Stockwerkswohnungen.[22] Sie war bestrebt, die Baukosten von Wohnungen für alleinstehende Frauen so niedrig wie die Baukosten für Familienwohnungen zu halten, um öffentliche Gelder zu bekommen. Bei der Festsetzung der Größe und Ausstattung legte sie ihrem Entwurf 13–20% des damaligen Durchschnittsgehaltes von Frauen zugrunde. Sie entwickelte vier verschiedene Typen. Jede Frau mit Wohnungsanspruch hätte so wie jede Familie eine Wohnung von der Stadtverwaltung zugeteilt bekommen.
Typ I ist für eine Arbeiterin mit einem monatlichen Einkommen von 80–100 Mark gedacht und besteht aus einem Vorraum mit einer Garderobenwand und einem schmalen Zimmer mit Kästen für Kleider, Wäsche, Geschirr, einem belüfteten Vorratsschrank, einem Schreibtisch und einem Bett. Alle anderen Räume, wie die Küche mit eigenem Gaskocher und Zähler, das Bad mit eigener Waschnische mit Warm- und Kaltwasser und die Toiletten, sollten die Frauen gemeinsam benutzen. Die Wäsche sollte in der Zentralwäscherei gewaschen werden. Den Frauen steht eine gemeinsame Loggia zur Verfügung.
Die Miete dieser vollmöblierten Einheit inklusive Betriebskosten war mit 18 Mark veranschlagt. Bei dieser Einheit waren keine weiteren Dienstleistungen vorgesehen, die Einheit wurde ohne Heizkosten berechnet. Für die Arbeiterinnen, die sonst oft zu dritt ein Zimmer teilten, hätte das schon eine Verbesserung ihres Lebensstandards bedeutet.
Typ II, für Studentinnen, Verkäuferinnen, Schreibkräfte mit einem Einkommen von 100–160 Mark im Monat, besteht aus einem Vorraum mit Garderobe, einem breiteren Zimmer mit Bettsofa, einem entlüfteten Bettzeugschrank, Tischen und Stühlen und einer eingebauten Schrankwand zur Gangseite. Teile davon sind, wie in Typ III ausführlich beschrieben wird, sowohl vom Gang als auch vom Zimmer aus zu bedienen. Jedes Zimmer hat ein großes Fenster nach Süden. Küche, Bad, WC sind gemeinsame Räume.
Die Vermietung und Sauberhaltung der Einheiten sollte durch die Studentenhilfe organisiert werden. Der Vorteil dieses Konzeptes ist, daß jedes Jahr auch eine kleinere Anzahl von Zimmern errichtet werden könnte. Die Miete wurde mit 24,5 Mark berechnet.
Typ III, für höhere Angestellte, Beamtinnen oder Krankenschwestern, besteht aus einem Wohnraum, einer Koch- und Waschnische und einer Terrasse. Bei diesem Typ springt das Wohngeschoß an der Gartenfront um 1,10 m zurück, sodaß jede Wohnung eine Terrasse erhält. Eine Wirtschafterin, eventuell eine Hausfrau, die im Haus wohnt, oder für die noch ein Zimmer ausgebaut werden könnte, sollte sich um die Reinigung der Wohnung und der Kleider kümmern.
Jede Wohnung, auch die kleinste, hat einen Vorraum; durch diesen Flur betritt man einen Wohnraum, der einen Kastenverbau an der Wand zum Gang,

---

[20] Schütte-Lihotzky, Grete: Allerhand Nützliches, S. 246

[21] Berichte der Stadtverordnetenversammlung, 15. Sitzung vom 7. August 1928: Ennenbach, Sozialdemokratische Stadtverordnete: „... es handelt sich um die Erstellung eines Heimes hauptsächlich für Frauen und Mädchen, die in gering bezahlter Arbeit stehen, ... 18 bis höchstens 30 Mark in der Woche verdienen ... Bei diesem Einkommen müssen sie in möblierten Zimmern zum Preise von 40 Mark im Monat ein Unterkommen suchen. Frauen und Mädchen werden viel weniger gern, ob in möblierten oder unmöblierten Zimmern, genommen, schon aus dem Grunde, weil sie wegen ihres geringen Einkommens gezwungen sind, sich vielleicht mal eine Tasse Tee selbst zu kochen, sich einmal eine Kleinigkeit selbst zu waschen und anderes mehr. Nun es gibt aber noch Frauen, deren Einkommen noch weit unter dem vorhin genannten bleibt ... Es ist also Pflicht der Öffentlichkeit, in dieser Hinsicht etwas zu tun und Heime zu erstellen ... die so ausgestattet sind, daß sie etwas nähen und eine Kleinigkeit sich selbst kochen kann."

[22] Schütte-Lihotzky, Margarete: Die Wohnung der alleinstehenden berufstätigen Frau

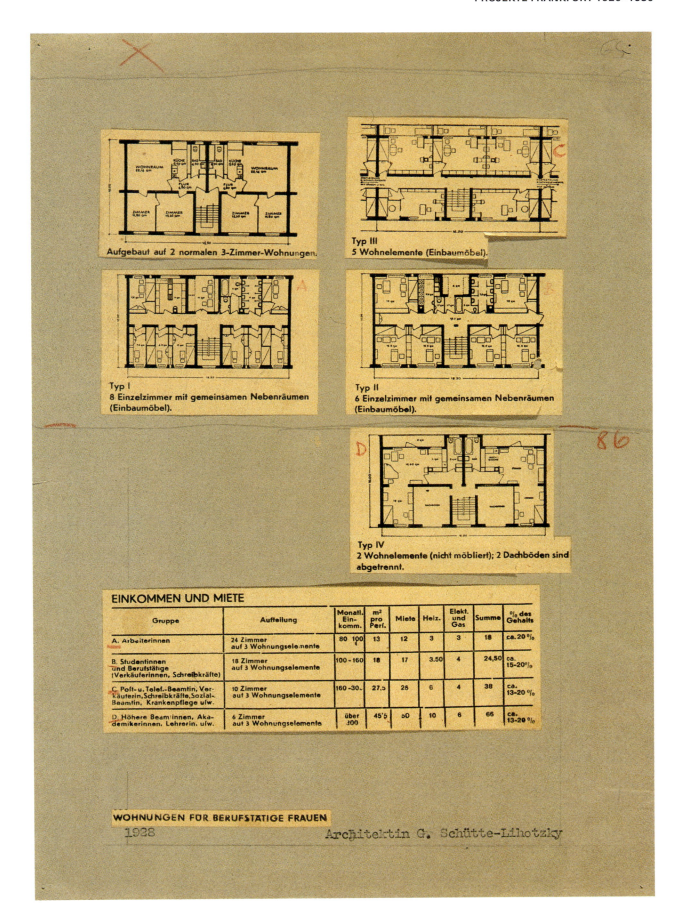

ein Bettsofa, einen Schreibtisch, zwei Klapptische und Stühle enthält. Der Schrank ist für Kleider, Wäsche, Geschirr, Schuhe und Bücher gedacht. Die Kleider werden parallel zur Schrankfront gehängt, sodaß eine Tiefe von nur 40 cm ausreicht. In einem Teil können Wäsche und Schuhe von beiden Seiten entnommen werden. Links beim Fenster ist die Bettnische mit Bettsofa und einem seitlichen Nähkästchen. Die oberste Platte kann als Tischchen aufgeklappt werden, darunter befindet sich ein Fach mit einer genauen Einteilung für die Nähutensilien und zwei Laden. Vor dem Sofa steht ein Klapptisch als Eßplatz für zwei Personen. Ein weiterer Klapptisch steht an der Wand zwischen Koch- und Waschnische: es ist ein Serviertisch auf fixierbaren Rollen, welcher auch als Erweiterung des Eßtisches verwendet werden kann. Der Raum öffnet sich durch eine fast aufgelöste Fensterwand zu einer Terrasse.

Die Kochnische dient der Zubereitung kleiner Speisen, wie Nachtmahl und Frühstück. Von der Waschnische ist sie durch eine halbhohe Wand abgetrennt. Diese ist mit einem Waschbecken, einem Kästchen für Utensilien, einer Kiste für Schmutzwäsche und einer Bettzeugkiste ausgestattet. Beide sind bis auf 1,30 m Höhe verfliest, auch der Boden ist mit Fliesen belegt.

Margarete Schütte-Lihotzky war aus hygienischen Gründen dafür, das Bettzeug in einer belüfteten Kiste außerhalb des Wohnraumes unterzubringen.

Der Wohnraum wirkt durch die wenigen freistehenden Möbel und das große Fenster großzügig. Die Terrasse hat einen Liege- und Sitzplatz, es ist vorgesehen, sie zu bepflanzen. Alle Möbel sind lackiert, die Wände weiß gestrichen und duftige Vorhänge befinden sich vor den Fenstern. Dieser Wohnungstyp ist zum ersten Mal 1927 in Essen bei der Generalversammlung des Hausfrauenvereines gezeigt worden. Die Wohnungseinrichtung war für diese Ausstellung in ultramarinblauer Farbe gehalten.

Ein zweites Mal war Typ III auf der Ausstellung „Heim und Technik – Die kleine Wohnung" 1928 in München zu sehen.

Typ IV ist für Frauen mit 300 Mark Monatsgehalt gedacht und kostet 60 Mark Miete. Es ist die größte Variante und besteht aus einem Wohnzimmer, einem kleinen Schlafzimmer, einer eingerichteten Kochnische und einem Bad mit WC. In diesem Fall wäre die Mieterin Eigentümerin der Möbel. Die Bewirtschaftung bleibt jeder einzelnen Frau überlassen. In einer Dachkammer könnte ein Zimmer für eine Wirtschafterin ausgebaut werden. Margarete Schütte-Lihotzky entwickelte die Typenentwürfe über dem Grundriß der Wohnungen in der Bruchfeldstraße. Es würden 8 Einheiten vom Typ I, 6 vom Typ II, 5 vom Typ III und 2 vom Typ IV untergebracht werden können. Die Konstruktion und Leitungsführung der unteren Geschosse wurde berücksichtigt.[23]

Der Vorschlag von Margarete Schütte-Lihotzky, keine Heime, sondern Sonderwohnungen für berufstätige Frauen zu bauen, wurde von den Frauen in der Stadtverordnetenversammlung 1929 als Antrag eingebracht. Bei 4000 neu zu bauenden Wohnungen sollten Einzelzimmer für alleinstehende Frauen, die ausschließlich weiblichen Angestellten vorbehalten wären, berücksichtigt werden.

„Die Überwindung der technischen Schwierigkeiten darf man dem findigen Hochbauamt, dem ja auch eine Frau angehört, wohl zutrauen", las man damals in der Zeitung.[24] Dieser Plan wurde wegen den zunehmenden wirtschaftlichen Schwierigkeiten nicht mehr durchgeführt.

---

[23] Schütte-Lihotzky, Grete: Die Wohnung der berufstätigen Frau, Manuskript 1928

[24] o.A.: Sonderwohnungen für berufstätige Frauen,„" sieht der Magistrat in seinem Bauprogramm vor...“; Schütte-Lihotzky, Margarete: Die Wohnung der alleinstehenden berufstätigen Frau, S 34–35

Geschoßgrundriß Typ III, Elementgrundriß
Legende
1 Kleiderrechen
2 Tischchen und Spiegel
3 Bett-Sofa
4 Nähschränkchen
5 Klapptisch
6 Hocker
7–11 Schrank
12 Schreibtisch
13 Stuhl
14 Liegestuhl
15 Klapptisch
16 Bank
17 Tisch
18 Stuhl
19 Arbeitstisch, darunter Speiseschrank
20 Arbeitsplatte für Kochgerät
21 Spülstein
22 Kasten für Schmutzwäsche
23 Waschtisch
24 Schrank für Bettzeug

PROJEKTE FRANKFURT 1926–1930

Schrankwand, Mustereinrichtung auf der Ausstellung „Heim und Technik", München, 1928

Sitz- und Bettnische, Mustereinrichtung auf der Ausstellung „Heim und Technik", München, 1928

Blick Richtung Koch- und Waschnische, Mustereinrichtung auf der Ausstellung „Heim und Technik", München, 1928

PROJEKTE FRANKFURT 1926–1930

61 ZENTRALWÄSCHEREI PRAUNHEIM, 1928
am Hochbauamt der Stadt Frankfurt am Main, Frankfurt am Main, Siedlung Praunheim, (teilweise umgebaut)

Zur Ausstattung einer Siedlung gehörten damals als zentrale Einrichtungen Wäschereien, in denen den Frauen modernste Waschmaschinen zur Verfügung gestellt wurden, was ihren Alltag erheblich erleichterte. Margarete Schütte-Lihotzky konnte für die Siedlung Praunheim einen solchen Bau verwirklichen. Die Architektin schlug eine Kojeneinteilung, die einen rationellen Arbeitsablauf ermöglichen sollte, ähnlich ihrem Konzept für Schulküchen, vor. Dieses Konzept findet sich auch bei anderen Zentralwäschereien in Frankfurt wieder.
Der T-förmige Baukörper liegt, zwischen Reihenhäusern eingeklemmt, zentral im westlichen Teil des II. Bauabschnittes. Das Flachdach der Halle dient zum Trocknen der Wäsche.

Gartenansicht

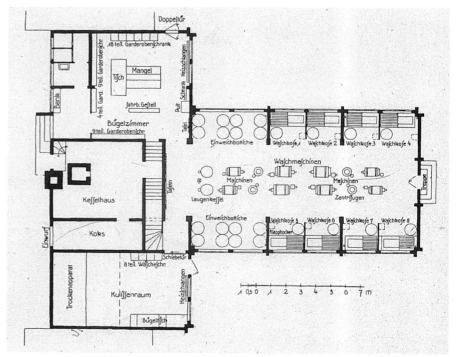
Grundriß

62 ENTWURF KLEINST-WOHNUNGSTYP „ZWOFA" MIT EINRICHTUNG, 1928
am Hochbauamt der Stadt Frankfurt am Main

1928 beschloß die Stadtverwaltung Frankfurts, besonders den Bau von Kleinstwohnungen zu forcieren, die auch für Arbeiter erschwinglich wären. Nach wie vor sah Ernst May als ideale Wohnform für eine Familie das Einfamilienhaus mit Garten und versuchte, auch für eine geänderte Aufgabenstellung eine Antwort im Reihenhaus zu finden. Einen dieser neuen Wohnungstypen entwickelte Margarete Schütte-Lihotzky. Es handelt sich um ein Zweifamilienhaus (ZWOFA 2.39/2.39) mit einer Wohnung im Erdgeschoß und einer im Obergeschoß und der Möglichkeit, die beiden Wohnungen verschieden zu kombinieren. Das kleine, obere Zimmer kann zur unteren Wohnung dazugeschlagen werden. Bei Verbesserung der Wirtschaftslage war es vorstellbar, das ganze Haus als Einheit zu nutzen. Der Grundriß ist in zwei Varianten vorhanden.

Am Frankfurter Messegelände wurde dieser Typ als Musterwohnung mit Einrichtung ausgestellt[25]. Margarete Schütte-Lihotzky entwickelte einen raffinierten Wandverbau im Wohnzimmer, aus dessen Unterschrank die Betten herausgedreht werden konnten.

Wohnraum Tagessituation

Wohnraum Nachtsituation

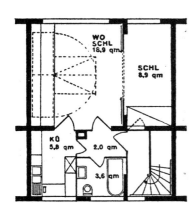
Grundriß ZWOFA 2.39/2.39

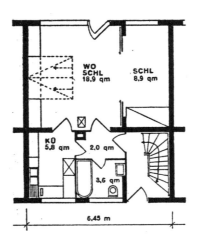

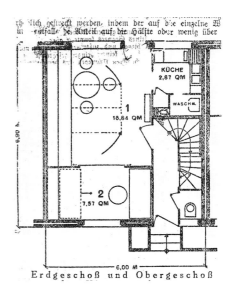
Grundriß Variante

PROJEKTE FRANKFURT 1926–1930

Schul- und Lehrküchen

Schulküchen

Die Schulküchen sind eine Weiterentwicklung der Überlegungen zur Rationalisierung der Hauswirtschaft. In einer kleinen, modernen Küche sollten die Schülerinnen kochen lernen.
Margarete Schütte-Lihotzky: „Die jungen Mädchen müssen erkennen lernen, daß jede Arbeitsleistung durch genaues Überlegen des Arbeitsvorganges, durch richtige Anordnung der Gegenstände, durch die dadurch bedingte Griff- und Schrittersparnis und nicht zuletzt durch geeignetes Werkzeug wesentlich gesteigert werden kann."[26] Die Anordnung der Einrichtung und die Ausstattung der Küche sollten denen eines durchschnittlichen Haushaltes entsprechen. Je vier Schülerinnen bildeten eine Familie und arbeiteten in dieser kleinen Einheit.
Zwei wichtige Forderungen sollten die Kojenschulküchen erfüllen:
„ 1. Jede Koje soll womöglich direktes Licht haben oder wenigstens so angeordnet sein, daß beim Arbeitstisch und Herd nicht gegen das Licht gearbeitet wird.
2. Die Übersichtlichkeit des gesamten Raumes darf in keinem Fall unter der Kojeneinteilung leiden, die Lehrerin muß von jedem Punkt des Raumes die ganze Klasse übersehen können.
In jeder Klasse ist nach Absprache mit den Lehrern eine Koje mit einem Kohlenherd und eine mit einem E-Herd, der Rest mit Gasherden ausgestattet, so wird darauf Rücksicht genommen, daß die Mädchen verschiedene Herdsysteme kennenlernen."[27]
Die Kojen sind entlang der Wände angeordnet, im Mittelbereich des Raumes stehen Arbeitstische, die auch meistens zum Essen benutzt werden. Die Lehrerin sitzt an einem Pult mit einem halbrunden Teil, an dem ein elektrischer Kocher für Vorführzwecke angebracht ist. Die Kojen sind voneinander durch halbhohe Drahtglaswände getrennt, um den Überblick über die gesamte Klasse zu ermöglichen. Sie enthalten einen Herd, einen Arbeitstisch, einen Geschirrschrank, einen Topfschrank und eine Spüle. Alle anderen Einrichtungsgegenstände (Maschinenschrank, Wäscheschrank, Ausguß, Kochkiste und Vorratsschrank) sind nur einmal zentral vorhanden. Die Gas- und Stromzähler sind besonders übersichtlich angebracht, da die Mädchen auch die Abrechnung der verbrauchten Energie lernen sollen.
Die Holzteile waren grau gestrichen. Linoleum, Holz oder Kork, also warme Fußbodenbeläge, sollten im Klassenteil für den theoretischen Unterricht verwendet werden, für den Bereich der Koje waren graue Plattenbeläge gedacht. Ölanstriche und Plattenbeläge der Wände sind beige.[28]

---

[25] May, Ernst: /Warum bauen wir Kleinstwohnungen?/

[26] Schütte-Lihotzky, Grete: Kojen-, Schul- und Lehrküchen, Manuskript

[27] Schütte-Lihotzky, Grete: /Neue Schul- und Lehrküchen 1/, S. 99–102, S. 98

[28] Schütte-Lihotzky, Grete: Programm einer Kojenschulküche für Kinder, Manuskript

PROJEKTE FRANKFURT 1926–1930

63 KOJENSCHULKÜCHE VARRENTRAPP, 1928
am Hochbauamt der Stadt Frankfurt am Main, Frankfurt am Main, Werner Siemens-Straße, (Einrichtung zerstört)

Eine der ersten Schulküchen wurde in das alte Gebäude der Varrentrappschule eingebaut. Es handelt sich um einen rechteckigen Raum, die Kojen befinden sich an der Innenwand, die Bänke stehen in der Nähe der Fenster, die Leitungen laufen frei.

Klassenraum

Pult

Koje

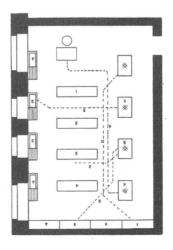

Grundriß einer alten Schulküche

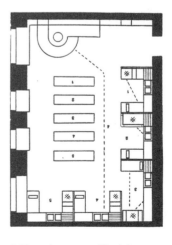

Grundriß verbesserte Einrichtung

111

PROJEKTE FRANKFURT 1926–1930

67 KOJENSCHULKÜCHE RÖMERSTADT, 1928
am Hochbauamt der Stadt Frankfurt am Main, Schulbau von Wilhelm Schütte und Martin Elsässer, Frankfurt am Main, Siedlung Römerstadt, (Einrichtung zerstört)

Im Neubau der Schule Römerstadt wurde mit einer rechteckigen Küche ausgestattet. Links und rechts im Raum befinden sich flankierend die Küchenkojen, im Mittelteil sind die Tische in Richtung Pult aufgestellt, welches sich auf der Innenwand befindet.

In 14 Schulen wurden laut Margarete Schütte-Lihotzky Kojenschulküchen eingebaut. Nachweislich in der Marienschule 1929, in der Schwarzburgschule 1929, im Neubau der Römerstadtschule 1928. In vielen war die Ausstattung mit einer Schulküche geplant, die aber wegen Kürzungen der Raumprogramme aufgrund der Verschlechterung der wirtschaftlichen Lage nicht mehr ausgeführt wurden Wallschule 1928, Ludwig Richterschule 1928 in Erschersheim, Volksschule Eibelfeld in Praunheim 1929–30, Reformschule Bornheimer Hang – Hallgartenschule 1930

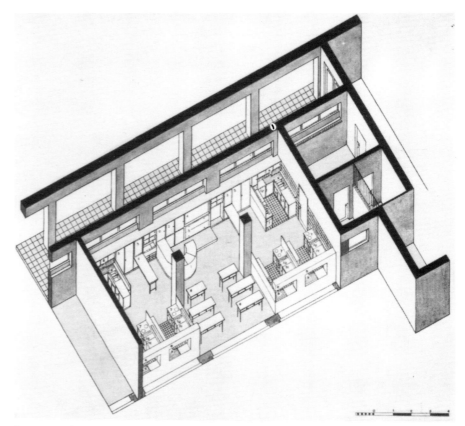

Axonometrie

Koje

Pult

PROJEKTE FRANKFURT 1926–1930

Lehrküchen

Die Lehrküchen für die Erwachsenenausbildung beruhen auf demselben Prinzip wie die Schulküchen.

71 GASLEHRKÜCHE, 1929
am Hochbauamt der Stadt Frankfurt am Main, Umbau Gaspassage Adolf Meyer, Frankfurt am Main, Kaiserstraße, (zerstört)

1929 wurde von Adolf Meyer die Gaspassage umgebaut, wobei die Lehrküche integriert wurde.

Lehrküche von außen

Klassenraum

Koje

PROJEKTE FRANKFURT 1926–1930

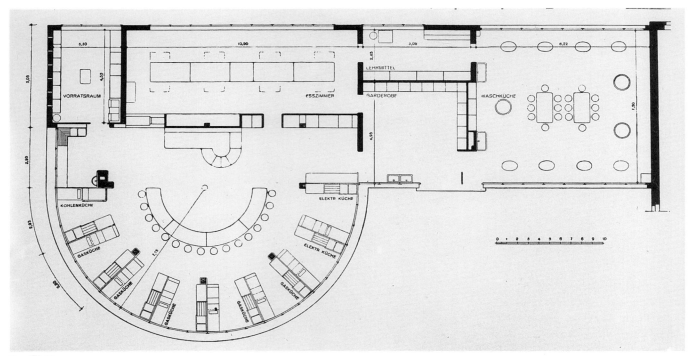

Grundriß

Lehrküche außen

72 LEHRKÜCHE DES BERUFSPÄDAGOGISCHEN INSTITUTES, 1929

am Hochbauamt der Stadt Frankfurt am Main, Anbau an die Voltaschule gemeinsam mit Max Cetto, Frankfurt am Main, Franklinstraße, (zerstört)

In der Ausstellung „Die neue Wohnung" in Stuttgart 1927 wurde eine halbrunde Schulküche von Erna Meyer und Hilde Zimmermann ausgestellt. Margarete Schütte-Lihotzky griff diesen Gedanken auf und entwickelte daraus einen idealen Schulküchentyp, der in der Lehrküche des Berufspädagogischen Institutes verwirklicht wurde. Diese Lehrküche war ein Anbau an die Voltaschule, den sie gemeinsam mit Max Cetto baute. Der Bau besteht aus einem länglichen und einem halbrunden Teil. Die Architektin schlug vor, beim Neubau von Schulen nur mehr diesen Typ zu verwenden und die halbrunde Küche immer als Anbau vorzusehen.
Die Belichtung der Kojen wie die Beziehung zum Lehrer funktionieren

PROJEKTE FRANKFURT 1926–1930

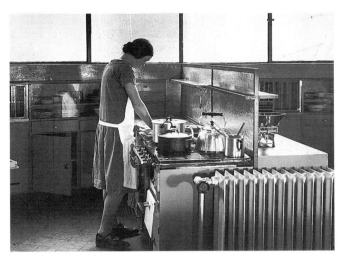

Koje

Vorratskasten zu Speiseraum

hier optimal. Im äußeren halbrunden Teil befinden sich die Kojen mit Tageslicht und der ganze Raum ist durch diese Anordnung gut zu überblicken. Im Zentrum steht das Lehrpult und ein halbrunder Tisch mit Gaszuleitung, an dem die Schülerinnen während des theoretischen Unterrichts sitzen und auch Versuche durchführen konnten. Im länglichen Teil befinden sich ein Vorratsraum, ein Speiseraum, ein Lehrerzimmer, eine Garderobe und ein Waschraum. Säulen teilen den runden Raum. Sie sind bis auf eine Höhe von 1,30 cm mit Drahtglas verkleidet, auch die Kojentrennwände bestehen aus Drahtglas.

1931 waren weitere Lehrküchen geplant, die aber ebenfalls nicht mehr zur Ausführung gelangten: in der Gewerbe- und Haushaltsschule für weibliche Frauenberufe in der Siedlung Miquelallee und im Berufspädagogischen Institut, Robert-Mayer-Straße, Hamburgerallee. (Entwürfe von Martin Elsässer)

Klassenraum während des theoretischen Unterrichtes

Deckelgestell

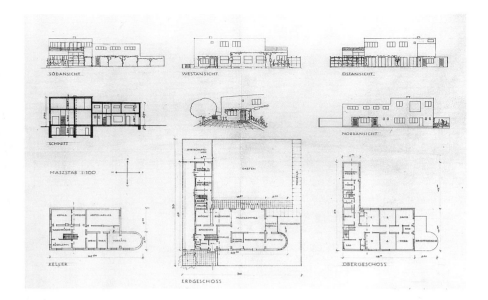

75 ENTWURF HAUS PROF. DR. STRASBURGER, 1928
mit Wilhelm Schütte, Frankfurt am Main

Margarete Schütte-Lihotzky und Wilhelm Schütte entwickelten dieses Wohnhaus für einen großbürgerlichen Haushalt hauptsächlich aus kubischen Formen. Das Dach ist flach und die Fassadeneinteilung und die Fensterformen benützen Gestaltungselemente der zwanziger Jahre.
Der Baukörper säumt winkelförmig zwei Seiten des Grundstücks, die dritte Seite wird von einer Pergola begrenzt. Die Abgeschlossenheit des Gartens wird noch dadurch unterstützt, daß der Wirtschaftstrakt, die Zimmer des Personals und das Gästezimmer in den Wirtschaftshof orientiert sind, um die Intimität der Familie nicht zu stören. Das Haus und die Anordnung der Räume sind auf die Himmelsrichtungen abgestimmt. Die Raumbeziehungen im Untergeschoß ermöglichen eine vielfältige Nutzung der Räume, da alle von zwei Seiten aus zugänglich sind. Ihre Bestimmung ist jeweils einfühlsam auf ihre Orientierung abgestimmt.

77 ENTWURF: „DIE WOHNUNG FÜR DAS EXISTENZMINIMUM",
1929
mit Wilhelm Schütte

Das Thema des 2. CIAM-Kongresses war „Die Wohnung für das Existenzminimum". Dazu wurden von den Teilnehmerländern Projekte eingereicht und ausgestellt. Margarete Schütte-Lihotzky und Wilhelm Schütte nahmen ebenfalls mit einem Projekt, einem Zweifamilienhaus, teil.
In den West-Ost orientierten Reihenhäusern befindet sich jeweils eine Wohnung im Erdgeschoß und eine im Obergeschoß.
Die Wohnung des Obergeschosses ist durch eine externe Treppe zu erreichen, die beide Wohnungen erschließt. Die Reihenhäuser sind beidseitig von Gartengrundstücken gesäumt, was es ermöglicht, jeder Familie einen Garten direkt vor der Wohnung zuzuordnen. Dieses Konzept bietet für das Haus jedoch nicht die Nutzungsvarianten, die Margarete Schütte-Lihotzky für den Typ ZWOFA 2.39/2.39 erarbeitet hatte, der auch eine bessere Querdurchlüftung ermögliche.
Die Ausstattung der Wohnung ist extrem minimiert. Es gibt kein Bad, was in Frankfurt bei keinem ausgeführten Projekt der Fall war, obwohl vergleichbar kleine Wohnungen gebaut wurden.

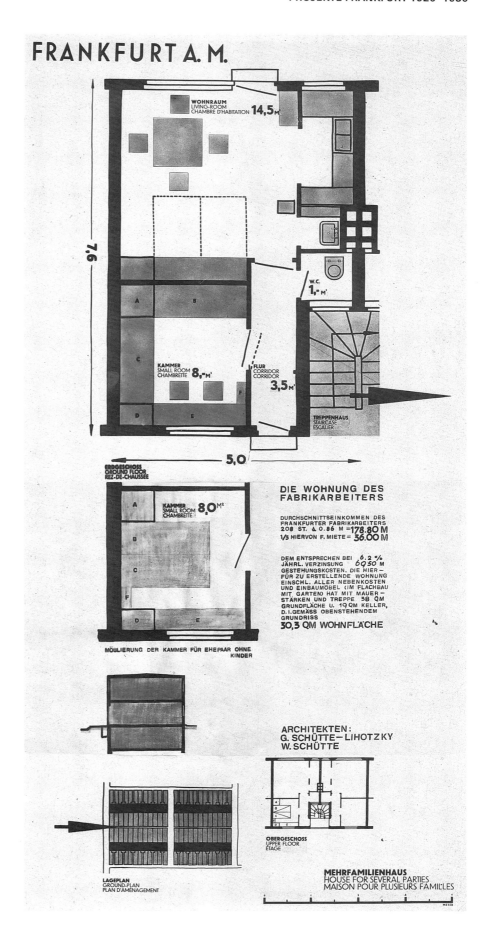

PROJEKTE FRANKFURT 1926–1930

Kindergärten

Alle öffentlichen Kindergärten in Frankfurt wurden von der Typisierungsabteilung geplant. Da es sich in den ersten Jahren nur um Umbauten und Einbauten handelte, wurden hauptsächlich Einrichtungsvorschläge, für die Ferdinand Kramer zuständig war, gemacht. Nach Aussage von Margarete Schütte-Lihotzky war sie auch an mehreren Planungen beteiligt. Erst ab 1928 entstanden Entwürfe zu Neubauten, von denen ein Projekt für die Nußallee von Ferdinand Kramer und zwei Entwürfe von Margarete Schütte-Lihotzky bekannt sind.

79 ENTWURF KINDERGARTEN GINNHEIM, 1929
am Hochbauamt der Stadt Frankfurt am Main, mit Eugen Kaufmann, Frankfurt am Main, Siedlung Ginnheim

1929 entwirft die Architektin für Ginnheim zusammen mit Eugen Kaufmann ihren ersten Kindergartenbau nach dem Montessoriprinzip. Die Prinzipien für den Bau von Kinderanstalten werden hier bereits sichtbar.
Es ist ein eingruppiger Kindergarten mit einem im Südosten gelegenen Garten. Die schöne Verschachtelung des Baukörpers korrespondiert mit seinen inneren Funktionen und Raumgliederungen.
Das Zentrum des Baues ist der zweiseitig belichtete und auf der Gartenseite vollkommen verglaste Gruppenraum mit seichten Nischen. Waschraum und WC sind eingegliedert und stehen in unmittelbarer Verbindung zur Garderobe. Ein kleinerer, etwas niedrigerer Raum mit einem runden Erker und einer rundum laufenden Bank ist als Ruheraum ebenfalls zum Garten hin konzipiert. Hinter dieser Einheit liegt das Büro mit einem zweiten Ausgang und einer Treppe in das Obergeschoß, wo sich eine Dachterrasse befindet. Hinter dem Waschraum gibt es einen weiteren kleinen Raum mit direktem Ausgang ins Freie, der wahrscheinlich das Krankenzimmer ist.

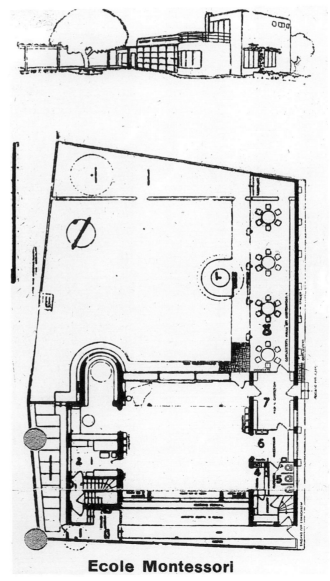

Grundriß, Perspektive

Modellphoto

80 ENTWURF KINDERGARTEN PRAUNHEIM, 1929

am Hochbauamt der Stadt Frankfurt am Main, Frankfurt am Main, Praunheim

Der Kindergarten wird für eine Flachbausiedlung als freistehendes, eingeschossiges Gebäude geplant, da dies eine optimale Einbindung in die Natur ermöglicht. Als eigenes Kinderhaus in einer größeren Grünfläche wird es so sichtbarer Mittelpunkt für die Gemeinschaft der Kinder.[29]

Die Architektin entwickelte für Praunheim einen neuen Typ des Pavillonkindergartens für drei Gruppen, der für 100 Kinder gedacht war, mit einer zentralen Eingangshalle, über die alle Räume erschlossen werden, was kurze Wege für das Personal garantiert. Die Kinder müssen sich nicht in dunklen Gängen aufhalten. Sie können beim Betreten der Halle bereits durch ein tiefliegendes Fenster mit Blumen in den Garten schauen.

Im Infektionsfall kann jede Gruppe auch einzeln geführt und von außen direkt betreten werden.

Der Gruppenraum ist jeweils über eine Garderobe erreichbar, doppelseitig belichtet, hat eine Wasch-, eine WC- und eine Ruhenische, und auf der Sonnenseite ein Blumenfenster. Die Nischen haben eigene Fenster. Jeder Gruppe ist ein eigener Garten zugeordnet, der über eine gedeckte Terrasse zu betreten ist und von einer Pergola gesäumt wird. Dort befindet sich ein eigener Sandspielplatz, der von Bäumen beschattet wird, und ein Blumenbeet, das die Kinder betreuen sollten. Der vierte Pavillon ist Schlaf- und Spielsaal. Neben dem Kindergarten liegt noch ein allgemeiner Spielplatz mit Planschbecken.

Margarete Schütte-Lihotzky geht bei der Lösung ihrer Aufgaben immer vom Benutzer aus. Hier soll ein dreijähriges Kind nach dem Individualleben zu Hause lernen, sich in eine Gemeinschaft einzufügen. Nach der Lehre Maria Montessoris spielt dabei das Naheverhältnis zur Natur eine Rolle. Durch große tiefliegende Fenster, Liege- und Spielterrassen, Pergolen und den Garten soll das Haus mit der Natur zu einer Einheit verschmelzen und das Kind in Berührung mit der Schöpfung leben.[30]

---

[29] Schütte-Lihotzky, Grete: Das Kinderhaus in der Flachbausiedlung, Manuskript

[30] Schütte-Lihotzky, Grete: a.a.O.

PROJEKTE FRANKFURT 1926–1930

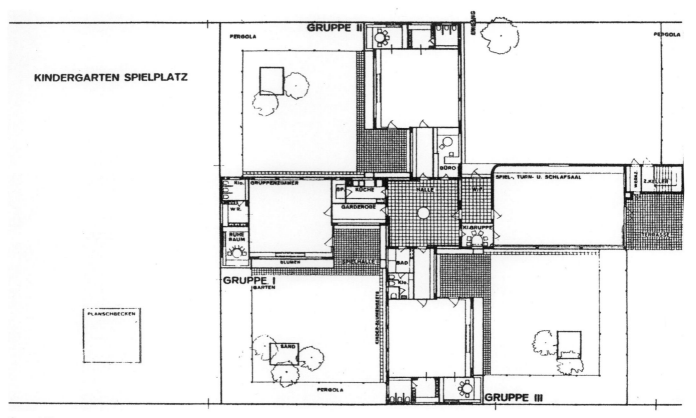

Grundriß

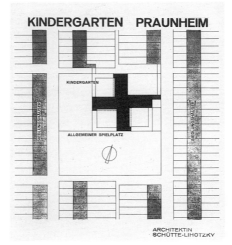

Lageplan

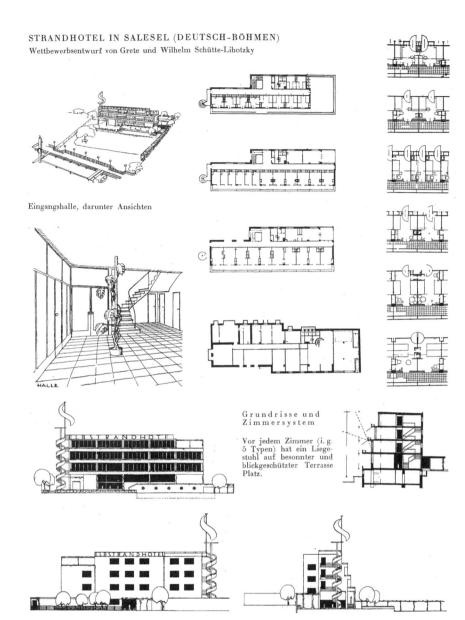

81 WETTBEWERB STRANDHOTEL IN SALESEL, 1930
mit Wilhelm Schütte, Deutsch-Böhmen, (nicht prämiert)

Der Baukörper ist wahrscheinlich nach Süden orientiert; dort liegt auch der Garten mit Schwimmbecken und davor ein Flüßchen oder ein Kanal. Ber Bau ist durch zurückspringende Geschosse horizontal gegliedert und seine Elemente erinnern an einen Hochseedampfer. Im Erdgeschoß befinden sich die allgemeinen Räume, die oberen drei Geschosse sind Zimmeretagen. Eine außen gelegene Wendeltreppe verbindet noch einmal alle Geschosse. Als Zeichen für seine öffentliche Funktion ist hier eine Fahne montiert. Im obersten Stockwerk ist eine große Gemeinschaftsterrasse. Alle Zimmer sind nach Süden orientiert und verfügen über eine eigene Terrasse. Eine Markise reguliert den Sonneneinfall. Es gibt sechs Zimmertypen: vier Doppelzimmer- und zwei Einzelzimmervarianten. Die Zimmer sind durchwegs nur mit Waschgelegenheiten ohne Bäder ausgestattet. Zentrale Bäder und WCs befinden sich auf jeder Etage.

PROJEKTE FRANKFURT 1926–1930

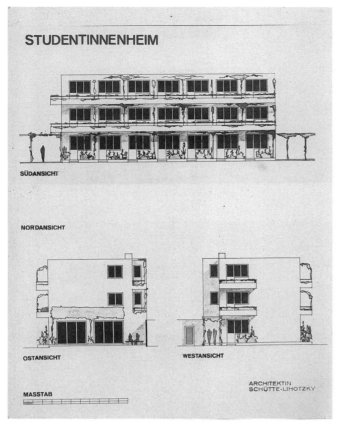

Ansichten

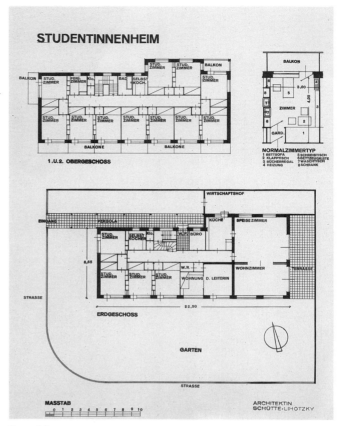

Grundrisse

84 ENTWURF FÜR EIN STUDENTINNENHEIM, 1930
Frankfurt am Main

Das Studentinnenheim ist von Margarete Schütte-Lihotzky mit dem Zimmertypus II des Entwurfes „Wohnung für die berufstätige Frau" ausgestattet. Das Haus besteht aus einem Ergeschoß und zwei Obergeschossen und sollte rundherum grün bewachsen sein. Durchlaufende Terrassen mit Pergolen als Pflanzenrankgestell geben dem Gebäude eine horizontale Gliederung. Die Zimmer sind durchwegs nach Süden zu einem Garten orientiert.

86 ZWEI HÄUSER FÜR DIE WERKBUNDSIEDLUNG WIEN,
1930–1932
Wien, Woinovichgasse 2, 4

Die Stadt Wien beauftragte 1929 den österreichischen Werkbund unter der Leitung von Josef Frank mit der Planung einer Mustersiedlung. 70 Typenhäuser von „kleinster Art", entworfen von internationalen und Wiener Architekten, kamen zur Ausführung. Die Werkbundsiedlung ist eine der wichtigsten Manifestationen der Moderne in Österreich.
1932 wurde die Werkbundausstellung eröffnet. Margarete Schütte-Lihotzkys Häuser gehörten zu den kleinsten und billigsten und waren daher sofort verkauft. Sie liegen in der Woinovichgasse Nr. 2 und Nr. 4.
Die Architektin wollte an Hand eines sehr knappen Grundrisses zeigen, wie man doch noch einen großzügigen Wohnraum erhalten kann. Sie wählt dafür einen Würfel als Baukörper. Der Grundriß ist 6 x 6 m; im Erdgeschoß nimmt der Wohnraum die gartenseitige Hälfte der Grundfläche zum Garten ein. Die Küche ist vom Wohnraum aus zugänglich. Im Obergeschoß teilen zwei Schlafzimmer die Grundfläche in der anderen Richtung.

Straßenfassade

Gartenfassade

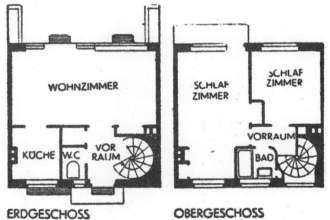

Grundriß EG, OG

SUSANNE BAUMGARTNER-HAINDL

Die Zeit in der Sowjetunion

Das kulturelle Klima

Die russische Kunst der vor- und nachrevolutionären Zeit (1910–1933) stand in direkter Verbindung mit den politischen Ereignissen.[1] Die Künstler bezogen deutlich Stellung, sie wollten am Aufbau des neuen Lebens, der neuen Gesellschaft mitarbeiten, den „sozialen Auftrag" erfüllen. Das bedeutet aber nicht, daß sie über Art, Begriffe und Determinanten ihrer Arbeit einer Meinung gewesen wären, denn spätestens in den zwanziger Jahren brachen heftige Auseinandersetzungen zwischen den einzelnen Strömungen aus. Aber auch für westliche Kunstrichtungen läßt sich die Bedeutung der Revolution nicht übersehen, obwohl formale Ähnlichkeiten (hauptsächlich in der Malerei) nicht über inhaltliche Unterschiede hinwegtäuschen sollten.

Zweifellos nimmt zu Beginn des Ersten Weltkriegs die russische Kunstszene einen außerordentlich bedeutenden Platz innerhalb der Avantgarde ein. Für viele westeuropäische Intellektuelle und Künstler ging in den zwanziger Jahren von der Sowjetunion eine starke Faszination aus. Ebenso bemühte sich die Kunstszene im Osten, besonders in Moskau, um Kontakte mit der westlichen Avantgarde. Zu diesem Zweck wurde schon 1919 ein „Internationales Büro russischer Künstler" gegründet. „Im Vorstand arbeiteten: V. V. Kandinsky, V. Tatlin, A. Morgunow und andere mehr."[2] Kulturbotschafter wurden nach Deutschland und Italien geschickt.

Nur ein Beispiel von vielen: El Lissitzky, einer der prominentesten Vertreter der revolutionären russischen Kunst, reiste 1922 nach Berlin, nahm am Kongreß zur Gründung einer Union der fortschrittlichen Künstler und am Konstruktivistenkongreß, sowie an mehreren Kunstausstellungen teil. In der Folge arbeitete er viel mit westlichen Künstlern zusammen, zum Gründungskongreß der CIAM war er eingeladen, konnte aber nicht teilnehmen. Später, in den dreißiger Jahren, hatte auch Margarete Schütte-Lihotzky in Moskau Kontakt mit ihm. Werner Hebebrand schrieb darüber: „Er (Lissitzky, A. d. A.) wohnte meist in ‚Datschen' (Holzhäusern) in der weiteren oder näheren Umgebung von Moskau und fühlte sich am wohlsten im Kreise seiner großen Familie und seiner Freunde, zu denen von uns in erster Linie mein Schwager Hans Leistikow und dessen Frau, Hans Schmidt mit Frau und das Ehepaar Schütte-Lihotzky gehörten."[3]

Während der zwanziger Jahre waren die kulturellen Beziehungen zwischen den Ländern vielfältig. Russische Filme und Theaterstücke wurden auf Festivals gezeigt, Ausstellungen veranstaltet, Literatur veröffentlicht.

Im Gegensatz zu diesem regen kulturellen Austausch ist der „Zeitraum zwischen 1930 bis 1937 dadurch charakterisiert, daß deutsche Architekten, Ingenieure und Techniker in großer Zahl und auf längere Dauer in der Sowjetunion tätig waren. Die frühere Vielfalt der Kontakte ging, nicht zuletzt aufgrund der sich verschärfenden politischen Verhältnisse zu Beginn der dreißiger Jahre, immer mehr zurück. Die rein fachlichen Beziehungen traten in den Vordergrund."[4]

---

[1] „Kunst und Revolution – zwei Themen... so eng miteinander verbunden, daß es schwerfällt, das eine zu behandeln, ohne vom anderen zu sprechen. Und dies nicht nur im Hinblick auf die Chroniken der Oktoberrevolution und der surrealistischen Bewegung, deren Existenz ohne das revolutionäre Paradigma nicht zu begreifen ist; das gilt auch für die gesellschaftlichen Prophetien der westlichen Konstruktivisten (Moholny) und die reformatorischen Programme der funktionalistischen Richtung. Von der Realität der politischen Geschehnisse in Rußland bis zur künstlerischen Praxis der Dadaisten zeichnet sich seit dem Beginn des 20. Jahrhunderts im Hintergrund der modernen Kunst eine ganze reformistische Philosophie ab. Der Begriff der „Avantgarde", heute fester Bestandteil einer bestimmten entwicklungsgeschichtlichen Betrachtungsweise der modernen Kunst, bezeichnet selbst schon eine militante Stellungnahme. Sie neigt dazu, die Ebene der (reinen) Form schnell zu überschreiten, um sich auf ideologisches Gebiet zu begeben." aus: Narkov: Kunst und Revolution in Rußland – Ein Konflikt zwischen der reinen Form und dem neuen Klassenbewußtsein, in: Tendenzen der Zwanziger Jahre, Berlin, 1977

[2] Umanskij, zitiert nach: Hemken, Kai-Uwe: El Lissitzky Revolution und Avantgarde, Köln, 1990, S. 180

[3] Hebebrand, Werner im Vorwort zur Neuausgabe von: Lissitzky, El: 1929 Rußland: Architektur für eine Weltrevolution, Berlin, 1965, S. 6

[4] Schmidt, Hans: Die Tätigkeit deutscher Architekten und Spezialisten des Bauwesens in der Sowjetunion in den Jahren 1930 bis 1937, in: Wissenschaftliche Zeitschrift der Humbold-Universität, Berlin DDR, 1967, S. 383

SOWJETUNION

Titelblatt von „Das Neue Frankfurt"
9/1930

---

[5] Das ist der Titel der Monatsschrift „Das Neue Frankfurt" Heft 9, 1930. Die Ausgabe war den in die Sowjetunion abreisenden Architekten, Künstlern und Technikern gewidmet, eine Übersicht ihrer Arbeit in den vergangenen Jahren wurde präsentiert.

[6] Ernst May, Mart Stam, Hans Schmidt und Hannes Meyer, der ebenfalls 1930 mit seiner Bauhausbrigade nach Moskau aufbricht, vier Gründungsmitglieder der CIAM, zählen zu den prominentesten Vertreter des funktionalistischen Neuen Bauens. Als Unterzeichner der Erklärung von La Sarraz (insgesamt 23 Architekten) stellen sie die grundlegende Übereinstimmung ihrer Auffassung vom Bauen fest und fordern unter anderem die „ökonomisch wirksamste Produktion", Rationalisierung und Standardisierung.

[7] Schon 1929 hat er in Leningrad, Moskau und Charkow Lesungen zum Themenkreis die neue Stadt, Wohnungsbau in Deutschland und Rationalisierung im Wohnungsbau gehalten. Vergleiche auch Wit, Cor de: Johans Niegeman 1902–1977, Amsterdam, 1979, S. 70

„Deutsche bauen in der UDSSR"[5]

1930 wurde der Frankfurter Stadtbaurat Ernst May mit seiner Planungsgruppe nach Moskau berufen. Der Brigade gehörten die Architekten Mart Stam, Erich Mautner, Hans Burghart und Walter Schwangenscheidt als Stadtplaner an, Hans Schmidt und Walter Kratz waren für den Wohnungsbau, Werner Hebebrand für den Krankenhausbau, Wilhelm Schütte für den Schulbau, Margarete Schütte-Lihotzky für Kinderanstalten und Karl Lehmann für den Tiefbau verantwortlich. Der Gartenarchitekt Ulrich Wolf, Albert Löcher als Modellbauer, Wilhelm Hauss als Installationsfachmann, Hans Leistikov als Graphiker und Max Frühauf und Walter Schulz als Bauleiter vervollständigten die Gruppe.[6]

May war zum Zeitpunkt seiner Berufung bereits durch seine Vortragstätigkeit in der Sowjetunion bekannt.[7] Von seiten der Sowjetregierung war man – zumindest vorerst – sehr interessiert an einer Zusammenarbeit mit westlichen Spezialisten, Technikern, Architekten und Urbanisten.

Im Zuge der Neuen Ökonomischen Politik wurden schon ab 1921 wirtschaftliche Beziehungen zum Ausland geknüpft. Am Aufbau der Industrie arbeiteten im Laufe des ersten Fünfjahresplans ab 1928 vor allem Amerikaner als Spezialisten mit. Für den Wohnungsbau waren die deutschen Vertreter des Neuen Bauens prädestiniert, beschäftigten sie sich doch schon seit Jahren mit neuen Formen des Städtebaus, rationellem Wohnbau, Normierung und Standardisierung von Bauteilen.

Die Gruppe der aus Frankfurt kommenden Experten um Ernst May wurde einerseits durch sowjetische Mitarbeiter ergänzt, andererseits kamen noch viele westeuropäische Architekten, häufig junge Leute, nach. So waren im Stadtplanungstrust Margarete Schütte-Lihotzkys „bisweilen an die einhundert ausländische Architekten und Techniker" beschäftigt.[8] Ein Grund für das große Interesse an dieser Arbeit liegt in der Weltwirtschaftskrise, die gegen Ende der zwanziger, Beginn der dreißiger Jahre in Deutschland wie im übrigen Westeuropa deutliche Folgen zeigte. Die Arbeitslosigkeit traf auch viele Intellektuelle. 90 % der Architekten waren ohne Beschäftigung. So bewarben sich zum Beispiel in Frankreich 1400 Architekten für eine Arbeit in der Sowjetunion.[9] Mit den Bestimmungen gegen Doppelverdiener wurden besonders die Frauen aus dem Arbeitsprozeß ausgegliedert, auch Margarete Schütte-Lihotzky durfte – trotz der Fürsprache Ernst Mays – in ihrem letzten Frankfurter Jahr nicht mehr am Hochbauamt arbeiten. In der Sowjetunion dagegen wurden Arbeitskräfte dringend benötigt.

Die Aufgaben der Gruppe May waren die Planung und Errichtung neuer Wohnstädte für die Zentren der Schwerindustrie und Beiträge zur Rationalisierung des Wohnungsbaus. Es entstanden unter anderem Generalbebauungspläne und Entwürfe für Magnitogorsk, Novokusnezk, Makeewka, Karaganda, Prokop'evsk-Tyrgan, Leninsk, Masinostroj, Boboslavsk, Avtostroj und einige Wettbewerbsentwürfe für die Stadtentwicklung Moskaus.

Vertragspartner von seiten der Regierung war Luganowsky als Chef der Zekombank, des zentralen Finanzinstitutes für den sowjetischen Wohnbau, mit dem die ersten Verträge abgeschlossen wurden. Später (nach den Planbeschriftungen 1931) wurden sie vom Moskauer Projektierungsbetrieb für Wohnbauten – Sojusstandartschilstroj – unter Vertrag genommen, aus dem 1932 der Trust Standartgorprojekt (Entwurfstrust für Standardstädte) entstand. 1933/34 wurde er in Gorstrojprojekt umbenannt. Alle diese Organisationen waren letztlich den Ministerien (Volkskommissariaten) unterstellt.

A. u. L. Wesnin: Wettbewerbsentwurf für Kusnezk 1930,

Generalplan A. u. L. Wesnin: Wettbewerbsentwurf für Kusnezk 1930, Wohnkombinat

Städtebauliche Konzeptionen zu Beginn der dreißiger Jahre

Seit 1928, dem Beginn des ersten Fünfjahresplanes, wurde in der Sowjetunion der Aufbau der Industrie, vor allem der Schwerindustrie forciert. Der Neubau von 200 Industrie- und 1000 Agrarstädten war vorgesehen[10]. Anhand der nahe den großen Eisen- und Kohlevorkommen gegründeten oder stark erweiterten „Neuen Städte" wurden Themen der sozialistischen Lebensweise, die Aufhebung des Gegensatzes zwischen Stadt und Land, die Auflösung der Familie diskutiert. Unterschiedliche Theorien entstanden:

Die urbanistische Sozgorodkonzeption[11], am umfassendsten dargestellt vom Ökonomen Sabsowitsch, lehnte die Großstadt ab und propagierte kompakte, städtische Ansiedlungen für maximal 100.000 Einwohner mit kollektiven Wohnformen und vergesellschafteter Lebensweise. Wohnkombinate mit verschiedenen Versorgungseinrichtungen für 2000–4000 Einwohner bildeten die typisierten Strukturelemente der Stadt. Der Entwurf der Brüder Wesnin für Kusnezk war als

[8] Schütte-Lihotzky im Interview mit Höhne, Günter: Damals in der Sowjetunion, Aufbaujahre, Form und Zweck, Berlin DDR, 4/1987, S. 8

[9] Wit, Cor de: /Johan Niegeman/ S. 54: „De werkeloosigkeit in West-Europa wordt steeds groter. In den jaren '30 zijn er in Duitsland 2,5–3 miljoen werkelozen, alleen in het bouwvak 500.000; 90% van de architecten zit zonder werk. In Frankrijk solliciteren 1400 architecten naar werk in de Sowjet Unie."

[10] Chan-Magomedov, Selim O.: Pioniere der sowjetischen Architektur, Wien – Berlin, 1982, S. 333

[11] „Sozgorod" bedeutet sozialistische Stadt

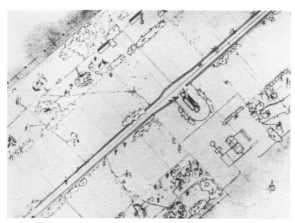

Ochitowitsch, Barstsch u. a.: Wettbewerbsentwurf für Magnitogorsk 1930, Ausschnitt der Ansiedlungslinie

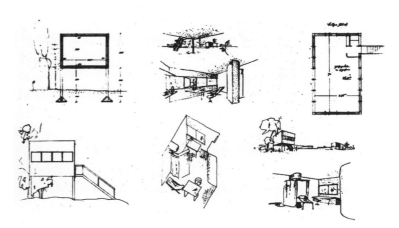

Ochitowitsch, Barstsch u. a.: Wettbewerbsentwurf für Magnitogorsk 1930, Wohneinheiten

Sozgorod für 35.000 Einwohner mit zentralen kulturellen und politischen Einrichtungen geplant. Die Wohnkombinate bestanden aus den Gebäuden für Familien und Alleinstehende und Gemeinschaftsbauten mit Lesesaal, Sporthalle, Versammlungsraum, Kindereinrichtungen und Schule.

Eine radikal desurbanistische Theorie hingegen ist das Konzept der „Neuen Siedlungsweise" von M. Ochitovitsch. Durch konsequent lineare, dezentrale Produktions- und Siedlungsstrukturen wurde die Aufhebung des Gegensatzes zwischen Stadt und Land angestrebt, die gleichmäßigen Bänder sollten von einem Netz aus Dienstleistungseinrichtungen überzogen werden. Gemeinsam mit Ginsburg, Barstsch und anderen setzte Ochitowitsch seine Theorie bei den Entwürfen für Magnitogorsk und Seljoni Gorod – „der grünen Stadt", die zur Entlastung Moskaus gedacht war – um. Das Spektrum der Wohnbauten reicht vom Kommunehaus bis zu individuellen Bauten. Ochitowitsch lehnt jedes Konzept zur Reglementierung der Lebensweise ab.

Beide Konzepte eigneten sich jedoch nur für größenmäßig genau festgelegte Städte, Erweiterungsmöglichkeiten waren nicht vorgesehen. Miljutin, Leonidov und auch andere Architekten und Theoretiker entwickelten daher anpassungsfähige Stadtmodelle, die Merkmale beider Auffassungen verbanden, so zum Beispiel Leonidovs Wettbewerbsentwurf mit kompaktem Industriebereich und linear sich erweiternden Wohnvierteln, oder, noch konsequenter, Miljutins fließendes Funktionsschema, in dem das Stadtgebiet in lineare, parallel verlaufende Zonen für Arbeiten, Wohnen und Erholen gegliedert war.

1931 erschien in der Zeitschrift „Das Neue Frankfurt" ein Artikel Mays, in dem er schrieb: „Zahlreiche Theorien liegen in hartem Kampf miteinander... Eine Festlegung auf das eine oder andere System städtebaulicher Planung ist bisher nicht erfolgt und wird auch vorraussichtlich in der nächsten Zeit nicht erfolgen. Das besagt allerdings nicht, daß Planlosigkeit und Willkür das Feld beherrschen. Die elementarsten Erkenntnisse moderner städtebaulicher Planung, die sich in Westeuropa in den letzten Jahren durchzusetzen im Begriff sind, bilden auch in der UDSSR das Alphabet der Planung. Klare Trennung der Industrie von den Wohngebieten, rationellste Durcharbeitung des Verkehrs, systematische Organisierung der Grünflächen gelten dort ebensosehr als Voraussetzungen gesunder Planung wie bei uns, die allseitige Blockbebauung weicht der Einzelreihenbebauung."[12]

[12] May, Ernst: Der Bau neuer Städte in der UDSSR, in: Das Neue Frankfurt, Frankfurt a. M., 7/1931, S. 117

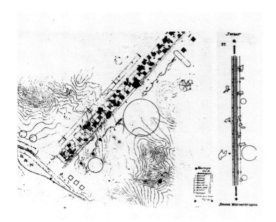

Leonidow: Wettbewerbsentwurf für Magnitogorsk 1930, Stadtanlage

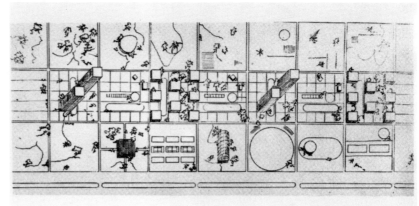

Leodinow: Wettbewerbsentwurf für Magnitogorsk 1930, Bebauungsvariante mit Punkthochhäuser

May zeigte sich beeindruckt von der Bandstadtidee Miljutins, erklärte aber am Beispiel Magnitogorsks, daß das Modell topographische Gegebenheiten zu wenig berücksichtige. Er propagierte schließlich die Trabantenstadt mit zentralem Kultur- und Verwaltungsbereich und satellitenartig verteilten selbstständigen Industrie- und Wohngruppen. Ein wichtiger Aspekt ist auch hier die Erweiterungsfähigkeit.

So sieht der Generalbebauungsplan für Moskau[13] der Gruppe May ein System von Trabantenstädten vor. Ein Stadtkollektiv aus einer Reihe von Wohnkombinaten und Wohn-Industriekombinaten an der Peripherie soll in mehreren Etappen die historisch entstandene Stadt ersetzen, das heißt, die Wohnfunktion aus dem Kernbereich ausgliedern und ihn zum administrativen Zentrum umgestalten.

Die Gruppe May erhielt im Oktober 1930, gleich nach ihrer Ankunft, den gigantischen Auftrag, bis 31. Dezember 1931 Wohnmöglichkeiten für 700.000 Menschen zu schaffen (die sogenannte Stoßaktion). Diese Wohnungen sollten im Donetz- und Kusnezkbecken, im Ural und in Karaganda errichtet werden, 75% davon als Individualwohnungen, 25% als Gemeinschafts- und Kommunehäuser. Eine der ersten Aufgaben war die Wohnstadt für Magnitogorsk.

Moskau. Wettbewerbsprojekt Ernst May 1932

Magnitogorsk

Der Bau des metallurgischen Zwillingskombinats Magnitogorsk – Novokusnezk war ein zentraler Bestandteil des ersten Fünfjahresplans. Im südlichen Uralgebiet um das Dorf Magnitostroj fanden sich hochwertige Eisenvorkommen, in Novokusnezk, 2000 km weiter östlich, reiche Kohlenlager. Die beiden voneinander abhängigen sibirischen Industriestädte sollten daher gleichzeitig entwickelt werden. In Magnitogorsk begannen 1930 die ersten Arbeiten unter der Leitung amerikanischer Spezialisten. Das Hüttenwerk, ein Staudamm, um den Ural 12 Kilometer lang aufstauen und ein Elektrizitätswerk errichten zu können, und eine einspurige Bahnverbindung mit Moskau wurden angelegt.

Für die Wohnstadt wurden, wie schon erwähnt, verschiedene programmatische Planungsvorschläge von mehr als 15 Architekten und Architektenkollektiven erarbeitet. Das Team May schlug die Anordnung der Wohnstadt für 120.000 Ein-

[13] Moskau, stark expandierende Millionenstadt, hatte bis zu diesem Zeitpunkt keinen gültigen Bebauungsplan. Die Wettbewerbsentwürfe von vier sowjetischen und drei westeuropäischen Architektengruppen entstanden 1932.

SOWJETUNION

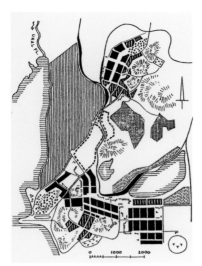

May, Forbat, Irlin, Severdaev, Bayer u.a.: Projekt für Magnitogorsk, 1932

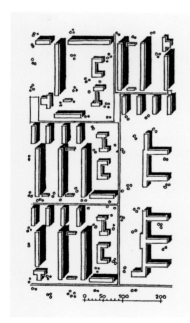

Gruppe May: Magnitogorsk, 1932, Wohnquartale

wohner (später wird die Planung auf 200.000 erweitert) auf einer flachen Hochebene in der Nähe des Fabrikgeländes am linken Uralufer vor und konnte sich, trotz heftiger Diskussionen, vorerst durchsetzen. „Zwei Systeme standen sich bei der Generalplanung für Magnitogorsk zuletzt noch gegenüber: Der Vorschlag von Tschernitschow, der eine Dreiteilung der Stadt vorsah und jede Gruppe mit einem Zentrum ausstattete, und der Vorschlag, den ich mit meinen engsten Mitarbeitern ausgearbeitet hatte, der davon ausging, daß die sozialistische Stadt eine Einheit sein müsse, die Dreiteilung daher also als willkürlich abzulehnen sei, und Organisations-Elemente zu schaffen seien, die sich aus der günstigsten Versorgungsmöglichkeit mit gemeinschaftlichen Einrichtungen errechnen."[14]

Ein Raster gliederte den Stadtentwurf der Brigade May in Quartale, die, einmal grundsätzlich von Sovnarkom befürwortet, auch allen späteren Planungen der Gruppe zugrunde lagen. Diese Quartale waren durch grüne Gürtel voneinander getrennte Gebiete und für jeweils 8–10.000 Einwohner bestimmt. Die Wohnbauten sollten in konsequenter Zeilenbauweise errichtet werden, die Wohnungen immer nach Osten und Westen orientiert. Soziale Versorgungseinrichtungen, Kindergarten, Krippe, Schule, Speisesaal, Klub, Klinik und Läden, waren am Rande der jeweiligen Einheit vorgesehen.

Der erste Wohnkomplex wurde bald danach errichtet. 1932 übernahm Margarete Schütte-Lihotzky für einen Monat die Bauleitung ihrer Kinderkrippe in Magnitogorsk, die Bahnfahrt in den Ural dauerte fünf Tage und fünf Nächte. Die Stadt hatte zu diesem Zeitpunkt 80.000 Einwohner, die teilweise in Baracken, teilweise in Erdhütten, die in die hügelige Steppenlandschaft hineingebaut waren, lebten, und cirka 8000 Leute bewohnten die von der Gruppe May konzipierten Wohnungen (3–4geschossige Häuser).

Doch war der intensive Streit um die Stadtplanung noch nicht endgültig entschieden. 1933 wurde der Aufbau der neuen Quartiere durch einen Regierungsbeschluß auf das rechte Uralufer verlagert, die Generalplanung ging an Leningrader Architekten, die Blockrandbebauungen entlang äußerst breiter Straßen vorsahen.

Die Struktur der Stadt, neue Bauaufgaben

Die Umgestaltung der Lebensweise wurde deutlich durch die Integration der Frauen in den Arbeitsprozeß bestimmt. So übernahm das Kollektiv die traditionellen Funktionen der Frau, Ernährung und Kindererziehung. Gruppenküchen und öffentliche Küchen entstanden, Kindereinrichtungen wurden zum zentralen Thema. Ernst May: „Die Radikalsten verlangen die gänzliche Abtrennung der Kinder von den Eltern von frühester Jugend an. In Krippen sollen sie genährt werden, in Kinderschulen ihre ersten Spielunterweisungen erhalten, in den Schulinternaten heranwachsen und in Jugendschlafsälen getrennt von den Großen sich weiterentwickeln. Tatsächlich ist es ja eine zwingende Erfordernis, einer arbeitenden Frau die Sorge um die Kinder abzunehmen, aber man sucht dies auch auf andere Weise zu erreichen, indem man die Kinder, ähnlich wie bei uns, täglich während der Arbeitszeit in Kindergärten gibt und im übrigen im Hause mit heranzieht."[15]

Die Wichtigkeit der Kinderbetreuungseinrichtungen zeigt auch der Umstand, daß in den neuen Städten für 17% der Wohnbevölkerung Kindergarten- und Krippenplätze geschaffen werden sollten. Margarete Schütte-Lihotzky war in der

[14] May, Ernst: a. a. O.
[15] May, Ernst: a. a. O.

Planungsgruppe May die Expertin für Kinderbauten. Sie arbeitete schon an der Erstellung der Generalbebauungspläne mit, brachte ihre Vorstellungen von Lage, Orientierung und Größe der Bauten für Kinder bereits im Gesamtkonzept ein.

Interessant erscheint auch die Vielfalt der Aufgaben: neben Schulen, Kindergärten und -krippen entwarf sie auch Freizeiteinrichtungen wie Kinderklubs (Projekt Nr. 94).

Eine der wichtigsten Bauaufgaben der sowjetischen Avantgardearchitekten in den zwanziger und frühen dreißiger Jahren war der Klub. Trotzdem die Konzeptionen der Arbeiterklubs und der Kinderklubs – für letztere lassen sich allerdings nur wenige Beispiele finden – schon im Bauprogramm nicht verglichen werden können, soll hier der Stellenwert, der dem Klubgebäude zuerkannt wurde, herausgestrichen werden.

El Lissitzky beschreibt ihn als „soziales Kraftwerk" der neuen Kultur. „Um sie (die Aufgabe, A. d. A.) zu lösen, muß ein räumlicher Körper, eine Baukonstruktion geschaffen werden, in dem alle Lebensalter der werktätigen Masse Erholung und Entspannung nach der Tagesarbeit finden, neue Energieladung empfangen können. Hier sollen Kinder, Halbwüchsige, Erwachsene und ältere Menschen außerhalb der Familie zu kollektiven Menschen erzogen und ihre Lebensinteressen erweitert werden. Die Aufgabe der Klubs ist, den Menschen frei zu machen und nicht wie ehemals durch Kirche und Staat zu unterdrücken. Es ist kurzsichtig zu denken, daß solch ein Bau auf einmal von einem ‚genialen' Architekten erfunden wird. Wir fordern von dem Sowjet-Architekt, daß er als Künstler, kraft seines sinnlichen Intellekts, die leisesten Wellenbewegungen der sich entwickelnden Energien eher als die für das eigene Wachstum kurzsichtige Masse vollständig erfaßt und verstärkt, um sie im Bau zu gestalten."[16]

Es entstanden unterschiedliche Konzeptionen, deren architektonische Sprache ebenso verschieden ist wie die räumlichen Strukturen.[17] Es sollen und können hier nicht die deutschen Vertreter des Neuen Bauens und die sowjetische Avantgarde verglichen werden, weder unter- noch miteinander. Interessant scheint aber trotz der großen Unterschiedlichkeiten die Ähnlichkeit der programmatischen Zielsetzung, das Suchen nach der adäquaten künstlerischen Form für eine neue Lebensweise.

Arbeits- und Lebenssituation der Brigade May

Wie schon in den vorangegangenen zeitlichen Abschnitten in Wien und Frankfurt spielte auch und besonders in Moskau die Gruppe, in der Margarete Schütte-Lihotzky arbeitete, eine bedeutende Rolle. Gemeinsam wurden neue Wohnmodelle für eine fortschrittliche Lebensweise und programmatische Ideen entwickelt.

Die Mitglieder der „Brigade" wohnten zusammen, die ersten beiden Monate in Hotels, später in einem neuen Wohnbau. Hier zeigte sich der Mangel an Wohnraum, je zwei Familien bekamen eine Wohnung zugewiesen. Doch trotz der Befürchtungen, binnen kürzester Zeit miteinander zerstritten zu sein, funktionierte das Zusammenleben sehr gut. Margarete Schütte-Lihotzky: „Anfänglich war es wohl so, daß wir als Ausländergruppe in dem uns zunächst fremden Land ohnehin ein besonderes Bedürfnis nach Gemeinsamkeit hatten, das ist ganz natürlich; erst wenn man längere Zeit in einem Land ist und viele Begegnungen mit den Leuten

Wohnhäuser der Gruppe May

[16] Lissitzky, El: 1929 Rußland: Architektur für eine Weltrevolution, Berlin, 1965, S. 26. Titel der Originalausgabe: „Rußland. Die Rekonstruktion der Architektur in der Sowjetunion", Wien, 1930

[17] Zu den wichtigsten Gruppierungen gehören die „Rationalisten" – ein in der Architekturgeschichte zu häufig strapazierter Begriff, der leicht zu Verwechslungen führt –, die sich in der ASNOWA Gruppe (Vereinigung neuer Architekten) und die „Konstruktivisten" – im Sprachgebrauch oft gleichgesetzt mit der gesamten sowjetischen Avantgarde –, die sich in der OSA (Verein Moderner Architekten) zusammengeschlossen hatten. Die ASNOWA Mitglieder beschäftigten sich intensiv mit dem Problem der „neuen Form", den neuen Ausdrucksmitteln. Ladowski entwickelte für die Architekturfakultät der WChUTEMAS eine psychoanalytische Methode für die Lehre der architektonischen Komposition. Die Konstruktivisten streichen in ihren theoretischen Arbeiten vor allem die Wichtigkeit der Funktion, des rationellen Grundrisses hervor. Ihre Architektur mußte die „neue sozialistische Lebensweise herauskristallisieren" (Losung der Zeitschrift „Moderne Architektur" 1926) nach: Chan-Magomedov: a. a. O.

dort hat, verliert sich dieses „Ausländerbewußtsein" nach und nach. Aber auch später geschah es nie, daß wir uns zerstritten oder auch nur gestritten hätten. Wie das möglich war, weiß ich auch nicht zu erklären – dabei waren wir doch sehr unterschiedliche Charaktere und Temperamente."[18] Das Ehepaar Schütte-Lihotzky teilte ihre Wohnung erst mit Walter Schulz, nach dessen Abreise mit Fred Forbat und seiner Familie und schließlich bis zu ihrer Abreise 1937 mit der Familie Schmidt.

Die Brigade May arbeitete im gemeinsamen Büro, danach oft auch noch zu Hause bis spät in die Nacht, zum Wachbleiben wurde zwischendurch auch Musik aufgelegt und getanzt.

Wie intensiv die Zusammenarbeit manchmal war, zeigt die folgende Schilderung Ernst Mays: „Der technische Hergang der Planung war der, daß ich mit meinem Stabe von Mitarbeitern, unter denen alle einschlägigen Berufssparten vertreten waren, in unserem Sonderwaggon zu dem nächsterreichbaren Punkt der zu planenden Stadt fuhr. Wir ließen uns auf das Abstellgleis schieben und benutzten unseren Schlafwagen als Quartier ... Wir besichtigten das Gelände in Autos, Wagen oder Schlitten, je nach Vorhandensein geeigneter Verkehrsmittel und nach der Jahreszeit. Unsere Arbeit wurde durch das oft gänzlich unzureichende Kartenmaterial bedeutend erschwert. In irgendeinem uns zur Verfügung gestellten Raum – meist dem Sitzungssaal des Ortssowjets – arbeiteten wir gemeinsam ein Skizzenprojekt aus, das in wesentlichen Zügen die Trassen der öffentlichen Verkehrsmittel, das Wegenetz, Grundlinien der Be- und Entwässerung sowie eine Ausweisung der erforderlichen Wohnquartiere mit ihren sozialen Gefolgsbauten zeigte. Mittels Episkop, das wir stets mitführten, projizierten wir dann die Planung in öffentlicher Versammlung und ergänzten sie auf Grund der Diskussionen. Nach unserer Rückkehr in unser Hauptquartier Moskau wurden dann die Pläne durchgearbeitet."[19]

Trotz der spezifischen Gruppensituation sollte aber nur die Stadtplanung als kollektive Arbeit angesehen werden. Die Kompetenzen und Ressorts waren klar verteilt.

Zusammenarbeit gab es für Margarete Schütte-Lihotzky auf der anderen Seite natürlich mit ihren Mitarbeitern. Ihre Abteilung für Kinderanstalten umfaßte bis zu dreißig Zeichner, Konstrukteure und Dolmetscher. (Die Qualität der „Blaupausen" (Umkehrpausen, die weiße Linien auf dunkelblauem Grund zeigen) ließ nur die Vervielfältigung von Tuschezeichnungen zu, daher die große Zahl der Zeichner.) Die Architektin organisierte Kurse, in denen sie nach der regulären Bürozeit über neue Baumaterialien und ihre Verwendung, Zeichentechnik und Detailplanung, Fenster- und Türkonstruktionen sprach. Darüber hinaus wurden die Bauprogramme in interdisziplinärer Zusammenarbeit mit Ärzten, Pädagogen und Wissenschaftlern erstellt.

Die Ausländer hatten keineswegs unter der materiellen Not, der Lebensmittelknappheit des Landes zu leiden, ihre Gehälter bekamen sie zum Großteil in Devisen ausbezahlt. Doch in beruflicher Hinsicht waren die wirtschaftlichen und technischen Schwierigkeiten, mit denen sich die ausländischen Spezialisten konfrontiert sahen, vielfältig und zahlreich.

Der Bedarf an Kindergärten und Krippen war so groß, daß fast nur mit Typenprojekten gearbeitet wurde. Die Pläne verließen das Büro, wurden an zahlreiche Orte verschickt, doch ist in den wenigsten Fällen bekannt, ob die Bauten auch errichtet wurden.

---

[18] Schütte-Lihotzky im Interview mit Höhne: a. a. O.
[19] May, Ernst: Städtebau und Wohnungswesen in der UDSSR nach 30 Jahren, in: Bauwelt, Berlin BRD, 3/1960

Neben dem Mangel an qualifizierten Arbeitskräften, insbesonders ausgebildeten Handwerkern, waren die Hauptprobleme der Transport und der eklatante Materialmangel. Grobe Ungenauigkeiten, Abweichungen von der ursprünglichen Planung waren die Folge. Eisen, Glas und Zement galten als „Defizitmaterialien", die hauptsächlich dem Industriebau vorbehalten waren. Im Wohnbau und natürlich auch bei den Kindereinrichtungen mußte daher mit örtlichen Baumaterialien gearbeitet werden. „Folglich hatte man also eine Fensteröffnung nur so breit zu projektieren, wie sie mit einem Holzbalken überdeckt werden konnte, also höchstens zwei Meter vierzig."[20]

Auch die großen räumlichen Distanzen brachten Probleme mit sich. So waren die Organisationen für Planung und Ausführung getrennt, die Kommunikation durch die extremen Entfernungen äußerst erschwert. Nur in wenigen Fällen wurden, wie in Magnitogorsk, die Baustellen von einem Mitglied der Planungsgruppe betreut.

„Die Bauleitung für die ganze Wohnstadt Magnitogorsk hatte Mart Stam übernommen, um an Ort und Stelle Fehlinterpretationen innerhalb des Stadtprojektes zu verhindern oder zu korrigieren. Das war für ihn insofern eine besonders schwierige Aufgabe, da er selbst nicht Russisch beherrschte und alle Beratungen und Anweisungen über Dolmetscher vermittelt werden mußten, manchmal nicht nur vom Deutschen ins Russische, sondern auch noch ins Kirgisische."[21]

Während in den ersten Jahren ihrer Tätigkeit in der „Sowjetskaja Architektura" einiges über die städtebaulichen Entwürfe der Gruppe May veröffentlicht wurde, erschien nach dem Jahr 1933 in der Nachfolgezeitschrift „Architektura SSSR" kaum mehr eine Arbeit der deutschen Architekten. „Das Interesse wandte sich damals eindeutig den eindrucksvollen Projekten und Bauten repräsentativen Charakters zu, auf die sich der Ehrgeiz und das Können der sowjetischen Architekten konzentrierte. Die weniger dankbaren Probleme der fernab von Moskau unter oft sehr schwierigen Verhältnissen entstehenden neuen Städte, das eigentliche Arbeitsgebiet der deutschen Architekten, vermochten nicht dasselbe Interesse zu erwecken."[22]

Etwa ab 1933 wird die Trendwende deutlich: Scharfe Kritik gegen alle avantgardistischen Richtungen – Desurbanismus, Konstruktivismus, Funktionalismus und das Neue Bauen – wurde laut. Die städtebaulichen Konzepte der Gruppe May, der Zeilenbau, wurden als Stempelstädte, „primitives Stempeln" bezeichnet und in den Architekturzeitschriften heftig angegriffen.[23]

Die Gruppe blieb im wesentlichen bis 1933 zusammen. Das Zeugnis Mays für Margarete Schütte-Lihotzky, mit April 1933 datiert, bescheinigte, daß sie sich „wie in ihrer letzten Tätigkeit in Frankfurt a. M. so auch hier unter gänzlich anders gearteten Verhältnissen als bewährte Mitarbeiterin bewiesen" habe. „Neben ihrer architektonischen Befähigung kam ihr hierbei eine, von innerer Überzeugung getragene soziale Einstellung zu den zu lösenden Problemen zugute. Auch die Verwaltungsstellen erkannten die Qualität der Arbeit von Frau Schütte-Lihotzky durch mehrfache Auszeichnung an."[24]

1934 verließ Ernst May die Sowjetunion und ging nach Afrika. Einige der ursprünglichen Mitarbeiter der Gruppe, unter ihnen Werner Hebebrand, Hans Schmidt, Hans Leistikow und das Ehepaar Schütte-Lihotzky, blieben in Moskau.

Die Architektin arbeitete danach für das wissenschaftliche Zentralinstitut zum Schutz der Kinder und Heranwachsenden, wieder entwarf sie Kindergärten

---

[20] Schütte-Lihotzky im Interview mit Höhne: a. a. O.

[21] Schütte-Lihotzky im Interview mit Höhne: a. a. O.

[22] Schmidt, Hans: a. a. O., S. 384

[23] vergl.: Jung, Karin Carmen: Im Spiegel der Fachpresse: Ernst May in Moskau 1930–1934, in: Bauwelt, Berlin, 28/1986, S. 1070

[24] Zeugnis von Ernst May

und, zusammen mit Wilhelm Schütte, einen Wettbewerb für ein Kinderkombinat sowie Freiluftklassen. Von diesen Projekten ist nur wenig Planmaterial vorhanden.

Margarete Schütte-Lihotzky war während ihrer Zeit in der Sowjetunion wie auch die anderen Mitarbeiter Mays – im Gegensatz zu Hannes Meyer und einigen Mitarbeitern seiner „Rotfront-Brigade" – kein Mitglied der kommunistischen Partei. Erst 1939, in der Türkei, wurde sie im Zuge ihrer Arbeit für die Widerstandsbewegung Mitglied der damals illegalen kommunistischen Partei Österreichs.

Margarete Schütte-Lihotzky (ganz links) mit Bruno und Erika Taut (beide sitzend) in Kyoto, 1934

Reisen

Innerhalb der Sowjetunion unternahm Margarete Schütte-Lihotzky mehrere Reisen, 1931 fuhr sie das erste Mal in den Kaukasus, 1932 erhielt sie als Prämie für ihre Arbeit innerhalb des Trusts eine Besichtigungsreise, Dienstreisen führten sie unter anderem nach Magnitogorsk und Briansk.

1934 fuhr die Architektin zusammen mit ihrem Mann für mehrere Wochen nach Japan und China. Mit der Transsibirischen Eisenbahn reisten sie von Moskau nach Wladiwostok und weiter nach Japan. Sie besuchten Bruno Taut, der zusammen mit seiner Frau dorthin emigriert war[25] und besichtigten den Süden des Landes, Kyoto, die alte Kaiserstadt. Taut erwies sich als profunder Kenner der alten japanischen Architektur.

Nach China führte sie eine offizielle Einladung. Wilhelm Schütte hatte bei einem Urlaubsaufenthalt in Berlin zufällig Kontakt zu einer chinesischen Delegation von Pädagogen bekommen, die daraufhin Schulen und Kindergärten der „Schüttes" in der Sowjetunion besichtigten. Die Einladung, in Nanking zu arbeiten, lehnten die beiden zwar ab, schlugen aber eine Vortragsreise durch China vor. Margarete Schütte-Lihotzky erarbeitete Richtlinien für den Bau von Kindergärten für das chinesische Unterrichtsministerium. Sie besichtigten die Städte Nanking,

---

[25] Auch Taut hat von 1931 bis Februar 1933 in Moskau gearbeitet. Nach seiner Rückkehr nach Berlin konnte er sich, als „Kulturbolschewist" diffamiert, nur durch Flucht einer Verhaftung entziehen.

Shanghai, Peking, Hankau und Hangtso, besuchten dort Schulen und Kindereinrichtungen und hielten Vorträge. In China herrschte zu dieser Zeit Bürgerkrieg. Trotz der Bemühungen ihres chinesischen Begleiters, eines Pädagogen, alle Anzeichen der Kämpfe zu verbergen, bemerkten sie die Bunkerbauten, von den eigentlichen Kampfhandlungen sahen sie aber nichts.

Die weiteren Jahre in Moskau

Nach ihrer Rückkehr arbeitete Margarete Schütte-Lihotzky von 1934 bis 1936 für die Akademie der Architektur in Moskau. Unter anderem entstanden Entwürfe für Kindermöbel, Ausarbeitungen der Bauprogramme, Möbellisten, Möbelmaße und Details in Zusammenarbeit mit wissenschaftlichen Instituten, Ärzten und Pädagogen. Zusammen mit Hans Schmidt entwarf sie Wohnungstypen.

Außerdem plante sie gemeinsam mit Wilhelm Schütte zwei Schulen für Makeewka. Ab 1936 arbeitete sie für die Volkskommissariate für Bildungswesen, Gesundheitswesen beziehungsweise Innenhandel und das Institut zum Schutz für Mutter und Kind.

1936 wurde in der Sowjetunion die Abtreibung – seit der Revolution freigegeben – wieder verboten. Die Geburtenrate sollte sprunghaft ansteigen und damit auch die Zahl der zu planenden Kinderanstalten. Die Sowjetregierung holte zu diesem Zeitpunkt den Österreicher Julius Tandler nach Moskau, um die medizinisch-hygienischen Grundlagen für die Planung der Kindergärten und -krippen von ihm neu erarbeiten zu lassen. Tandler, mit dem Margarete Schütte-Lihotzky befreundet war, starb aber nach kurzem Aufenthalt in Moskau am 26. August 1936 an einem Herzleiden.

Die politische Situation verschärfte sich, Kriegsstimmung wurde spürbar. „Etwa vom Jahre 1936 an wurden die ausländischen Architekten aus Sicherheitsgründen von allen städtebaulichen Arbeiten ausgeschlossen", schreibt Hans Schmidt.[26]

Die Verhaftungen und Deportationen wurden unübersehbar, auch die Ausländer waren verunsichert. Zu diesem Zeitpunkt wurden die Pässe von der deutschen Botschaft nur mehr kurzfristig und mit Gültigkeit für die Sowjetunion und das eigene Land (im Fall Schütte-Lihotzkys also Deutschland) ausgestellt[27]. So war sie in der schwierigen Situation, sich entweder für eine Rückkehr ins mittlerweile nationalsozialistische Deutschland oder den Verbleib in der Sowjetunion entscheiden zu müssen. Die ausländischen Experten, die nicht schon vorher abreisten, so wie schließlich auch das Ehepaar Schütte, wurden wenig später ausgewiesen. Werner Hebebrand, als letzter der Gruppe May, wurde im Dezember 1937 verhaftet und mußte im Mai 1938 die Sowjetunion Richtung Deutschland verlassen[28]. Einige ehemalige Mitglieder der „Rotfront-Brigade" Hannes Meyers, unter ihnen auch Philipp Tolziner, der als Jude 1935 die russische Staatsbürgerschaft angenommen hatte, blieben. Sie wurden verhaftet, Tolziner überlebte, offensichtlich als einziger, die zehnjährige Lagerhaft im Ural, die Spur der anderen verliert sich.

Anfang August 1937, noch bevor ihre Pässe abgelaufen waren, verließen Margarete Schütte-Lihotzky und Wilhelm Schütte die Sowjetunion.

---

[26] Schmidt, Hans: a. a. O., S. 397

[27] Seit ihrer Heirat mit dem deutschen Staatsbürger Wilhelm Schütte war auch sie Deutsche. Erst nach dem Krieg nahmen beide die österreichische Staatbürgerschaft an.

[28] Hebebrand, Werner: a. a. O

Projekte Sowjetunion 1930–1937

89 TYPENENTWURF KINDERGARTEN FÜR 60 KINDER, 1930

als Leiterin der Abteilung für Kinderanstalten innerhalb der Gruppe May, für die Projektabteilung der Zekombank[1], (Ausführung nicht bekannt)

Als eines der ersten Projekte in der Sowjetunion entstand noch im Jahr ihrer Ankunft dieser dreigruppige Kindergarten. Der L-förmige, kompakte Baukörper liegt in Nord-Südrichtung, sodaß die Kinderräume nach Osten, Westen oder Süden orientiert sind. Das für den Kindergarten Praunheim entwickelte Pavillonsystem wird hier an die ökonomischen und klimatischen Bedingungen angepaßt. Da die tiefen Temperaturen und auch der Materialmangel die Minimierung der Außenflächen erfordern, werden je zwei Spielräume an den Längsseiten zusammengelegt. Der Baukörper wird kompakter, trotzdem können einige Merkmale des Pavillonsystems erhalten werden.

Das Gebäude ist von einem Garten umgeben, beziehungsweise es gliedert die Außenräume in gemeinschaftliche Spielbereiche und in voneinander abgetrennte Gruppengärten mit eigener Sandkiste. Bei diesem, wie auch bei vielen weiteren Typenprojekten der Architektin, ist die äußerste Zone des Gartens als

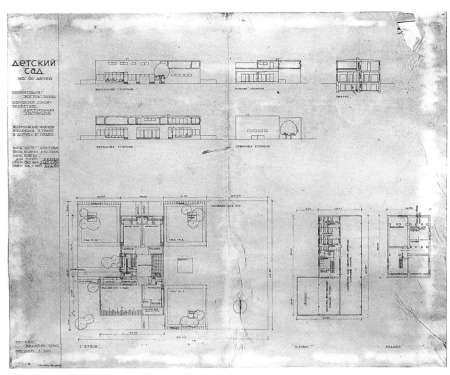

Grundrisse Erdgeschoß, Obergeschoß, Keller; Ansicht, Schnitt

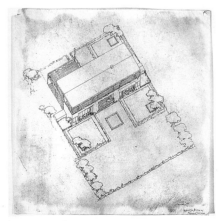

Axonometrie

Buschwerk gezeichnet, in der Beschreibung ist von einer fünf Meter breiten Schutzzone die Rede.

Die Kinder kommen über einen Gartenweg – hier konnte eine Pergolakonstruktion vorgesehen werden – von der Westseite in das Gebäude, durch die Garderobe gelangen sie in den zentralen Raum, der sich durch drei Doppeltüren zu der davorliegenden Loggia und dem gemeinsamen großen Spiel- und Badeplatz mit einem Wasserbecken öffnet. Von der zentralen Halle sind die drei eigenständigen Gruppeneinheiten und der gemeinschaftliche Saal mit Küche und Büffet erreichbar.

Die Struktur dieser Gruppeneinheiten besteht, ähnlich wie im Idealtypus Praunheim, aus dem Spielzimmer, dem Waschraum mit den Toiletten und einer Spülnische. Vor den großflächigen Fenstern der Gruppenräume befinden sich Blumennischen, die, ebenso wie die bewachsene Pergola vor dem Saal und auf der Dachterrasse im Obergeschoß, den Übergang vom Haus in den Garten bilden, die Verklammerung von Architektur und Natur.

Die Halle, der geometrische Mittelpunkt des Hauses, dient nicht nur als Erschließung, sondern soll als Veranstaltungsort das gesellschaftliche Leben der Kinder ermöglichen und fördern. Besonders wichtig ist die Beziehung zum Garten, der Ausblick ins Freie, der sich schon bei Betreten des Hauses eröffnet.

Natürlich mußten zu dieser Zeit besonders hygienische Gesichtspunkte berücksichtigt werden, waren doch Infektionskrankheiten häufig und sehr gefährlich. So werden die Kinder im Krankheitsfall – eine kurze Untersuchung findet schon in der Garderobe statt – gleich in ein angeschlossenes Krankenzimmer für kurzfristigen Aufenthalt, „Isolator" genannt, gebracht. Dieser Raum muß immer über einen direkten Ausgang ins Freie verfügen, um jeden weiteren Kontakt mit den anderen Kindern zu verhindern.

PROJEKTE SOWJETUNION 1930–1937

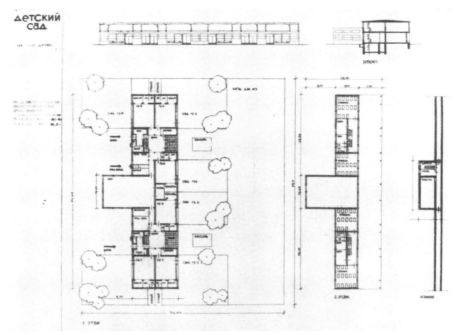

Grundrisse Erdgeschoß, Obergeschoß, Keller; Ansichten, Schnitt

Die Schlafräume für die Nacht – die Schichtarbeit in vielen Fabriken machte diese Einrichtungen notwendig – sind im nordwestlichen Bereich des Obergeschosses untergebracht. Zum Spielen und für den Mittagsschlaf dient die Dachterrasse, großteils überdacht und von einer Pergola begrenzt, die mittlere Wandscheibe schützt vor Wind.
Das Schlafen im Freien, beziehungsweise bei niedrigen Temperaturen in ungeheizten, gut belüfteten Räumen wurde als wichtige Tuberkulosevorbeugung betrachtet. In den später entstandenen Projekten verfügt jede Gruppe über eine eigene Veranda. Die Architektin betont, daß für diese Schlafveranden Verglasungen vorgesehen waren, die im Sommer entfernt werden konnten. Nur in einzelnen Fällen, zum Beispiel bei Projektvarianten für südliche Gebiete, plant sie offene Dachterrassen.

[1] zentrales Finanzinstitut des sowjetischen Wohnbaus

90 TYPENENTWURF KINDERGARTEN FÜR CA. 120 KINDER, 1930
als Leiterin der Abteilung für Kinderanstalten innerhalb der Gruppe May, für die Projektabteilung der Zekombank, (Ausführung nicht bekannt)

Der langgestreckte, symmetrische Baukörper ist aus zwei Einheiten zu je drei Gruppeneinheiten zusammengesetzt. Die Raumstruktur der beiden Teile hat große Ähnlichkeit mit dem Typ für 60 Kinder (Projekt Nr. 89). Bei vielen Entwürfen für die Sowjetunion finden sich Varianten der Typen, die aus der Verdopplung der Grundstruktur eines Kindergartentyps entstehen. Bestimmte Räume oder Raumgruppen im mittleren Verwaltungstrakt können dabei eingespart werden.
Jede Gruppeneinheit verfügt wieder über einen großen Spielraum, angeschlossene Nebenräume in den Nischen und einen eigenen Garten. Die Sandspielkästen sind diesmal aber für je drei Gruppen zentral angelegt, und zwar direkt vor den beinahe quadratischen Erschließungshallen mit den vorgelagerten Loggien.
Es existiert ein gemeinsamer Saal, eineinhalb Geschosse hoch, der in der Mitte des Gebäudes liegt und daher für jede der sechs Gruppen gut zugänglich ist.

Perspektiven

92 TYPENENTWURF KINDERGARTEN FÜR 65 KINDER, 1931

als Leiterin der Abteilung für Kinderanstalten innerhalb der Gruppe May, für den Trust Sojusstandartschilstroj[2], (Ausführung nicht bekannt)

Die drei Gruppeneinheiten, von denen jede über einen eigenen Waschraum und Toiletten, sowie einen Abstellraum neben dem Spielzimmer verfügt, liegen, linear gereiht, im Erdgeschoß nach Süden. Die Gruppenräume haben eine direkte Verbindung mit dem Garten. Die Außenwand wird durch viele kleinteilig gegliederte, aber große Glasflächen aufgelöst. Wieder hat jede Gruppe ihren eigenen Garten, der allerdings direkt an den nächsten grenzt. Die Kinderräume sind annähernd quadratisch, im Verhältnis 4 : 5.
Neben dem Eingang liegt die Garderobe, daran anschließend das Krankenzimmer, mit eigenem Ausgang ins Freie. Östlich vom Eingang ist der von zwei Seiten belichtete Saal vorgesehen. Die Perspektive läßt erkennen, daß sich die Ostseite großflächig zum Badeplatz mit dem Bassin hin öffnet. Im Süden sind die gemeinsamen Spieleinrichtungen und das Gemüsegärtchen.
Im Obergeschoß befinden sich die Schlafräume für die Nacht und außerdem eine pergolaüberdeckte Dachterrasse für den Mittagsschlaf, dreiseitig umschlossen, nach Süden offen und, im Gegensatz zu den vorangegangenen Typenkindergärten, nicht überdacht.
Im Unterschied zur Idee des Hallenkindergartens wird hier der natürlich belichtete Gang zum Gestaltungsmerkmal. Er bildet einen niedrigen, „angedockten" Baukörper, der deutlich die Unterschiedlichkeit der Raumeindrücke unterstreicht. Durch die Fenster knapp oberhalb des Gangs erhalten die Gruppen zusätzliches Oberlicht – Licht von zwei Seiten erhöht nicht nur die Helligkeit, sondern

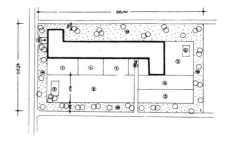

1 Gruppengarten
2 Spielplatz
3 Sandplatz
4 Gymnastikplatz
5 Gemüsegarten
6 Bassin
7 Badeplatz
8 Wirtschaftseingang
9 Eingang
10 gemeinsame Zone

vermittelt auch den Eindruck von Leichtigkeit, Transparenz und ermöglicht die für die Hygiene so wichtige Querlüftung.

---

[2] Projektierungsbetrieb für Wohnbauten

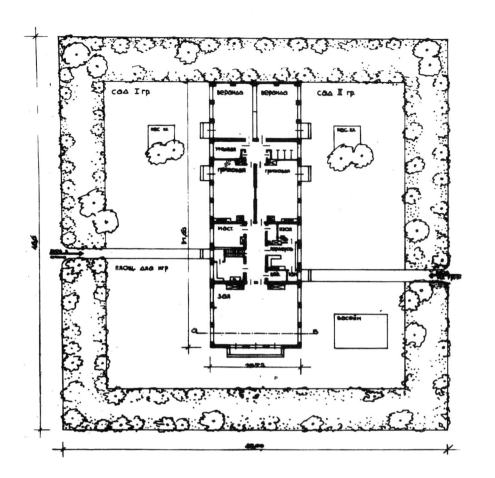
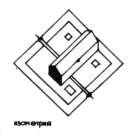

97 TYPENENTWURF KINDERGARTEN FÜR 35 KINDER,
1932
als Leiterin der Abteilung für Kinderanstalten innerhalb der Gruppe May, für den Trust Standartgorprojekt³, (Ausführung nicht bekannt)

Der zweigruppige Kindergarten ist ein langgestreckter, eingeschossiger Baukörper mit Satteldach. Er verläuft in Nord-Südrichtung, die beiden Gruppenräume sind ost- beziehungsweise westorientiert. Davor befinden sich die offenen Veranden, die in diesem Entwurf erstmals den Gruppen zugeordnet sind. Zwischen Gruppenraum und Schlafveranda liegen – als Schleuse – die Toiletten und der Waschraum, die beiden Gruppen gemeinsam sind. Der Gemeinschaftsraum ist nach Süden orientiert, weiters steht noch ein Bastelraum zur Verfügung. Getrennte Zugänge, wahrscheinlich für die Wirtschaftsanlieferung und die Kinder, helfen, die Wege zu entflechten.

---

³ Entwurfstrust für Standardstädte

PROJEKTE SOWJETUNION 1930–1937

Blick über das 1. Quartal, die Kinderkrippe im Vordergrund, Zustand Oktober 1990

93 TYPENENTWURF KINDERKRIPPE FÜR 108 KINDER,
1931
als Leiterin der Abteilung für Kinderanstalten innerhalb der Gruppe May, für den Trust Sojusstandart-schilstroj, ausgeführt in Magnitogorsk, Uliza Tschaikowskaja Nr. 34, (umgebaut)

Diese Kinderkrippe wurde für Magnitogorsk, eine 1929 um ein neuerbautes, großes Stahlwerk angelegte Industriestadt am Uralfluß, geplant. Verschiedene Architektengruppen machten Vorschläge für den Stadtplan von Magnitogorsk, darunter auch die Gruppe May, nach deren Planung nur das 1. Wohnquartal errichtet wurde.
Die von Margarete Schütte-Lihotzky geplante Kinderkrippe liegt am Rande dieses 1. Wohnquartals und ist diesem zugeordnet. Der langgestreckte Baukörper liegt an einem schwach geneigten Nordhang, ist fast 100 m lang, zweigeschossig und mit flachem Pultdach. Die Hauptfassade öffnet sich mit großen Fenstern nach Süden und hier sind auch auch die Gruppenräume angeordnet; die nordseitige Straßenfassade ist geschlossener, hier liegen alle Zugänge zu den einzelnen Gruppen, die allgemeinen Räume und die beiden Treppenhäuser.
Die Kinderkrippe ist für fünf Gruppen von bis zu dreijährigen Kindern und für drei Säuglingsgruppen geplant. Im Erdgeschoß an der Ostseite befindet sich die Krankenstation (Isolator), bestehend aus Krankenraum, Isolierboxen und kleiner Veranda. Diese Krankenstationen waren in den Kinderkrippen für 10% der Kinder angelegt, die Kinder kamen nach der täglichen Morgenuntersuchung bei Krankheitsanzeichen dorthin und wurden solange betreut und gepflegt, bis sie abgeholt wurden. Die Station der Kinderkrippe hat einen separaten Zugang, damit beim Abholen der kranken Kinder keine Ansteckung der gesunden erfolgen kann.
Im Erdgeschoß sind im Westteil des Gebäudes zwei Gruppen der bis zu dreijährigen Kinder untergebracht, eine Gruppeneinheit besteht aus Empfangsraum, Spielzimmer und Schlafraum mit zugeordnetem Waschraum und offener Veranda. Im Ostflügel befinden sich zwei Gruppen für Säuglinge mit gemeinsamem Empfangsraum und zwei Schlafräumen, diese Gruppen benötigen noch keinen eigenen Spielraum. Die Mittelveranda ist von den beiden links und rechts angeordneten Schlafräumen aus zu nutzen.
Im Obergeschoß erfolgt die Erschließung durch zwei nordseitige Treppenhäuser und eine zentral gelegene einläufige Treppe (wurde nicht ausgeführt) mit zwei vorgesehenen Speiseaufzügen, die die Küche mit dem Obergeschoß verbinden. In den Treppenhäusern ist jeweils eine Garderobe mit Isolatorraum untergebracht. Die beiden Gruppen im Ostflügel besitzen einen gemeinsamen Empfangsraum, zwei

Perspektive Südfassade

große Spielzimmer mit zugeordneten Waschräumen, zwei Schlafräume und eine im Winter verglaste Veranda. Im Westflügel ist eine Säuglingsgruppe und eine Gruppe der größeren Kinder untergebracht. Die Gruppen sind über den gemeinsamen Empfangsraum zugänglich. Der Säuglingsgruppe ist die westlich gelegene geschlossene Veranda zugeordnet, die andere Gruppe zur Mittelveranda hin orientiert. Die mittlere Veranda ist wieder, wie im Erdgeschoß, von den zwei angrenzenden Schlafräumen aus zu nutzen. Der Mitteltrakt beherbergt im Erdgeschoß die Küche, im Obergeschoß Kanzlei, Arztzimmer und Sanitärräume, die an der Nordfassade gelegen sind.

Die offenen Südveranden, in der Gebäudemitte und an den Gebäudeenden angeordnet, bilden ein interessantes gestalterisches Element der Südfassade. Die Veranden wurden nur in der warmen Jahreszeit offen für den Mittagsschlaf der Kinder genutzt, im Winter waren sie einfach verglast, was bei den sehr tiefen Temperaturen in Magnitogorsk notwendig war.

Die Kinderkrippe wurde baulich verändert ausgeführt, auch sind einige Umbauten an den Veranden und Fassaden erfolgt. Nach Aussage der dort beschäftigten Kindergärtnerinnen wurde die Kinderkrippe kurz nach der Errichtung als Waisenhaus verwendet, jetzt ist sie wieder als Kinderkrippe in Betrieb (Besichtigungsreise im Oktober 1990).

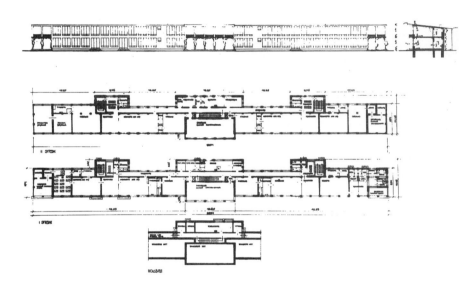

Grundriß Erdgeschoß, 1. Obergeschoß und Keller, Südansicht

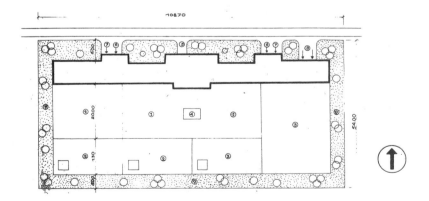

Lageplan

101 TYPENENTWURF KINDERKRIPPE FÜR 100 KINDER,
1932
als Leiterin der Abteilung für Kinderanstalten innerhalb der Gruppe May, für den Trust Standartgorprojekt, Karaganda, Mittelasien, (Ausführung nicht bekannt)

Die Kinderkrippe besteht aus einem langgestreckten Baukörper mit Gruppenanbauten, die Eingangsfront ist der Hauptwindrichtung (Südwest) zugewandt, die Gruppeneinheiten sind an der windabgewandten Seite, die Gruppengärten an der Nordostseite des Gebäudes situiert. In dieser sturmreichen Gegend ist die Berücksichtigung der Hauptwindrichtung sehr wichtig.
Der Hauptbaukörper ist zweigeschossig, die Krankenstation und die zwei Gruppenanbauten eingeschossig und mit Satteldächern überdeckt. Im Erdgeschoß sind vier Gruppen für Kinder bis zu drei Jahren untergebracht, jeweils zwei Gruppen besitzen einen gemeinsamen Eingang. Die Gruppeneinheiten bestehen aus Untersuchungsraum (Filter) mit Isolierbox (-raum), Empfangsraum, jeweils für zwei Gruppen gemeinsam, sowie pro Gruppe einem Spielraum mit zugeordneter Sanitäreinheit, einem Schlafraum und einer Veranda; alle Veranden liegen an der windabgewandten Seite. An der Südwestseite befindet sich in Gebäudemitte die Personalgarderobe sowie die Küche, dieser Gebäudeteil ist unterkellert.
An die Südostseite des Haupttraktes ist die Krankenstation angebaut. Über die beiden Eingänge gelangt man zu dem Untersuchungsraum (Filterraum), dem Empfangsraum und in die Krankenzimmer (zwei Krankenzimmer für je vier Kinder) mit angeschlossenen Veranden. Ein großes Badezimmer liegt an der Nordostseite der Station, im Südwesten ist eine Terrasse vorgelagert, die Krankenstation kann auch in zwei Einheiten geteilt werden.
Im Obergeschoß sind die allgemeinen Räume, Kanzlei, Personalraum und Arztzimmer in der Gebäudemitte

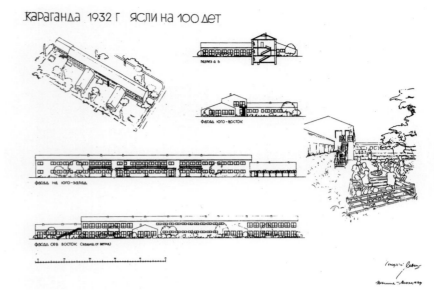

Ansichten, Axonometrie und Perspektive

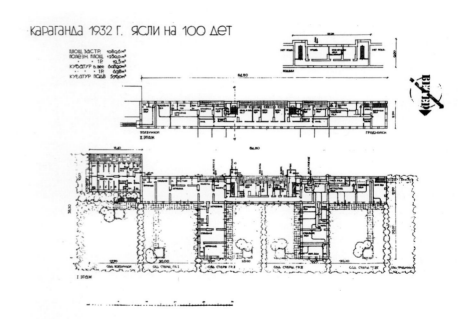

Grundriß Erdgeschoß und Obergeschoß

angeordnet, ein vorgelagerter Balkon überdeckt die Eingänge im Erdgeschoß. Die Gruppe der Krabbelkinder ist im südöstlichen Gebäudeteil untergebracht und besteht aus Untersuchungsraum (Filter), Empfangsraum, Spielzimmer mit Nische, von der aus der Waschraum erschlossen wird, Schlafraum und Veranda mit direkter Außentreppe zum Garten. Für die Säuglingsgruppe gibt es die gleiche Gruppeneinheit mit Ausnahme des Spielraumes, da Säuglinge diesen noch nicht benötigen.
Durch die einhüftige Erschließung ist eine gute Belichtung der Räume gewährleistet, die Gruppenräume selbst sind zweiseitig belichtet, die Trakttiefe ist mit 9,90 m bei diesem Typenentwurf größer als bei vergleichbaren.

PROJEKTE SOWJETUNION 1930–1937

ДЕТСКИЕ УЧРЕЖДЕНИЯ БРЯНСК ЗАВОД 13

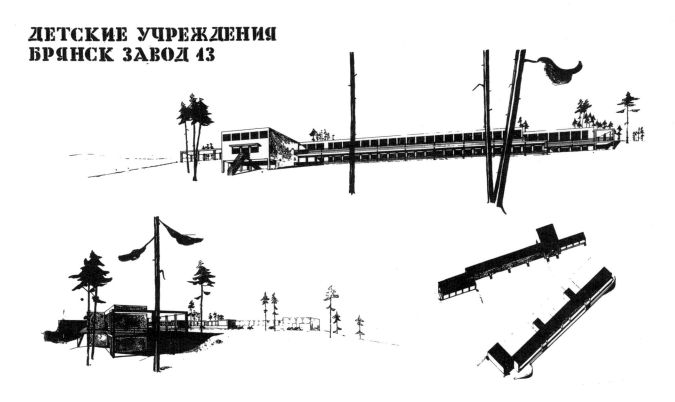

Perspektive des Kindergartens, Axonometrie Gesamtanlage

102 KINDERGARTEN UND KRIPPE BRIANSK, 1932
als Leiterin der Abteilung für Kinderanstalten innerhalb der Gruppe May, für den Trust Standartgorprojekt, Ukraine, Briansk, (im 2. Weltkrieg zerstört)

Den Auftrag für dieses ausgeführte Einzelprojekt erhielt die Architektin von einer ukrainischen Metallwarenfabrik, die einen besonders hohen Anteil an Arbeiterinnen beschäftigte. Das „Werk 13" – so die Bezeichnung des Werkes – war am Fuß einer Bergzunge mitten in der Stadt Briansk gelegen, die dazugehörige *Kinderkrippe für 100 Kinder* und *der Kindergarten für 120 Kinder* auf der Bergzunge und inmitten eines Parks mit altem Baumbestand. Das Werk war durch einen Aufzug mit dem Höhenrücken verbunden, sodaß die Frauen ihre Kinder ohne große Wegzeiten hinbringen und abholen konnten.
Die Architektin plante zwei Einzelbauten an den Flanken des Höhenrückens. Die Baukörper sind flach und langestreckt, sie wirken sehr elegant und erscheinen von der Stadt aus gesehen zweigeschossig, vom Höhenrücken aus eingeschossig.

Die Kinderkrippe für 100 Kinder

Man betritt das Gebäude vom Park aus über Freitreppen im Obergeschoß, hier befinden sich vier Gruppeneinheiten für Kinder bis zu drei Jahren. Die beiden mittleren Gruppen sind über einen gemeinsamen Untersuchungs- und Empfangsraum zu erreichen, diese Gruppen haben symmetrisch angeordnete, vorgelagerte Veranden. An der Nordseite ist in einem eigenen Bauteil die Krankenstation für acht kranke Kinder untergebracht, sie beherbergt zwei Einheiten für jeweils vier Kinder und besitzt zwei separierte Zugänge.
Im Erdgeschoß sind an der Südseite des Gebäudes die Säuglinge untergebracht, der Zugang erfolgt von Westen, der Gruppe ist eine Veranda und eine abgerundete Terrasse süd- und westseitig vorgelagert. Im Nordteil befindet sich die Krabbelkindergruppe und im Mittelteil die allgemeinen Räume, einhüftig erschlossen. Eine elegant ausschwingende Terrasse ist nach Westen hin zum Bergabhang orientiert, zwei Treppenhäuser, symmetrisch angeordnet, bilden die innere Erschließung der Kinderkrippe.

Der Kindergarten für 120 Kinder

Drei Gruppen liegen im Obergeschoß, das man vom Park kommend zuerst betritt, die Gruppeneinheit besteht aus dem Spielraum mit Nebenräumen, die dazugehörigen Schlafräume befinden sich im Nordostflügel des Gebäudes und sind mit einer Veranda für den Mittagsschlaf verbunden. Ein großer Saal dient als Bewegungsraum für alle Gruppen, an diesen Baukörper schließt eine zweite Veranda an. Den Gruppenräumen vorgelagert ist ein nach Südosten, zum Bergabhang orientierter Balkon.

PROJEKTE SOWJETUNION 1930–1937

Drei Gruppen liegen im Erdgeschoß: in dem im Südwesten gelegenen Gebäudeteil sind die allgemeinen Räume angeordnet, die Gruppeneinheiten erstrecken sich nach Nordosten. Sie bestehen aus Garderobe, Waschraum mit Toiletten sowie Spielraum, die im Nordosten gelegenen Räume sind die dazugehörigen Schlafräume. Die Spielräume öffnen sich auf eine südöstliche Terrasse, dem Bergabhang zugewandt.

Die eleganten Baukörper werden durch die Lage am Berghang besonders hervorgehoben, die Anlage zeigt eine eigenständige und ausgewogene Beziehung zwischen Bauwerk und Natur.

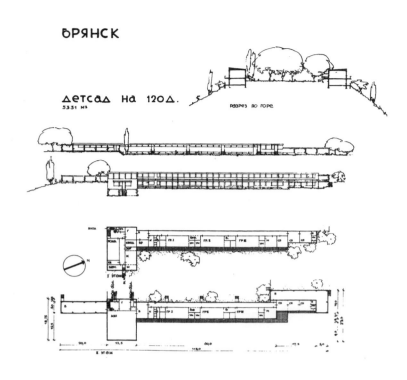

Kindergarten für 120 Kinder, Grundrisse und Ansichten

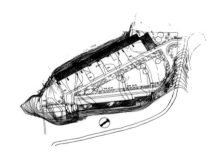

Lageplan Gesamtanlage

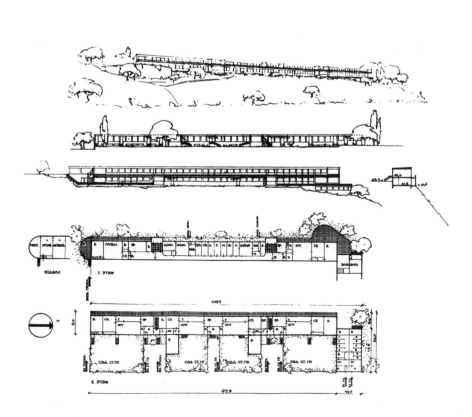

Kinderkrippe für 100 Kinder, Grundrisse und Ansichten

PROJEKTE SOWJETUNION 1930–1937

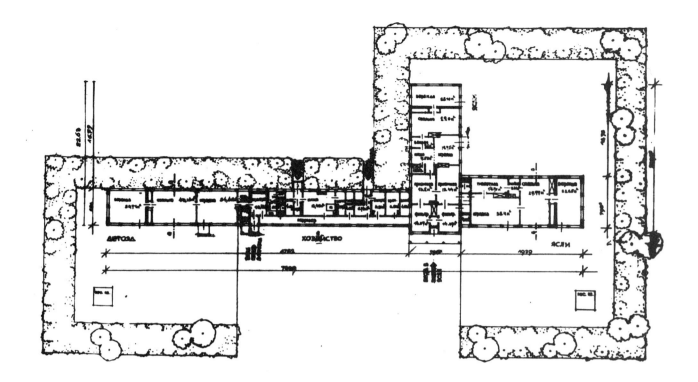

104 TYPENENTWURF KINDERKRIPPE FÜR 22, KINDERGARTEN FÜR 18 KINDER, 1932
als Leiterin der Abteilung für Kinderanstalten innerhalb der Gruppe May, für den Trust Standartgorprojekt, (Ausführung nicht bekannt)

Für den ländlichen Raum wurden kleine Einheiten als Typenentwurf geplant. Dieses „Kinderkombinat"[4] ist in einem eingeschossigen Baukörper mit Flügelanbau untergebracht. Die Eingänge für Kindergarten und -krippe liegen im Süden, die für Personal und Küche im Norden.
Die allgemeinen Räume sind im Hauptgebäude gelegen, diese Räume sind einhüftig erschlossen und öffnen sich nach Norden. Im westlichen Gebäudeflügel liegt die Kindergartengruppe, die Räume sind hier beidseitig belichtet. Zwei Gruppen beherbergt die Kinderkrippe, eine Gruppe im Flügelbau, die andere im Hauptbau, die Gruppenschlafräume sind wieder beidseitig belichtet, in den Garten können alle drei Gruppen direkt vom Spielraum und von den Veranden aus gelangen. Durch die geringe Anzahl der Kinder ist keine eigene Krankenstation (Isolator) notwendig.

---

[4] Ein „Kinderkombinat" besteht aus einer Kinderkrippe und einem Kindergarten, gemeinsam in einem Bau untergebracht.

PROJEKTE SOWJETUNION 1930–1937

94 ENTWURF EINES KINDERKLUB FÜR 340 KINDER, 1932
als Leiterin der Abteilung für Kinderanstalten innerhalb der Gruppe May, wahrscheinlich für den Trust Sojusstandartschilstroj bzw. Standartgorprojekt, Ural, Magnitogorsk

Das Projekt ist als Treffpunkt für Kinder verschiedener Altersstufen und als Ergänzung zu einem benachbarten Arbeiterklub[5] gedacht. Für große Versammlungen, Theateraufführungen oder Sportveranstaltungen können Räume und Anlagen der Erwachsenen mitbenutzt werden, dennoch bildet der Kinderklub eine eigenständige Einheit, um dem „selbstständigen, neuen gesellschaftlichen Leben"[6] der Kinder Rechnung zu tragen.
Der Baukörper liegt auf nach Norden abfallendem Terrain. Für die Kleinkinder ist der eingeschossige, westliche Bauteil mit Spielzimmer, nach Südwesten vorgelagerter Terrasse, Schlafraum, Eßzimmer, das in zwei bis drei Schichten benutzt werden soll, und daran anschließender Küche und Personalräumen vorgesehen. An der Südwestseite befindet sich ein Garten mit Sandkiste, im Nordosten der große Spielplatz. Im Sommer sind diese Freiräume direkt zugänglich, im Winter muß vorher die Garderobe aufgesucht werden. Wasch-, Vorrats-, und Abstellräume liegen im Keller.
Die Pioniere (Kinder ab sieben Jahren) sind im zwei- bis dreigeschossigen, östlichen Gebäudeteil untergebracht. Ihnen stehen im Erdgeschoß außer der zentralen Halle – die Erschließungszone, aber auch Ausstellungs- und Festbereich ist – noch ein Buffet und Werkstätten für Holz- und Metallbearbeitung zur Verfügung. Darüber liegen Musikzimmer, Saal, Museum (eine offene Säulenhalle) und im Dachaufbau die zweiseitig belichtete Bibliothek, Lernzimmer, das chemische Labor und die „lebende Ecke" mit Pflanzen und Tieren, eine leichte Glaskonstruktion. Sehr deutlich werden hier die für die deutschen Funktionalisten der Gruppe um Ernst May programmatischen Forderungen nach Luft, Licht und Sonne erfüllt. Nach Süden ist das Haus geöffnet, Gestaltungsmerkmale wie Dachterrassen, Balkone und Außenstiegen treten vor die Fassade. Viele Räume, zum Beispiel Buffet, Kleinkindergruppe, Saal und Bibliothek haben eine direkte Verbindung mit den umliegenden Freiräumen, Dachterrassen und dem Garten. Nach Norden ist der Baukörper geschlossener, hier ist die Nebenraumzone angeordnet.
Auch bei dieser Bauaufgabe ersetzt die helle, von Süden natürlich belichtete Halle etwaige Gänge. Zweigeschossig, mit Treppe und Galerie, verbindet sie die unteren Ebenen miteinander und das Haus mit dem Gartenplatz im Süden.

---
[5] siehe auch: Die Zeit in der Sowjetunion

[6] aus der Beschreibung der Architektin

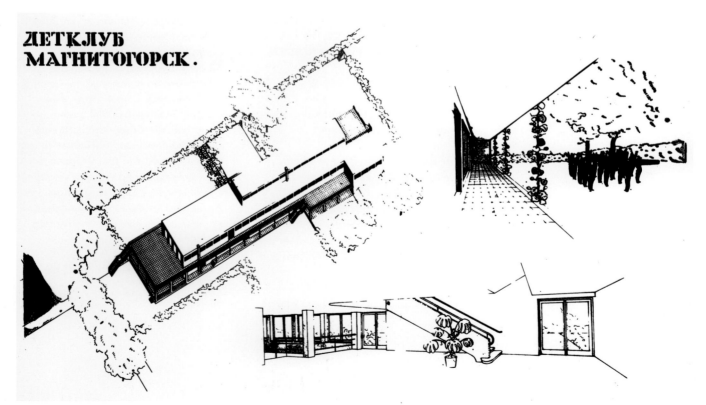

Axonometrie, Perspektiven

PROJEKTE SOWJETUNION 1930–1937

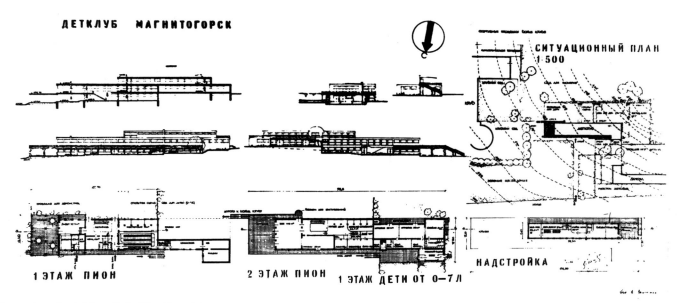

Lageplan, Ansichten, Schnitte, Grundrisse

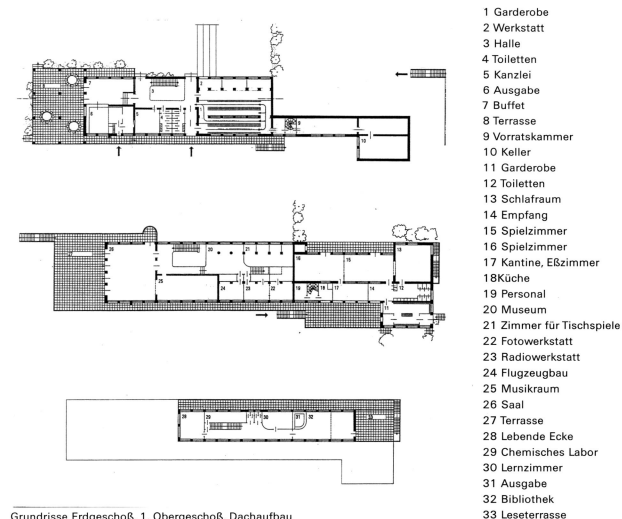

Grundrisse Erdgeschoß, 1. Obergeschoß, Dachaufbau

1 Garderobe
2 Werkstatt
3 Halle
4 Toiletten
5 Kanzlei
6 Ausgabe
7 Buffet
8 Terrasse
9 Vorratskammer
10 Keller
11 Garderobe
12 Toiletten
13 Schlafraum
14 Empfang
15 Spielzimmer
16 Spielzimmer
17 Kantine, Eßzimmer
18 Küche
19 Personal
20 Museum
21 Zimmer für Tischspiele
22 Fotowerkstatt
23 Radiowerkstatt
24 Flugzeugbau
25 Musikraum
26 Saal
27 Terrasse
28 Lebende Ecke
29 Chemisches Labor
30 Lernzimmer
31 Ausgabe
32 Bibliothek
33 Leseterrasse

PROJEKTE SOWJETUNION 1930–1937

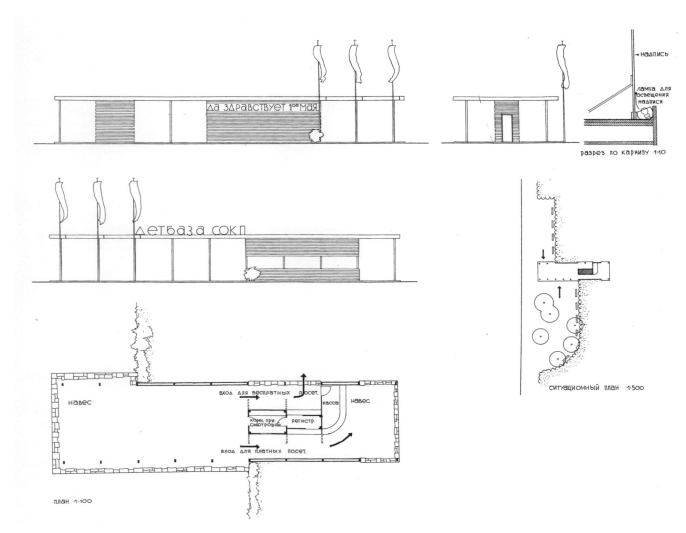

Grundriß, Ansichten, Lageplan, Detail

106 ZUGANGSPAVILLON DER KINDERABTEILUNG IM SOKOLNIKIPARK, 1932[7]
als Leiterin der Abteilung für Kinderanstalten innerhalb der Gruppe May, für den Trust Standartgorprojekt, Moskau, Sokolnikipark, (wahrscheinlich temporär errichtet)

Der Pavillon des Kinderbereichs im Sokolnikipark, einem Erholungsterritorium in Moskau, muß offensichtlich für eine Stelle nahe einem Teich oder einem anderen schiffbaren Gewässer gedacht gewesen sein, da die beschriebenen Raumfunktionen neben dem Eingang für zahlende Besucher (der weitere Weg, vorbei an dem geschwungenen Kassapult) noch einen Rudereringang (der kürzere Weg) vorsehen.

Der Pavillon gliedert sich in die großen, offenen Terrassen und einen festen Kernbereich. Die Registratur ist in dem geschlossenen Teil untergebracht. Das Projekt war als temporäre Einrichtung, wahrscheinlich als Holzkonstruktion, geplant.
Das offene, leichte Bauwerk besteht aus einzelnen Wandscheiben, Stützen und dem großen Schutzdach. Es hat die Funktion, Wege zu leiten und – verstärkt durch Fahnen und Aufschriften („KINDERBASIS SOK"olniki „P"ark und „Guten Tag zum 1. Mai") – Zeichen zu setzen.

---

[7] Im Lebenslauf von Margarete Schütte-Lihotzky wird die Arbeit im Zeitraum 1930–33 erwähnt. Unter der Annahme, daß die dort aufgezählten Projekte chronologisch geordnet sind, wurde 1932 als wahrscheinlich angenommen.

107 TYPENENTWURF KINDERKRIPPE FÜR 100 KINDER,
1933
als Leiterin der Abteilung für Kinderanstalten innerhalb der Gruppe May, für den Trust Standartgorprojekt, (Ausführung nicht bekannt)

Die Bezeichnung „Standartnaja oblegtschennaja Konstrukzija" (= Standardleichtkonstruktion) läßt auf erste Überlegungen zu einem Fertigteilsystem schließen, das die Architektin im „Baukastensystem für Kindertagesheime" dann 1964, (Projekt Nr. 198) zur Vollendung bringt. In dem Schemaplan werden zwei Bauvarianten und sechs verschiedene Lageplanvarianten gezeigt, vier Gruppen der bis zu dreijährigen Kinder und eine Gruppe Säuglinge und Krabbelkinder sind in der Kinderkrippe untergebracht. In dem H-förmigen Baukörper sind vier Gruppen im Erdgeschoß, die Gruppe der Säuglinge und Krabbelkinder im Obergeschoß angeordnet.

In der Variante a werden zwei Gruppeneinheiten vom nördlichen, zwei Gruppen vom südlichen Zugang, der über eine offene Veranda führt, erschlossen. Über den gemeinsamen Untersuchungsraum gelangt man in die südlichen Gruppeneinheiten, bestehend aus Empfangsraum mit Isolierbox, Spielraum mit parallel gelegtem Waschraum, Schlafraum und Veranda. Die beiden nördlichen Gruppen besitzen getrennte Untersuchungsräume, aber sonst den gleichen Gruppenaufbau. Durch die direkten Zugänge von den Veranden, den Schlaf- und Spielräumen in die Gruppengärten wird die Natur miteinbezogen.

Der Mitteltrakt des Gebäudes verbindet die beiden Zweigruppen-Pavillons; hier liegen im Erdgeschoß die Küche, die Kanzlei, das Arztzimmer und sonstige allgemeine Räume, im Obergeschoß sind die Säuglinge und Krabbelkinder untergebracht. Die Gruppeneinheit für die Säuglinge besteht aus Schlafraum mit Veranda und Nebenräumen, die Krabbelkindergruppe besitzt zusätzlich

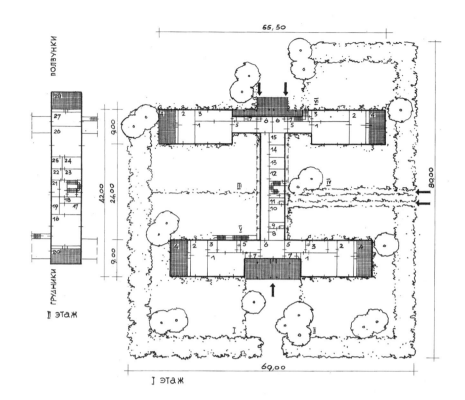

Grundriß Erdgeschoß und Obergeschoß

einen Spielraum mit Nische. Den beiden Gruppen ist ein gemeinsamer Isolierraum (Isolierbox) zugeordnet, der Gartenabgang geht über zwei Treppen vom jeweiligen Schlafraum aus. Diese Gruppeneinheit hat eine geringere Trakttiefe und zweiseitig belichtete Räume.

Die Krankenstation (Isolator) ist in einem getrennten Bau untergebracht, für 10 Kinder konzipiert und besteht aus dem Empfangsraum, zwei Krankenzimmern für je fünf Kinder mit Nebenräumen und zwei Schlafveranden.

In den sechs verschiedenen Lageplanvarianten wird die Lage der Kinderkrippe zur Krankenstation und die Wegführung im Außenbereich gezeigt. Dieser grundsätzliche Entwurf ist sehr flexibel auf viele Grundstückskonfigurationen anwendbar, und ist als ein wichtiger Entwicklungsschritt zu einem für jede Situation anwendbaren „Baukastensystem" zu sehen.

PROJEKTE SOWJETUNION 1930–1937

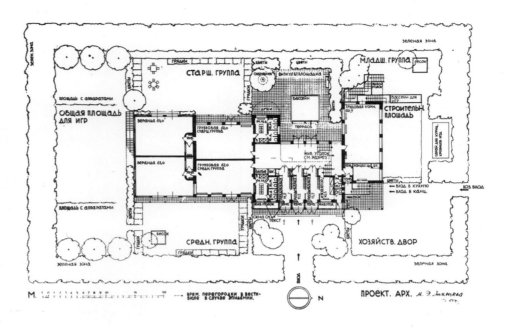

Grundriß Erdgeschoß

111 TYPENENTWURF KINDERGARTEN FÜR 70 KINDER, 1933
als Leiterin der Abteilung für Kinderanstalten innerhalb der Gruppe May, für den Trust Standartgorprojekt, (Ausführung nicht bekannt)

Dem Projekt kommt besondere Bedeutung zu, da hier einerseits sehr viele typische Konzeptions- und Gestaltungsmerkmale vorkommen, andererseits gut leserliche Planreproduktionen und eine ausführliche Beschreibung vorhanden sind.
Das Haus steht in Nord-Südrichtung, sodaß die Gruppenzimmer im Erdgeschoß Ost- oder Westlage haben. Die Werkstatt (Bastelraum), der Saal und die Gruppe im Obergeschoß sind nach Süden orientiert, die Schlafräume nach Osten, also zur Morgensonne. Der Eingangsbereich liegt im Osten, über zwei Stufen gelangt man auf eine kleine Terrasse, die im Sommer mit „lebenden Ecken" für Pflanzen und Volieren für Vögel ausgestattet ist. Normalerweise wird nur der mittlere Eingang benützt. Die Kinder werden untersucht und gehen entweder in die drei Garderobenabteile oder, im Krankheitsfall, in den „Isolator", den Krankenraum (nördlich der Garderobenabteile). Bei Epidemiegefahr benützt jede Gruppe ihren eigenen Zugang, dann müssen die Untersuchungen in getrennten Räumen stattfinden, das Krankenzimmer ist in diesem Fall für zwei Gruppen von außen erreichbar.
Da sich oberhalb der niedrigen Windfänge noch Oberlichtfenster befinden, können die Garderoben direkt natürlich belichtet werden. Die zentrale Halle, zweigeschossig mit Galerie, öffnet sich durch große Glastüren und Fenster nach Westen zu der davorliegenden Terrasse und dem Bassin. Dieser Raum ist der Mittelpunkt des Hauses, das kulturelle Leben der Kinder soll hier stattfinden, Versammlungen, Feste, Theateraufführungen sind vorgesehen. Aber auch im alltäglichen Gebrauch muß hier, wo der Schnittpunkt aller Wege ist, ein belebter Raum mit hohem Wohnwert liegen; eine besondere Attraktion ist das Aquarium unter dem Podest. Dennoch muß im Falle einer Epidemie auch hier die Abtrennbarkeit gewährleistet sein.
Die Gruppeneinheiten – im Erdgeschoß befinden sich die für die mittleren und größeren Kinder, im Obergeschoß die Gruppe der jüngsten – bestehen auch hier aus einem Spielraum, Waschraum und Toiletten, Windfang, geheiztem Abstellraum für Schlafsäcke und Decken, sowie der Veranda und dem eigenen Gruppengarten. Die Gruppe im Obergeschoß ist durch eine Außentreppe direkt mit dem Garten verbunden. Für die Querlüftung (vom Standpunkt der Hygiene eine zentrale Forderung) der Gruppenzimmer und Veranden ist durch hochliegende Fenster in den Zwischenwänden gesorgt. Oberhalb der Pergola liegen noch kleine Fenster zu Gruppenräumen und Veranden (siehe Ostfassade), sodaß eine zu starke Beschattung der Gruppenzimmer durch den Bewuchs der Pergola nicht zu befürchten ist. Zur Einrichtung jeder Gruppe gehören weiters die Schränke (zur Unterbringung der Liegestühle) an der Längswand. Die Parapethöhen sind mit 65 cm niedrig genug, um den Kindern einen freien Ausblick zu ermöglichen. Die Waschräume sind, je nach Altersstufe, mit 6, 8 oder 10 Waschbecken, einem Fußwaschbecken, zwei Duschen, einem Wäscheschrank, 25 Handtuchhaltern etc. ausgestattet. Zwischen

PROJEKTE SOWJETUNION 1930–1937

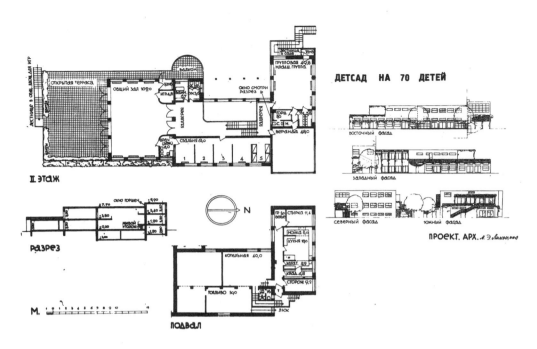

Grundriß Obergeschoß, Keller; Schnitt, Fassaden

Gruppenraum und Waschraum ist ein Innenfenster angeordnet (siehe Möblierungsplan), die Toiletten durch halbhohe Zwischenwände für Mädchen und Buben unterteilt, die Gruppe der jüngeren Kinder hat stattdessen einen Töpfchenraum mit Ausguß.

Zusätzlich steht den Kindern noch eine beidseitig belichtete Werkstatt (Bastelraum) im, höhenmäßig versetzten, nördlichen Teil und ein gemeinsamer Saal im Obergeschoß zur Verfügung. Dieser Saal erhält von Osten, Süden und Westen Licht, hat eine große Terrasse vorgelagert und ist wieder durch eine Außentreppe mit dem umliegenden Garten verbunden. Bei größeren Veranstaltungen dient sie auch der direkten Erschließung, ohne die anderen Räume des Kindergartens betreten zu müssen.

Außer der Kanzlei, neben der Werkstatt etwas erhöht gelegen und mit zusätzlichem Eingang von der Straße, Windfang, Garderobe und Toilette für Erwachsene sind noch Wirtschaftsräume im Halbkeller und Schlafräume mit Bad, Waschraum und Toiletten, sowie ein Arztzimmer im Obergeschoß vorgesehen.

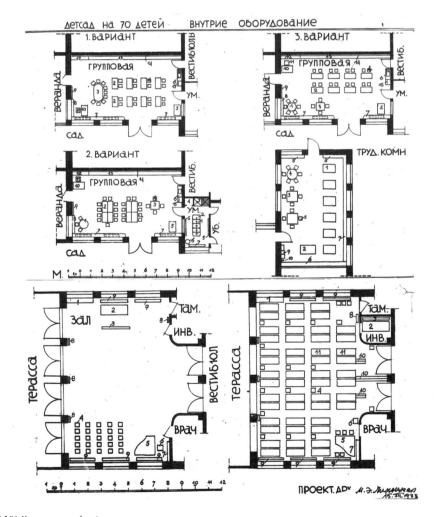

Möblierungsvarianten

PROJEKTE SOWJETUNION 1930–1937

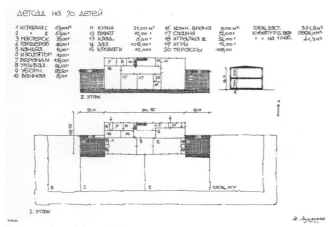

Schemagrundrisse Erdgeschoß, Obergeschoß

108 TYPENENTWURF KINDERGARTEN FÜR 70 KINDER, 1933

als Leiterin der Abteilung für Kinderanstalten innerhalb der Gruppe May, für den Trust Standartgorprojekt, (Ausführung nicht bekannt)

Die Häufigkeit der Typenentwürfe für 70 Kinder zeigt, daß diese Größe – also ein dreigruppiger Kindergarten mit relativ geringer Kinderanzahl – als ideal erachtet wurde.
Das übersichtliche Schema bringt deutlich einige wichtige Entwurfsideen zum Ausdruck.
Außer dem Hauptzugang der Kinder, der durch einen Windfang in die Garderobe führt, gibt es noch Zu- bzw. Ausgänge für Küche und Isolator.
Der Typ liegt in Ost-Westrichtung, also bekommen alle Kinderräume, sogar Schlaf- und Bastelzimmer, Südsonne, die Veranden zusätzlich von Osten oder Westen Licht, der gemeinsame Saal wird sogar von drei Seiten belichtet. Klar ablesbar ist die Zuordnung der jeweiligen Freiräume – Veranda, Terrasse und eigener Garten – zu den Gruppen. Eine zentrale, zweigeschossige Halle mit Galerie erschließt den Kindergarten.
Den Gruppenzimmern sind je zwei Spielnischen zugeordnet, im Obergeschoß, wo die Gruppe der kleinsten Kinder untergebracht ist, entfallen sie. Die Sanitäreinrichtungen liegen in jedem Stockwerk zentral.

1 Spielzimmer
2 Spielzimmer
3 Bastelraum
4 Garderobe
5 Kanzlei
6 Isolator (Krankenraum)
7 Veranda
8 Waschraum
9 Toilette
10 Bad
11 Küche
12 Buffet
13 Lager
14 Saal
15 Bettenlager
16 Arztzimmer
17 Schlafzimmer
18 Spielzimmer
19 Spielzeugnische
20 Terrasse

110 TYPENENTWURF KINDERGARTEN FÜR 70 KINDER, 1933

als Leiterin der Abteilung für Kinderanstalten innerhalb der Gruppe May, für den Trust Standartgorprojekt, (Ausführung nicht bekannt)

Der freistehende, kompakte Baukörper liegt in Nord-Südrichtung. Der Haupteingang, unter einem kleinen Balkon, befindet sich im Norden. Durch einen Windfang kommen die Kinder in die Garderobe, von dort in die Foyerhalle oder, im Krankheitsfall, in den „Isolierraum" (wieder mit eigenem Ausgang ins Freie). Die zweigeschossige Halle, von der aus die beiden Gruppenspielzimmer, die Werkstatt und die Versorgungsräume (Toiletten, Waschräume, Verwaltung und Wirtschaftsräume) zugänglich sind, bildet das Zentrum des Hauses. Die Gruppenräume liegen nach Osten oder nach Westen und öffnen sich zu den gruppeneigenen Gärten. Für das Spielzeug sind große Schränke vorgesehen. Durch einen Windfang können die getrennten Veranden im Süden der Gruppenzimmer erreicht werden.
Im Obergeschoß befinden sich eine weitere Gruppeneinheit, Schlafräume, Naßzellen und der dreiseitig belichtete große Saal mit vorgelagerter Terrasse. Die Fenster bestehen immer aus zwei Stehflügeln und einem mittleren Teil, der geöffnet werden kann. Die Parapethöhe ist niedrig genug, um auch den Kindern den Ausblick ins Freie zu ermöglichen.
Die Fenster werden optisch zu größeren Einheiten zusammengesetzt, Terrassen, Balkone und Außentreppen gliedern und beleben die Fassaden.

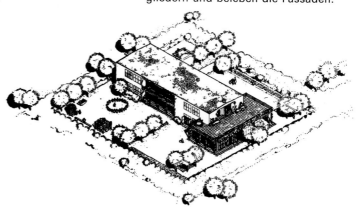

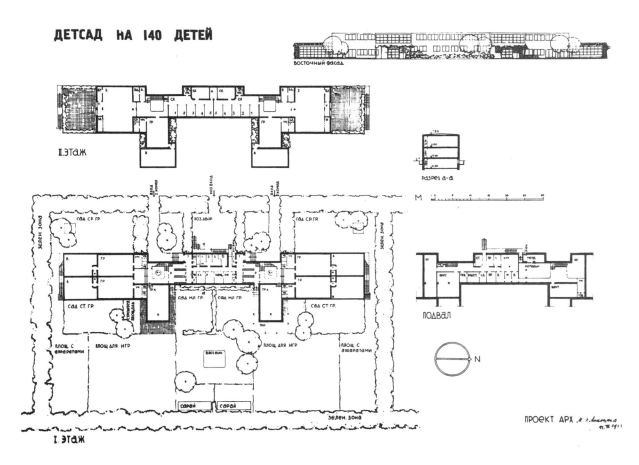

Grundrisse Erdgeschoß, Obergeschoß, Keller, Ansicht, Schnitt

112 TYPENENTWURF KINDERGARTEN FÜR 140 KINDER, 1933
als Leiterin der Abteilung für Kinderanstalten innerhalb der Gruppe May, für den Trust Standartgorprojekt, (Ausführung nicht bekannt)

Der Kindergarten gliedert sich in zwei symmetrische Komplexe für je 70 Kinder, die große Ähnlichkeit mit dem vorangegangenen Projekt (Nr. 111) haben. Auch hier ordnen sich alle wesentlichen Räume um die zentralen Hallen. Gruppenräume, Terrassen und Spielnischen sind wie oben angeordnet.
Der Baukörper erstreckt sich in Nord-Südrichtung, sodaß alle Kinderräume Sonnenlage (Westen, Süden oder Osten) haben.

Im Mittelteil befinden sich die Versorgungsräume: im Halbkeller Küche, Wäscherei und Heizungsräume, im Erdgeschoß Verwaltung und Krankenzimmer (Isolierraum) und im Obergeschoß der Raum für die diensthabende Pädagogin, die nachts die Kinder beider Komplexe beaufsichtigt.

PROJEKTE SOWJETUNION 1930–1937

115 TYPENENTWÜRFE WOHNUNGSGRUNDRISSE,
1934–1936
mit Hans Schmidt, für die Akademie der Architektur, Moskau, (Ausführung nicht bekannt)

Für die Akademie der Architektur in Moskau entwickelten Hans Schmidt und Margarete Schütte-Lihotzky Typengrundrisse für verschiedene Wohnungsgrößen und dazu Varianten für unterschiedliche Nutzungen; einige davon liegen vor. Statistiken über die Entwicklung der Familiengrößen bildeten die Grundlage für die Planung. Durch einen kleinen Vorraum gelangen die Bewohner in den, adäquat zur Wohnungsgröße dimensionierten, zentralen Wohnraum, von dem aus die Individualräume erschlossen werden. Dadurch vermeiden die Planer Gangflächen.
Zusätzlich wurde eine Einrichtung vorgeschlagen, die durch platzsparende, rationelle Möbel erlaubt, mit den Minimalgrößen der Wohnungen auszukommen. Ein eigenes Blatt zeigt Möglichkeiten adaptierbarer, praktischer Möbel, darunter einen durch den ausziehbaren Klapptisch erweiterbaren Eßplatz. Die schmale, L-förmige Küche hat zwar formal einige Ähnlichkeiten mit der Frankfurter Küche, entscheidend ist allerdings die Tatsache, daß es hier nur bei den größeren Typen die so wichtige Verbindung mit dem Eßplatz gibt.

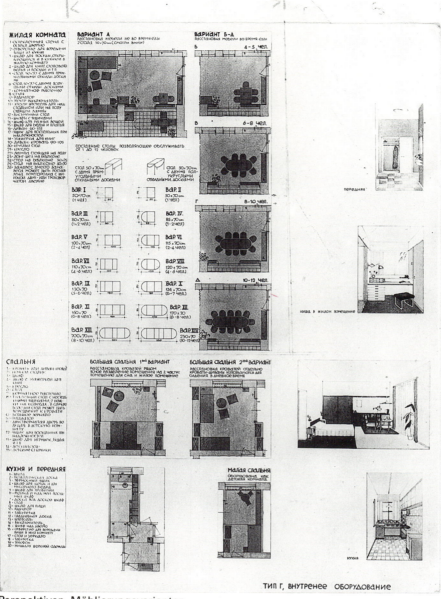

Perspektiven, Möblierungsvarianten

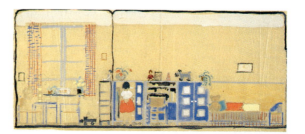

Wandabwicklungen

PROJEKTE SOWJETUNION 1930–1937

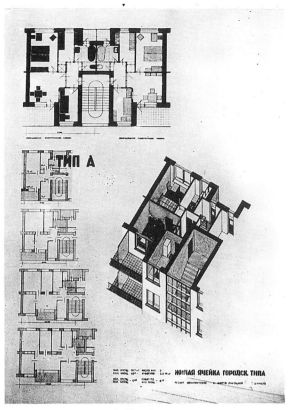
Grundriß, Axonometrie Typ A

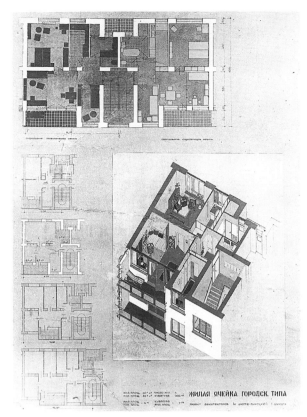
Grundriß, Axonometrie Typ W

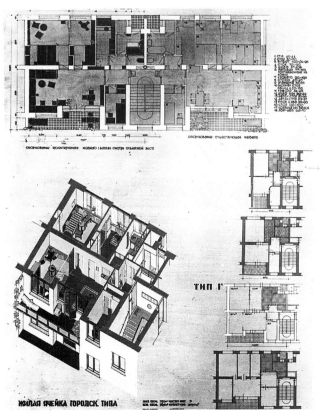
Grundriß, Axonometrie Typ G

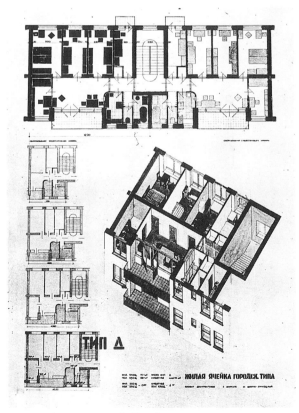
Grundriß, Axonometrie Typ D

PROJEKTE SOWJETUNION 1930–1937

116 SCHULE FÜR 590 SCHÜLER,
1934
mit Wilhelm Schütte, Makeewka,
(wahrscheinlich ausgeführt)

Der freistehende Baukörper verläuft entlang der Höhenschichtlinien des Geländes, die Klassen sind nach Nordosten orientiert.
Die Schüler gelangen vom Eingangsbereich mit den Garderoben im Nordwesten in ein zweigeschossiges Vestibül, das zugleich Erschließungshalle und Zentrum des Gebäudes ist; von da verteilen sie sich in den großen – ebenfalls zweigeschossigen – Veranstaltungssaal, den Turnsaalbereich mit den Umkleideräumen oder den Klassentrakt im Erd- und Obergeschoß. Die verschiedenen Werkstätten und Labors liegen im Anschluß an den Klassentrakt. Oberhalb des Eingangsbereiches befinden sich außer der Bibliothek noch Konferenz-, Schüler- und Lehrerzimmer, im höchsten Teil des Hauses Solarium und Dachterrasse. An den Turnsaal ist noch eine Einliegerwohnung für den Direktor angebaut.
Die Klassenräume werden nur durch große Glaselemente von den durchlaufenden Balkons getrennt. Zusätzlich erhalten die annähernd quadratischen Räume indirekt über den Erschließungsgang Licht. Für den Mittelgang im eingeschossigen Werkstättentrakt ist Oberlicht vorgesehen.
Zumindest für eine der beiden Schulen in Makeewka hatte Margarete Schütte-Lihotzky die künstlerische Bauleitung, sie besuchte daher die Stadt mehrfach.

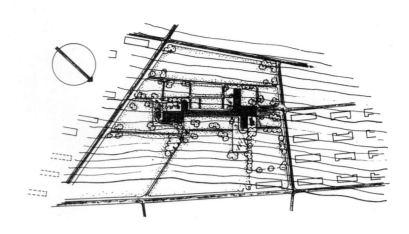

Lageplan

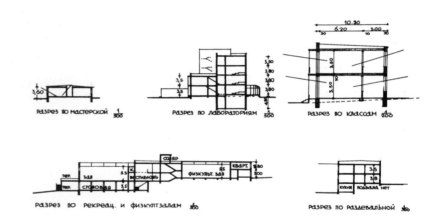

Schnitte

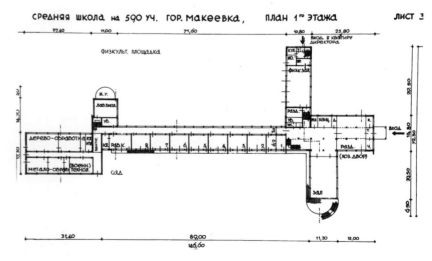

Grundriß Erdgeschoß

PROJEKTE SOWJETUNION 1930–1937

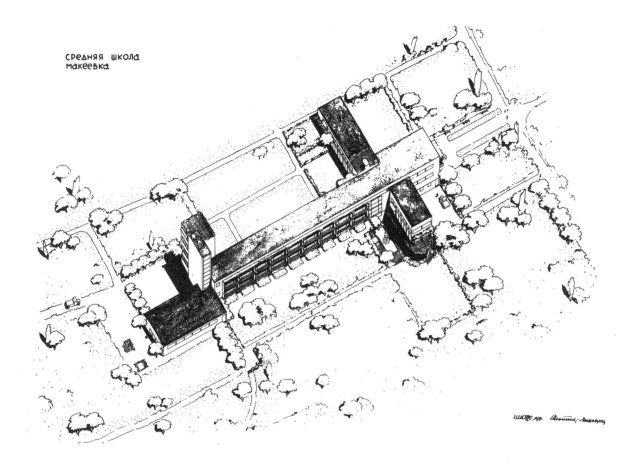

Axonometrie

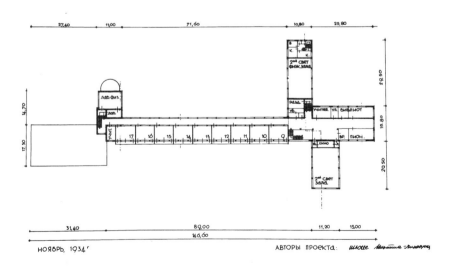

Grundriß 1. Obergeschoß

PROJEKTE SOWJETUNION 1930–1937

119 KINDERMÖBEL FÜR WOHNUNGEN, 1935–1936
für die Akademie für Architektur, Moskau, (Ausführung nicht bekannt)

Die Architektin entwirft 1935/36 für das „Kabinett für Wohn- und Allgemeine Bauten" der Architekturakademie in Moskau Kindermöbel: die Möbel in mehreren Größen sind für Kinder vom Säuglingsalter bis zu 14 Jahren gedacht. Die Entwürfe umfassen vom Wickeltisch über Sitz- und Liegemöbel, Tischen und Schränken bis zum Werktisch des großen Kindes alle Möbel, die dem kindlichen Wohnen, Arbeiten und Spielen dienen; sie entstehen unter Mitarbeit von Ärzten und Pädagogen. Sie sind für Holz projektiert, bei Betten, Waschtischen und Liegestühlen gibt es Entwurfsvarianten in Metall. Die Architektin ließ in einer Moskauer Werkstätte Musterstücke herstellen, um die entwickelten Möbel im Gebrauch durch Kinder erproben zu lassen und eventuell notwendige Verbesserungen an den Prototypen vorzunehmen. Danach sollten die Kindermöbel in den Fabriken von Sojusmöbel (in Leningrad, Maikop und Moskau) in Serie produziert werden. Eine Bauausstellung mit eingerichteten „Kinderecken" sowie ein Buch über die Kindermöbel im Verlag der Architekturakademie wurden von Margarete Schütte-Lihotzky vorgeschlagen, konnten aber nicht verwirklicht werden.

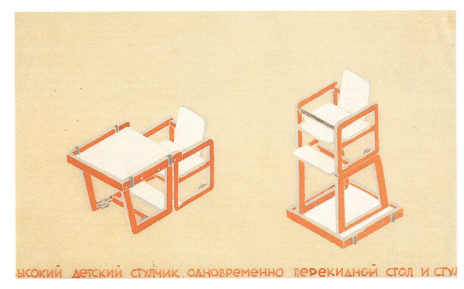

Tisch und Stühlchen für Kinder bis zu drei Jahren, gleichzeitig Hochstuhl.
Das Modell ist möglichst leicht konstruiert, der Tisch liegt in umgeklapptem Zustand an vier Punkten auf. Das Möbel ist zweifärbig konzipiert, zum Beispiel rotgrau, blaugrau oder grünhellocker.

Wickelkommode für Wohnungen ohne Badezimmer
Aufklappbarer Wickeltisch, die rechte Seitenwand ist auf Rollen herausschiebbar, dort ist die Badewanne untergebracht.

PROJEKTE SOWJETUNION 1930–1937

Tisch und Stühlchen für Kinder von 6–24 Monaten
Dieses Möbel besteht aus einem Stühlchen mit höhenverstellbarem Tisch. Damit wird dem Kind immer die richtige Sitzposition je nach Körpergröße ermöglicht.

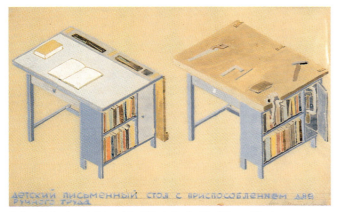

Schreibtisch, gleichzeitig Werktisch für ältere Kinder
Dieser Schreibtisch enthält zusätzlich ein Bücherregal und einen Schrank für Werkzeug. Am Tischende ist eine Werkplatte befestigt, die über den Tisch geklappt werden kann.

Wandtafel, Schreibplatte und Bücherregal
Bei gedrängten Platzverhältnissen kann ein an der Wand befestigtes Schränkchen in zusammengeklapptem Zustand als Wandtafel, aber auch in aufgeklapptem Zustand als Schreibtisch dienen.

Das Kinderklappbett ist bei beschränkten Raumverhältnissen eine raumsparende Lösung. Aufgeklappt ist es 66 cm breit, zusammengeklappt nur 21 cm. Der Boden mit dem Bettzeug wird hochgeklappt, die Seitenteile harmonikaartig zusammengeschoben. Das vordere Gitter wird an einer Stange heruntergelassen (Platzersparnis). Das Bett ist sowohl in Holz (10a), als auch in Eisen (10b) konzipiert.

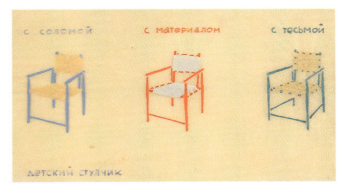

Kinderstühle für Wohnungen
Die Stühle bestehen aus geraden Rundstäben, Sitz und Lehne sind aus Stoff, Gurten oder Stroh.

ТАБЛИЦА ДЕТСКОЙ КВАРТИРНОЙ МЕБЕЛИ ВКЛЮЧАЯ РАЗМЕРЫ ДЛЯ РАЗЛИЧНЫХ ВОЗРАСТОВ

		50-65 см. до 6-и мес.	65-72 см. от 6-и-12-и мес.	72-82 см. от 12-и-24-и мес.	82-92 см. от 2-х-3-х лет	92-98 см. от 3-х-4-х лет	98-110 см. от 4-х-6-и лет	110-115 см. от 6-и-7-и лет	115-132 см. от 7-и-11-и лет	132-150 см. от 11-и-14-и лет
А Мебель для лежания	1	Кровать с деревянным барьером используемым как манеж. Размеры кроватей 64×120 см. Размеры манежа 120×127 см.				—	—	—	—	—
	2		Складная кровать. Размеры кроватей 65×130 см.		—	—	—	—	—	—
	3		Нормальная детская кровать. Размеры кроватей 65×130 см.		—	—	—	—	—	—
	4	—	—	—	—	—	—	—	Кушетка-кровать. Разм. пуш. 65×165 см.	Кушетка-кровать. Разм. пуш. 80×190 см.
	5	—	—	—	—	шир 52 см. дл. 120 см.	шир. 54 см. дл. 130 см.	Складная лежанка. шир. 60 см. дл. 150 см.	шир. 60 см. дл. 175 см.	
Б Мебель для сидения	6	—	Стол и стул. Высота сидения 11,16 и 19 см.		—	—	—	—	—	—
	7	—	Перекидной стул с столом. Высота стула 20 и 60 см.		—	—	—	—	—	—
	8	—	—	—	20×20 см.	24×24 см.	Деревянные кубики. 28×28 см.	32×32 см.	—	—
	9	—	—	—	Высота сидения 22 см.	Табуретки	Высота сидения 27 см.		Высота сидения 34 см.	Высота сидения 41 см.
	10	—	—	—	Высота сидения 22 см.	Стулья	Высота сидения 27 см.		Высота сидения 34 см.	Высота сидения 41 см.
В Столы	(6)	—	Стол и стул (см. №6). Высота стола 32,5 и 36,5 см.		—	—	—	—	—	—
	(7)	—	Перекидной стул с столом (см. №7). Высота стола 38 см.		—	—	—	—	—	—
	11	—	—	—	Высота 41 см.	Прямоугольные столы. Высота 47 см.		Высота 55 см.	—	—
	12	—	—	—	Высота 41 см.	Круглые столы. Высота 47 см.		Высота 55 см.	—	—
	13	—	—	—	—	—	—	Грифельная доска одновременно перекидной письм. стол. Высота письм. доски 47 см.	Высота письм. доски 55 см.	Высота письм. доски 64 см.
	14	—	—	—	—	—	—	—	Письм. стол для школьн. Выс. 55 см.	Выс. 64 см.
	15	—	—	—	—	—	—	—	Письм. стол одновременно раб. стол. Выс 55 и 58 см.	Выс. 64 и 67 см.
Г Шкафы	16	—	—	Шкаф для платья белья и игрушек. Высота 100 см.		—	—	—	—	—
	(19)	—	—	Шкаф для платья, белья и игрушек образуемый из туалетного шкафа №19		—	—	—	—	—
	17	—	—	—	—	Шкаф для платья и белья. Высота 100 см.		Высота 120 см.	—	—
	18	—	—	—	—	—	—	—	Шкаф для игруш. и книг с письм. доск. Высота доски 55 см.	Высота доски 64 см.
Д Мебель для туалета	19	Туалетный шкаф для грудных в квартирах с ванн. комн.		—	—	—	—	—	—	—
	20	Туалетный шкаф для грудных в квартирах без ванн. комн.		—	—	—	—	—	—	—
	21	Судышко. Выс. сид. 10 см.	—	—	—	—	—	—	—	—
	22	—	—	—	Ступеньки (умываться у нормального умывальника). Высота ступ. 32 см.				Высота ступ. 16 см.	—
	23	—	—	—	Детские умывальники (железные). Высота 45 см.		Высота 56 см.		Высота 66 см.	—

ВСЕСОЮЗНАЯ АКАДЕМИЯ АРХИТЕКТУРЫ — АРХИТЕКТОР ШЮТТЕ-ЛИХОЦКАЯ М. Э.

Tabelle: Kindermöbel für Wohnungen einschließlich der Abmessungen für verschiedene Altersstufen.
A Möbel zum Liegen, B Möbel zu Sitzen, W Tische, G Schränke, D Möbel zur Körperpflege

120 MASSTABELLEN FÜR KINDERMÖBEL FÜR KRIPPEN, 1935-1936
für das Institut für Mutter und Kind

In dieser privaten Auftragsarbeit für das Institut für Mutter und Kind, das Forschungsarbeiten verschiedenster Art über Kinder bis zu drei Jahren gemeinsam mit Ärzten, Pädagogen und Architekten durchführte, entwickelte die Architektin Maßtabellen für alle Einrichtungsgegenstände, die in einer Kinderkrippe notwendig sind. Die Maßzeichnungen zeigen die erforderlichen Größen für Stühlchen, Betten, Wickeltische u.s.w., auch die notwendigen Küchen-, Büromöbel und „Stillsesseln" (für stillende Mütter) sind genau vermaßt. Diese Tabellen dürfen nicht als Möbelentwürfe mißverstanden werden, sie sind lediglich maßbezogene Entwurfsgrundlagen für Einrichtungsgegenstände in Kinderkrippen.

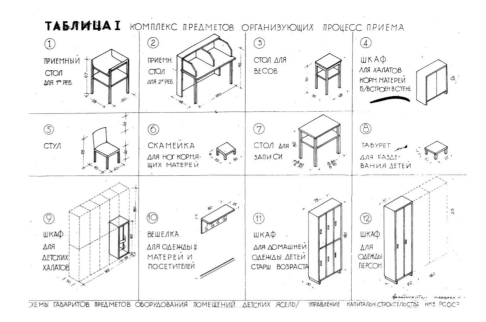

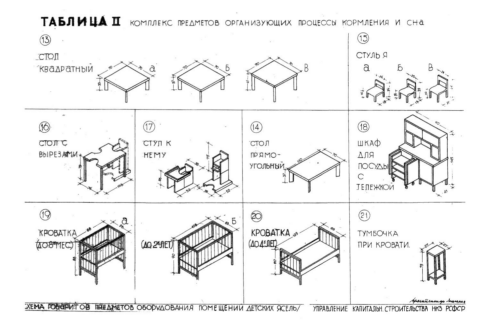

PROJEKTE SOWJETUNION 1930–1937

Perspektive

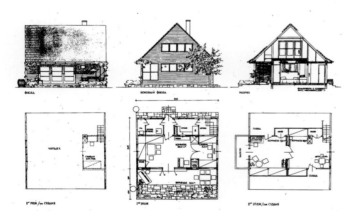

Grundrisse, Ansichten, Schnitt

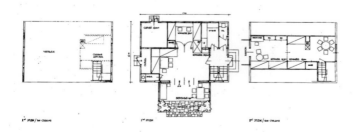

Variante

122 TYPENENTWURF DATSCHA, 1936
für eine Baugenossenschaft des Architektenverbandes, (Ausführung nicht bekannt)

Die Datscha ist sowohl für Fachwerkkonstruktion als auch für Blockbauweise geeignet. Das freistehende, kleine Sommerhaus hat einen quadratischen, kompakten Grundriß. Der Wohnbereich liegt nach Süden, durch die Pufferzone der Nebenräume im Norden geschützt. Durchblicke entlang der Quer- und Längsachsen (keine Symmetrieachsen) und breite Glastüren zur Veranda öffnen das Haus zum Garten.
Vom Vorraum mit eingebauter Garderobennische aus sind Waschraum, Toilette, Küche und der Wohn- und Eßraum zugänglich, der sich durch eine breite Tür mit dem angrenzenden Schlafraum verbinden läßt. Nach Süden ist die Datscha großflächig geöffnet, die Terrasse durch verglaste Elemente seitlich geschützt und teilweise überdacht. Küche und Eßplatz sind mit einer Durchreiche verbunden.
Die wichtigsten Möbel, Betten und Schränke sollen gleich eingebaut werden und sind daher miteingeplant. Die Planung nimmt Rücksicht auf Raumökonomie, aber auch auf den Bezug zum Außenraum. Der Ausblick ins Freie soll von vielen Stellen im Raum möglich sein.
Die Fenster haben die Form leicht überhöhter Quadrate, beziehungsweise sind aus solchen Elementen zusammengesetzt.
Das Obergeschoß kann ausgebaut werden.
Von dem Projekt existiert auch eine Wintervariante, der Entwurf einer Datscha, die das ganze Jahr über bewohnt werden könnte.

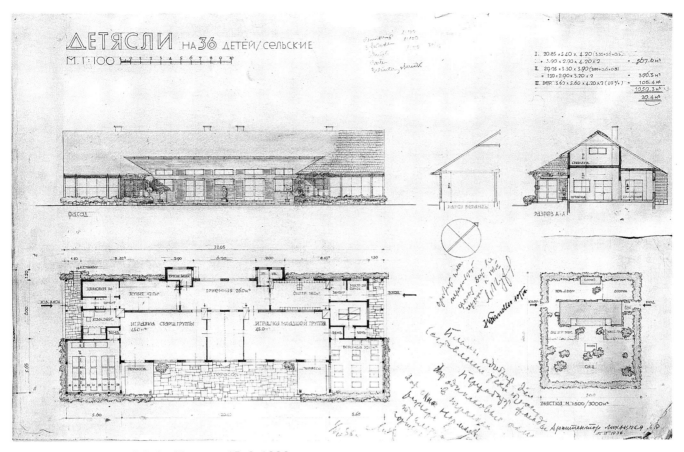

Grundriß, Ansicht und Schnitt, Plan vom 15. 6. 1936

125 TYPENENTWURF DORFKINDERKRIPPE FÜR 36 KINDER, 1936
für das Volkskommissariat für Gesundheitswesen, Narkomsdraw, (Ausführung nicht bekannt)

Im Jahr 1936 wurde in der Sowjetunion die Abtreibung verboten. Das Ansteigen der Geburtenziffern bewirkte in der Folge eine verstärkte Bautätigkeit von Kinderkrippen und Kindergärten.
Dieses Projekt ist für Dörfer geplant und ist in zwei Varianten dargestellt: in einem Plan „Für den ländlichen Bereich" und einer Variante, die einige kleinere Abweichungen aufweist und für Blockbau gedacht ist. Im Plan vom 15. 6. 1936 „Für den ländlichen Bereich" ist die Dorfkinderkrippe in einem U-förmigen Holzständerbau untergebracht. Der Zugang zu den Gruppen erfolgt von Nordosten, der Wirtschaftseingang zur Küche und dem Personalraum von Südwesten. Über einen Raum für Stiefel und den Windfang gelangt man in den Untersuchungsraum mit angeschlossenem Krankenzimmer für drei Kinder, vom gemeinsamen Empfangsraum führt der Weg weiter zu dem Spielraum der älteren Gruppe und dem der kleineren Kinder. Zwischen diesen beiden ist ein Raum eingefügt, der abwechselnd oder auch gleichzeitig für beide Gruppen zu nutzen ist, da er in der Mitte mit einem Vorhang geteilt werden kann. Eine große Terrasse schließt an die beiden verglasten Schlafveranden an. Die Oberlichten an der südöstlichen Hauptfassade gewährleisten eine sehr gute Ausleuchtung der Spielräume. Der Garten wird zum Großteil gemeinsam genutzt, nur ein kleiner Teil ist für die Gruppe der kleineren Kinder und einer für das Personal abgetrennt; ein Gemüsegarten und ein Wirtschaftshof mit Schuppen liegen im nordwestlichen Gartenteil.

SUSANNE BAUMGARTNER-HAINDL

Vorkriegs- und erste Kriegsjahre

Frankreich

1937 reisten Margarete Schütte-Lihotzky und Wilhelm Schütte aus der Sowjetunion ab. Gemeinsam mit der Familie des Schweizer Architekten Hans Schmidt fuhren sie per Schiff von Odessa nach Istanbul, wo sie wieder Bruno und Erika Taut besuchten. Von da ging es weiter nach Athen, dann nach Triest und schließlich nach Paris. Dort blieben sie etwa ein Jahr und erhielten – nach acht Monaten Wartezeit – endlich neue Pässe, doch es war „hoffnungslos, sich in Paris eine berufliche Existenz aufbauen zu wollen",[1] da Frankreich zu diesem Zeitpunkt von Exilanten überfüllt war. Dennoch fanden sie hier zumindest kurzfristig Aufgabengebiete.

In Frankreich bemühte sich die Volksfrontregierung unter Ministerpräsident Pierre Blum (1936–1937) verstärkt um gesundheitspolitische Maßnahmen. Margarete Schütte-Lihotzky wurde vom Stadtrat für Gesundheitswesen mit einer Studie zur Errichtung von Kinderpräventorien beauftragt. Gemeinsam mit Pierre Forestier und Tibor Weiner, einem Bekannten aus der Moskauer Zeit, beteiligte sie sich an einem Schul- und Kindergartenwettbewerb und beschäftigte sich wieder mit Kindermöbeln.

In Paris nahm das Ehepaar Schütte auch Beziehung zur Widerstandsbewegung auf. Die Überzeugung, im antifaschistischen Widerstand arbeiten zu wollen, äußerten sie schon in Moskau. Ernst Fischer[2] hatte Margarete Schütte-Lihotzky Namen und Adressen von Kontaktpersonen genannt, mit denen sie sich in Paris in Verbindung setzen könnte.

Sofort nach Erhalt ihrer neuen Pässe fuhren sie im April 1938 nach London. Auch dorthin waren viele Emigranten geflohen und seit dem „Anschluß" Österreichs im März 1938 vermehrte sich der Flüchtlingsstrom weiter. Es erwies sich als nahezu unmöglich, Arbeit zu finden.

Türkei

Bruno Taut schrieb und bot sowohl Grete Schütte-Lihotzky als auch Wilhelm Schütte Arbeit an der „Academie des Beaux Arts" in Istanbul an. Für das türkische Unterrichtsministerium sollten sie an der Planung von Erziehungsbauten mitarbeiten. Schließlich nahmen sie die Berufung an und reisten im August 1938 in die Türkei.

Trotz der guten materiellen Bedingungen und der landschaftlichen Schönheit schildert die Architektin die Situation als bedrückend. Taut starb schon wenige Wochen nach ihrer Ankunft. Im Büro arbeitete sie mit ausgebildeten Architekten, die als Angehörige nationaler Minderheiten nicht die gleichen Rechte hatten wie die Türken.

In Istanbul lebten viele ausländische Fachkräfte, die die fehlenden türkischen Intellektuellen ersetzen sollten. So hielten sich, um nur einige zu nennen, die Archi-

---

[1] Schütte-Lihotzky, Margarete: Erinnerungen aus dem Widerstand 1938–1945, Hamburg, 1985, S. 48

[2] Ernst Fischer war damals der österreichische Vertreter bei der Komintern, der kommunistischen Internationale.

VORKRIEGS- UND ERSTE KRIEGSJAHRE

Margarete Schütte-Lihotzky und
Wilhelm Schütte in Istanbul

tekten Holzmeister, Taut, Egli und Bonatz, die Komponisten Hindemith und Bartok und der Nationalökonom Dobretsberger, für den Margarete Schütte-Lihotzky später ein Haus plante, dort auf.

Besonders das Schul- und Bildungswesen wurde maßgebend von ausländischen Fachkräften beeinflußt. Im Osmanischen Reich konnten knapp 10% der Bevölkerung lesen und schreiben. Erst unter Atatürk wurden die wenigen religiösen Schulen geschlossen, 1923 ein staatliches Schulsystem etabliert und die lateinische Schrift eingeführt. Aber auch „zu Atatürks Zeiten hatte nur eine schmale Oberschicht Zugang zu Büchern und Wissen. Westliche Koryphäen halfen ihm dann beim Aufbau akademischen Lebens. Es waren Experten aus Deutschland und Österreich, die von zu Hause aus rassischen oder politischen Gründen fliehen mußten."[3]

Margarete Schütte-Lihotzky entwickelte im Rahmen ihrer Arbeit für das Unterrichtministerium Konzepte für die Errichtung typisierter Dorfschulen (Projekt Nr. 136).

[3] Möhring, Rubina: Im Westen ging die Sonne auf, in: ORF Nachlese, Wien, 9/1990, S. 8/9

Projekte Frankreich 1937–1938
Projekte Türkei 1938–1940

PROJEKTE FRANKREICH 1937–1938

131 KINDERPRÄVENTORIEN
1937–1938
Studie im Auftrag des Stadtrats für Gesundheitswesen der französischen Volksfrontregierung

Tuberkulose war zu diesem Zeitpunkt in allen Großstädten eine weit verbreitete, äußerst gefährliche Krankheit. Es sollten daher in der Nähe von Paris „Präventorien" errichtet werden, Gebäude, in denen die gefährdeten Kinder mehrere Monate unter gesundheitsfördernden Bedingungen verbringen und auch Schulunterricht bekommen konnten. Margarete Schütte-Lihotzky schlägt in ihrer theoretischen Arbeit zur Errichtung und Möblierung von Vorsorgeeinrichtungen für tuberkulosegefährdete Kinder drei verschieden große Bauten vor: für 50–60, 100–120 und 150–180 Kinder. Jede Anlage besteht aus fünf Abteilungen, die wieder in verschiedene Raumgruppen unterteilt werden.
Die Ergebnisse sollten in Form einer Broschüre herausgegeben werden, in der neben den Richtlinien zur Planung von Kinderpräventorien auch Kapitel über Krippen und Kindersanatorien vorgesehen waren. Die Grundrißskizzen, in denen die Arbeitswege eingetragen sind, sowie Möbellisten und schematische Skizzen von allen Einrichtungsgegenständen mit Maßangaben waren sowohl als Ausgangspunkt für Neuprojektierungen oder Umbauten, als auch als Grundlage für Herstellung und Einkauf von Möbeln gedacht. „Als weitere Arbeit wären Entwürfe und Arbeitspläne der Möbel selbst herzustellen (in ständiger Zusammenarbeit mit den Ärzten) und Modelle jedes Gegenstandes in Modellwerkstätten anzufertigen, die dann in der Praxis zuerst ausprobiert ... und ... Verbesserungen vorgenommen werden (müssen), bis die Modelle allen medizinischen Anforderungen, aber auch den ökonomischen Möglichkeiten entsprechen."[1]
Die Publikation war für Architekten, Ökonomen, Ärzte und Stadtgemeinden oder private Errichtungsgesellschaften bestimmt.

Die Architektin nimmt die Organisation des Lebens der Kinder als Grundlage, beschreibt die dafür notwendigen Raumgruppen (funktionell zusammengehörige Räume) und die darin vorgesehenen einzelnen Zimmer, deren Funktionen, notwendige oder wünschenswerte Verbindungen, sowie die Möbel und Einrichtungsgegenstände, deren Maße die Raumgrößen bestimmen.
Raumgruppen:
A Aufnahmeabteilung mit Lazarett als
  Quarantänestation
  Aufnahme der Kinder
  Krankenräume und Schwesternzimmer
  Wirtschaftsräume
B Räume für gesunde Kinder
  Schlafen, Waschen, Duschen
  Essen und Essensausgabe
  Schule
  Spielen
  Liegekur und Duschen
  Medizinisches Zentrum
C Krankenabteilung für 8–10% der
  Kinder
  Aufnahme, Krankenräume und
  Boxen, Baden und Waschen
D Verwaltung und Wirtschaft
  Kanzlei mit Nebenraum für das
  Personal
  Küche mit Nebenräumen
  Wäscherei
E Wohnungen
  Direktor, Ökonom
  Schwesternwohnungen
  Concierge, Heizer etc.
Bei den Schlafräumen für die gesunden Kinder wird die persönliche Schlafstelle der Kinder durch Abtrennungen markiert, da mehrere Kinder in einem Raum nächtigen. Der Eßraum ist in der Nähe der Waschgelegenheiten, die die Kinder regelmäßig benützen, anzuordnen, um beim Händewaschen vor dem Essen längere Wegzeiten zu vermeiden. Bei den Schulklassen für jeweils 25–30 Kinder wird auf zweiseitige Belichtung besonderer Wert gelegt. Die Klassen öffnen sich nach einer Seite zum Garten, ruhige Terrassen mit seitlichem Wind- und Sonnenschutz waren vorgesehen. Der Unterricht soll auch auf diesen Terrassen abgehalten werden können. Neben den üblichen Klassenzimmern

ist auch eine Werkstatt zum Kleben, Buchbinden, Tischlern und Nähen vorgesehen.
Von den Schemazeichnungen der Raumgruppen ist nur noch die des Eingangsbereiches „Aufnahme der Kinder" vorhanden.

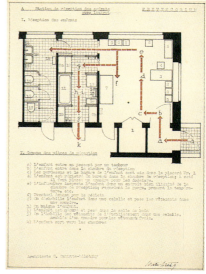

Grundriß Empfangsbereich

a) das Kind kommt durch einen Windfang herein
b) das Kind geht ins Empfangszimmer
c) der Mantel und das Gepäck des Kindes werden in den Kasten 1 gelegt
d) das Kind wird im Empfangszimmer vom Büro registriert, daneben muß ein Aktenschrank eingebaut werden
e) die Krankenschwester untersucht das Kind an einem gut belichteten Ort des Empfangszimmers, seinen Hals, mißt die Temperatur etc.
f) eventuelle Untersuchung durch den Arzt
g) man entkleidet das Kind in einer Kabine und legt seine Kleider in einen Kasten
h) man badet das Kind
i) das Kind wird in einem Badezimmer gemessen und gewogen
j) man kleidet es in die Kleider der Anstalt in einer Kabine, die mit einem Kasten für frische Kleider möbliert ist
k) das Kind geht zu den Zimmern

---
[1] aus der Beschreibung der Architektin

PROJEKTE FRANKREICH 1937–1938

132 WETTBEWERB MÄDCHENSCHULE UND KINDERGARTEN, 1938
mit Tibor Weiner und Pierre Forestier, Paris, (nicht prämiert)

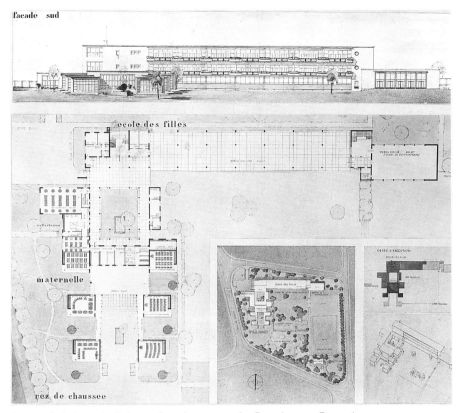

Grundriß Erdgeschoß, Lageplan, Axonometrie, Bauphasen, Fassade

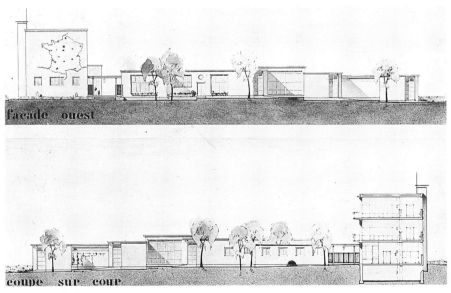

Ansicht, Schnitt

Zusammen mit den Architekten Tibor Weiner, einem Bauhausschüler und Mitarbeiter Hannes Meyers in Moskau, und Pierre Forestier, beteiligte sich Margarete Schütte-Lihotzky 1938 an einem Wettbewerb für eine Mädchenschule mit angeschlossenem Kindergarten. Ihre Aufgabe war dabei die Projektierung der „ecole maternelle", des Kindergartens.
Der Gebäudekomplex liegt im Nordwesten des trapezförmigen Grundstückes. Der große Garten wird in Bereiche für Freiluftspiele, Gymnastik und Erholung und einen Küchengarten in der Mitte gegliedert. Die Schule ist als dreigeschossiger, langer, schmaler Baukörper in Scheibenbauweise geplant. Die Klassenzimmer sind nach Süden zu einem Balkon orientiert, doch fällt auch über die nordseitige Erschließungszone – Gang und Klassen sind nur durch Glaswände getrennt – Licht in die Unterrichtsräume.
Im Westen schließt eine kleinteilige, stark strukturierte, eingeschossige Bebauung an. Eingangshalle, Speisesäle, Küche und Nebenräume gruppieren sich um einen Hof, davor liegt nach Süden der Pavillonkindergarten.
Durch den Haupteingang im Westen, den Innenhof entlang und durch das Entree, beziehungsweise die Garderobe, gelangen die Mädchen in den Kindergartenbereich. Eine Halle mit zwei Stichgängen, deren Außenwände größtenteils verglast sind, erschließt die vier Kindergartengruppen, die als Pavillons ausgeformt sind und einen rechteckigen kleinen Platz mit zentralem Wasserbecken umschließen. Die Südfassaden der Gruppenräume sind ebenfalls verglast, davor liegen kleine Terrassen, die in die Gruppengärten, jeweils mit eigener Sandkiste, übergehen.
Der Bauphasenplan zeigt, daß im ersten Bauabschnitt nur ein Teil der

PROJEKTE FRANKREICH 1937–1938

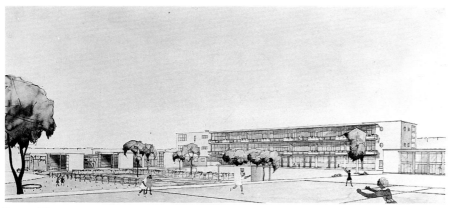

Perspektive

Schule, die Versorgungseinrichtungen und ein zweigruppiger Kindergarten errichtet, in der zweiten Phase dann der Komplex um einen Turnsaal, weitere vier Klassen und zwei Kindergartengruppen ergänzt werden sollte.

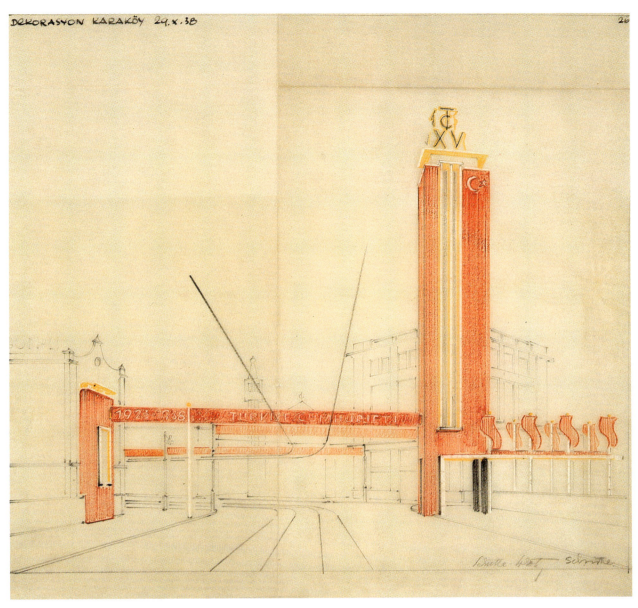

Perspektive

134 FESTTURM BRÜCKENKOPF KARAKöY, 1938
mit Wilhelm Schütte, Istanbul,
(temporärer Bau, verwirklicht)

Für den 29. Oktober 1938, den 15. Jahrestag der türkischen Republik, gestalten die beiden Architekten als erste praktische Aufgabe in der Türkei diese Festdekoration.
Der temporäre Bau besteht aus dem weithin sichtbaren Turm, einer mit Fahnen geschmückten Dachkonstruktion, über den Straßenraum gespannten Spruchbändern und, zur Befestigung, eine der bestehenden Fassade vorgesetzte Wandscheibe auf der gegenüberliegenden Straßenseite. Die Perspektive zeigt die Holzkonstruktion rot gestrichen, die Laibungen der langen Fensterschlitze sowie die Nischen, Abdeckungen und Stützen andersfärbig betont. Auf der Spitze des Turmes sind nach allen Seiten die Ziffern XV in Leuchtbuchstaben angebracht. Auf drei Seiten des Turms sind Symbole dargestellt, Mond und Stern, das Zeichen der türkischen Flagge, Sonnenstrahlen und das Portrait Atatürks, des Gründers der Republik.
Bei der Ausführung wurde die farbliche Gestaltung geringfügig verändert, die Wandscheibe und die der Straße zugewandte Seite des Turmes waren weiß gestrichen.

PROJEKTE TÜRKEI 1938–1940

135 ENTWURF ERWEITERUNG MÄDCHENLYZEUM IN ANKARA, 1938
für das Unterrichtsministerium in Ankara

Für das bestehende Schulgebäude mit 18 Klassen, nach Plänen des Architekten Egli am hügeligen Stadtrand von Ankara errichtet, plant Margarete Schütte-Lihotzky einen Zubau. Nach Abschluß der Bauarbeiten soll das Lyzeum insgesamt 31 Klassen haben, wobei der Neubau aus sechs Klassenzimmern, zwei Klassenzimmern, zwei Rekreationsräumen, Musikraum und Bibliothek besteht. Abgesehen vom Einbau einer Treppe werden verschiedene Baumaßnahmen gesetzt, um den alten Gebäudetrakt klarer, offener und heller zu gestalten.
Die Schülerinnen kommen nur mehr durch einen Eingang (vor dem Umbau existierten zwei) von der bestehenden Terrasse ins Gebäude. Über die großzügig verglaste Erschließungshalle gelangen sie sowohl in den alten als auch in den neuen Teil.
Der abgetreppte Pausengang, der als Aufenthaltsraum dient, verbindet den vorhandenen Bauteil mit einem neuen, zweigeschossigen, verglasten Rondeau. Im unteren Geschoß befinden sich Musikzimmer und Bibliothek, im Obergeschoß ein zweiter Erholungs- und Pausenraum. Daran anschließend liegen die sechs neuen Klassenzimmer mit der vorgelagerten Terrasse nach Süden, vor den bestehenden Unterrichtsräumen, jedoch – das natürliche Gefälle ausnützend – ein Geschoß tiefer, sodaß der Ausblick vom Bauteil Egli nicht beeinträchtigt wird. Die Terrassen und schattigen Wege sollten den Schülerinnen den Aufenthalt im Freien während und nach dem Schulunterricht ermöglichen. Balkone, Terrassen und Pergolakonstruktionen lockern die, auf relativ engem Raum zusammengefaßten, großen und verschiedenartigen Baumassen auf.

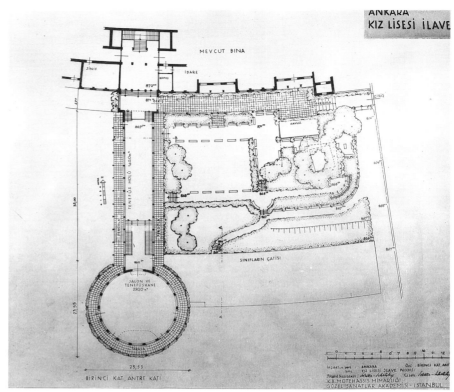

Grundriß Zubau Obergeschoß

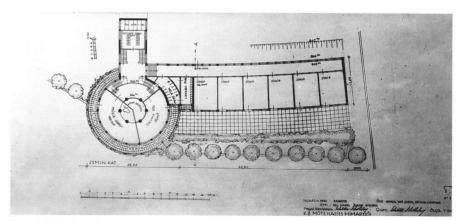

Grundriß Zubau Erdgeschoß: Klassentrakt

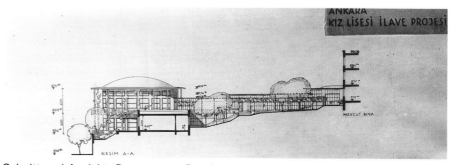

Schnitt und Ansicht: Pausengang, Rondeau

PROJEKTE TÜRKEI 1938–1940

Perspektive Rondeau, Blick von Südosten

Modell

Perspektive Klassentrakt, Blick von Südwesten

PROJEKTE TÜRKEI 1938–1940

136 TYPENENTWÜRFE DORFSCHULEN FÜR ANATOLIEN,
1938–1939
für das Unterrichtsministerium in Ankara (Ausführung nicht bekannt)

Im Auftrag des türkischen Unterrichtsministeriums entstehen die Typenprojekte für Grundschulen in Anatolien. Da mit der Ausdehnung der Schulpflicht von drei auf fünf Jahre in näherer Zukunft gerechnet wurde, aber auch die Senkung der Kindersterblichkeit erhofft und eine Steigerung der Geburtenziffer angenommen wurde, war die Erweiterungsfähigkeit der Schulen ein entscheidendes Kriterium.

Die Architektin entwickelt sieben nach Anzahl der Schüler differenzierte Grundschultypen, in den meisten Fällen verschiedene Ausbauphasen des selben Typus – in zwei Ausformungen für die unterschiedlichen klimatischen Bedingungen. Als Baumaterialien werden Holz, Lehm, Ziegel oder Bruchstein, je nach Vorkommen in den unterschiedlichen Regionen Anatoliens, vorgeschlagen.

Die einfachen Bauten sollten von den Dorfbewohnern selbst unter Anleitung von Instruktoren errichtet werden. Der Dorfrat oder Lehrer wählte den für die Region und die Dorfgröße geeigneten Typus aus.

Als Grundstücksgröße für eine Schuleinheit legt Margarete Schütte-Lihotzky drei Hektar fest, wobei nicht unbedingt die ganze Fläche unmittelbar bei der Schule liegen muß. Außer dem Schulgebäude müssen noch Nebengebäude für die Toilettenanlagen der Kinder (die Toilette für den Lehrer ist in allen Schultypen mit Ausnahme des kleinsten innerhalb des Hauses vorgesehen), Gartengeräte und Kleintierställe, sowie ein Werkplatz, ein Spielplatz mit 40 x 60 m, Blumen- und Gemüsebeete untergebracht werden. Die Klassenzimmer sind immer streng nach Süden orientiert, großteils auch die Wohnräume der Lehrer, im Norden befindet sich die Nebenraumzone.

Die kleinsten Schuleinheiten, mit 95 m² bebauter Fläche, stellen das

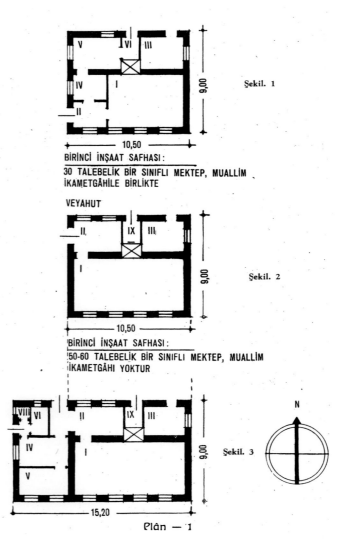

Variante 1:
Schule für
30 Schüler

Variante 2:
Schule für
50–60 Schüler

Variante 3:
Schule für
50–60 Schüler
mit Lehrerwohnung

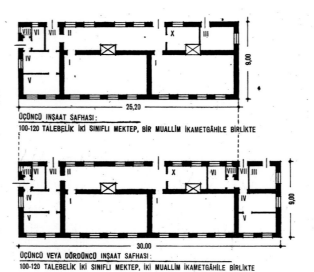

Variante 4:
Schule für
100–120 Schüler
mit Lehrerwohnung

Variante 5:
Schule für
100–120 Schüler
mit
2 Lehrerwohnungen

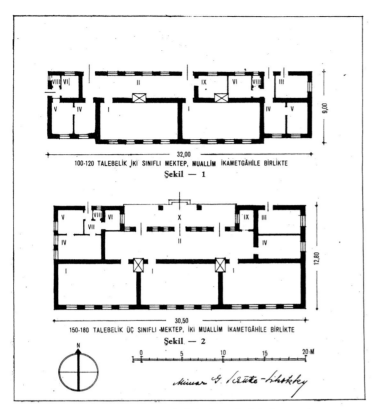

Variante 6: Schule für 100–120 Schüler mit 2 Lehrerwohnungen
Variante 7: Schule für 150–180 Schüler mit 2 Lehrerwohnungen

Legende:
- I Klasse
- II Garderobe
- III Raum für Dorfrat
- IV Lehrerzimmer
- V Schlafraum des Lehrers
- VI Küche
- VII Diele
- VIII Klosett
- X Lehrmittelraum/Museum

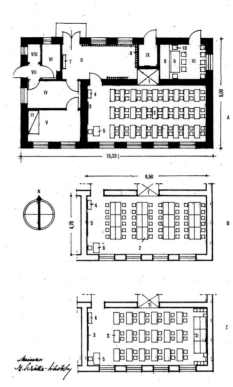

Möblierungsvarianten für verschiedene Unterrichtsarten

erste Baustadium dar. Diese Variante 1 ist für dreißig Schüler gedacht, Klassenraum, Garderobe, Lehrerzimmer, Lehrerschlafzimmer, ein kleiner Eingangsraum, von dem aus der einzige Ofen bedient wird, und ein Zimmer für den Dorfrat stehen zur Verfügung. Durch die Entfernung der beiden leichten Holzzwischenwände kann der Typ einfach zur Variante 2, mit einem Klassenraum für 50–60 Schüler ohne Lehrerwohnung, umgebaut werden. Variante 3 (137 m²) zeigt die Erweiterung um eine Lehrerwohnung, die Varianten 4 und 5 sind zweiklassige Schultypen für 100–120 Schüler mit einer, beziehungsweise zwei Lehrerwohnungen, großer Garderobe, dem Zimmer des Dorfrates und Museum/Lehrmittelraum. Sehr ähnlich ist auch die nächste Variante, ein zweiklassiger Typ für 100–120 Kinder mit 280 m² bebauter Fläche, hier haben alle Zimmer der Lehrerwohnung

Perspektive

Südlage. Der größte Typ schließlich, für 150–180 Kinder mit 370 m², besteht aus drei Klassenzimmern und den Versorgungseinrichtungen. Möblierungsvorschläge für Lese-, Rechen und Schreibunterricht, beziehungsweise für Gruppenarbeiten und für den Abendunterricht der Erwachsenen ergänzen die Pläne.

Die Garderoben sind als quadratische, helle Eingangsbereiche ausgebildet, hier sollen auch Pflanzen aufgestellt werden.

Die gemauerten Öfen werden vom Vorraum aus bedient und beheizen immer mehrere Räume, sodaß es in den Klassen keinen Schmutz gibt. In den Lehrerwohnungen können kleine eiserne Öfen aufgestellt werden.

Die Konstruktion nimmt auf die Beschränktheit der Materialien Rücksicht. Die Klassenbreiten betragen überall 4.70 m, sodaß man sie mit Balken von 5.50 m Länge überspannen kann. Auch die Dachsparren überschreiten die Länge von 5.50 m nicht, in manchen Fällen sind sie nur 5.20 m lang.

Wichtig ist der Architektin die Einbindung in die Umgebung, zugleich soll die Schule aber als kulturelles Zentrum hervorgehoben werden. „Dabei spielt nicht nur die Form des Gebäudes, des Daches und der Fassaden eine Rolle, sondern vor allem die Farbe. Die Farben werden natürlich je nach Landschaft verschieden sein müssen ... Allgemein aber kann gesagt werden, daß die Dorfschulen in hellen, freundlichen Farben gestrichen sein sollen, auch das Holzwerk soll bunt sein, damit die Schulen schon von außen einen fröhlichen und heiteren Eindruck machen. Auch innen sollen die Schulen freundliche Farbgebungen erhalten, bei denen man stark auf die früher üblichen Malereien und Maltechniken zurückgehen wird."[2]

---

[2] Schütte-Lihotzky, Margarete: Schulen auf dem Lande, Manuskript

Perspektive

137 HAUS DR. KEMAL ÖZAN, 1939
Istanbul

Für ein breites, nach Südwesten zum Meer abfallendes Grundstück plante Margarete Schütte-Lihotzky dieses Einfamilienhaus.

Die zweigeschoßhohe Fassade im Nordosten wird durch das zentrale Eingangselement mit dem darüberliegenden Erker und den beiden runden Fenstern geprägt. Nach Südwesten öffnet sich das Haus auf allen drei Ebenen zur Aussichtsseite, zum Bosporus. Die Attikaausbildung und die Betonung der Gesimse lassen das Walmdach flach und elegant wirken.

Im untersten Wohngeschoß befindet sich eine Einliegerwohnung mit eigenem Nebeneingang im Westen, drei Zimmer, eine kleine Küche und ein Bad, alle Räume werden natürlich belichtet. Darüber, in der Eingangsebene, liegen Wohn- und Eßbereich, nach Osten schließt eine pergolaüberdeckte Terrasse an. Im obersten Geschoß befinden sich die Schlafzimmer (das Elternschlafzimmer mit östlichem Balkon), im Vorraum ist eine Sitzecke als vorspringender Erker ausgebildet. Das Zimmer der kleineren Kinder wird zusätzlich vom Elternzimmer erschlossen.

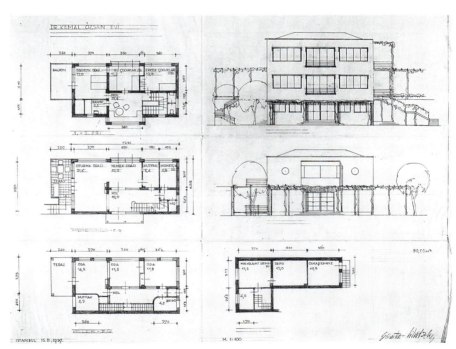

Grundrisse Keller, Erdgeschoß, 1. Obergeschoß, 2. Obergeschoß, Südwestansicht, Nordostansicht

Widerstand und Gefängniszeit 1940–1945

Margarete Schütte-Lihotzky lernte in Istanbul den Architekten und Mitarbeiter im Büro Clemens Holzmeisters Herbert Eichholzer kennen, der die österreichische antifaschistische Gruppe in der Türkei aufbaute. Weihnachten 1940 fuhr sie nach Wien, um eine Verbindung der Widerstandsbewegung mit dem Ausland herzustellen, wurde hier nach wenigen Wochen konspirativer Arbeit am Tag ihrer geplanten Rückreise von der Gestapo verhaftet. Die Gruppe war von einem Spitzel verraten worden. Margarete Schütte-Lihotzky wurde, nach Beantragung des Todesurteils, zu 15 Jahren Zuchthaus verurteilt. 1945, nach fast viereinhalb Jahren Gefangenschaft brachte das Kriegsende auch für sie die Befreiung.

„Das war das Ende meiner Odyssee. Es begann mein zweites Leben mit wachem Auge, denn –

„... Eine Minute Dunkel macht uns nicht blind ...'"

Unter diesem Titel – der letzte Satz ihres 1985 publizierten Buches[1] – wurde auch die Verfilmung des Stoffes vom ORF gesendet.

---

[1] Schütte-Lihotzky, Margarete: Erinnerungen aus dem Widerstand 1938–1945, Hamburg, 1985, S. 199. Ihre Arbeit im Widerstand und die Zeit im Zuchthaus werden in diesem Buch ausführlich geschildert.

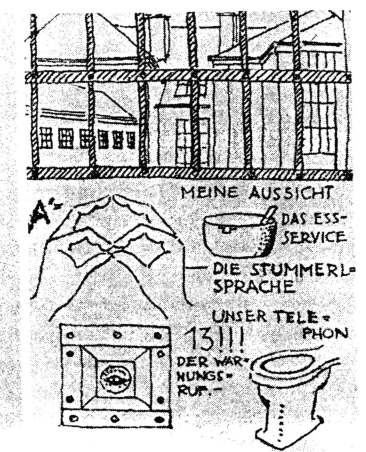

Seite aus dem Gefängnisbuch, Zeichnung von Margarete Schütte-Lihotzky

CHRISTINE ZWINGL

Aufenthalt in Bulgarien

Im Februar 1946 machte sich Margarete Schütte-Lihotzky auf die Reise zu ihrem Mann, der die Kriegsjahre in der Türkei zugebracht hatte und dort nach wie vor an der Ausreise gehindert wurde.

Nach einer einwöchigen abenteuerlichen Reise – die Bahnstrecken waren nur teilweise befahrbar – traf sie am 1. März 1946 in Sofia (Bulgarien) ein. Hier wartete sie und versuchte den Kontakt zu Wilhelm Schütte in der Türkei herzustellen.

Nach einigen Wochen Aufenthalt begann sie zu arbeiten, sie baute an der Architekturabteilung der Stadtbaudirektion Sofia eine eigene Abteilung für den Bau von Kinderanstalten auf.

Die Bauaufgabe des Kindergartens existierte vordem in Bulgarien nicht. Unter der Regierung des Zaren (bis 1943) gab es „Waisenhäuser", in die verwahrloste und elternlose Kinder aufgenommen wurden. Meist waren diese Einrichtungen in einem Teil eines bestehenden Bauwerkes untergebracht. Sie wurden von wohltätigen Organisationen eingerichtet und betreut.

Seit 1943 war die Kommunistische Partei an der Regierung. Der Prozeß der gesellschaftlichen Veränderung hatte auch eine zunehmende Berufstätigkeit der Frauen zur Folge. Daher war es notwendig, daß öffentliche Stellen Einrichtungen für die Versorgung der Kinder schafften.

Margarete Schütte-Lihotzky war die Spezialistin für diesen Aufgabenbereich, sie konnte ihre in der Sowjetunion gesammelten Erfahrungen hier weiter anwenden. Sie entwarf verschiedene Typenprojekte nach dem Pavillonsystem. Mindestens vier Kindergärten wurden in Sofia nach ihren Plänen errichtet. Weiters plante die Architektin ein Kinderkombinat (Kinderkrippe und Kindergarten in einem Gebäude gemeinsam untergebracht) für einen Bezirk Sofias. Noch 1946 wurde mit dem Bau des Kinderhauses in Maitschin Dom begonnen, 1947 wurde es als erster Kindergarten Sofias eröffnet.

Die Autorinnen haben bei ihrer Besichtigung 1990 vier Kinderhäuser in Sofia aufgefunden und dokumentiert. Weiters konnte ein Kindergarten in Samokov entdeckt und fotografiert werden. Alle Häuser sind nach wie vor in Betrieb und mit Kindern überfüllt.

Bei der Ausführung der Bauten wurden viele Einzelheiten der Planung verändert. Am meisten entspricht das Kinderhaus von Maitschin Dom den Intentionen der Architektin. Die teilweise mangelhafte Bauausführung, Materialwahl und Freiflächengestaltung beeinflussen den Eindruck der Gebäude negativ.

In Sofia nützte sie die Möglichkeit, ihre Erfahrungen auf dem Gebiet des Kindergartenbaues in Form einer „Entwurfslehre für Kindergärten und Kinderkrippen" erstmals zusammenzufassen.

Im Herbst 1946 gelang Wilhelm Schütte die offizielle Ausreise nach Sofia. Am 1. Jänner 1947 traf das Ehepaar Schütte-Lihotzky gemeinsam in Wien ein.

Projekte Bulgarien 1946

PROJEKTE BULGARIEN 1946

148 ENTWURFSLEHRE FÜR KINDERGÄRTEN UND KINDERKRIPPEN, datiert 7. 8.–9. 10. 1946, Sofia

Margarete Schütte-Lihotzky faßt während ihres Aufenthaltes in Bulgarien erstmals die in langjähriger Tätigkeit gewonnenen Erfahrungen und Erkenntnisse über die Planung und den Bau von Kinderanstalten in einer Entwurfslehre zusammen.
Diese Arbeit behandelt ihre grundlegenden Überlegungen und Kriterien zum Entwurf von Kindergärten und Kinderkrippen und nimmt zu Fragen der architektonischen Gestaltung Stellung; weiters schließt sie einen Plankatalog von Typenentwürfen für Grundrisse, Raumelemente und Einrichtungsgegenstände ein.
Die folgenden Punkte bilden Gliederung und Inhaltsverzeichnis der Arbeit:
A) Einleitung
B) Die architektonische Gestaltung und Projektierung
  I) Beantwortung der 16 wichtigsten Fragen, die man beim Projektieren von Kinderanstalten berücksichtigen muß
  II) Wie groß soll man Kinderanstalten bauen?
  III) Nach welchem Gesichtspunkt soll das Grundstück bestimmt werden?
  IV) Welche Freiflächen sind für Kinderanstalten nötig?
  V) Wie groß ist das Haus und wie soll es auf das Grundstück gestellt werden?
  VI) Wie ist der Tagesablauf der Kinder in einem Kindergarten?
  VII) Welche Bauelemente ergeben sich aus diesem Tagesablauf?
  VIII) Wie findet sich ein Kind in seinem Kindergarten zurecht?
  IX) Welcher ist der Tagesablauf in einer Kinderkrippe?
  X) Welche Raumelemente ergeben sich daraus?
  XI) Wie werden die Kinderräume am besten belüftet?
  XII) Wie sollen Kinderanstalten geheizt werden?
  XIII) Wie sollen Treppen in Kinderanstalten beschaffen sein?
  XIV) Wie und wo werden die Lebensmittel angeliefert?
  XV) Wie wird das Essen verteilt und wo wird das Geschirr gespült und aufbewahrt?
  XVI) Was ist für das Personal vorzusehen?
  XVII) Was für Wäsche gibt es, wo wird sie gereinigt und aufbewahrt?
C) Beschreibung einzelner Einrichtungsgegenstände
D) Beschreibung der Grundrißschemata

Die Pläne umfassen:
E) Raumelemente, als Grundlage für den Entwurf
F) Einrichtungsgegenstände, als Prototypen
G) Grundrißschemata, unter Verwendung der angegebenen Raumelemente

Plan Nr. 1: Raumelement für 1 Kindergruppe – Typ 1
Plan Nr. 2: Ansichten des Spielzimmers – nach Typ 1
Plan Nr. 3: Raumelement für 1 Kindergruppe – Typ 2
Plan Nr. 4: Raumelement für 1 Kindergruppe – Typ 3
Plan Nr. 5: Raumelement für 1 Kindergruppe – Typ 4
Plan Nr. 6: Saal – Grundriß
Plan Nr. 7: Saal – Ansichten
Plan Nr. 8: Schematische Darstellung der Einrichtungsgegenstände im Saal
Plan Nr. 9: Raumelement für die Gruppe der Brustkinder in Krippen
Plan Nr. 10: Raumelement für die Gruppe der Kriech- und Laufkinder in den Krippen
Plan Nr. 11: Runder Tisch mit Bank in 2 Teilen für Krippenkinder
Plan Nr. 12: Kinderwaschtisch
Plan Nr. 13: Haken in den Waschräumen
Plan Nr. 14: Duschbecken
Plan Nr. 15: Kinderklosetts
Plan Nr. 16: Einrichtungsgegenstände in Kindergaroben
Plan Nr. 17: Geschirrspülbecken für Kinder
Plan Nr. 18: Schema eines Kindergartens für 90 Kinder – Typ 1
Plan Nr. 19: Schema eines Kindergartens für 90 Kinder – Typ 2
Plan Nr. 20: Schema eines Kindergartens für 90 Kinder – Typ 3
Plan Nr. 21: Schema eines Kindergartens für 60 Kinder – Typ 4
Plan Nr. 22: Schema für eine Kombination von einem Kindergarten im Erdgeschoß und einer Krippe im Obergeschoß – Erdgeschoß
Plan Nr. 23: Schema für eine Kombination von einem Kindergarten im Erdgeschoß und einer Krippe im Obergeschoß – Obergeschoß

(Abbildungen: Plan Nr.: 1, 3, 4, 5, 9, 10 sind Neuzeichnungen der Raumelemente für die Ausstellung „Unsere Schule" 1952, Projekt Nr. 178)

Die Raumelemente

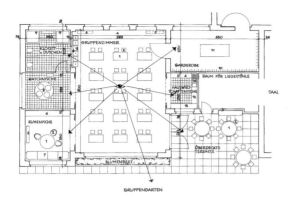

Plan Nr. 1: Raumelement für 1 Kindergruppe – Typ 1

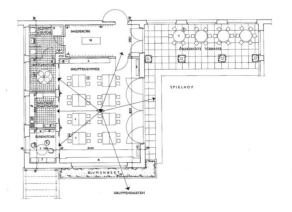

Plan Nr. 3: Raumelement für 1 Kindergruppe – Typ 2

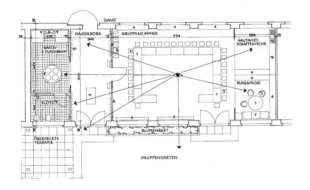

Plan Nr. 4: Raumelement für 1 Kindergruppe – Typ 3

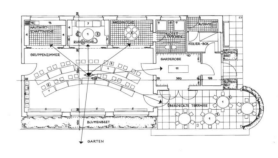

Plan Nr. 5: Raumelement für 1 Kindergruppe – Typ 4

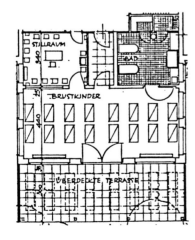

Plan Nr. 9: Raumelement für die Gruppe der Brustkinder in Krippen

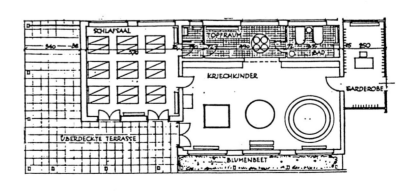

Plan Nr. 10: Raumelement für die Gruppe der Kriech- und Laufkinder

PROJEKTE BULGARIEN 1946

Die Grundrißschemata

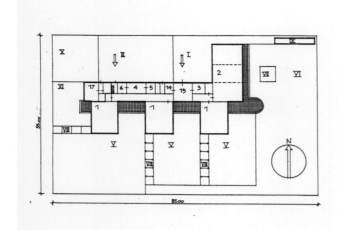

Plan Nr. 19: Schema eines Kindergartens für 90 Kinder – Typ 2

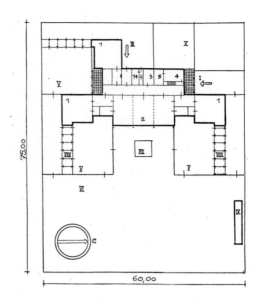

Plan Nr. 18: Schema eines Kindergartens für 90 Kinder – Typ 1

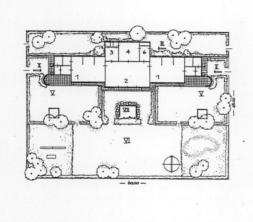

Plan Nr. 21: Schema eines Kindergartens für 60 Kinder – Typ 4

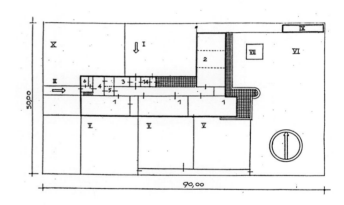

Plan Nr. 20: Schema eines Kindergartens für 90 Kinder – Typ 3

I	Eingang von der Straße
II	Eingang für Gruppen
III	Wirtschaftseingang
IV	Eingang zur Krippe
V	Gruppengarten
VI	Spielplatz
VII	Planschbecken
VIII	Pergola
IX	Kleintierstall
X	Wirtschaftshof
XI	Wohngarten

1	Gruppeneinheit
2	Saal
3	Büro
4	Küche
5	Anrichte
6	Personalgarderobe
7	Arzt
8	Personalzimmer
9	reine Wäsche
10	Schmutzwäsche
11	Raum für Liegestühle
12	Wohnraum
13	Vestibül für Krippe
14	Isolierraum
15	Halle
16	WC
17	Wohnung
18	Abstellraum

Legende für die Kinderkrippe

1	Raum für Brustkinder
2	Gruppeneinheit für Kriech- und Laufkinder
3	Vestibül
4	Büro
5	Küche
6	Anrichte
7	Isolierraum
8	Arzt
9	Personal
10	Schmutzwäsche
11	reine Wäsche
12	Garderobe

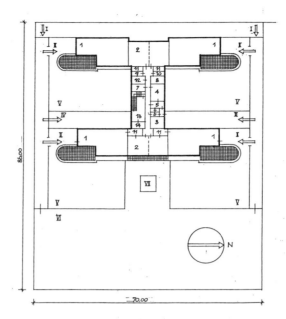

Plan Nr. 22: Erdgeschoß
Schema einer Kombination von einem Kindergarten im Erdgeschoß und einer Krippe im Obergeschoß

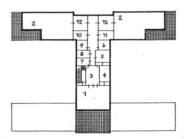

Plan Nr. 23: Obergeschoß
Schema einer Kombination von einem Kindergarten im Erdgeschoß und einer Krippe im Obergeschoß

PROJEKTE BULGARIEN 1946

Maitschin Dom

141 KINDERHAUS IN MAITSCHIN DOM, Planung 1946, fertiggestellt 1947,
Sofia (für die Stadtbaudirektion), Ausführung geringfügig verändert

Die Planung des Kindergartens entspricht genau der Entwurfslehre (Projekt Nr. 148), Plan Nr. 19: Kindergarten für 90 Kinder – Typ 2 und dem Plan Nr. 3: Raumelement für 1 Kindergruppe – Typ 2.

Das Kinderhaus in Maitschin Dom war der erste Kindergarten, der in Sofia errichtet wurde. Noch 1946, während des Aufenthaltes von Margarete Schütte-Lihotzky in Sofia, wurde zu bauen begonnen. Dieses Gebäude, ein Grundtypus des Pavillonsystems, entspricht daher ziemlich genau den Plänen der Architektin.

Ein mittig gelegener Eingang mündet in ein Foyer, von dem ein breiter Gang zu den drei Kindergartengruppen führt. Jede Kindergartengruppe bildet eine für sich abgeschlossene Einheit mit einem eigenen Eingang von der Terrasse aus, einer Garderobe, einem Gruppenraum mit zwei Spielnischen und der Waschnische, über welche die WC-Anlage der Kinder zugänglich ist. Diese Einheiten mit den dazwischenliegenden Spielhöfen und den gedeckten Terrassen bilden die sogenannten „Pavillons".

Auf der anderen Seite des Ganges befinden sich die diversen Versorgungsräume, Büro der Leiterin, Arztzimmer, Sanitärräume für das Personal, der Kellerabgang, usw. An einem Ende des Ganges liegt quer zur Längsrichtung des Kindergartens der Saal, der als Turnsaal und für die verschiedensten Bewegungs- und Musikspiele sowie als Versammlungs- und Festsaal für alle Kinder des Kindergartens gedacht war.

Die Küche wurde wahrscheinlich schon von Anfang an, entgegen der Planung von Margarete Schütte-Lihotzky, in den Keller verlegt, die Architektin hat dies nie gut geheißen.[1]

Wichtige Ideen von Margarete Schütte-Lihotzky wurden hier verwirklicht: große Fenster mit niederen Parapethöhen für die Kinder in den Gruppenräumen, Spielnischen mit niederen Raumdecken für die Kinder als kleine, in kindergerechtem Maßstab eingerichtete Räume. Die Waschnische ist zum Gruppenraum offen, um das Waschen für die Kinder als selbstverständlichen Vorgang einzubeziehen und ist ausgestattet mit einem runden Waschbrunnen, an dem vier Kinder gleichzeitig Platz zum Händewaschen finden. Diese Waschbrunnen, Betonfertigteile mit vier Armaturen, sind noch vorhanden und an ihren Plätzen in Betrieb.

Am Haupteingang, als Abschluß des Windfanges, gibt es doppelte Glaswände, zwischen denen ein Abstand von cirka 1,0 m für Blumen und Grünpflanzen oder auch für die Haltung von Vögeln freigelassen ist.

Aus Margarete Schütte-Lihotzkys Beschreibung des Kindergartens: „Jede der drei Kindergruppen hat bestimmte Zeichen und Bilder; so gibt es eine Blumengruppe, sie pflegt die Blumen im Vestibül, so gibt es eine Vogelgruppe, die für die Vögel in den Käfigen zu sorgen hat, und so gibt es eine Fischgruppe, welche sich der Fische im Bassin anzunehmen hat, und jedesmal, wenn die Kinder durch das Vestibül gehen, freuen sie sich an ihren Blumen und Tieren."[2]

Die Architektin beschreibt einen weiteren wichtigen Aspekt der Planung, der von großer psychologischer Wirkung auf die Kinder ist: die Farben.

„Der Kindergarten von Maitschin Dom wird außen ganz hellgelb gestrichen, Fenster, Türen, Gesimse, Pergolas und Holzstützen werden weiß, so daß sich das Grün der Pflanzen gut abhebt, die Dachrinnen und die Holzjalousien der Fenster und Türen, die zum Sonnenschutz unbedingt nötig sind, werden blau. Über den großen Aussichtsfenstern der Gruppenräume wird das entsprechende Gruppenzeichen in Form von farbigen Keramikmedaillons außen angebracht. Im Inneren erhalten alle Holzteile der einzelnen Pavillons verschiedene Farben, damit die Kinder ihre Gruppenräume leicht finden."[3]

Von dieser Farbigkeit ist heute nichts mehr zu sehen. Alles wurde neu gestrichen und zwar mit den Farben, die zu haben waren. Produktion und Markt in Bulgarien bieten keine Auswahl an.

Insgesamt befindet sich der Kindergarten in einem baulich äußerst schlechten Zustand.

---

[1] Brief an eine Kollegin

PROJEKTE BULGARIEN 1946

Rassadnika

Samokov

142 KINDERHAUS IN RASSADNIKA, Planung 1946, fertiggestellt 1948,
Sofia, Zar Simeon Straße (für die Stadtbaudirektion), Ausführung verändert
(Rassadnika = volkstümlicher, traditioneller Name für einen Stadtteil Sofias)

Die Planung des Kindergartens entspricht genau der Entwurfslehre (Projekt Nr. 148), Plan Nr. 20: Kindergarten für 90 Kinder – Typ 3 und dem Plan Nr. 4: Raumelement für 1 Kindergruppe – Typ 3.

Der Kindergarten für drei Gruppen ist so auf dem Grundstück angelegt, daß ein Vorplatz entsteht. Das Gebäude ist eingeschossig und mit einem Walmdach gedeckt.
Der Haupteingang führt in eine breite, helle Erschließungszone. Von hier aus sind die drei Gruppeneinheiten und der Saal zugänglich, ebenso die Leitungs- und Versorgungsräume. Die Gruppenräume sind mit ihren großen Fenstern nach Süden orientiert. Der anschließende Bauteil des Saales öffnet sich mit seinen großen Fensterwänden nach Westen auf eine Terrasse.
Die räumliche Einheit einer Kindergartengruppe besteht aus der Garderobe, dem Gruppenraum mit zwei seitlich gelegenen Spielnischen, dem Waschraum und den WCs. Die Kinder erreichen über die Garderoben einerseits ihren Gruppenraum, andererseits den Waschraum und geradeaus den Spielplatz im Freien, der für jede Gruppe direkt vor dem Gruppenraum liegt. Diese Zugänge werden jetzt als getrennte Eingänge für die Kinder jeder Gruppe benutzt.

143 KINDERHAUS IN SAMOKOV,
Planung 1946, fertiggestellt 1948, Samokov, Ulica Hristo Maksimov/ Ulica Knas Dondukov, (für die Stadtbaudirektion Samokov), Ausführung verändert

Die Planung des Kindergartens entspricht genau der Entwurfslehre (Projekt Nr. 148), Plan Nr. 21: Kindergarten für 60 Kinder – Typ 4 und dem Plan Nr. 5: Raumelement für 1 Kindergruppe – Typ 4.
Samokov ist eine Kleinstadt ca. 50 km südlich von Sofia. Der Kindergarten liegt in der Nähe des Stadtzentrums, auf einem ebenen Grundstück zwischen zwei Straßen, so daß man das Gelände von beiden Seiten betreten kann. Der größere Teil des Grundstücks ist Spielfläche für die Kinder.
Das Gebäude des zweigruppigen Kindergartens ist ein ebenerdiger, langgestreckter Baukörper, der parallel zur Grundstücksgrenze mit den Schmalseiten zu den beiden Straßenseiten gerichtet ist, er ist mit einem Walmdach gedeckt. Der Dachvorsprung, der an der Gartenseite von Holzstützen getragen wird, weitet sich an den Gebäudeenden zu gedeckten Terrassen aus, die halbrund begrenzt sind.
Jede Gruppe hat einen eigenen Eingang, Garderobe, Isolatorraum (Zimmer zum Isolieren kranker Kinder) und einen Gruppenraum. Im Gruppenraum ist eine Längswand in drei Nischen gegliedert, zwei davon sind Spielnischen, die dritte eine Waschnische, über die auch der Zugang zum WC für die Kinder erfolgt. Die Waschnische ist mit einer Holzwand und Türe, die nachträglich eingebaut wurden, vom Gruppenraum getrennt. Vom Gruppenraum gelangt man in den ehemals vorhandenen Saal, der jetzt mit einer Mauer fix in der Mitte unterteilt ist, wobei die so geschaffenen Räume je einer Kindergruppe als Schlafraum dienen.
Eine Veränderung, die die Qualität der Räume wesentlich beeinträchtigt, sind die kleiner ausgeführten Fenster, die Parapethöhe wurde gegenüber der Planung erhöht.

---

[2] Margarete Schütte-Lihotzky beschreibt in „Neue Kinderhäuser in Bulgarien", Manuskript, Sofia 1946, den bereits in Bau befindlichen Kindergarten von Maitschin Dom.

[3] Margarete Schütte-Lihotzky: Neue Kinderhäuser in Bulgarien, Manuskript, Sofia 1946

PROJEKTE BULGARIEN 1946

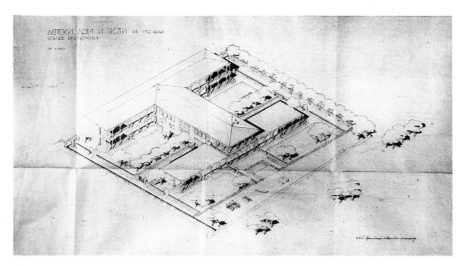

Axonometrie des Entwurfes

144 KINDERHAUS IN TRI GLADENZI, Planung 1946; fertiggestellt 1949, Sofia, Vazrashdane, Lev Sheljazkov Str. (für die Stadtbaudirektion), Ausführung wesentlich verändert („Tri Gladenzi" = traditioneller, volkstümlicher Name für einen Stadtteil Sofias)

Die Planung des Kindergartens entspricht genau der Entwurfslehre (Projekt Nr. 148), Plan Nr. 22: Erdgeschoß und Plan Nr. 23: Obergeschoß – Schema für eine Kombination von einem Kindergarten für vier Gruppen im Erdgeschoß und einer Krippe für drei Gruppen im Obergeschoß.

MARION LINDNER-GROSS

Wien nach 1945: Architektur, Politik und Engagement für die Frauen

Margarete Schütte-Lihotzky nach der Befreiung 1945, vorne rechts sitzend

Im April 1945 wird Margarete Schütte-Lihotzky von amerikanischen Truppen im Zuchthaus Aichach befreit. Am 19. Mai 1945 werden die Österreicherinnen vom Zuchthaus abgeholt und nach München gebracht, Margarete Schütte-Lihotzky bleibt wegen der schwierigen Transportsituation noch zwei Monate. Da sie neuerlich an Tbc erkrankt ist, fährt sie am 19. Juli 1945 weiter in die Lungenheilstätte Hochzirl in Tirol, wo sie sich bis September aufhält. Dann macht sie sich von Innsbruck aus auf den wegen der fehlenden Transportmittel langwierigen Weg zurück nach Wien und kehrt im Herbst 1945 in die Wohnung im 5. Wiener Gemeindebezirk in der Hamburgerstraße 14 zurück. Hier lebt und arbeitet sie bis zu ihrem Umzug 1969 in die Wohnung in der Franzensgasse.

Zurück in Wien beschäftigt sie sich sofort wieder mit dem Hauptthema ihrer Arbeit in der Sowjetunion, den Kinderanstalten, und arbeitet einen Vorschlag zur Schaffung eines Zentral-Bau-Institutes für Kinderanstalten, „BIK" aus. Dieses Institut soll die Grundlagen für die neu zu bauenden Kinderkrippen, Kindergärten, Horte, Erntekindergärten, Kinderpräventorien (zur Tuberkulosevorsorge), also für alle wünschenswerten und notwendigen Einrichtungen zur Betreuung von Kindern, erarbeiten. Die Architektin, die in ihrer Moskauer Zeit bei der Erstellung der Bauprogramme für Kinderbauten mit wissenschaftlichen Instituten zusammengearbeitet hat, schlägt nun vor, den Bau von Kinderanstalten in Österreich auf einer ebenso fundierten theoretischen Grundlage in interdisziplinären Gruppen aus Architekten, Ärzten und Pädagogen gemeinsam zu entwickeln.

Hier ein Zitat aus dem „Programm zur Schaffung eines Zentral-Bau-Institutes" von 1945:

„Österreich hat durch den Verlust an Männern im Kriege einen großen Überschuß an Frauen. Das bedeutet, daß das, was Krieg und Faschismus zerstört haben, im wesentlichen von Frauen wieder aufgebaut werden muß und das heißt auch, daß zu einem großen Teil nicht mehr Männer, sondern Frauen die Familienerhalter sein werden.

Aber wie sollen die Frauen, die Kinder haben, nach jahrelanger Unterernährung auf die Dauer solche Arbeit leisten? Werden sie nicht sehr bald der Doppelarbeit – Beruf und Haushalt (letzteres heute noch besonders erschwert) – erliegen müssen?...

Wodurch aber können wir die übermäßige Arbeitslast, die außerhalb des Berufs auf die Frauen so drückt, verringern?

Es gibt da zwei große Arbeitsgebiete:

1) Arbeitsersparnis im Haushalt und

2) Sorge für die Kinder

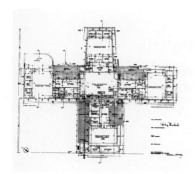

Grundriß Kindergarten Rinnböckstraße, 1961–1963

Auf jedem dieser Gebiete gibt es viele, viele Möglichkeiten, das Leben der Frauen zu erleichtern. In diesem Programm soll nur das zweite Gebiet, die Sorge für die Kinder, behandelt werden."[1]

Margarete Schütte-Lihotzky unterbreitet den Vorschlag Christian Broda, der zu dieser Zeit Leiter des „Institutes für Wissenschaft und Kunst" in Wien ist. Das „BIK" kommt aber weder 1945 noch 1947, als Margarete Schütte-Lihotzky einen erneuten Vorstoß in der Angelegenheit unternimmt, in Österreich zustande. Die positiven Auswirkungen auf Kinderbauten wären sicher beträchtlich gewesen.

Wilhelm Schütte hat die Kriegszeit in der Türkei verbracht, seine Ausreise nach Österreich ist mit Schwierigkeiten verbunden. So fährt Margarete Schütte-Lihotzky ihrem Mann entgegen und erwartet in Sofia seine Ankunft, die sich aber verzögert. In dieser Zeit arbeitet sie am Stadtbauamt Sofia, entwirft Kinderbauten und entwickelt eine Bauentwurfslehre[2]. Nach zehn Monaten Aufenthalt in Bulgarien, von März bis Dezember 1946, kehrt Margarete Schütte-Lihotzky gemeinsam mit Wilhelm Schütte nach Wien zurück.

Arbeitsbedingungen

Nach 1945 ändert sich das Arbeitsumfeld der Architektin. Während sie in der Zeit vor dem Krieg hauptsächlich in der Gruppe – im Baubüro des Österreichischen Verbandes für Siedlungs- und Kleingartenwesen, für das Hochbauamt Frankfurt, in der Sowjetunion in den verschiedenen Trusts – gearbeitet hat, übt sie ihre Tätigkeit nach 1945 als freischaffende Architektin[3] mit eigenem Büro aus[4]. Ihre Auftraggeber sind Verlage und Organisationen, der Friedensrat, verschiedene zwischenstaatliche Freundschaftsorganisationen, private Freunde und Bekannte. Öffentliche Auftraggeber sind 1946 das Stadtbauamt in Sofia, 1954 die Bauakademie in der DDR, 1963 das kubanische Erziehungsministerium, 1966 abermals die Bauakademie in der DDR und die Gemeinde Wien.

Die Arbeit in Wien nach 1946

KINDERTAGESSTÄTTEN

Margarete Schütte-Lihotzkys Hoffnungen, ihre Erfahrung als Expertin für Kindereinrichtungen in ihrer Heimatstadt im Rahmen des großen Wiederaufbauprogrammes einbringen zu können, erfüllen sich bis auf zwei Aufträge der Gemeinde Wien nicht. 1950–1952 entsteht der Kindergarten am Kapaunplatz (Projekt Nr. 172), 1961–1963 die Kindertagesstätte in der Rinnböckstraße (Projekt Nr. 195). An diesen beiden Bauten erkennt man die grundsätzliche und langjährige Beschäftigung der Architektin mit dieser Bauaufgabe und die liebevolle und kindgerechte Detaillierung, die das Kind als Maß der Dinge nimmt. Der Entwurf der Kindertagesstätte Rinnböckstraße dient dann weiterführend als Grundlage für das „Baukastensystem für Kindertagesstätten", 1964–1968 (Projekt Nr. 198), das in architektonischer und bautechnischer Hinsicht ein in vielen Varianten kombinierbares System bildet. Es bleibt aber, da in Österreich keine öffentliche Stelle den Vorschlag aufnimmt, bedauerlicherweise eine private Studie.

WOHNBAUTEN

Auch die umfangreiche Tätigkeit der Architektin im Wohn- und Siedlungsbau in

---

[1] Schütte-Lihotzky, Margarete: Programm zur Schaffung eines Zentral-Bau-Institutes für Kinderanstalten (BIK), November 1945, Januar 1947, Projekt Nr. 149. Die Arbeit des Institutes soll sich in drei Aufgabengebiete teilen: 1) Die wissenschaftliche und theoretische Arbeit 2) Die Arbeiten des Baubüros für die Projektierung und Überwachung der Ausführung 3) Die Popularisierung (Bekanntmachen) aller Arbeiten.

[2] Siehe Projekt Nr. 148

[3] Am 24. 5. 1949 wird Margarete Schütte-Lihotzky die Befugnis als Ziviltechnikerin vom Bundesministerium für Handel und Wiederaufbau verliehen.

[4] Büroadresse: Wien 5, Hamburgerstraße 14

Wien bis 1926 findet durch die öffentlichen Auftraggeber nach 1945 keine entsprechende Fortsetzung. Die Gemeinde Wien beauftragt Margarete Schütte-Lihotzky gemeinsam mit Wilhelm Schütte 1949 mit der Planung eines Wohnhauses im 3. Bezirk in der Barthgasse (Projekt Nr. 165), 1952 die Architektin alleine mit der Planung für ein Wohnhaus im 2. Bezirk in der Schüttelstraße (Projekt Nr. 182).

Mit den zwei Kindertagesstätten und den beiden Wohnbauten ist die Aufzählung aller Bauten für die Gemeinde Wien zwischen 1946 und 1963 vollständig. Die Architektin ist wegen ihres politischen Engagements[5] praktisch für Aufträge der Gemeinde Wien mit Berufsverbot belegt.

Für private Auftraggeber entwirft sie sechs Einfamilienhäuser, von denen zwei verwirklicht werden. Eines davon ist das Haus für ihre Schwester Adele Hanakam und deren Mann in Radstadt, 1947 geplant und 1948 fertiggestellt. Das auf der Ausstellung der Zentralvereinigung der Architekten in der Secession gezeigte „Erweiterungsfähige Einfamilienhaus" (Projekt Nr. 170, mit Wilhelm Schütte), ein Entwurf, der an die von ihr in den zwanziger Jahren entwickelte „Kernhausidee" anknüpft, wird 1950 in Wien/Mauer für die Familie Schinagl verwirklicht.

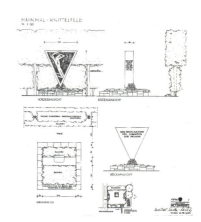

Entwurf für das Mahnmal, Knittelfeld, 1950–1953

AUSSTELLUNGEN

Nach 1947 gestaltet Margarete Schütte-Lihotzky zahlreiche Ausstellungen, so 1947 die Abteilung „Bau- und Stadtplanung" bei der im Rathaus stattfindenden Ausstellung „Wien baut auf", 1948 wieder im Rathaus das architektonische Konzept für „Wien 1848", ebenfalls 1948 in Paris die österreichische Abteilung der Ausstellung „Die Frau" für den Weltbund Demokratischer Frauen, 1952 bei der Wiener Ausstellung „Unsere Schule" den Bereich der Kindergärten sowie einige Ausstellungen über verschiedene Länder, Städte und die Friedensbewegung[6].

„Globus" Verlag, 1953–1956

DENKMÄLER

Als Widerstandskämpferin, die für ihre Überzeugung ins Zuchthaus mußte und nur knapp dem Tod entging, hat Margarete Schütte-Lihotzky ein besonderes Naheverhältnis zu den Opfern des Faschismus. Die Architektin entwirft nach 1945 drei Mahnmale, von denen zwei zur Ausführung gelangen: das Denkmal für Widerstandskämpfer am Zentralfriedhof 1948 (gemeinsam mit Wilhelm Schütte und dem Bildhauer Fritz Cremer, Projekt Nr. 161) und das Mahnmal in Knittelfeld 1950–1953 (gemeinsam mit Fritz Cremer). Das Mahnmal für Amstetten, entworfen 1952, wird nicht verwirklicht.

VERLAGSGEBÄUDE

Zwischen 1948 und 1956 arbeitet Margarete Schütte-Lihotzky an zwei Verlagsgebäuden. 1948 plant sie gemeinsam mit Fritz Weber für den Kärntner Volksverlag ein Gebäude in Klagenfurt (Projekt Nr. 162), das nur bis zur ersten Bauetappe verwirklicht wird.

Das Druckerei- und Verlagsgebäude „Globus" am Hochstädtplatz in Wien (Projekt Nr. 188), 1953–1956 entstanden, ist eine Gemeinschaftsarbeit von Margarete Schütte-Lihotzky, Wilhelm Schütte, Fritz Weber und Karl Eder. Der Komplex wird nach Erstellung des Gesamtplanes in vier einzeln zu bearbeitende Bauabschnitte unterteilt, die Architektin plant den viergeschossigen Bauteil in der Meldemannstraße.

---

[5] Margarete Schütte-Lihotzky ist von 1948 bis 1969 Präsidentin des Bundes Demokratischer Frauen Österreichs, sie ist auch im österreichischen Friedensrat tätig und seit dem Beginn ihrer Widerstandstätigkeit 1939 Mitglied der damals illegalen KPÖ.

[6] siehe Werkverzeichnis

WIEN NACH 1945

Autoladen an der Ringstraße, 1951

Wettbewerb Bundeslehranstalt für Frauenberufe, Graz, 1957

GESCHÄFTE

Für den Globusverlag entwirft Margarete Schütte-Lihotzky einen Buchladen am Fleischmarkt in Wien, sie plant den Umbau einer Arbeiterbuchhandlung im 10. Wiener Gemeindebezirk in der Tolbuchinstraße und entwirft für die USIA-Betriebe[7] einen Autoladen an der Ringstraße.

WETTBEWERBE

Margarete Schütte-Lihotzky beteiligt sich an verschiedenen Wettbewerben für Schulen und an einem Kindergartenwettbewerb. Von den Projekten für Schulwettbewerbe ist die Hauptschule Ternitz 1952, für die sie einen Preis erhält, die Hauptschule St. Valentin 1953 (Projekt Nr. 187) und die Bundeslehranstalt für Frauenberufe in Graz 1957 (Projekt Nr. 191) zu erwähnen. An dem Wettbewerb für den Kindergarten Oedt nimmt sie 1964 teil. Die Wettbewerbsprojekte werden alle nicht ausgeführt.

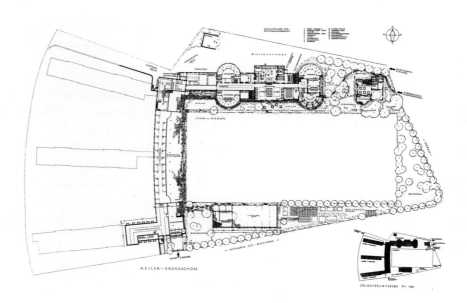

Arbeit an der Bauakademie, DDR, 1966

1966 wird Margarete Schütte-Lihotzky für sechs Monate – vom 1. Februar bis zum 1. August – an die Deutsche Bauakademie, Institut für Wohn- und Gesellschaftsbauten, in Berlin-DDR berufen. Sie untersucht in einer Forschungsarbeit den internationalen Stand des Kindergartenbaus und vergleicht damit in einer kritischen Analyse die in der DDR gebauten Typen. Sie schlägt das von ihr bereits 1964 entwickelte „Baukastensystem" (Projekt Nr. 198) aufgrund seiner räumlichen und wirtschaftlichen Qualitäten zur Verwirklichung im nächsten Fünfjahresplan vor. Zwei Musterbauten in verschiedener Pavillonanordnung sollen erstellt werden, um das System in Benutzung zu erproben. Auch in der DDR kommt es nicht zur Verwirklichung, sodaß die Kindertagesstätte in der Rinnböckstraße in Wien der bis jetzt einzige Bau im Sinn des Baukastensystems ist.

---

[7] Die USIA-Betriebe (Verwaltung des Sowjetischen Besitzes in Österreich) sind das „Deutsche Eigentum" in der österreichischen Sowjetbesatzungszone, das mit Befehl Nr. 17 vom 27. Juni 1946 in sowjetischen Besitz übergeht. Die Erdölindustrie, die DDSG, etwa 300 wichtige Industrie- und Wirtschaftsbetriebe und vieles mehr gehören dazu.

Publizistische Tätigkeit 1945-1991

Die Architektin verfaßt zahlreiche Artikel[8], die sich mit Städtebau, Wohnbau, der Wohnung der berufstätigen Frau, der Frankfurter Küche und vielem mehr beschäftigen. Über die Architekten Strnad, Loos, Frank, May und Gropius schreibt sie ihre persönlichen Erinnerungen nieder, hat sie sie doch gut gekannt und mit Strnad, Loos, Frank und May auch zusammengearbeitet. Sie hält Vorträge an Universitäten und Akademien über ihr architektonisches Werk, spricht als Zeitzeugin zu jungen und interessierten Menschen, gibt Fernseh- und Radiointerviews und schreibt an ihren „Erinnerungen". 1985 erscheint ihr Buch „Erinnerungen aus dem Widerstand"[9], das ihre Arbeit im Widerstand, ihren Prozeß, die Zeit in Gefängnis und Zuchthaus und ihre Befreiung schildert.

Berufliche Organisationen und Kongresse

6. CIAM-Kongreß in Bridgewater, Margarete Schütte-Lihotzky in der ersten Reihe sitzend, zweite von rechts

Neben ihrer eigenen Arbeit wirkt Margarete Schütte-Lihotzky in zwei bedeutenden Architekten-Organisationen, der CIAM und der UIA, sowie an Architekten-, Wohnungs- und Städtebaukongressen mit.

„CONGRES INTERNATIONAUX D'ARCHITECTURE MODERNE" (CIAM)

Margarete Schütte-Lihotzky kommt beim 2. CIAM-Kongreß 1929 in Frankfurt, der das Thema „Die Wohnung für das Existenzminimum" behandelt, zum ersten Mal mit dieser Organisation in Kontakt.

An der ersten CIAM-Tagung nach dem Krieg 1947 in Zürich, die zur Vorbereitung des nächsten Kongresses einberufen wird, nimmt Margarete Schütte-Lihotzky wieder aktiv teil. Der erste CIAM-Kongreß nach dem Krieg wird dann im September 1947 in Bridgewater abgehalten. Zum ersten Mal nach dem Krieg sind wieder die „modernen" Architekten aus aller Welt vereint, Margarete Schütte-Lihotzky nimmt als eine der wenigen Frauen daran teil. 1947 besteht in Österreich noch keine eigene CIAM-Gruppe, die Gründung einer Landesgruppe wird beschlossen.

Nach dem Kongreß von Bridgewater konstituiert sich dann 1947 auf Initiative von Margarete Schütte-Lihotzky und Wilhelm Schütte die Österreichische

[8] siehe Gesamtschriftenverzeichnis, Artikel von Margarete Schütte-Lihotzky

[9] Schütte-Lihotzky, Margarete: Erinnerungen aus dem Widerstand 1938–1945, Hrsg. Chup Friemert, Hamburg, 1985

WIEN NACH 1945

Stadtplan von Peking aus dem Artikel Margarete Schütte-Lihotzkys „Peking" im Aufbau 2/1958

CIAM-Gruppe. Vorsitzender ist Prof. Oswald Haerdtl, Schriftführer Prof. Wilhelm Schütte, Vorsitzender Stellvertreter Prof. Dr. Friedrich Zotter. Der CIAM-Kongreß in Bergamo 1949 ist der letzte, an dem die Architektin teilnimmt, dann überläßt sie aus persönlichen Gründen (sie trennt sich 1951 von ihrem Mann) die organisatorische Arbeit in der Österreichischen Gruppe Wilhelm Schütte. Im Jahr 1951 findet eine CIAM-Tagung im Wiener Musikverein statt, die Architektin hält ein grundsätzliches Referat über „Bauten für Kinder". Im Jahr 1953 findet vom 15. April bis 6. Mai in Wien eine Ausstellung der Österreichischen CIAM-Gruppe im Museum für Kunst und Industrie (jetzt Museum für Angewandte Kunst) statt. Die Architektin zeigt in dieser Ausstellung den Kindergarten Kapaunplatz und andere Projekte, die Gesamtgestaltung der Ausstellung entwirft Karl Schwanzer.

1956, auf dem 10. Kongreß in Dubrovnik, wird die Auflösung der CIAM beschlossen.

„UNION INTERNATIONALE DES ARCHITECTES" (UIA)

Die UIA – die Internationale Architektenunion – wird nach dem Krieg gegründet, der erste konstituierende Kongreß findet im Juni 1948 in Lausanne statt. Bei der vorbereitenden Tagung 1947 in Brüssel ist Österreich noch nicht vertreten. Margarete Schütte-Lihotzky nimmt an den UIA-Kongressen 1958 in Moskau, 1963 in Havanna und 1972 in Varna, Bulgarien teil. Die UIA ist eine in die UNO aufgenommene Organisation.

ARCHITEKTENTREFFEN UND KONGRESS IN WARSCHAU

1952 nimmt Margarete Schütte-Lihotzky auf Einladung des Polnischen Architektenverbandes an einem Internationalen Treffen in Warschau teil. Ein Internationaler Architektenkongreß („Recontre d'Architectes") wird unter der Federführung des Pariser Architekten Andre Lurçat für Polen vorbereitet. Der Kongreß findet dann im Juni 1954 in Warschau unter Teilnahme der Architektin statt.[10]

DER „INTERNATIONALE VERBAND FÜR WOHNUNGS- UND STÄDTEBAU"

1956 findet im Wiener Rathaus der Kongreß des „Internationalen Verbandes für Wohnungs- und Städtebau" statt, an dem Margarete Schütte-Lihotzky teilnimmt.

Studienreisen

Margarete Schütte-Lihotzky unternimmt in diesen Jahren zwei Studienreisen, 1956 nach China – damals schon die Volksrepublik China – und 1961, kurz nach der Revolution, nach Kuba.

CHINA 1956

Im Jahr 1956 reist sie als Mitglied einer Österreichischen Kulturdelegation nach China. Die chinesische Regierung strebt eine Aufnahme in die UNO an (in der Nationalchina als Gründungsmitglied vertreten ist) und lädt aus aller Welt Delegationen zu einem großen Treffen in Peking ein, um eine Befürwortung der Aufnahme Rotchinas in die UNO zu fördern.[11] Die Architektin beschäftigt sich mit städtebaulichen Fragen, hält einen Vortrag an der Technischen Universität in Peking über

---

[10] Weitere Unterlagen sind nicht bekannt.
[11] lt. Auskunft Margarete Schütte-Lihotzkys

„Bauen in Österreich" und schreibt einen Artikel zum Thema „Peking", der 1958 im „Aufbau"[12] und 1959 im „Casabella"[13] erscheint und sich mit städtebaulichen Fragen auseinandersetzt. Im Jahr 1958 verfaßt sie ein Buchmanuskript über „Die Millionenstädte Chinas", eine städtebauliche Untersuchung und ein Vergleich der Städte Peking, Nangking, Shanghai und Wuhan (unveröffentlichtes Manuskript).

KUBA 1961, 1963

1961 wird Margarete Schütte-Lihotzky als Präsidentin des BDFÖ[14] gemeinsam mit einer Frauendelegation aus Europa, Lateinamerika und Kanada nach Kuba eingeladen. Sie besichtigt Land und Bauten, darunter auch neu erbaute Kindergärten. Die Architektin kritisiert die funktionalen Mängel der Kindergärten (die ausgeführten Schlafsäle für bis zu 100 Kinder bedeuten eine große Infektionsgefahr) und wird daraufhin im Jahr 1963, gleichzeitig mit dem UIA-Kongreß in Havanna, vom Kubanischen Erziehungsministerium zur Erarbeitung der Entwurfsgrundlagen für Kinderanstalten eingeladen. Sie arbeitet dort drei Monate für das Ministerium und nimmt gleichzeitig am UIA-Kongreß teil.

Margarete Schütte-Lihotzky, ganz links, 1963 in Kuba, in der Mitte Vilma Espin

Politisches Engagement

Parallel zu ihren beruflichen Aktivitäten engagiert sich Margarete Schütte-Lihotzky politisch im BDFÖ, im Friedensrat, im Vorstand des KZ-Verbandes und im Österreichischen Komitee für Sicherheit und Zusammenarbeit in Europa KSZE. Aufgrund ihrer politischen Arbeit und ihrer Mitgliedschaft in der KPÖ ist sie faktisch von der Vergabe öffentlicher Aufträge in Wien ausgeschlossen.

DER BUND DEMOKRATISCHER FRAUEN ÖSTERREICHS (BDFÖ)

Vom 26. November bis 1. Dezember 1945 findet in Paris der Gründungskongreß des Weltbundes Demokratischer Frauen (später IDFF, Internationale Demokratische Frauenföderation) statt. Anna Grün, die in Frankreich aus einem Konzentrationslager befreit worden ist, nimmt als österreichische Vertreterin daran teil. Nach ihrer Rückkehr nach Wien sammelt sie um sich eine Gruppe interessierter Frauen, darunter Margarete Schütte-Lihotzky, und baut mit ihnen die Organisation des Bundes Demokratischer Frauen Österreichs auf. Margarete Schütte-Lihotzky wird in Abwesenheit zur ersten Präsidentin gewählt (1948–1969), die erste Vizepräsidentin ist Lina Loos. Die Architektin hält sich zum Zeitpunkt ihrer Wahl in Paris auf, wo ein Frauentag des Weltbundes Demokratischer Frauen mit einer großen Frauenausstellung stattfindet (Mitte Juni bis Mitte Juli 1948), deren österreichische Abteilung Margarete Schütte-Lihotzky gestaltet.

Als Präsidentin und, nach ihrem Rücktritt 1969, als Ehrenpräsidentin des BDFÖ nimmt sie an zahlreichen Kongressen und Tagungen teil: 1948 in Budapest, 1953 in Kopenhagen, 1958 in Wien, 1963 in Moskau, 1970 in Ystad, Schweden, und 1975 in Berlin-DDR. Im Jahr 1962 findet in Wien ein Welttreffen der Frauen für Abrüstung statt. Eine Frauendelegation wird ausgewählt, darunter Margarete Schütte-Lihotzky, um nach Genf zu den Abrüstungsverhandlungen zu fahren und dort mit den Vertretern der 18 verhandelnden Staaten über Abrüstung und Friedensfragen zu sprechen.

[12] Schütte-Lihotzky, Margarete: Peking, in: Der Aufbau, Wien, 2/1958

[13] Schütte-Lihotzky, Margarete: Pechino antico e nuova, in: Casabella, Milano, 225/1959, S. 19

[14] Bund Demokratischer Frauen Österreichs

In zahlreichen Reden und Vorträgen für Frauengruppen und Frauenorganisationen spricht Margarete Schütte-Lihotzky über die notwendige Gleichstellung der Frauen im Arbeitsleben und in der Familie; einige der angesprochenen Forderungen sind nach über 40 Jahren noch immer nicht erfüllt. So fordert sie am ersten Kongreß des Bundes Demokratischer Frauen unter anderem Lohnfortzahlung an Frauen während der Pflege ihrer kranken Kinder, Änderungen des Eherechtes, das Mitspracherecht der Frauen bei der Berufswahl des Kindes und hinsichtlich der Gemeinsamkeit des in der Ehe erworbenen Vermögens[15], einen monatlichen Wirtschaftstag für berufstätige Frauen[16] und die Anerkennung der Hausarbeit als Beruf mit Einbeziehung in die Sozialversicherung, zwei noch immer nicht berücksichtigte Forderungen.

FRIEDENSRAT

Margarete Schütte-Lihotzkys politisches Engagement gilt nicht nur den Frauen, sondern auch der aktiven Friedensarbeit. Ihr Engagement für Friedensfragen zeigt sich in ihrer Mitarbeit im Österreichischen Friedensrat – sie war Vorstandsmitglied[17] – und in der Gestaltung einiger Ausstellungen zum Thema Frieden, so zum Beispiel die Ausstellung „Niemals Vergessen" für den Friedensrat 1950 und die Ausstellung „Hiroshima 30 Jahre" für einen großen Friedenskongreß, der 1975 im Wiener Konzerthaus stattfand. Bei den Internationalen Bodensee-Friedenstreffen nimmt sie als Rednerin gegen den Krieg und für Frieden und Abrüstung teil. Sie erhält in Anerkennung ihrer Arbeit für den Frieden 1977 die Joliot-Curie Medaille, die höchste Anerkennung des Weltfriedensrates.

KZ-VERBAND[18] UND WIDERSTAND

Nach dem Krieg ist Margarete Schütte-Lihotzky im Vorstand des KZ-Verbandes als Kulturreferentin tätig, ihre engen Beziehungen zur Widerstandsbewegung drücken sich auch in der architektonischen Gestaltung dreier Denkmäler aus.

Seit dem Beginn der achtziger Jahre wird Margarete Schütte-Lihotzky immer häufiger als Zeitzeugin zu Vorträgen und Gesprächen über die Zeit des Nationalsozialismus gebeten, sie berichtet über ihre Arbeit im österreichischen Widerstand und ihre Haft im Zuchthaus. 1985 erscheint ihr Buch „Erinnerungen aus dem Widerstand"[19]. Die Weitergabe ihrer Erfahrungen unter dem faschistischen Regime, vor allem an junge Menschen, ist ihr ein großes Anliegen.

URANIA FRAUENKOMITEE

Als Reaktion auf die 1959/1960 ausbrechenden antisemitischen Ausschreitungen, Grabschändungen und Schmierereien gründet sie 1960 mit gleichgesinnten Frauen ein überparteiliches, antifaschistisches Frauenkomitee, das seit diesem Zeitpunkt die Vorführung von Antikriegs- und antifaschistischen Filmen in der Wiener Urania organisiert. In den letzten Jahren hat sich der Themenkreis um die Umweltprobleme und vor allem auch um die Probleme der Dritten Welt erweitert.

Die architektonische Konsequenz des Engagements für Frauen

Margarete Schütte-Lihotzky hat sich beruflich und politisch viel mit der Situation der Frauen und ihren Wohnproblemen, der Rationalisierung der Hauswirtschaft und mit Bauten für Kinder beschäftigt und einige sehr interessante und zukunfts-

---

[15] Eine dahingehende Änderung des Eherechtes tritt in Österreich erst im Jänner 1976 in Kraft.

[16] Der Wirtschaftstag ist ein freier Tag im Monat, an dem umfangreiche hauswirtschaftliche Arbeiten, Behördenwege u.s.w. erledigt werden können.

[17] Der Nationalökonom Professor Dobretsberger war ebenfalls Vorstandsmitglied des Österreichischen Friedensrates und einer der österreichischen Delegierten im Weltfriedensrat. Margarete Schütte-Lihotzky lernte ihn in seiner türkischen Emigration kennen.

[18] Am 13. Juli 1946 wird in Innsbruck aus einzelnen Landesverbänden und -organisationen, die nach 1945 unabhängig voneinander entstanden sind, der Bundesverband ehemals politisch verfolgter Antifaschisten gegründet. Der Landesverband Wien besteht aus dem KZ-Verband, dem Häftlingsverband, dem Verband der Abstammungsverfolgten, dem U-Boot-Verband und den Hinterbliebenen der Hingerichteten.

[19] Schütte-Lihotzky, Margarete: Erinnerungen aus dem Widerstand 1938–1945, Hrsg. Chup Friemert, Hamburg, 1985

weisende architektonische Lösungen entwickelt. Wie sie schon 1945 im Programm für das Zentral-Bau-Institut für Kinderanstalten schreibt, sind die zwei großen Möglichkeiten, das Leben der Frauen zu erleichtern:
1. Die Arbeitsersparnis im Haushalt
2. Die Sorge für die Kinder

ARBEITSERSPARNIS IM HAUSHALT

1926 entwickelt Margarete Schütte-Lihotzky die „Frankfurter Küche" (siehe Projekt Nr. 50), die durch ihre rationelle Planung den Hausfrauen und den berufstätigen Frauen viele unnötige Arbeitswege und damit Arbeitszeit erspart.

Die „Wohnung der berufstätigen Frau"[20], eine private Studie aus dem Jahr 1927 in Frankfurt/Main, ist eine Wohnform für alleinlebende Frauen. Je nach Einkommen kann man kleine, mittlere oder große Einheiten mieten (insgesamt vier verschiedene Typen). Dienstleistungen werden bei den großen Einheiten mit angeboten. Die Hausarbeit wird von einer Wirtschafterin für eine Gruppe im gleichen Haus übernommen, was sowohl eine große Entlastung der berufstätigen Frauen als auch einen neu geschaffenen Arbeitsplatz bedeutet. Dieses zukunftsweisende Wohnprojekt wurde wegen der beginnenden Weltwirtschaftskrise nicht mehr verwirklicht.

Derzeit arbeitet die Architektin an einem neuen Wohnmodell für verschiedene Bewohnergruppen – Familien mit Kindern, Alleinerziehende mit Kindern, junge Alleinlebende, ältere Alleinstehende, die zeitweilig Hilfeleistungen benötigen –, das wieder, wie 1927 in Frankfurt, mit zentralen Dienstleistungen verbunden ist.

Ein sehr schönes, realisiertes Beispiel einer Wohnung für eine alleinstehende Frau ist ihre 1967–1969 geplante eigene Wohnung in der Franzensgasse in Wien (Projekt Nr. 201). Der rationelle Wohnungsgrundriß ist auch hier verwirklicht, die Proportionen und die Einrichtung ergeben ein harmonisches Ganzes.

Die hier angeführten Projekte belegen, daß die von der Architektin bereits in den zwanziger Jahren durchdachten Lösungen grundsätzlicher Wohnprobleme nichts von ihrer Modernität eingebüßt haben, dennoch haben sie bei uns keine Verbreitung gefunden. Auch ihre Forderung nach einer „Rationalisierung der Hauswirtschaft" bleibt für die Frauen als die Hauptbetroffenen heute noch unverzichtbar.

DIE SORGE FÜR DIE KINDER

Die Beschäftigung der Architektin mit Kindergärten und Kinderkrippen, also den öffentlichen Einrichtungen zur Kinderbetreuung, beginnt bereits in ihrer Frankfurter Zeit 1929, ist dann 1930–1937 ihr Hauptbetätigungsfeld in der Sowjetunion, ebenso wie später in Bulgarien, Kuba und der DDR. Die Einrichtungen zur Betreuung von Kindern müssen, bei der zunehmenden Berufstätigkeit beider Eltern und einer heute ständig ansteigenden Zahl von alleinerziehenden Müttern (und auch Vätern), in ausreichendem Maß vorhanden sein. Für Österreich, das 1964 eine der höchsten Prozentzahlen berufstätiger Frauen in Europa hatte, ist die Versorgung der Kleinkinder, aber auch der Jugendlichen bis zu 14 Jahren, ein nach wie vor ungelöstes Problem. Dazu folgendes Zitat von Margarete Schütte-Lihotzky aus „Die Frau in Österreich", geschrieben im November 1964:

Wohnung Franzensgasse, Arbeitsplatz mit Durchblick zum Eßplatz

---

[20] Siehe Projekt Nr. 60

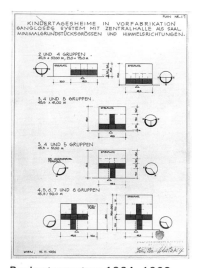

Baukastensystem 1964–1968, verschiedene Kombinationsmöglichkeiten

„Es leben in Österreich rund 7 Millionen Menschen, aber es gibt eine halbe Million mehr Frauen als Männer; je 100 Männern stehen 115 Frauen gegenüber, in Wien sogar 130.

Österreich ist also ein Frauenland – aber in vieler Hinsicht noch ein Männerstaat, weil an entscheidenden Stellen in Staat und Wirtschaft kaum Frauen zu finden sind. Es ist klar, daß bei solchem Frauenüberschuß viele Frauen alleine stehen und auch Familienerhalter sind, die außer sich selbst noch Kinder oder alte Eltern miternähren müssen.

Die im Ausland so oft als charmant und heiter geltende Österreicherin ist heute meist eine sehr hart arbeitende Frau, die schwer zu kämpfen hat, um ihre Pflichten in Beruf und Haushalt, als Ehefrau und Mutter gewissenhaft zu erfüllen. Aber häufig wird nicht gesehen, daß der relative Wohlstand vieler Familien sich auf die Berufsarbeit der Frau, auf den zusätzlichen Verdienst der Mutter aufbaut; das bedeutet die doppelte oder sogar dreifache Belastung für die Frau. (...) Die Zahl der berufstätigen Frauen ist bei uns eine der höchsten in Europa; von 100 Menschen, die Berufsarbeit leisten, sind 39 Frauen, in Wien sogar 49. Unter den Arbeitern und Angestellten allein gibt es in diesem kleinen Land 380.000 Mütter mit rund 700.000 Kindern unter 14 Jahren. Dazu kommen noch viele Mütter aus selbständigen Berufen, wie kleine Geschäftsleute und Gewerbetreibende, die Landfrauen und viele andere.

Die Berufsarbeit der österreichischen Frauen ist demnach aus dem Wirtschaftsleben gar nicht mehr wegzudenken, ein plötzliches Aufhören würde den wirtschaftlichen Zusammenbruch bedeuten. (...) Soziale und gesetzliche Voraussetzungen müssen geschaffen werden, damit die Frau ohne Schaden die großen Pflichten in ihrem Doppelberuf erfüllen kann.

Da ist zu allererst die Frage der Unterbringung der Kinder, während die Frau arbeiten geht.

Wir haben in Österreich und besonders in Wien eine ganze Reihe guter und schöner Kindergärten, aber trotzdem: für 50.000 Wiener Kinder im Alter von 3–6 Jahren, gibt es knapp 10.000 Plätze. Viel schlechter steht es zahlenmäßig mit den Horten. Da gibt es für 200.000 Schulkinder nur 18.200 Plätze. Seit Jahren kämpfen die Frauen des Bundes Demokratischer Frauen Österreichs für die Schaffung von mehr Krippen, Kindergärten und Horten in Stadt und Land; auf dem Lande speziell für Erntekindergärten. Die Bautätigkeit entspricht keineswegs den Lebensumständen und man wird auch bei uns zu Kinderanstalten mit vorfabrizierten Bauelementen kommen müssen, um billiger und rascher bauen zu können."[21]

Die Architektin beschäftigt sich zwischen 1964 und 1968 mit dieser wichtigen Bauaufgabe bis zur Entwicklung eines, wie schon eingangs erwähnt, in Grundriß und in Fertigteilbaumethode perfekten „Baukastensystems für Kindertagesheime" (Siehe Projekt Nr. 198) und schlägt es dem Wiener Stadtbauamt mehrmals zur Ausführung vor. Die Verwirklichung im großen Stil als Fertigteilsystem bleibt dem Baukastensystem bis heute allerdings versagt, was aufgrund der mangelhaften Versorgung mit Kindertagesstättenplätzen[22] mehr als verwunderlich erscheint, ja geradezu kinder- und familienfeindlich ist.

---

[21] Schütte Lihotzky, Margarete: Die Frau in Österreich, November 1964, Manuskript

[22] Statistik 1990/91 lt Auskunft des Statistischen Zentralamtes: In Wien leben 214.000 Kinder von 0–14 Jahren, dieser Zahl stehen 54.005 Plätze in Kinderkrippen, Kindergärten und Horten gegenüber, das heißt nur 25,2% der Kinder bis zu 14 Jahren können außerhäuslich betreut werden! Der Anteil der Frauen in Wien an den Berufstätigen ist mit 45% 1990/91 nach wie vor hoch.

Preise und Ehrungen

In den letzten Jahren häufen sich die Preise und Ehrungen für Margarete Schütte-Lihotzky: 1978 das Ehrenzeichen für Verdienste um die Befreiung Österreichs, 1980 der Preis der Stadt Wien für Architektur, 1985 die Prechtl-Medaille der TU Wien, 1987 die Ehrenmitgliedschaft der Hochschule für Angewandte Kunst anläßlich ihres 90. Geburtstages, 1989 das Ehrendoktorat der TU Graz und im November 1989 der Preis der „Stichting IKEA Foundation" für ihr Lebenswerk. Der Preis wird ihr von Ingvar Kamprad, dem Begründer des internationalen Möbelhauses IKEA, in der Rietveld-Akademie in Amsterdam überreicht, die Verleihung an die Architektin wird im Jury-Protokoll so begründet: „Margarete Schütte-Lihotzky has for many years, and often under very difficult circumstances, carried out pioneering and emancipating work. In recognition of these achievements, together with the high quality of the socially committed pieces of architecture and design her hands have produced, the jury have decided to nominate her for an IKEA award."[23]

---

[23] Stichting IKEA Foundation, Awards and Grants 1989, Amsterdam, Jury's Report, S. 44. In deutscher Übersetzung: „Margarete Schütte-Lihotzky hat viele Jahre, und oft unter besonders schwierigen Umständen, bahnbrechende Arbeiten und Arbeiten, die der Gleichberechtigung dienen, ausgeführt. In Anerkennung dieser Leistungen, gemeinsam mit der hohen Qualität ihrer sozial bestimmten Arbeiten in der Architektur und in der Formgebung, die sie vorweisen kann, hat die Jury beschlossen, sie für den IKEA-Preis zu nominieren."

Projekte Wien nach 1945

PROJEKTE WIEN NACH 1945

149 PROGRAMM ZUR SCHAFFUNG EINES ZENTRAL-BAU-INSTITUTES FÜR KINDERANSTALTEN, „BIK",
November 1945, Januar 1947
Wien, theoretische Arbeit (nicht veröffentlicht)

In dieser sehr interessanten theoretischen Arbeit schlägt die Architektin die Schaffung eines Zentral- Bau- Institutes für Kinderanstalten (BIK) in Österreich vor. Dieses Institut sollte sich mit allen Kinder betreffenden Bauten beschäftigen.
Margarete Schütte-Lihotzky hatte in der Sowjetunion mit dem „Institut für Mutter und Kind" und dem „Institut für Jugendliche und Heranwachsende" zusammengearbeitet, deren Aufgabe es war, Konzepte und Bauprogramme für Kinderanstalten zu erstellen, und hatte die gründliche wissenschaftliche Bearbeitung kennen und schätzen gelernt. Bei dem Vorschlag für das Zentral-Bau-Institut dachte die Architektin an eine Verbindung von drei Aufgabengebieten: die wissenschaftlich – theoretische Arbeit, die Arbeit des Baubüros für Projektierung und Bauüberwachung und die „Popularisierung"[1] der Arbeiten. Das Institut sollte gemeinsam von Ärzten/innen, Pädagogen/innen und Architekten/innen geleitet werden. Der Vorschlag für das „BIK" wurde nicht verwirklicht, die positiven Auswirkungen auf Bauten für Kinder wären sicher beträchtlich gewesen.[2]

---

[1] Das allgemeine Bekanntmachen der Arbeiten
[2] Siehe auch „Wien nach 1945: Architektur, Politik und Engagement für die Frauen"

162 KÄRNTNER VOLKSVERLAG,
1948-1950
mit Fritz Weber, Klagenfurt,
Südbahngürtel 22 (umgebaut)

In der ersten Fassung der eingereichten Pläne ist noch zur Straße hin ein eigener, dreigeschossiger Bau als Verlags- und Verwaltungsgebäude „Volkswille" geplant und das Druckereigebäude nördlich davon situiert; dieser erste Entwurf wurde aber nicht ausgeführt. Ausgeführt wurde dann eine kleinere Variante mit nur einem gemeinsamen Gebäude für Druckerei und Redaktion auf dem nördlichen Grundstücksteil als I. Etappe, die geplante II. Bauetappe wurde dann nicht mehr verwirklicht. Im Erdgeschoß sind die Arbeits- und notwendigen Lagerräume, sowie die Druckereileitung mit Nebenräumen untergebracht, im ersten Obergeschoß befinden sich an einem innenliegenden Gang, der durch seitliche Oberlichten natürlich belichtet wird, die Räume für die Redakteure, das Archiv und verschiedene Nebenräume. Die Verbindung zum Obergeschoß sollte durch eine zweiläufige Haupttreppe und eine Wendeltreppe erfolgen; gebaut wurde dann nur die Wendeltreppe, erst viel später kam es zum Einbau des Hauptstiegenhauses in einem Anbau und damit auch zur Veränderung der Eingangssituation. Der Pressesaal wurde bei dem Umbau um den Raum für Rotation erweitert und wird jetzt als Versammlungs- und Veranstaltungssaal genutzt.
Die Druckerei wurde am 29. 1. 1950 eröffnet.

PROJEKTE WIEN NACH 1945

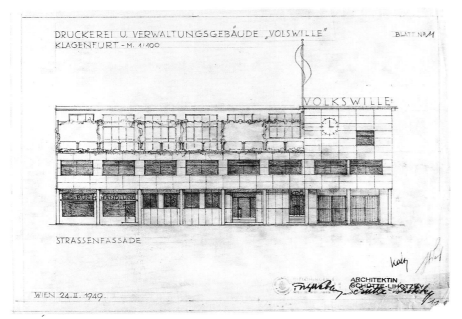

Fassade 1. Fassung

Ansicht Eingang

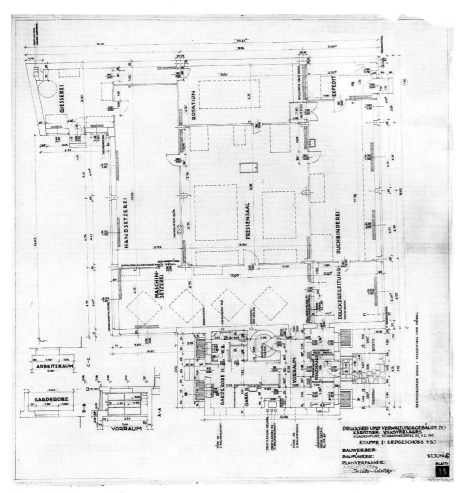

Grundriß Erdgeschoß

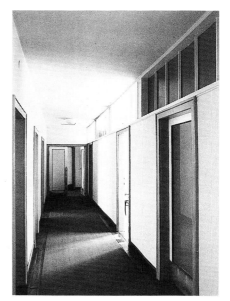

Ansicht

Gang im Obergeschoß

PROJEKTE WIEN NACH 1945

Straßenansicht

Foto Straßenansicht 1950

165 WOHNHAUS BARTHGASSE,
1949–1950
mit Wilhelm Schütte, für die Gemeinde Wien, Wien 3, Barthgasse 5–7

Die Planung des Wohnhauses in der Barthgasse im 3. Wiener Gemeindebezirk war der erste Gemeindeauftrag, den Margarete Schütte-Lihotzky gemeinsam mit ihrem Mann Wilhelm Schütte in der Wiederaufbauzeit in Wien erhielt.
Die Barthgasse liegt in einem vorstädtischen Gebiet, in Erdberg. Die Wohnbebauung des 3. Bezirkes geht hier über in das Betriebsgebiet des 11. Bezirkes (Simmering). In der Nähe liegen zwei große Wohnhausanlagen der Gemeinde Wien aus der Zwischenkriegszeit, der Rabenhof und der Wildganshof.
Das Grundstück, eine Baulücke, befindet sich in der Längsfront eines durchschnittlichen Wiener Baublockes aus der Gründerzeit, die Länge der Straßenfront des Bauplatzes beträgt annähernd 40 m.
Margarete und Wilhelm Schütte planten ein Gebäude mit drei Stiegenhäusern, die stockwerksweise zwei Wohnungen erschließen. Die Wohnungen, jeweils eine Zwei- und eine Zweieinhalb-Zimmer Wohnung pro Geschoß, liegen so, daß ein Raum zum Hof orientiert ist und ein bis zwei Räume zur Straße. Dadurch wird eine optimale Querlüftung der Wohnungen erreicht.[3] Straßenseitig liegen auch die Küchen, hinter den in die Fassade einspringenden Loggien.[4] Die Küche ist mittels eines großen Durchbruchs für eine Doppeltür mit dem Wohnraum verbunden. In der dunklen Mittelzone der Wohnung liegt der Vorraum mit dem Wohnungseingang, Bad und WC. Die Küchen waren mit Gasherd und Abwasch ausgestattet, die Badezimmer mit Waschbecken und Wasseranschlüssen für die Badewanne.
Die Loggien des ersten bis vierten Stockes wurden in späteren Jahren verglast, die im fünften Stock über den Loggien liegende Terrasse blieb offen. Angeblich wurde bei der Bauausführung der Abfluß der Loggien

vergessen, daher war die verandaartige Schließung bautechnisch notwendig. Dadurch erscheint das Gebäude an der Straßenfront heute im Gegensatz zu den Skizzen und Originalfotos ziemlich verändert. Die ehemalige Struktur der senkrechten Loggienstreifen war das abwechselnde Hell–Dunkel der Brüstungsvorsprünge (hell) und der Loggienrücksprünge (dunkel, beschattete Fläche). Die jetzige Verglasung über vier Geschosse macht daraus einen einheitlichen erkerartigen Vorsprung, der spiegelt und wenig von der ursprünglichen Proportion und Tektonik der Straßenansicht beläßt.

Die aquarellierte Fassadenstudie zeigt eine Farbigkeit – ein warmes Rostrot für die Fassade, Grau für die Sockelzone, Dunkelblau für die Fensterstöcke –, die für Wien sehr ungewöhnlich ist und nicht ausgeführt wurde. Die Straßenfassade des Hauses wurde 1990 renoviert und in einem Gelbton gestrichen.[5]

Die Gestaltung der Sockelzone bewegt sich im Gegenrhythmus zur darüber aufsteigenden Fassade. Die Hauseingänge liegen jeweils unter den flächigen ruhigen Teilen der Fassade. Besonders hervorgehoben werden sie durch die gestalterische Einbeziehung der rechts und links danebenliegenden Fenster, durch die abgetreppten Rücksprünge bis zu den Eingangstüren und die, mittig darüber in die Putzfläche eingelassenen, keramischen Medaillons.

Im Untergeschoß des Wohnhauses, an der tieferliegenden Hofseite, wurden Werkstätten geplant, im Dachgeschoß Waschküchen, die heute teilweise als Ateliers benützt werden.

[3] Dieses Konzept entspricht dem ersten Entwurf Grete Lihotzkys für den Winarskyhof (Projekt Nr. 38, 39): Zweispänner, um die optimale Querlüftung der Wohnungen zu erreichen.

[4] Siehe auch Projekt Winarskyhof Nr. 38, 39. Aus diesen Ähnlichkeiten und aus den offensichtlich vorliegenden Erfahrungen mit dem Wohnhausbau der Gemeinde Wien kann die Urheberschaft der Planung Margarete Schütte-Lihotzky (und nicht Wilhelm Schütte) zugesprochen werden. Auch die Kontinuität und Entwicklung des Wohnbaus der Gemeinde Wien ist in diesen Aspekten ablesbar: Vergrößerung der Wohnflächen, Finanzierung von Zweispännergrundrissen, Ausstattung jeder Wohnung mit Bad und WC.

[5] Die Renovierung von Gemeindebauten, seien es städtische Wohnhäuser oder Kindertagesheimstätten, werden vom Eigentümer und Bauerhalter, der Gemeinde Wien, ohne Beiziehen des planenden Architekten ausgeführt.

Farbstudie Fassade

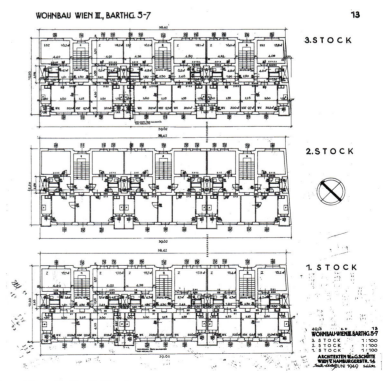

Grundrisse 1., 2., 3. Stock

PROJEKTE WIEN NACH 1945

Festplatz

Orientierungsplan 1951

168 VOLKSSTIMMEFESTE
1950/1951/1952
mit Wilhelm Schütte, Wien, Prater
Festgestaltung

Von 1945 bis 1990 wurde jeden Sommer das Volksstimmefest der kommunistischen Tageszeitung „Die Volksstimme" veranstaltet.
Aus den Unterlagen geht hervor, daß Margarete Schütte-Lihotzky gemeinsam mit Wilhelm Schütte dieses Fest drei Jahre gestaltet hat. In den nachfolgenden Jahren hat Wilhelm Schütte diese Aufgabe alleine übernommen. Margarete Schütte-Lihotzky hat einige Ausstellungspavillons, die Arenabühne und ein Tombolazelt sowie die Bauleitung gemacht.
Das Volksstimmefest fand auf der Jesuitenwiese und der Arenawiese im Prater statt. Auf dem Orientierungsplan erkennt man 22 Felder für die einzelnen Bezirke, dazwischen gibt es Pavillons der volksdemokratischen Nachbarländer, 3 Tanzpodien, die große Bühne auf der Jesuitenwiese und eine kleinere Bühne auf der Arenawiese, zwei Tombolazelte und ein Restaurant. Zur Gestaltung der großen Bühne las man: „Auf dem blauen Hintergrund der Bühne wird die weiße Friedenstaube nach einem Entwurf von Picasso prangen und von dem traditionellen Festturm neben der Bühne wird die Fahne des Friedens flattern."[6] Die Festplätze waren mit dreieckigen Hauptfahnenmasten umstellt, dazwischen wurden Seile mit blauweißen Wimpeln gespannt. Die Elemente der Festgestaltung sind leichte Trägergerüste aus Holz mit bunten Fahnen und Aufschriften, wobei der Schrifttyp und die Größe – wie immer bei Fest- und Ausstellungsgestaltungen – eine wichtige Rolle spielt.
Die einzelnen Bezirke stellten sich durch verschiedene Darbietungen wie politisches Kabarett, Kinderrutschbahn, „Marktplatz der Sensationen", Tageslichtkino, Kaffeehaus u.s.w. dar. Die ausländischen Delegationen zeigten die verschiedensten neuen Errungenschaften.

[6] aus: o.A.: 6. August-Volksstimme-Fest im Prater, Volksstimme, Wien, 29. 7. 1950

Grundrisse der verschiedenen Ausbaustadien

170 ENTWURF FÜR EIN ERWEITERUNGSFÄHIGES EINFAMILIENHAUS, 1950
mit Wilhelm Schütte

Eine Ausstellung in der Secession, die mit Hilfe der Zentralvereinigung für Architektur und der Bausparkasse Wüstenrot zustande kam, brachte Vorschläge zum Einfamilienhausbau. Im „Wüstenroten Bauplanheft" aus dem Jahr 1950 sind diese „Modernen Einfamilienhäuser" zu sehen. Die präsentierten Projekte sind fast durchwegs freistehende Häuser, aber auch ein Reihenhaustyp und Doppelhäuser werden vorgestellt. Margarete Schütte-Lihotzkys Projekt zeigt als einziges ein *„Erweiterungsfähiges Einfamilienhaus"*. Das Konzept des „wachsenden Hauses" hatte sie schon während ihrer Arbeit am „Kernhaus"[7] für die Siedlerbewegung in den zwanziger Jahren entwickelt. Die Notzeit nach dem Zweiten Weltkrieg machte diese Idee wieder aktuell.

Stadium I enthält Vorraum, WC, Bad, Küche mit einer Durchreiche zum Wohn- und Schlafraum und eine Terrasse.
Stadium IIA bringt eine Erweiterungsmöglichkeit im ausgebauten Dachgeschoß mit Schlafraum und Kammer. Die Stiege führt vom Vorraum ins Dachgeschoß.
Stadium IIB bringt eine Erweiterung im Erdgeschoß um zwei Schlafräume, die Verbindungen sind durch Türen vom Wohnzimmer und Bad vorgesehen.
Stadium III zeigt das voll ausgebaute Einfamilienhaus. Das Erdgeschoß entspricht dem Stadium IIB, das Dachgeschoß ist ausgebaut wie bei Stadium IIA und um einen Schlafraum erweitert.

Als Baukosten für den ersten Bauabschnitt wurden S 83.000.– veranschlagt.
Ein Einfamilienhaus, das dem Stadium III entspricht, wurde 1950 für die Familie Schinagl in Wien Mauer gebaut.

---

[7] siehe Projekt Nr. 33

PROJEKTE WIEN NACH 1945

Blick vom Garten

172 STÄDTISCHER KINDERGARTEN, 1950–1952
für die Gemeinde Wien, Wien 20, Kapaunplatz

Für den zentralen Platz innerhalb der 1930 bis 1933 erbauten Wohnhausanlage am Engelsplatz (Architekt Rudolf Perco) projektierte Margarete Schütte-Lihotzky ab Herbst 1950 diesen Kindergarten.
Das Gebäude rückt nordseitig an die Baulinie des Grundstücks heran, sodaß im Süden eine große, zusammenhängende Spielfläche entsteht. Südlich des Kindergartenbereichs liegt die Grünfläche des Kapaunplatzes, sodaß die relativ geringe Grundstücksgröße[8] keine Beeinträchtigung darstellt.
Die symmetrische Anlage umfaßt vier Gruppeneinheiten, die sich nach Nordosten, Südosten und Südwesten orientieren. Die Gruppeneinheiten zeichnen sich in dem eingeschossigen Baukörper mit flach geneigtem Dach deutlich ab.
Von Nordwesten über einen kleinen Vorplatz, gebildet durch die vorspringenden Gruppenräume, und den verglasten Windfang gelangen die Kinder und Eltern in das Gebäude; links liegt der Ausgang des Arztzimmers, rechts der Wirtschaftseingang.
Gleich beim Betreten des Hauses kommt man in einen hellen, natürlich belichteten Raum und kann durch das breite Fensterband zum gemeinsamen Spielsaal (Parapethöhe 75 cm), und weiter in den dahinterliegenden Spielgarten sehen. In der Halle sind lebende Ecken vorgesehen, in den hellen Fensternischen rechts und links vom Windfang eingebaute Blumentröge, davor Holzbänke für die wartenden Eltern, außerdem Aquarien und Volieren. Die Kindergruppen,

gekennzeichnet durch je ein Emblem und eine bestimmte Farbe (blauer Vogel, grüner Fisch, gelbe Sonnenblume oder rote Mohnblume) an der Eingangstüre der Gruppeneinheit, sind auch für die Betreuung der jeweiligen Tiere und Pflanzen zuständig.

An der Nordseite des Hauses ist die Verwaltungs- und Nebenraumzone, der Wirtschaftsbereich und die Küche untergebracht. Der gedeckte Vorplatz beim Wirtschaftseingang dient im Sommer dem Küchenpersonal als Eßplatz. Das Arztzimmer findet im Notfall als Krankenzimmer Verwendung, deshalb verfügt es über einen direkten Ausgang ins Freie.

Der gemeinschaftliche Spielsaal liegt zentral, öffnet sich großflächig nach Süden, an der Ost- und Westseite befinden sich zusätzliche, hochgelegene Fensterbänder, sodaß optimale Belichtung und Querlüftung gewährleistet sind.

Je zwei Gruppeneinheiten – eigenständige, abgeschlossene Raumorganismen – liegen an beiden Enden des Ganges. Sie bestehen aus Garderobe, Abstellraum für Liegestühle, dem Gruppenzimmer mit den drei Nischen (Ruhe-, Hauswirtschafts- und Waschnische), sowie den zugehörigen Außenbereichen. Die Nischen haben niedrigere Raumhöhen als der Gruppenraum und sind mit Einrichtungsgegenständen im kindgerechten Maßstab ausgestattet. Im Gruppenraum sind die Parapethöhen besonders niedrig, sodaß die Kinder von ihren Arbeitsplätzen am Fenster sitzend Ausblick ins Freie haben. Die Sichtverbindungen zwischen den Räumen und in den Garten sowie die natürliche Belichtung aller Bereiche wird durch zahlreiche Innenfenster und Glastüren ermöglicht. Dadurch wirkt das Kinderhaus hell, luftig, transparent und in die Natur integriert.

Jedes Gruppenzimmer hat einen direkten Ausgang zum Freiraum. Zwischen dem Spielsaal und den nach Süden orientierten Gruppenräumen bilden sich zwei Spielhöfe mit überdeckten Terrassen für vier Tische. Für die beiden anderen Gruppenräume liegen die Terrassen im Osten bzw. Westen. Jede Gruppe hat ihren eigenen Garten mit Sandspielplatz. Die Architektin plante in ihrer differenzierten Gartengestaltung berankte Pergolen als Trennelement zwischen den Zonen, außerdem war für jedes Kind ein Beet zur Betreuung vorgesehen.

Außer den Gruppengärten steht ein gemeinsamer Spielplatz mit Planschbecken, Spielgeräten und Erdhügel zur Verfügung. Die Außenfarbe des Hauses und der Fenster war weiß, ebenso wie die der Wände im Innenraum. Die Türen waren naturbelassen, die Gruppeneingangstüren jeweils mit dem bunten Emblem der Gruppe, gestaltet vom Maler Axel Leskoschek, versehen, das Holzwerk in der spezifischen Gruppenfarbe gestrichen. Leider wurden bei der Renovierung, die ohne Zuziehung der Architektin erfolgte, einige Veränderungen vorgenommen, die die Gestaltung der Freiflächen, die Farben, aber auch die räumliche Nutzung betreffen, Tiere und Blumentröge wurden entfernt.

---

8 3530 m², das bedeutet – da der Kindergarten für 100-120 Kinder konzipiert ist – cirka 30–35 m²/Kind. In ihren theoretischen Arbeiten liegen die Richtwerte bei 40-50 m², um ein ausreichendes Luftvolumen zu gewährleisten. Verleiche auch: Bauten für Kinder

Spieltisch vor Fenster

Gruppenraum

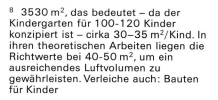

Detail Waschraum

Wohnnische

Blick von einem Gruppenraum in den Spielhof

Überdeckte Terrasse

Spielhof

PROJEKTE WIEN NACH 1945

Durchblick von der Eingangshalle in den Garten

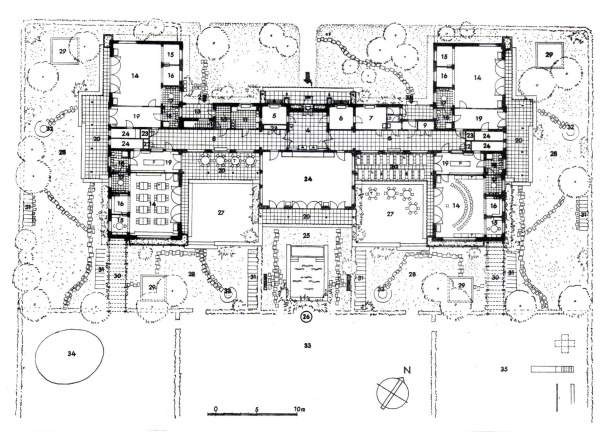

1 Haupteingang — 2 Wirtschaftseingang — 3 Nebeneingang (Ausgang bei Infektionsfällen) — 4 Halle — 5 Personalzimmer — 6 Büro — 7 Arzt — 8 Gang — 9 Wäsche — 10 Personalgarderobe — 11 Küche — 12 Kellerabgang — 13 Sitzplatz für das Personal — 14 Gruppenzimmer — 15 Ruhenische — 16 Hauswirtschaftsnische — 17 Waschnische — 18 Abort und Brause — 19 Garderobe — 20 Überdeckte Terrasse — 21 Liegestühle — 22 Reinigungsgerät — 23 Elektrischer Schaltschrank und Boiler — 24 Spielsaal — 25 Badegarten mit Planschbecken — 26 Pritscheltisch — 27 Spielhof — 28 Gruppengarten — 29 Sandplatz — 30 Pergola — 31 Blumenbeete für die Kinder — 32 Sitzplatz — 33 Spielplatz — 34 Spielhügel — 35 Rasen mit Spielgeräten

A = Aquarium — B = Bank — F = Fahnenmast — L = Liegestuhl — P = Podium — T = Spieltischchen — V = Vogelkäfig

PROJEKTE WIEN NACH 1945

Blick von der Schüttelstraße

182 WOHNHAUS SCHÜTTELSTRASSE, 1952–1956
für die Gemeinde Wien, Wien 2, Schüttelstraße 3

Der Gemeindebau liegt an der Ecke Schüttelstraße/ Helenengasse und hat entsprechend dem Grundstückszuschnitt einen L-förmigen, spitzwinkeligen Grundriß. Der längere Bauteil liegt an der Schüttelstraße, etwa in der Mitte der Fassade befindet sich der Hauseingang. Das Haustor mit der nach innen führenden Abtreppung der Fassade ist ähnlich gestaltet wie die Hauseingänge beim Wohnhaus in der Barthgasse (Projekt Nr. 165). Nach Eintritt in das Haus führen einige Stufen in die Erdgeschoßebene und von hier aus ein Aufzug und eine einläufige Stiege, die parallel zur Hauptfront an der Hofseite liegt, in die Obergeschosse. Das Stiegenhaus ist seitlich direkt belichtet, je Geschoß erschließt es sechs Wohnungen.
Der Einbau eines Aufzuges war bis 1952 in gemeindeeigenen Wohnhäusern nicht vorgesehen. Grete Schütte-Lihotzky hatte bei ihren Reden als Präsidentin des BDFÖ[9] der Stadtverwaltung vorgeworfen, in den neuen, aus den Mitteln des Wiederaufbaufonds finanzierten Wohnhäusern, deren Wohnungen mit Kohlenöfen beheizt wurden, den Dachgeschoßausbau zu fördern, aber keine Aufzüge zu finanzieren, obwohl die Kohlen im Keller gelagert wurden. Damit mutete die Gemeinde Wien den

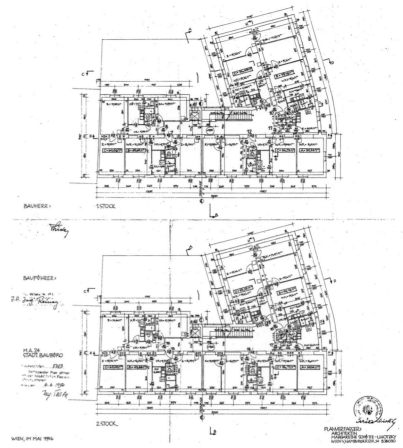

Grundriß 1. Stock, 2. Stock

Frauen zu, die Kohlen bis zu sieben Stock hoch zu schleppen. Der Vorschlag der Architektin war, in dem Bau der neuen Häuser wenigstens die Möglichkeit eines Aufzugeinbaus vorzusehen, also den Aufzugschacht mitzuerrichten und den Aufzug, sobald die finanziellen Mittel vorhanden wären, nachträglich einzubauen. Dieses Konzept wurde anerkannt und in das Bauprogramm übernommen. Margarete Schütte-Lihotzky konnte bereits beim Wohnhaus Schüttelstraße einen Aufzugschacht miteinplanen, in den später ein Aufzug eingebaut wurde.
Die Wohnungsgrößen entsprechen dem Standard des sozialen Wohnbaus der 50er Jahre.
8 Ledigenwohnungen mit 28–30 m^2
14 2-Zimmerwohnungen mit 44–46 m^2
17 3-Zimmerwohnungen mit 56–60 m^2
Die Obergrenze für „Familienwohnungen" lag damals bei 60 m^2, weniger als 50% der heutigen 130 m^2.
Der Hauptraum der Wohnungen ist die sogenannte „Wohnküche": Wohnzimmer und danebenliegende Küche sind durch eine Maueröffnung ohne Türe verbunden, da nur die Wohnzimmer mit einem Kohlenofen beheizt wurden. Die Kochnischen sind mit Gasherd, Spülbecken und Terrazzoböden ausgestattet,[10] die Wohnräume mit Schiffböden.
Das Bad ist bei fast allen Wohnungstypen durch die Kochnische zugänglich. Es ist mit einem Waschbecken eingerichtet, der Einbau einer Sitzwanne oder einer Dusche war möglich, gehörte aber 1952 noch nicht zur Grundausstattung der Wohnung.

---

[9] Margarete Schütte-Lihotzky war seit 1948 Präsidentin des Bundes demokratischer Frauen Österreichs (BDFÖ).

[10] Die Idee der FF-Küche, durch Serienproduktion in den Sozialwohnungen komplett eingerichtete ökonomische Küchen zu bauen, konnte in Wien nie verwirklicht werden.

PROJEKTE WIEN NACH 1945

184 UMBAU KINDERHAUS, 1953
für die Glanzstoffwerke, St. Pölten, Herzogenburgerstraße – Matthias Gorystraße

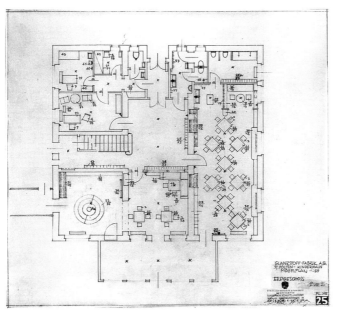

Grundriß Erdgeschoß

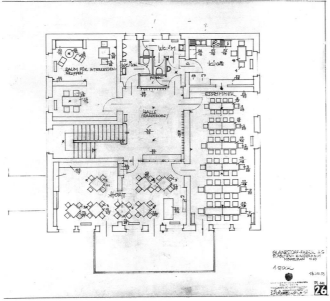

Grundriß Obergeschoß

Im April 1953 entstehen zwei Varianten für den Neubau des Kinderhauses der Glanzstoffwerke. Der eine Entwurf sieht Krabbelstube, Kindergarten und Hort in einem symmetrischen, zweigeschossigen Gebäude mit nordseitiger Nebenraumzone vor, der andere einen eingeschossigen Baukörper mit Hort und Kindergarten, ergänzt durch Eßraum und Halle.
Verwirklicht wird schließlich der Umbau einer nahe der Fabrik gelegenen ehemaligen Direktorenvilla in ein Kinderhaus.
Das Äußere der 1929 erbauten zweigeschossigen Villa mit Wintergarten hat sich nur geringfügig verändert.
Im Inneren wurden Zwischenwände entfernt, um in beiden Geschossen eine zentrale Halle zu gewinnen, und um weiters im Erdgeschoß für die angrenzenden Spielräume von Kindergarten und Krippe und im oberen Geschoß für die der Hortgruppe Platz zu schaffen.
Im Erdgeschoß befinden sich neben dem Eingang Arzt- und Krankenzimmer, daneben das Büro, außerdem der große Kindergartenraum mit Ruhe- und Waschnische, dahinter WC und Duschraum für die Kinder, sowie im Süden die beiden Krippenräume. Vom Spielraum der Krippe ist sowohl die verglaste Veranda im Süden, als auch der Wintergarten im Osten, der als Ruheraum genützt wird, erreichbar.
Der Hort für die Schulkinder im Obergeschoß verfügt über einen gesonderten Eingang. Der Boden der Halle ist mit rotem Linoleum belegt, die Wände sind unterhalb der Garderobenhaken mit rosa Ölfarbe (nicht original) gestrichen.
Während der Zentralraum im Erdgeschoß heute mit der zum Füttern der Kleinsten im Krippenraum vorgesehenen Rundbank ausgestattet ist, befindet sich im Obergeschoß ein

Etagere für Blumen und Bilder

Rundbank

raumhohes Möbel mit Etageren aus Buchenholz und Linoleum für Blumen und Spielzeug. Außer den beiden Aufenthaltszimmern für die Kinder sind hier noch das große Eßzimmer, die Terrasse, die Küche, Toiletten und ein Gruppenraum mit Sesseln, Tischen und Sofa vorgesehen.

In der Gestaltung des Kindergartens achtet die Architektin wie immer auf Transparenz und Blickverbindung zwischen den Räumen. Viele Innenfenster, die der Übersichtlichkeit, aber auch der Belichtung der Zentralräume dienen, werden angeordnet.

Die detailreiche Planung zeigt zahlreiche Möbelentwürfe. Einige Kinderliegen und -sesseln aus Buche mit Gurtbespannung sowie die Garderobenbank konnten hier verwirklicht werden. Weiters gab es auch Entwürfe für Trennwände, einen Wandverbau im Gruppenzimmer und eine Schultaschenablage im Hort.

Der Hort im Obergeschoß wird seit einigen Jahren nicht mehr genützt, auch dem Kindergarten der Glanzstoffwerke droht die Schließung.

187 WETTBEWERB HAUPTSCHULE ST. VALENTIN, 1953
Niederösterreich, St. Valentin, (nicht prämiert)

Die Gebäude für eine sechzehnklassige Hauptschule gruppieren sich um einen Schulgarten, der an drei Seiten von zweigeschossigen Baukörpern umschlossen ist; der südliche Bauteil, der die landwirtschaftliche Klasse und eine Pausenhalle beherbergt, ist vorerst eingeschossig, eine Erweiterung durch Aufstocken ist vorgesehen. Im nördlichen Gebäudetrakt sind allgemeine Räume – das Konferenzzimmer, Lehrmittelräume und Lehrsäle – untergebracht, die Klassenzimmer der beiden Klassentrakte sind, von der am Grundstück vorbeiführenden Westbahn abgewandt, nach Osten ausgerichtet. Beim Haupteingang des Gebäudes, das vom „Schulweg" aus zu betreten ist, befindet sich das Direktorzimmer, die Schulwartwohnung und der Aufenthaltsraum für auswärtige Schüler mit einer kleinen Eingangshalle. Eine große, loggiaähnliche Pausenhalle, zweiseitig belichtet, ist im Südflügel zwischen den Klassentrakten situiert, eine zweite liegt im Obergeschoß, sodaß jeweils acht Klassen ein eigener Pausenraum zur Verfügung steht.

Ein Anbau im Westen mit Schulküche, Turnsaal und Garderoben sowie das Wohnhaus für den Direktor mit drei Lehrerwohnungen im Obergeschoß umschließen den westlich vorgelagerten Pausenhof.

Der Entwurf Margarete Schütte-Lihotzkys wurde nicht verwirklicht, der Architekt Roland Rainer gewann den ersten Preis des Wettbewerbs[11]. Die Grundrißkonfiguration der Projekte von Margarete Schütte-Lihotzky und Roland Rainer weisen einige Ähnlichkeiten auf, die Klassenräume sind fast identisch angeordnet, Margarete Schütte-Lihotzky berücksichtigt mit der leicht gedrehten Anordnung des östlichen Klassentraktes die Grundstückskonfiguration und erreicht damit eine größere Öffnung des Schulgartens nach Süden, während Roland Rainer bei der rechtwinkeligen Anordnung der Gebäudeteile bleibt. Durch die unterschiedliche Anordnung der Gebäudezufahrt in beiden Projekten – die Architektin führt sie an der Grundstücksgrenze entlang, Roland Rainer direkt am Gebäude – gelingt es ihr, der im Erdgeschoß gelegenen Schulwartwohnung und der Schulküche Gärten direkt zuzuordnen. Auch die zum zentralen Schulgarten orientierten Klassenräume besitzen im Erdgeschoß einen eigenen Gartenteil mit Zugang von der Klasse, eine Anordnung, die einesteils den Unterricht im Freien ermöglicht, andererseits den Erholungswert der Schulpausen stark erhöht.

---

[11] Akademie der Bildenden Künste (Hrsg.): Roland Rainer, Arbeiten aus 65 Jahren, Salzburg und Wien, 1990, S. 31

[12] Wohnhausprojekt, siehe Projekt Nr. 38

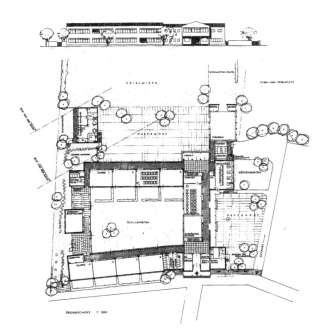

Grundriß Erdgeschoß mit Eingangsfassade

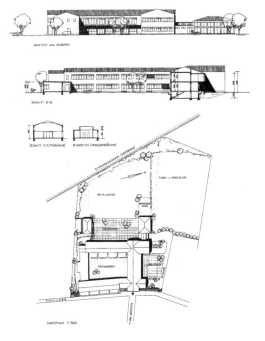

Lageplan mit Ansichten

188 DRUCKEREI UND VERLAGSGEBÄUDE „GLOBUS",
1953–1956
mit Wilhelm Schütte, Fritz Weber und Karl Eder, Wien 20, Hochstädtplatz 3 – Meldemannstraße 12–14, (teilweise umgebaut)

Die Druckerei und das Verlagsgebäude für den „Globus"Verlag wurde von vier Architekten geplant: Margarete Schütte-Lihotzky, Wilhelm Schütte, Fritz Weber und Karl Eder. Die vier bearbeiteten das Projekt gemeinsam in Büroräumen des Globusverlages am Fleischmarkt, später dann direkt im Gebäude am Hochstädtplatz. Der Gesamtkomplex besteht aus dem Bürotrakt, einer großen Halle (Buchbinderei), der Rotation und dem Trakt mit Veranstaltungssaal, Sozialräumen und den technischen Betriebsräumen; nach der Festlegung dieses Gesamtkonzeptes wurde das Gebäude in die entsprechenden Bauteile aufgeteilt, und die Planung und Bauausführung von den einzelnen Architekten im weiteren Verlauf selbständig durchgeführt und abgewickelt.

Margarete Schütte-Lihotzky entwarf den viergeschossigen Bauteil an der Meldemannstraße, der technische Betriebsräume (Photographie, Aufkupfern), die Kantine und einen zweigeschoßhohen Veranstaltungssaal im 2. und 3. Obergeschoß beherbergt. Zwei Eingänge führen zu den beiden Treppenanlagen in diesem Bauteil: der erste Eingang (Meldemannstraße Nr. 14) mit der Portiersloge dient der internen Erschließung des Globusverlags, die Lösung des öffentlichen Eingangsbereiches im Erdgeschoß mit den großen Fenstern zur Straße hin ist sehr ansprechend. Die technischen Betriebsräume im Erdgeschoß, mittlerweile durch den Fortschritt der Drucktechnik in der Nutzung verändert, wirken durch die Holz-Glaswände, die die einzelnen Arbeitsbereiche trennen und doch optisch verbinden, sehr angenehm in der Belichtung und den Raumproportionen.

Im ersten Obergeschoß liegt die Verlagsleitung, im zweiten Obergeschoß das Foyer, das ursprünglich als Cafeteria genutzt wurde, mit dem anschließenden großen Saal. An der Saallängswand entlang führen Gänge im 2. und 3. Obergeschoß, die die einzelnen Bauteile verbinden. Der Gang im 3. Obergeschoß war ursprünglich als Laubengang ausgeführt – der Saal ist hier mit Oberlichten vom Laubengang zusätzlich belichtet – später wurde er dann verglast.

Der Veranstaltungssaal selbst wirkt durch die zweiseitige Belichtung ruhig und elegant, zur Straße sind hohe Fenster, zum Laubengang hin normal große als Oberlichten angeordnet. Auch die (ursprünglichen) Lampen an Wand und Decke (von der Architektin bei der Firma Kalmar ausgesucht) sind bemerkenswert. Der Saalvorraum hatte im Originalzustand eine weiße Decke und Schilftapeten an den Wänden, im August 1985 wurde im Saal die ursprüngliche Wand- und Deckenbeleuchtung entfernt und durch andere Leuchten ersetzt.

Das zweite, von der Meldemannstraße zugängliche Stiegenhaus, die Verbindung der Bauteile von Architektin Schütte-Lihotzky und Architekt Eder, ist mit zwei voneinander unabhängigen Treppenläufen ausgestattet, die in zwei Geschossen verbunden sind. Dieses Treppenhaus erfüllt die Aufgabe, bei Veranstaltungen den externen Besucherverkehr zum Saal und die interne Betriebsverbindung zu trennen und doch in zwei Geschossen zu verbinden. Die Handläufe sind, um die Orientierung zu erleichtern, in unterschiedlichen Farben – rot und blau – gehalten, die räumliche Verzahnung der Treppenläufe ist beeindruckend.

Das dem Hochstädtplatz zugewandte Bürohaus entwarf Wilhelm Schütte, Fritz Weber die große, shedüberdeckte Halle, Karl Eder die Räumlichkeiten für die Rotation.

Durch seine farbliche Gestaltung und feine Detaillierung bietet der „Globus"-Bau ein ausgezeichnetes Beispiel für die Architektur der fünziger Jahre.

Ansicht Bürohochhaus mit Sozialtrakt, Originalzustand

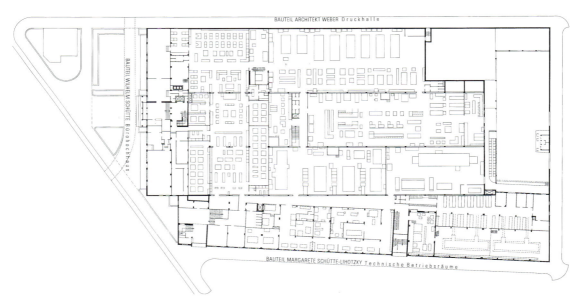

Grundriß Erdgeschoß

PROJEKTE WIEN NACH 1945

Stiegenhaus Meldemannstraße Nr. 14

Foyer im 2. Obergeschoß, Zustand 1991

Zwischenpodest Stiegenhaus

Eingangshalle Erdgeschoß

Saal im Originalzustand

PROJEKTE WIEN NACH 1945

Kantine

Technische Räume

Ansicht von der Meldemannstraße

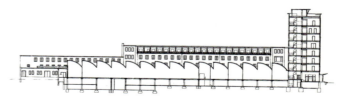

Schnitt Halle

191 WETTBEWERB BUNDESLEHRANSTALT FÜR FRAUENBERUFE GRAZ, 1957

ausgeschrieben vom steirischen Landesbauamt, Fachabteilung 4B Bundeshochbau, Graz, Mariengasse–Wienerstraße–Kleistgasse, (nicht prämiert)

Für diesen Wettbewerb reichte die Architektin zwei Projekte ein, Projekt Nr. 14 und Projekt Nr. 20. Projekt Nr. 14 fällt durch den eleganten Schwung des Hauptgebäudes und die räumlich sehr ansprechenden Schulküchen auf, in Projekt Nr. 20 entwirft die Architektin ein gestaffeltes Gebäude, das im orthogonalen System bleibt.

Beschreibung Projekt Nr. 14:
Über den Haupteingang im Süden betritt man das elegant geschwungene Hauptgebäude, das sich in Nord-Südrichtung auf dem Gelände erstreckt, im Westen sind drei zweigeschossige Flügelbauten, im Osten der eingeschossige Turnsaal und der Trakt der Lehrküchen angeschlossen. Im Erdgeschoß sind Fahrradabstellräume, Garderoben sowie ein nach Osten orientierter gedeckter Pausenhof gelegen. Der am Südrand des Grundstücks angeordnete Turnsaal ist von der Eingangshalle aus zu erreichen.
Am Nordende des Hauptgebäudes schließt der Lehrküchentrakt an. Je zwei Gruppen sind in halbkreisförmigen Kojenlehrküchen, die sich gegenüberliegen, angeordnet, zwischen den beiden Doppelgruppen ist der Speisesaal, Vorratsräume und eine Großraumküche untergebracht, die halbrunden Lehrküchen erinnern deutlich an die Schulküche des berufspädagogischen Institutes in Frankfurt 1929.
Die drei Gebäudeflügel, die die gewerbliche Abteilung und die zwei hauswirtschaftlichen Abteilungen beherbergen, sind im 1. Obergeschoß mit dem Haupttrakt verbunden. Die Klassentrakte werden über nördlich gelegte Gänge erschlossen, die Klassenräume sind nach Süden orientiert und über den Gang mit

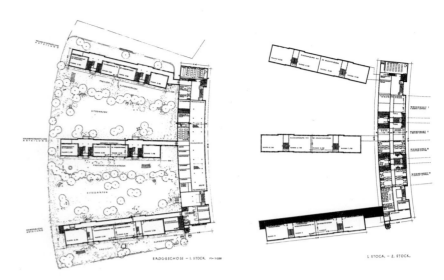

Grundriß Erdgeschoß – 1. Stock, 2. Stock Projekt Nr. 14

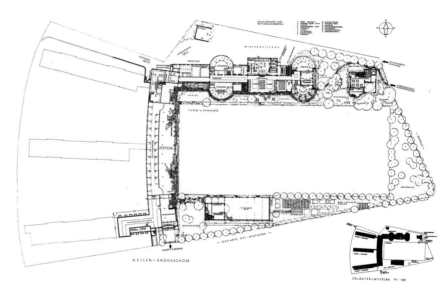

Grundriß Keller, Erdgeschoß Projekt Nr. 14

Lageplan Projekt Nr. 14

Oberlichten zusätzlich von Norden her belichtet. Das Gelände liegt hier höher, sodaß ein direkter Zugang zu den Freiluftklassen gegeben ist. Pro Trakt sind jeweils zwei Treppen zwischengeschaltet, sodaß die Klassen im obersten Geschoß zweiseitig belichtet sind.
Im zweiten Obergeschoß des Haupttraktes liegen die Dreibett- und Vierbettwohneinheiten. Ein in der Nordostecke des Grundstücks gelegener Kindergarten, eingeschossig und für eine Gruppe geplant, ergänzt das Raumangebot.

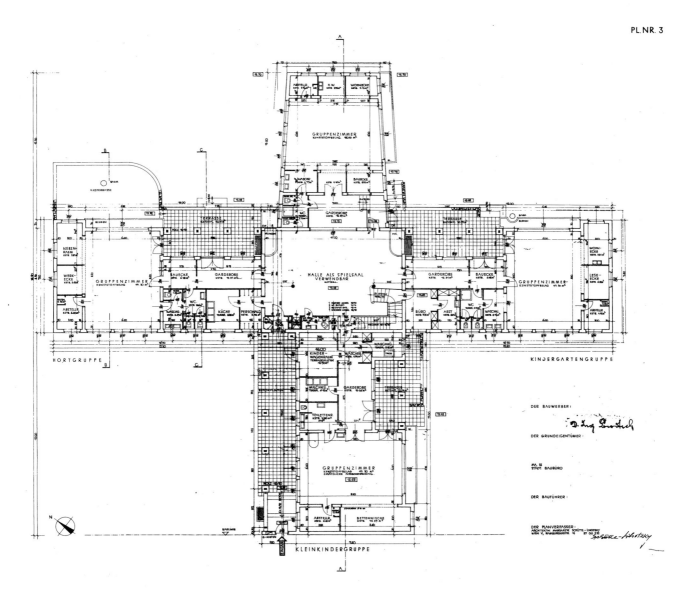

Grundriß Erdgeschoß

195 STÄDTISCHES KINDERTAGESHEIM, 1961–1963
für die Gemeinde Wien, Wien 11, Rinnböckstraße 47

Für das Kindertagesheim Rinnböckstraße entwirft Margarete Schütte-Lihotzky einen kreuzförmigen Pavillontyp, ein gangloses System, ähnlich dem Kindergarten für Praunheim aus dem Jahr 1929. Doch übernimmt hier die zentrale Halle nicht nur die Funktion der Erschließung, sondern dient gleichzeitig auch als Spiel- und Bewegungsraum. Margarete Schütte Lihotzky findet zwar, daß es besser ist, diese beiden Funktionen räumlich zu trennen, doch da zum Zeitpunkt der Errichtung sehr häufig gemeinsame Mehrzweckräume aufgrund der chronischen Überbelegung der Kindergärten als zusätzliches Gruppenzimmer genützt werden, entscheidet sie sich für diese Lösung.

Das Kinderhaus ist auf einem nach Norden abfallenden Gelände errichtet, der nordwestliche Flügel liegt unmittelbar an der Baulinie der Rinnböckstraße. So entsteht im Osten – angrenzend an den Hyblerpark – eine relativ große Spielplatzfläche.
Eltern mit Kinderwagen gelangen über eine kleine Rampe direkt in den Kinderwagenraum der Kleinkindergruppe, für alle anderen führt der Weg über einen tiefer gelegenen, pergolagedeckten Vorgarten in die natürlich belichtete zentrale Halle. Durch die transparenten Eckelemente öffnet sich der Raum ins Freie. Von hier aus sind die vier Gruppeneinheiten im Erdgeschoß und die Krippe mit der großen Dachterrasse im Obergeschoß zu erreichen.

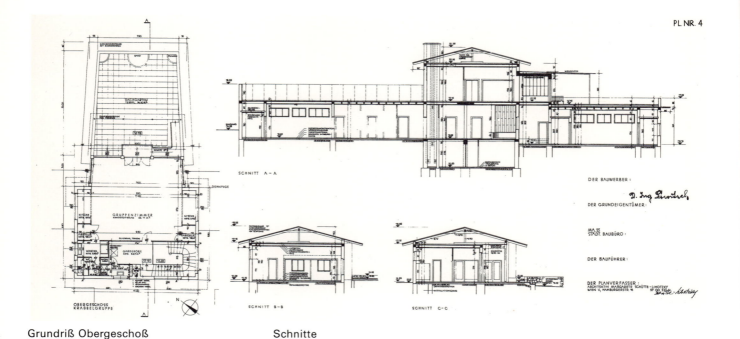

Grundriß Obergeschoß   Schnitte

Eingangsbereich mit Pergola

Die zentrale Erschließungshalle ergibt kürzeste Wege für das Personal, während die Gruppen eigenständige, getrennte Einheiten bilden.
Jede der Gruppeneinheiten besteht aus Garderobe mit direktem Ausgang zum Garten, Waschnische/WC beziehungsweise Töpfchenraum für die Kleinsten und dem großen Gruppenraum mit den Spielnischen.
Die Kleinkindergruppe (für Zwei- bis Dreijährige) im Nordwesten hat eine Nische für vier Kinderbettchen, einen kleinen Ruheraum und eine eigene Terrasse. Die beiden Kindergartengruppen (3–6jährige Kinder) verfügen über Abstellraum, Ruhe-, Hauswirtschafts-, und Baunischen, sowie eine gemeinsame Liege- und Spielterrasse mit daran anschließendem Gruppengarten mit Sandspielplatz.
Die Hortgruppe wird durch einen kleinen Nebenraum, in dem einige Kinder ihre Schulaufgaben erledigen können, eine Waschnische, eine Bauecke, den gedeckten Spielplatz im

Zentrale Halle

Blick von der Garderobe auf die Terrasse mit Pergola und in die Halle

Blick von der Garderobe in den Gruppenraum und auf die Terrasse

Blick in den Gruppenraum und auf die Terrasse

Freien und eine zusätzliche Gartenterrasse ergänzt.
Die Nischen haben geringere Raumhöhen als die Gruppenräume und sind mit Einrichtungsgegenständen im kindgerechten Maßstab möbliert. Die Differenzierung der Proportionen spielt eine wichtige Rolle bei den Überlegungen zu einem pädagogische Forderungen erfüllenden Bauen.
Durch die Glaswände und Fenster kann die Leiterin von einem Platz aus die gesamte Gruppeneinheit überblicken. Ebenso wichtig sind die Innenfenster zur Halle, die das Gebäude sehr hell, weit und offen erscheinen lassen.
Die Treppe, deren Geländer aus zwei Handläufen – in Kinder- und Erwachsenengreifhöhe – und Plexiglaselementen besteht, erschließt den ersten Stock. Hier, oberhalb der Halle, ist ein weiteres Krippenelement für die Kleinsten mit einer großen Dachterrasse untergebracht. Personalgarderobe, Küche, das Büro der Leiterin und das Arztzimmer liegen nach Westen und werden von der Halle, beziehungsweise durch das erste Stiegenpodest, erschlossen.

198 BAUKASTENSYSTEM FÜR KINDERTAGESHEIME,
1964/1965/1968
Vorschlag für das Wiener Stadtbauamt und andere öffentliche Stellen, (nicht ausgeführt)

Das von Margarete Schütte-Lihotzky entwickelte „Baukastensystem" bildet den End- und Höhepunkt ihrer jahrelangen Beschäftigung mit Bauten für Kinder. Dieses System ist universell für alle Grundstückslagen und -größen für Kindergärten, -krippen und Horte von 2–8 Gruppen anwendbar und ist als Fertigteilsystem auf einem Raster von 60 bzw. 120 cm konzipiert. Dieses ganglose System um eine zentrale Halle bietet viele sowohl räumliche als auch ökonomische Vorteile.
Dazu aus der Beschreibung der Architektin:

„Die Kindertagesheime der Gemeinde Wien umfassen 4 Altersstufen: Kleinkinder von 1–2 Jahren, Krabbelkinder von 2–3 Jahren, Kindergartenkinder von 3–6 und Hortkinder von 6–10 Jahren ... Die vier Altersgruppen ergeben demnach vier verschiedene Gruppenpavillons. Jeder Pavillon umfaßt alle für die jeweilige Gruppe notwendigen Räume. Zur Vorfabrikation ist es notwendig, alle Gruppenpavillons für alle Altersstufen auf gleiche Maße zu bringen, um sie leicht aus gleichartigen Bauelementen zusammensetzen zu können, ebenso aber auch die Betriebsräume und die Verbindungsräume.
Das bedeutet ein Baukastensystem in doppelter Hinsicht, nämlich sowohl im Grundrißsystem (Zusammensetzung immer gleicher Baukörper), als auch im Konstruktionssystem (Zusammensetzung immer gleicher Bauplatten, Betonplatten oder Holzplatten).
Im beigefügten Vorschlag sind alle Forderungen des Raumprogramms für Kindertagesheime (von 2–8 Kindergruppen) auf drei immer wiederkehrende Baukörper reduziert, die in der verschiedensten Weise immer wieder anders miteinander kombiniert werden können. Es ergeben sich:
1) Ein Baukörper als Gruppenpavillon für alle Altersstufen mit 9,00 m x 17,20 m großer Grundfläche
2) Ein Baukörper für Betriebsräume mit 3,00 m x 4,80 m großer Grundfläche
3) Ein Baukörper als Verbindungsraum (Zentralhalle) mit einer 8,25 m x 10,75 m großen Grundfläche
1) Die Gruppenpavillons haben für alle 4 Altersstufen dieselben Ausmaße (siehe Blatt Nr. 3).
Sie lassen sich dadurch untereinander leicht austauschen und immer verschieden miteinander kombinieren (Siehe Blatt 2, 12 Variationen).
Aus den Gruppenpavillons sind Baukörper mit 3,00 m x 4,80 m Grundfläche für die Betriebsräume ausgespart.
2) Alle notwendigen Betriebsräume sind in immer gleiche Baukörper mit 3,00 m x 4,80 m Grundfläche aufgeteilt (Siehe Blatt 4, 8 Variationen). Dadurch können alle Betriebsräume mit den Gruppenpavillons in der verschiedensten Weise kombiniert werden.
3) Als Verbindungsraum für alle Gruppen untereinander und für die Betriebsräume mit den Gruppen dient die Zentralhalle, die gleichzeitig als Spielsaal verwendet werden kann, sodaß die Kosten für einen gemeinsamen Saal entfallen.
Durch diese Halle ergibt sich ein vollkommen gangloser Bau mit drei Vorteilen:
1) Kürzeste Verbindungswege (für das Personal, Anm.d.A.)
2) Die sonst notwendigen Kubikmeter umbauten Raumes für Gänge werden in der Zentralhalle zusammengelegt, sodaß die Kubikmeteranzahl der Bauten niedriger ist als mit Gängen. (Vergleiche angehängte Vergleichstabelle)
3) Daß die Halle als Spielsaal verwendet werden kann, ist ein kostenloser Vorteil.
4) Architektonisch ist es ein ganz anderes Gefühl, durch einen wohlproportionierten Hallenraum zu gehen als durch Gänge, die keinem anderen Zweck als der Verbindung dienen und ein Gefühl des Auseinanderreißens des ganzen Raumorganismus geben ...
Blatt 1 zeigt, daß die verschiedensten Kombinationen dieses Grundrißsystems auf Grundstücke aller Himmelsrichtungen gebaut werden können, wobei nicht zu vergessen ist, daß jeder Gruppenpavillon – bei denselben Baukörpern von Halle und Betriebsräumen – mit seiner Sonnenseite von Gruppenzimmer und Terrasse auch umgedreht werden kann, das heißt eine Längsseite jedes Pavillons kann nach Norden liegen.
Der vorliegende Vorschlag ist mit 14 cm starken Holzplattenelementen (System Hartl) gezeichnet und kann natürlich ebenso auf vorfabrizierte Betonplatten ausgearbeitet werden. Im vorliegenden Fall sind die Maße auf 120 cm bzw. 60 cm breite Plattenmaße der Firma Hartl gezeichnet. Dieses Grundrißsystem läßt sich natürlich auch auf andere Einheitsmaße bringen."
(Schütte-Lihotzky, November 1964)

Besonders ist noch auf die Gestaltung der Gruppenräume hinzuweisen, die immer mit kleinen Nischen, die dem Maßstab des Kindes entsprechen, geplant sind. Bei der Gruppe der 1–2jährigen ist es eine Bettchennische, bei den 2–3jährigen eine Puppen- und eine Spielnische, bei den 3–6jährigen eine Schreib- und eine Hauswirtschaftsnische und bei den 6–10jährigen eine Puppennische und eine Werkecke. Bei den größeren Kindern ist immer auch eine Bauecke zwischen Gruppenzimmer und Garderobe eingefügt; der Ausgang in den Garten führt über die Garderobe und eine geschützte Terrasse ins Freie. Das Baukastensystem entspricht dem Kindergarten in der Rinnböckstraße von 1961–1963, der allerdings nicht aus Fertigteilen, sondern noch konventionell erbaut wurde. Das vorgeschlagene Baukastensystem wurde als Fertigteilsystem bis jetzt noch nicht verwirklicht.

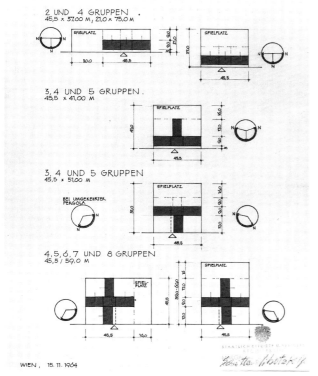

Lageplanvarianten

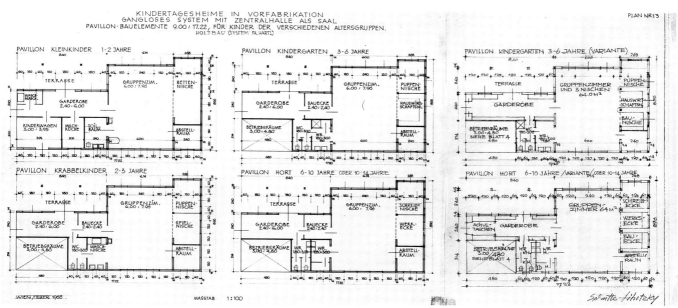

Gruppenräume

PROJEKTE WIEN NACH 1945

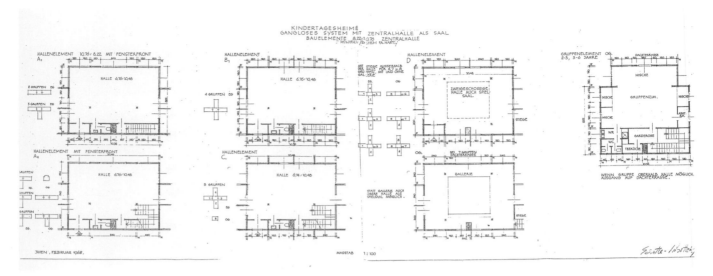

Zentralhalle

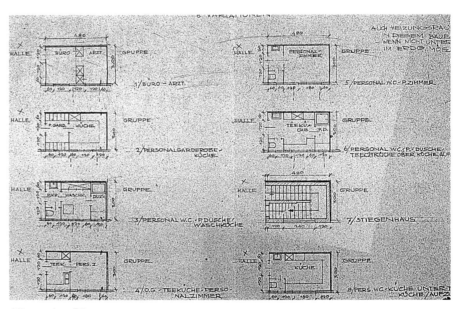

Allgemeine Räume

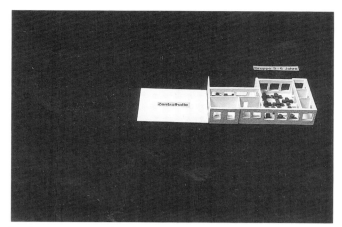
Baukastensystem eine Gruppe

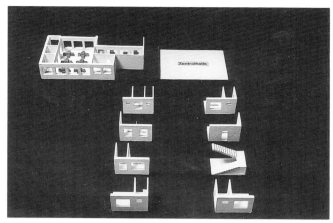
Baukastensystem Einzelelemente

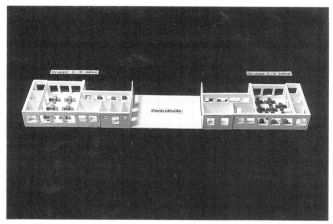
Baukastensystem zwei Gruppen

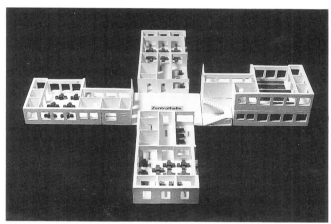
Baukastensystem fünf Gruppen

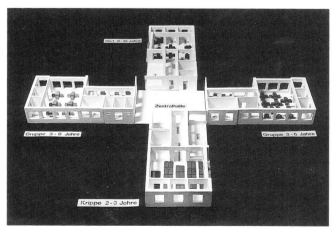
Baukastensystem vier Gruppen

PROJEKTE WIEN NACH 1945

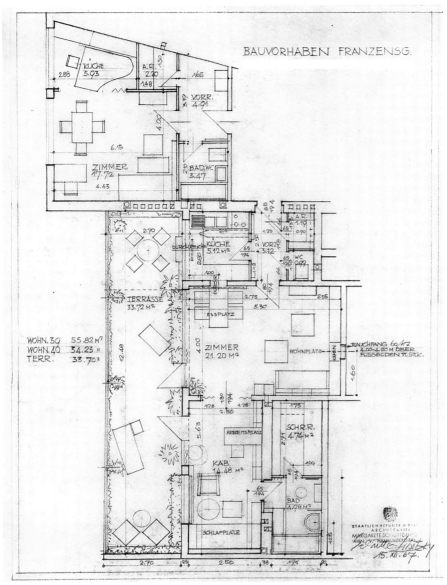

Grundriß

201 WOHNUNG FRANZENSGASSE, 1967-1969
die eigene Wohnung der Architektin, Wien 5, Franzensgasse

Die Wohnung von Margarete Schütte-Lihotzky ist die individuelle Antwort auf die Frage nach der Wohnform für eine alleinstehende Person. Sie befindet sich im 6. Obergeschoß eines genossenschaftlichen Wohnbaus und hat ca. 56 m². Trotzdem sie eigentlich nur aus einem Raum besteht, schafft sie eine Raumfolge von den öffentlicheren zu den intimeren Bereichen, die durch Vorhänge, die wenig Platz einnehmen, getrennt werden. Vor der Wohnung liegt eine 12,5 m lange und 2,70 m breite Terrasse.

Die Küche ist fast quadratisch (ca. 2 x 2 m). Ihre Ausstattung erfolgt nach den Prinzipien der Griff- und Schrittersparnis. Unter dem Vorbereitungstisch sind drei Laden und Ausziehbretter angebracht; schiebt man diese heraus, ergibt das einen schönen Eßplatz vor dem Fenster. Eine Durchreiche mit Schiebetüre ist die direkte Verbindung mit dem Eßtisch im Wohnzimmer. (Die Küchenmöbel sind außen dunkelgrün und innen rot beschichtet, die Hängeschränke haben Holztüren. Die Arbeitsplatten sind weiß.)

Die Wohnung ist in weitere Bereiche getrennt: einen Eßplatz am Fenster, einen Wohnplatz an der Rückwand, die mittels eines mit Klinkern gemauerten Vorsprungs Regale, einen Musikschrank und einen offenen Kamin integriert. Farben und ein einfacher Holzrahmen lassen den Raum gemütlich erscheinen. Der nächste Bereich wird räumlich abgeteilt und ist daher lang und schmal und mit leichten Bücherregalen verbaut. Im Vordergrund ist der Arbeitsplatz situiert und am Ende der Schlafplatz, über dem die Decke abgeschrägt und eine kirgisische Stickerei als Wandbespannung angebracht ist. In der hinteren Hälfte befindet sich der Ankleideraum und das Bad.

Die Terrasse hat als Geländer eine Eisenkonstruktion mit Glasfüllungen. Im Abstand von 2,50 m sind Steher angebracht, 2,20 m hoch, und dazwischen Seile als Rankgerüst für Kletterpflanzen gespannt. Vor dem Fenster des Schlafbereiches sind hohe Blumenkästen angebracht. Vor dem Wohnraum steht ein niedriger Blumenkasten und dazwischen befinden sich große Töpfe mit Oleander und Rosen.

PROJEKTE WIEN NACH 1945

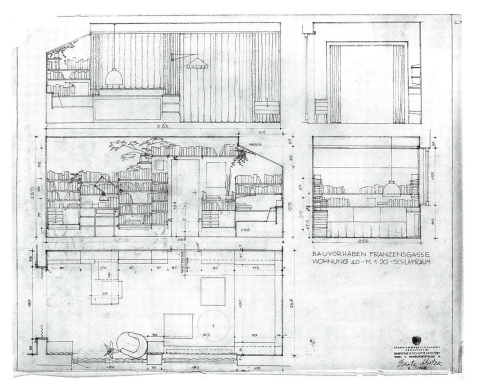
Detailplan Grundriß und Ansichten

Arbeits-Schlafbereich

Wohnplatz

Dachgarten

202 TERRASSENHAUS – ENTWURF, 1975
(nicht ausgeführt)

Margarete Schütte-Lihotzky verfaßte 1975 den vorliegenden Entwurf für ein Terrassenhaus.
Sie plante ein viergeschossiges Haus (Erdgeschoß mit drei Obergeschoßen), bei dem die Wohnungen im Erdgeschoß über Gärten, die Wohnungen in den Obergeschoßen über Terrassen verfügen. Die Erschließung des Hauses erfolgt mit Laubengängen, dadurch erhält jede Wohnung optimale Querlüftung, hohe Glaswände sollten vor dem Wind schützen. Laubengang und Terrasse wechseln an den Hausseiten geschoßweise ab, sodaß die oberen Bewohner keine Sicht auf die darunter liegende Terrasse haben können.
Im Erdgeschoß liegen die flächenmäßig größten Vierzimmerwohnungen, im 1. Stock Dreizimmerwohnungen, im 2. Stock Zweizimmerwohnungen und im 3. Stock Einraumwohnungen.
Die Grundfläche der Wohnungen hat die Architektin sehr klein konzipiert. Sie entsprechen in ihren Ausmaßen dem Wohnungsbau der Gemeinde Wien in den 50er Jahren (in dieser Zeit plante Margarete Schütte-Lihotzky ihren letzten Wohnbau), allerdings hat sie die Wohnungen um durchschnittlich 20 m² Dachgarten auf den Terrassen erweitert.
Seit den ersten Jahren der Ausübung ihres Berufes als Architektin beschäftigt sie sich mit dem Wohnbau. Am Anfang ihrer Tätigkeit in den zwanziger Jahren in Wien stand ihre Arbeit für die Siedlerbewegung. Diese sah das Leben im Reihenhaus einer Gartensiedlung als ideale Wohnform an. Durch die Anlage großer Stadterweiterungsgebiete sollte die Lösung des Wohnproblems der Städte gefunden werden und neue Lebensqualität für die Stadtbevölkerung entstehen.
Als Politik und Bodenreform diesen Bestrebungen die Grundlagen entzogen, entstanden die ersten Entwürfe für Terrassenhäuser. Sie versuchten, die fortschrittlichen Wohnideen auf den Geschoßwohnbau zu übertragen, dazu gehörten Überlegungen, wie Querlüftung und einen Freiraum für jede Wohnung zu gewährleisten. Adolf Loos legte einen Entwurf für ein Terrassenhaus zum Projekt Winarskyhof 1924 der Gemeinde Wien vor, Oskar Stnad projektierte im Zuge der Planungen für einen Generalsiedlungsplan für Wien 1924 eine Terrassenhausanlage. Margarete Schütte-Lihotzkys erstes Projekt für den Winarskyhof ist in diesem Zusammenhang ebenfalls sehr interessant. Die Verwirklichung dieser Ideen scheiterte unter anderem an den fehlenden bautechnischen Voraussetzungen.
50 Jahre später ist die Entwicklung der Bauindustrie längst soweit fortgeschritten, daß die Realisierung der Terrassenhausidee möglich wäre. Margarete Schütte-Lihotzky sieht heute darin die ideale Wohnform für das Leben in der Stadt. Der Wohnbau der heutigen Zeit muß einer Gesellschaft entsprechen, in der die allgemeine Berufstätigkeit der Frauen, der Wunsch nach kollektivem Leben und einer stärkeren Verbindung mit der Natur Realität geworden sind. Im Terrassenhaus sieht Margarete Schütte-Lihotzky die Möglichkeit, diesen Forderungen zu entsprechen. Allgemeine Dienstleistungseinrichtungen sollen die berufstätigen Frauen und Männer bei der Hausarbeit entlasten. Gemeinschaftsräume sollen die Kommunikation zwischen den Hausbewohnern ermöglichen, zu gemeinsamen Aktivitäten auffordern und vor allem den Kindern Platz zum Spielen geben. Die begrünte Terrasse bietet Naturkontakt vor dem Wohnzimmer bei geringem Pflegeaufwand.
Die Architektin beschäftigt sich weiter mit den Überlegungen zum zeitgemäßen Wohnen. Ende 1990 verfaßte sie ein Manuskript „Wohnberge – Eine Utopie für künftiges Wohnen", das sie noch weiter ausarbeitet. Sie wird uns damit eine Aufzeichnung ihrer klaren konzeptuellen Gedanken zum Wohnbau hinterlassen, ein Lehrstück für die jüngeren Generationen von Architekten, wie verantwortungsvoll und grundsätzlich eine soziale Aufgabe als Planungsproblem erfaßt werden kann.

RENATE ALLMAYER-BECK

Zusammenhänge zwischen Wohnungsbau und Rationalisierung der Hauswirtschaft anhand der Küchenplanungen von Margarete Schütte-Lihotzky

Margarete Schütte-Lihotzky wird zu einer Zeit mit dem Wohnungsbau für Arbeiter konfrontiert, in der die Wohnsituation in Wien für die Mehrheit der Bevölkerung sehr schlecht war. Die Arbeiter wohnten fast durchwegs unter äußerst schlechten hygienischen Bedingungen und es gab eine sehr hohe Anzahl von Bettgehern.

Nach dem Ersten Weltkrieg verschlimmerte sich die Situation noch drastisch durch den Zerfall der österreichisch-ungarischen Monarchie und den damit verbundenen Zuzug nach Wien. Es kam zu einem Aufstand der Betroffenen, zu Demonstrationen und „Wilder Landbesetzung und Bebauung". Modern denkende Architekten und Politiker setzten sich für die Lösung dieser Probleme ein.[1]

Margarete Schütte-Lihotzky begeistert sich sowohl durch einen auf der Kunstgewerbeschule ausgeschriebenen Wettbewerb „Arbeiterwohnungen" als auch durch die spezifische Tätigkeit ihres Lehrers Oskar Strnad für diese Bauaufgaben.

Schon die detaillierten Zeichnungen dieser ersten Beschäftigung mit dem Wohnungsbau für Arbeiter zeigen eine genaue Auseinandersetzung mit dem Thema „Wohnküche" und mit der Organisation des Hauswirtschaftsbereichs. Die Architektin versucht, die notwendigen Gegenstände bildlich darzustellen und sie auch richtig zu plazieren und damit zu überprüfen, ob größenmäßige oder funktionelle Kriterien erfüllt sind.[2]

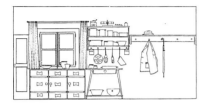

Wohnküche „Wettbewerb Arbeiterwohnungen", Ansicht, 1917, Detail

Die Rationalisierung des Arbeitsablaufes in der Wohnküche mit Spülküche

In ihren ersten Arbeiten Anfang 1920 entwickelt Margarete Schütte-Lihotzky einfachste Haustypen, die im Hinblick auf die Hauswirtschaft besonders durchdachte Lösungen anbieten.

Die Beschränkung der Wohnfläche erlaubt nur einen Wohnraum, in welchem sich auch die einzige Heizstelle des Hauses befindet. Es entsteht der Begriff „Wohnküche" für diesen Raum, in dem man „wohnt" und „kocht". Die Tätigkeiten, die mit Wasser zu tun haben, werden in einen meist an die Wohnküche angeschlossenen Raum ausgegliedert, in die sogenannte „Spülküche", die auch als Baderaum fungiert. Diese Anordnung des Wirtschaftsbereiches bedeutet einen Fortschritt gegenüber ähnlichen Wohnverhältnissen, wie sie im Bauernhaus vorzufinden sind. Sie wurde aus England übernommen.

Erste Entwürfe zu Haustypen für den Wiederaufbau in Frankreich (A,B,C)[3] zeigen die Kochstelle, die Spülküche und den Eßplatz in verschiedenartiger räumlicher Anordnung.

Die Grundrißanordnung ist entweder so gewählt, daß die Spülküche zwischen Eßplatz und Kochstelle angeordnet ist, was die Arbeitsbereiche der

---
[1] siehe Zwingl, Christine: Die ersten Jahre in Wien
[2] siehe Projekt Nr. 3
[3] siehe Projekt Nr. 13

WOHNUNGSBAU UND RATIONALISIERUNG

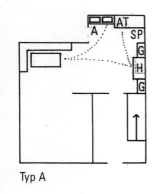 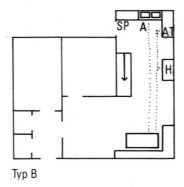 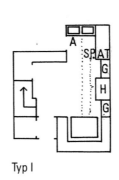 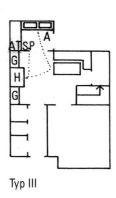

Schemagrundriß Typ A Typ III,
Typ B Typ I
AT = Arbeitstisch
G = Geschirrkasten
SP = Speisekasten
B = Besenschrank
H = Herd
A = Abwasch

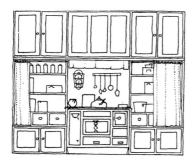

Typ IV Herd-Schrank Element, 1920

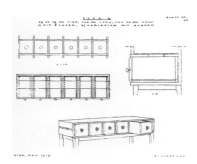

Küchenmöbeldetails, 1919

---

[4] Lihotzky Grete: /Einrichtung von Siedlungsbauten/, Abb. Typ IV (Bezeichnung frei gewählt, A.d.A.), S. 221

[5] siehe Projekt Nr. 15

[6] Lihotzky Grete: /Einrichtung von Siedlungsbauten/

[7] siehe Projekt Nr. 12

Küche räumlich stärker an den Eßplatz bindet, wodurch kurze Wege entstehen, oder derart, daß sich Spülküche mit dazwischen befindlicher Kochstelle und Eßplatz gegenüber liegen, wodurch eine zweiseitige Belichtung der Wohnküche möglich ist.

Die lineare Anordnung wird für spätere Entwürfe zu Haustypen während der Tätigkeit von Margarete Schütte-Lihotzky im Baubüro des Siedlerverbandes weiter verwendet.

Arbeitstechnische Verbesserungen zeigen erst die kompakteren Grundrisse der Entwürfe zu Arbeiterreihenhäusern (I(A),III,IV[4])[5], in welchen die Arbeitsbereiche in räumliche Nähe rücken und auch die Anordnung der Einrichtung besser dem Arbeitsablauf entspricht.

Typ IV vereinigt am besten die oben angeführten Ideen der Architektin, gleichzeitig wird zum ersten Mal die Rationalisierungsidee auf den gesamten Grundriß angewendet. Alle Funktionen der Wohnküche werden in Nischen an den Rand gelegt, was den Raum großzügiger erscheinen läßt. Die Möglichkeit einer mobilen Abtrennung ermöglicht eine hohe Flexibilität und damit unterschiedliche Nutzungen des Wohnraumes.

Der Herd ist in allen Entwürfen, wie in ihrem ersten Artikel zur Einrichtung des Siedlerhauses gefordert, Zentrum des Hauses.

„Die Wärme, das Feuer, ist das Zentrum und sollte den formalen Mittelpunkt des Hauses bilden. Gleichgültig ob Ofen, Herd oder Kamin."[6]

Die Typisierung von Küchenmöbeln

Gleichzeitig mit räumlichen und arbeitstechnischen Ordnungsversuchen entstehen auch Überlegungen zur Typisierung von Küchenmöbeln. Das erste Einbauelement, bestehend aus einem Herd mit Einbaukästen, wird in Entwürfen zu Wohnküchen von Siedler- und Reihenhäusern verwendet.

Anhand eines Einrichtungsprojektes für normal große Küchen in Geschoßwohnungen mit herkömmlicher Grundrißanordnung zeigt Margarete Schütte-Lihotzky Einrichtungsvarianten mit typisierten Küchenmöbeln. Interessant daran ist, daß mehrere funktionsgerechte Möbeltypen festgelegt werden. Sie bestehen aus einem Untergestell in zwei Größen und verschiedenen kombinierbaren Aufsätzen. Es gibt Aufsätze mit Vorratsschubladen, Geschirrkästen mit Glasfronten, die Kochkiste in Arbeitshöhe, etc.[7]

WOHNUNGSBAU UND RATIONALISIERUNG

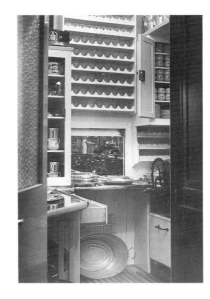

Speisewagenküche der Firma Mitropa, gezeigt auf der Ausstellung „Die neue Wohnung und ihr Innenausbau – Der neuzeitliche Haushalt"

„Entwurf zu einer Küche" Ansichten, Details

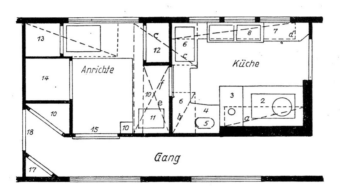

Rationalisierung des Küchengrundrisses

Die Beschäftigung mit einer funktionellen Einrichtung führt zu den ersten Entwürfen einer kompakten Küchenform. Die Architektin schlägt im Haustyp C[8] für den Wiederaufbau in Frankreich zum ersten Mal eine abgeschlossene, zweizeilige, kleine Küche vor, die vom Wohnraum aus zu betreten ist: auf einer Seite sind Herd und Arbeitstisch, auf der anderen Spüle und Speiseschrank. Direkt gegenüber vom Kücheneingang befindet sich im Wohnzimmer der Eßplatz, seine Entfernung zum Herd beträgt nicht mehr als 3 m.

Ende 1920 entsteht, als private Studie für ein zweigeschossiges Reihenhaus inklusive Einrichtung, ein genauer Entwurf zur Ausstattung einer kompakten Küche. Für größere und besser ausgestattete Häuser wird die Küche als abgeschlossener Raum in direkter Verbindung mit dem Wohnraum geplant. Der Grund für diese Lösung liegt einerseits in der Möglichkeit einer gesonderten Heizungsversorgung des Hauses, andererseits in der besseren Organisation der Hauswirtschaft.

In ihrem ersten Artikel schreibt Margarete Schütte-Lihotzky ihre theoretischen Überlegungen zu diesem Küchenkonzept nieder. Am Beispiel einer Speisewagenküche, die eine Größe von 1,83 m x 1,95 m aufweist und in der für fünfzig Personen ein sechsgängiges Menü zubereitet wird, stellt sie in Frage, ob die Küche

[8] siehe Projekt Nr. 13

WOHNUNGSBAU UND RATIONALISIERUNG

für einen Einfamilienhaushalt um ein Fünffaches größer sein müsse. Dieses Beispiel zeigt nur, daß jeder kleinste Teil der Einrichtung den notwendigen Handgriffen angepaßt sein muß. Daraus folgert sie, daß man, wie der Amerikaner Taylor es für die Industrie propagiert hat, auch bei der Hausarbeit bewußt den Arbeitsprozeß untersuchen und versuchen sollte, ihn durch geschickte Planung zu rationalisieren. Sie sieht in der Küche ein Laboratorium oder eine Apotheke, wo jeder Gegenstand seinen fixen Platz hat. Der Entwurf zeigt eine zweizeilige Küche mit einem Arbeitstisch zur Vorbereitung auf der einen Seite und einer Spüle auf der anderen, dazwischen ist vor der Fensterwand ein Gasherd angebracht. In eingebauten Oberschränken mit Glasfronten, die wie ein Band rund um die Küche laufen, werden Geschirr und Nahrungsmittel aufbewahrt. Alles sollte zur schnelleren Orientierung möglichst sichtbar und doch geschützt vor Staub untergebracht werden. Der kompakte Küchengrundriß, die zweizeilige Anordnung und die geschickt über Arbeitshöhe plazierten Schränke reduzieren die für den Arbeitsablauf notwendigen Wege und das anstrengende Bücken entscheidend.[9] Im Entwurf sind die Möbel zum Teil in die Wand integriert, also keine Möbel im eigentlichen Sinn, sie gehören zum Raum und müssen beim Bau des Hauses berücksichtigt werden, eine Idee, die bei dem Küchenkonzept in Frankfurt im Vordergrund steht.

Rationalisierung des gesamten Wohnungsgrundrisses

Da die Siedler die ihnen zugewiesenen Grundstücke sofort bebauen wollten, machte Margarete Schütte-Lihotzky im Frühjahr 1922 einen Entwurf zu einer Siedlerhütte als erste Baustufe, welche später in das Siedlerhaus integriert werden sollte. Dies bedeutet die Minimierung des Grundrisses auf 4 x 4 m, welcher in vier Nischen aufgeteilt wird. Um auf geringstem Raum die Wohnfunktionen noch sinnvoll unterzubringen, wird das Haus mit der gesamten Einrichtung geplant. Für die hauswirtschaftlichen Arbeiten entwirft die Architektin eine multifunktionale Nische, in der alle Tätigkeiten „Kochen-Abwaschen-Wäschereinigung-Baden" erfolgen sollen. Die Kochnische wird genau nach den Gesetzen der Griff- und Schrittersparnis geplant, die auf der Kenntnis des Buches von Irene Witte „Die Rationelle Haushaltsführung, betriebswirtschaftliche Studien"[10] beruhen. Der Eßplatz befindet sich direkt vor der Kochnische, der Küchenherd bleibt die einzige Heizquelle des Hauses.

Aus der Idee zur Einrichtung dieser Kochnische entwickelt die Architektin ein Einbauelement.

Die erste industrielle Küchenzelle

Die Kochnischen- und Spülkücheneinrichtung sollte als industriell gefertigtes und in Beton gegossenes Element, nur mit dem Kran in das Haus versetzt, in Siedlerhäusern als Spülkücheneinrichtung und in Siedlerhütten als Kochnischeneinrichtung verwendet werden.

In raffinierter Weise kombiniert die Architektin drei Funktionen so miteinander, daß Doppelfunktionen möglich sind: Die Badewanne ist zugleich Arbeitstisch, Badewanne und Abwasch haben einen gemeinsamen Abfluß. Um die Rationalität ihrer Gedanken zu zeigen, sei noch erwähnt, daß sie hier eine körpergerecht geformte Badewanne aus Beton entwickelt, um weniger Wasser zu verschwenden.[11]

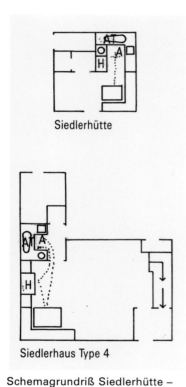

Schemagrundriß Siedlerhütte – Siedlerhaus

---

[9] Lihotzky Grete: /Einrichtung von Siedlungsbauten/

[10] Witte, Irene: Die Rationelle Haushaltsführung, betriebswirtschaftliche Studien, Berlin, 1922; autorisierte Übersetzung von: Frederick, Christine: The New Houskeeping, efficiency studies in home management

[11] siehe Projekt Nr. 28

Während ihrer Tätigkeit im Baubüro des Siedlerverbandes hat Margarete Schütte-Lihotzky in einigen Typenentwürfen für Siedlerhäuser und Siedlerhütten die Kochnischen- oder Spülkücheneinrichtung eingeplant, zur Ausführung der industriell gefertigten Küchenzelle kam es jedoch nie.[12]

Die Architektin beeinflußte den Entwurf von Architekt Pollak-Hellwig für einen Geschoßwohnbau im 16. Bezirk in der Bergsteiggasse, wo sie von den Planern als Beraterin zugezogen worden war. Max Ermers beschreibt die sogenannten Wirtschaftsnischen dieses Wohnbaus in einem Artikel und verweist auf die Erfinderin der Kochnische, Margarete Schütte-Lihotzky.[13]

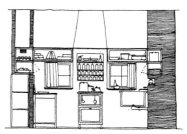
Entwurf zu einer Küche, Wandansicht, 1920

Die Kochnischen- und Spülkücheneinrichtung wird als 1 : 1-Modell auf der 4. Wiener Kleingarten- und Siedlerausstellung 1922 gezeigt, wofür die Architektin einen Preis der Stadt Wien und ein Musterschutzzertifikat erhält.

Sie sendet den Entwurf an Irene Witte, die ihr folgendes Gutachten erstellt:

1923-01-11 Gutachten (Abschrift) über die Kochnischen- und Spülkücheneinrichtung, ausgestellt vom Orga-Institut, Untersuchungs- und Forschungsinstitut für Arbeitswissenschaft und Psychotechnik, Berlin, Abteilung für Haushaltsführung, Irene Witte

„Ich habe eingehend ihre Pläne durchgearbeitet und betrachte sie als einen entscheidenden Schritt vorwärts in der Richtung der praktischen Rationalisierung des Haushaltes. Die einzelnen Gesetze die die Arbeitswissenschaft uns stellt, wie Zeit und Bewegungsersparnis, Materialersparnis und zwangsläufigen Durchlauf der Arbeit sind gerade in ihrer Kochnischen- und Spülkücheneinrichtung in bester Weise befolgt worden. Ich wünsche, daß ihre Pläne weitgehend verwendet und verwirklicht werden können, da sie gerade heute, wo wir fast in der ganzen Welt im Zeichen der Wohnungsnot stehen, in der Lage sind, diese ein wenig zu steuern..."

Rationalisierung des gesamten Wohnbaues

Im Frankfurter Hochbauamt, ihrer nächsten Arbeitsstätte, findet Margarete Schütte-Lihotzky eine ganz andere Ausgangsposition für den Wohnungsbau vor. Hier möchte ein Amt, gedrängt von Wohnungsmangel und wachsender Bevölkerungszahl, zeigen, wie man einen fortschrittlichen Wohnbau für die Massen realisieren kann. Stadtbaurat Ernst May, der Leiter des Hochbauamtes, sieht in der Typisierung der Grundrisse, der Normierung der Bauelemente und der Mechanisierung des Bauprozesses die rationellen Mittel zur Verwirklichung des Wohnungsbaus.

Ein wichtiger Grundsatz Ernst Mays für die Planung des Massenwohnbaus ist die Rationalisierung der Hauswirtschaft. Er erachtet es für notwendig, den Einbau von Küchen mit vollständiger Möblierung bei der Errichtung der Wohnungen mit dem Bau mitzufinanzieren und die Mehrkosten in die Miete einzurechnen. Politisch setzt er den Einbau der Kücheneinrichtung mit Hilfe der sozialdemokratischen Partei durch, deren Stadtverordnete Elsa Bauer am 31. 3. 1926 in der Stadtverordnetenversammlung die Verwirklichung von Mays Konzept beantragt.[14]

Die vom Hochbauamt Frankfurt geplanten Wohnungsgrößen sind letztendlich für Form und Ausstattung der zukünftigen Küchen ausschlaggebend. In den zu errichtenden Wohnbauten wurden hauptsächlich Küchen für Haushalte ohne Haushaltshilfe und ein geringer Teil Küchen für Haushalte mit einer Haushaltshilfe vorgesehen.

---

[12] siehe Zwingl, Christine: a.a.O.
siehe Projekt Nr. 23
siehe Projekt Nr. 24

[13] Ermers, Max: /Wirtschaftsnische/

[14] Berichte der Stadtverordnetenversammlung der Stadt Frankfurt a. M.: 8. Sitzung vom 31. März 1926, Stadtverordnete Elsa Bauer: „Meine Damen und Herren, meine politischen Freunde sind der Ansicht, daß auch für die Hausfrauen Erleichterungen geschaffen werden müssen. Sie hören und lesen jeden Tag über die Arbeitsersparnis durch neuzeitliche Maschinen, und wie die Rationalisierung der Hausarbeit ein sehr wichtiges Problem der Gegenwart und Zukunft darstellt. Angesichts dieser Tatsache haben wir uns entschlossen, folgenden Antrag einzubringen, um dessen Annahme ich bitte: Die Stadtverordnetenversammlung wolle beschließen, den Magistrat zu ersuchen, dahin zu wirken, bei Erstellung von neu zu bauenden Wohnungskomplexen alle maschinellen Einrichtungen einzubauen, die den Hausfrauen Erleichterungen auf dem Gebiet der Haushaltung ermöglichen, und gleichzeitig den Plan erwägen, ob es nicht für die Erhaltung der Wohnungen und der neuzeitlichen Einrichtungen dringend nötig wäre, eventuell in Verbindung mit den gemeinnützigen Baugesellschaften eine Wohnungspflege einzuführen. Ich glaube der Antrag spricht für sich. Wir sind der Ansicht, daß derartige Einrichtungen besonders für unsere Minderbemittelten und erwerbstätigen Frauen, denen wir alle Hilfe angedeihen lassen sollen, nötig sind." (Der Antrag wurde angenommen, A.d.A.)

Realisierung

Margarete Schütte-Lihotzky untersucht drei Möglichkeiten.

WOHNKÜCHE MIT SPÜLKÜCHE

Diese Form hatte sich in England bewährt, aber in Deutschland konnten sich die Hausfrauen nicht an die Trennung der Tätigkeiten „Kochen" und „Spülen" gewöhnen, und so wurde die Spülküche meist als Rumpelkammer benutzt. Ihr Vorteil bestand in der Abwicklung verschiedener Tätigkeiten in einem Raum, was der Kommunikation aller Familienmitglieder förderlich war, und in der Brennstoffersparnis, da nur eine einzige Heizquelle benötigt wurde. Da diese Häuser zur Beseitigung einer akuten Wohnungsnot errichtet wurden, sollte der Kostenaufwand bei ihrer Realisierung so gering wie möglich gehalten werden.

In Frankfurt wird für alle Wohnungen ein E- oder Gasherd als Kochgelegenheit sichergestellt und somit erstmals eine Trennung von Koch- und Wohnteil möglich.

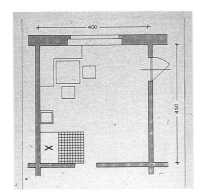
Schemagrundriß Wohnküche

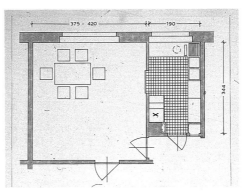
Schemagrundriß Frankfurter Küche

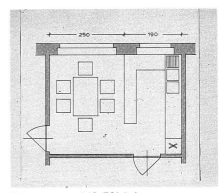
Schemagrundriß Eßküche

ESSKÜCHE

Die Wunschvorstellung von Margarete Schütte-Lihotzky ist eine „Eßküche", also eine Küche mit eigenem Eßplatz. Das hätte eine Vergrößerung des Wohnungsgrundrisses um 7 m² bedeutet – eine Vergrößerung des Bauvolumens, die damals nicht zu finanzieren war.

ARBEITSKÜCHE

So entscheidet sich die Architektin für die Trennung von Wohn- und Kochteil durch eine Wand, die aber eine breite Schiebetüre als Verbindung zum Wohnraum besitzt. In der kleinen Arbeitsküche werden alle Arbeiten verrichtet, und die Frau ist trotzdem nicht von den anderen Familienmitgliedern getrennt.

FORM UND FUNKTION

Sie geht daran, ein Idealkonzept nach den Forderungen der Griff- und Schrittersparnis für diesen Küchenraum mit Möblierung zu entwickeln.[15]

Im Entwurf „Normalküche rechts für Stockwerkswohnungen" werden alle Bedingungen für eine arbeitssparende Küche optimal erfüllt. Die Küche liegt im Anschluß an Wohnraum und Gang. Alle Arbeitsvorgänge, die damals noch viel

---

[15] siehe Projekt Nr. 50

mehr Zeit und Augenmerk bezüglich Hygiene und Sauberkeit beanspruchten, konnten in diesem gesonderten Raum abgewickelt werden, was die Wohnqualität verbesserte.

- Die Einrichtungselemente sind einander so zugeordnet, daß auch das kleinste Ding seinen Platz hat. Die richtige Arbeitshöhe wird genau eingehalten, und ein Drehsessel soll der Frau ermöglichen, die meisten Arbeiten im Sitzen zu erledigen.
- Das Fenster wird der Einrichtung angepaßt, es ist so groß, daß es genügend Licht hereinläßt. Die meisten Tätigkeiten werden am Arbeitstisch direkt vor dem Fenster erledigt, bei den restlichen Arbeiten gibt es seitliches Licht. Das Fenster liegt erhöht, damit der Raum auch dann gelüftet werden kann, wenn unmittelbar davor diverse Gegenstände abgestellt sind.
- Für die künstliche Beleuchtung entwickelt die Architektin eine verschiebbare Lampe, deren Lichtkegel auf die Ausleuchtung der Raumbreite in Arbeitshöhe berechnet ist.
- Für den Fußboden werden Kacheln verwendet, und die Möbel stehen, wie in dem Wiener Entwurf für die Kochnischen- und Spülkücheneinrichtung, auf einem Sockel in Hohlkehlenform, was die Reinhaltung erleichtert.
- Die Architektin legt größten Wert auf richtige Farbzusammenstellungen, da diese die Raumproportionen beeinflussen können und somit auf den Menschen große Wirkung haben: Die Küchenmöbel sind blau gestrichen, dazu wählt sie die Farbe Ocker für die Wandverfliesung und Schwarz für alle waagrechten Flächen (wie für den Fußboden). Im wesentlichen bestimmen die Farben, die richtige Verteilung der Kuben und das einfallende Licht die Raumproportionen und damit die Qualität der Raumstimmung.

KÖRPERGRÖSSE DER FRAU IN METER	GEEIGNETE HÖHE DER ARBEITSFL. IN METER	KÖRPERGRÖSSE DER FRAU IN METER	GEEIGNETE HÖHE DER ARBEITSFL. IN METER
1,47	0,68	1,645	0,772
1,495	0,69	1,67	0,785
1,52	0,71	1,695	0,798
1,545	0,722	1,72	0,812
1,57	0,735	1,745	0,825
1,595	0,74	1,77	0,837
1,62	0,76	1,80	0,85
RICHTIGE ARBEITSHÖHE BEIM GERINGSTEN KRAFTAUFWAND DER ARME FÜR VERSCHIEDEN GROSSE FRAUEN.			

Schema Arbeitshöhen

"Die erste Forderung, die wir daher an die „ideale" Küche stellen, ist die, daß sie klein und kompakt ist,..."

"Der nächste Schritt in der „Normalisierung" der Kücheneinrichtung ist die planmäßige Verteilung der wichtigsten Gegenstände unter Berücksichtigung ihrer Beziehungen zueinander. Alle Küchenarbeit kann in zwei Hauptgruppen geteilt werden: in das Zubereiten der Mahlzeiten und in das Forträumen."

"Der nächste Schritt in der Normalisierung unserer Küche geht dahin, streng darauf zu achten, jedes Stück der Hauptausrüstung, Tisch, Herd, Abwaschtisch, in gleicher Höhe zu haben."

"Nachdem erst einmal die Hauptgegenstände der Küche auf die zweckmäßige Art angeordnet worden sind, kommt die Unterbringung der kleinen Geräte an die Reihe, und zwar auch hier wieder unter Berücksichtigung ihrer Beziehungen zu den Hauptarbeiten, für die sie bestimmt sind."

"Die Einrichtung einer Küche kann nicht als „normalisiert" angesehen werden, wenn nicht jeder Gegenstand seinen ganz bestimmten Platz hat."

"Im allgemeinen ist die Anordnung der Abwaschgelegenheit so, daß sich rechts vom Abwaschtisch ein sogenannter Trockentisch befindet. Die linke Hand nimmt beim Abwaschen den Teller aus der Schüssel, die rechte Hand, die das Scheuerrohr hält, scheuert den Teller auf beiden Seiten ab. Dann wandert die linke Hand, die noch immer den Teller hält, über die rechte hinweg zum Trockentisch und legt ihn hier hin. Bei jedem abzuwaschenden Stück wiederholt sich dieses unbequeme Übergreifen des linken über den rechten Arm."

WOHNUNGSBAU UND RATIONALISIERUNG

Frankfurter Küche, Nachbau des MAK

„Wenn möglich, sollte die Schaffende das Licht von der Seite treffen; niemals sollte sie vor dem Licht stehen. Von derselben Bedeutung ist auch die Frage der künstlichen Beleuchtung; es verursacht ein niederdrückendes Gefühl in seinem eigenen Schatten arbeiten zu müssen. Jede Arbeit in der Küche... fordert das bestmöglichste Licht..."

„Durch die Fenster sollte reichlich frische Luft zugeführt werden. Für den Kochherd sollte ein gut funktionierender Abzug vorhanden sein."

„Der Fußboden der Küche sollte leicht und gründlich gereinigt werden können. (kein poröses Material, A.d.A.)."

„Die verwendeten Farben sind mit Berücksichtigung ihrer Wirkung auf die Lichtverhältnisse, auf Freundlichkeit und Ruhe zu wählen – hellere Farben wie grün, hellbraun und blau..."[16]

[16] Auszüge aus dem Buch: Witte, Irene a. a. O.

Normküche ohne Haushaltshilfe für Stockwerkswohnungen

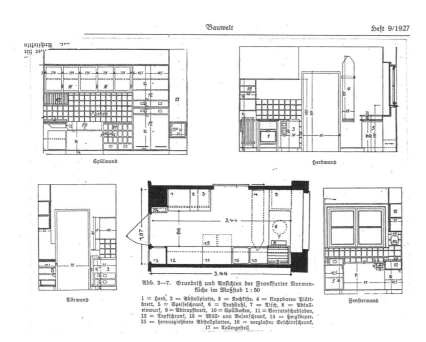

Der Raum und die Einrichtung werden zur untrennbaren Einheit; die Architektin überprüft bei der Ausführung an der Baustelle mit großer Sorgfalt den richtigen Einbau. Die Vereinheitlichung der Küchenmöbel wurde damals nicht weiter verfolgt, da dies wahrscheinlich nicht ohne Verlust an Nutzungsqualität möglich gewesen wäre.

Die Küche ist, wie in den Plänen ersichtlich, als Normküche rechts und Normküche links eingebaut worden, wobei aus rationellen Gründen die Anordnung der Ausstattung unterschiedlich ist.

Industrielle Produktion durch große Stückzahl

Aufgrund der Einbeziehung der Möblierung in einen großen Planungsrahmen konnte ihr Preis durch serielle Produktion wesentlich gesenkt und der Einbau der Küchen gesichert werden.

Die erste Serie von Küchenmöbeln kostete 420 RM[17], umgelegt auf die Baukosten und Mieten waren diese Kosten noch zu hoch; sie konnten aber durch Entwurfsänderungen auf 280 RM gesenkt werden. Das bedeutete, umgelegt auf die Baukosten, eine Verteuerung um 1 Mark pro Quadratmeter umbauten Raumes, oder, umgelegt auf die Miete, eine Erhöhung von 2–3 RM pro Monat. Um die sozialen Umstände zu verdeutlichen, sollte noch erwähnt werden, daß ein Facharbeiter damals durchschnittlich 200 RM im Monat verdiente, und die Miete für 50–60 m² ca. 55–60 RM kostete.

Margarete Schütte-Lihotzky gelangt durch Berechnungen, die an eine letzte Arbeit in Wien für das „vorgebaute, raumangepaßte Möbel" anschließen, zu dem Ergebnis, daß eine kleine, perfekt mit eingebauten Möbeln ausgestattete Küche genau die Kubatur und die damit verbundenen Baukosten einspart, die dem Preis der Möblierung der Küche entsprechen.

[17] Reichsmark

WOHNUNGSBAU UND RATIONALISIERUNG

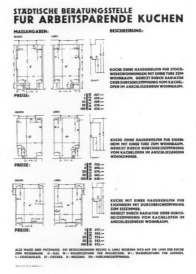

Normblatt für arbeitssparende
Küchen vom Hochbauamt Frankfurt

Die Perfektionierung der Details führte zu weiteren Arbeitserleichterungen für die Hausfrau. Die große Produktionszahl ermöglichte es der Architektin, die einzelnen Elemente der Küchenmöblierung zusammen mit der Industrie zu entwickeln – die Spüle, der Wasserhahn, Vorratsschütten aus Aluminium, die Topfschrankeinteilung und ähnliche Verbesserungen konnten mit Firmen, wie zum Beispiel der Firma Gebrüder Harrer, durchgeführt werden.

Schon in den ersten Siedlungen Praunheim, Bruchfeldstraße und Ginnheim, die im Mai 1926 zu bauen begonnen wurden, gelangte die Küche in einer Anzahl von ungefähr 1000 Stück durch die Tischlerei Georg Grumbach zur Ausführung. Ab 1927 wurden auch andere Firmen zugezogen, da ab einer Anzahl von 50 Küchen die Produktionskosten mit den damaligen technischen Möglichkeiten nicht mehr gesenkt werden konnten. Eine industrielle Produktion im heutigen Sinn war damals noch nicht möglich.

Auswirkung

Den Höhepunkt an Publizität erreichen die nun so genannten „Frankfurter Küchen" in der vom Frankfurter Hochbauamt veranstalteten Sonderausstellung „Die neue Wohnung und ihr Innenausbau – Der neuzeitliche Haushalt", die im Anschluß an die Frankfurter Frühjahrsmesse 1927 gezeigt wurde. Fünf Musterküchen als 1:1-Modell beweisen die Intensität, mit der man sich in Frankfurt der Frage der Hauswirtschaft widmete.

Das Ziel war, den Frauen klar zu machen, daß ihr Urteil sich nach technischer Vollkommenheit und Zweckmäßigkeit und nicht vordergründig nach ästhetischen Gesichtspunkten richten sollte.

Infolge des großen Interesses an der Ausstellung wurde eine Beratungsstelle für arbeitssparende Kücheneinrichtungen am Hochbauamt in Frankfurt eingerichtet.

Die „Küche für einen Haushalt ohne Haushaltshilfe" für Stockwerkswohnungen ist als „Frankfurter Küche" berühmt geworden und war auf folgenden Ausstellungen im In- und Ausland zu sehen: 1927 in Stuttgart bei der Ausstellung des deutschen Werkbundes „Die neue Wohnung", bei der Ausstellung der Generalversammlung des Hausfrauenvereins in Essen. Weiters wurde sie in diversen deutschen Städten, zum Beispiel in Berlin und Ludwigshafen, aber auch in Österreich, in Innsbruck, gezeigt.

Unzählige Artikel der Architektin erscheinen zu diesem Thema, in denen sie für die Arbeitsersparnis im Haushalt und die so wichtige Einbindung der Küche in den Wohnbereich plädiert, um die Kommunikation der Familienmitglieder zu gewährleisten.

Es ist ein gesellschaftspolitisch sehr fortschrittliches Konzept, welches sich aufgrund der damaligen Situation die Reformierung des Einzelhaushaltes zum Ziel setzt, ohne allerdings zu vergessen, auf die weitere Entlastung der Frauen im Haushalt hinzuarbeiten, indem andere Organisationsformen für die Hauswirtschaft, wie zum Beispiel Dienstleistungseinrichtungen, zur Verfügung gestellt werden.

Für die Reichsforschungsgesellschaft, die Experimente und Neuerungen im Bauwesen förderte, verfaßte Margarete Schütte-Lihotzky eine Abhandlung über die bauliche Anlage von Kücheneinrichtungen in den neuen Siedlungen, worin sie alle notwendigen und richtigen Details einer Küchenausstattung und die zu verwendenden Materialien beschreibt und bewertet.

Das Konzept wird weiters bei diversen Schul- und Lehrküchen, die in Frankfurt damals gebaut und geplant wurden, umgesetzt.

Die gründliche inhaltliche Auseinandersetzung mit dem Thema stieß auf reges Interesse im In- und Ausland; der französische Arbeitsminister Loucheur sah in seinem Wohnbauprogramm die „Frankfurter Küche" für 260.000 Wohnungen vor. Auch eine Moskauer Delegation war daran interessiert, die Küche in ihr Wohnbauprogramm aufzunehmen.

Es muß als fortschrittliche Tat des Frankfurter Hochbauamtes gesehen werden, daß es durch den Einbau der „Frankfurter Küchen" in 10.000 Wohnungen diesen Haushalten Arbeitserleichterung verschafft hat und mit der Reform des Einzelhaushaltes weitere Entwicklungen, die zur Gleichstellung der einzelnen Familienmitglieder beitragen sollten, eingeleitet hat.

Diese Entwicklung wurde durch die beginnende Wirtschaftskrise 1929 unterbrochen. Die „Frankfurter Küche" beeinflußt die Idee der sogenannten Einbauküche, das Konzept wird aber in Hinblick auf die Integration der gesamten Familie in den Hauswirtschaftsprozeß nicht mehr erfüllt. Die Einrichtung wird weiter vereinheitlicht und als Möbel von der räumlichen Gegebenheit losgelöst gesehen. Nicht zuletzt dadurch ist sie heute zum Design- und Renommierobjekt geworden.

Abhandlung Reichsforschungsgesellschaft

Frankfurter Typen- und Normenbauteile als Reparationslieferungen.

= Der französische Arbeitsminister Loucheur hat, wie bekannt ist, ein großzügiges Wohnungsbaugesetz für sein Land ausgearbeitet und dessen Annahme in der Kammer erreicht. Die Verwirklichung des riesigen Projekts stützt sich u. a. auch darauf, daß der Sachlieferungsverkehr aus dem Reparationsabkommen des Dawes-Plans herangezogen werden soll. Diese Reparationslieferungen sollen nicht den eigentlichen Bau und die Bauausführung betreffen, sondern nur d. Lieferung gewisser serienweise herstellbarer Bauteile, also von Typen- und Normenbauteilen wie Fensterrahmen, Türenrahmen, Türen, Schlössern und Beschlägen. Der Reparationsanteil des gesamten Projektes wird auf eine Summe von etwa 330 bis 400 Millionen Reichsmark geschätzt. Die Standardisierung der in Frage kommenden Typen für Türen, Fenster, Schlösser usw. muß durchgeführt sein, ehe an eine Vergebung der Aufträge gedacht werden kann. Dieser Punkt ist eine entscheidende Voraussetzung für die Durchführung der Reparationslieferungen. Loucheur hat auch darauf hingewiesen, daß mit Rücksicht auf die Transportfrage nur die westlichen deutschen Industriegebiete, im wesentlichen also die rheinischen, als Lieferanten in Frage kämen.

Es ist für das Frankfurter Gewerbe nun erfreulich, daß, wie wir erfahren, die verschiedenen Besichtigungen der Frankfurter neuen Siedlungen durch französische Kommissionen, besonders durch Herren des französischen Arbeitsministeriums, die von Loucheur zum Studium hiesiger Bautätigkeit eigens entsandt worden waren, die Aufmerksamkeit auf die Frankfurter Normen- und Typenbauteile gelenkt haben. Diese vom Hochbauamt geschaffenen Standardbauteile w n seit drei Jahren vom Frankfurter Handwerk hergestellt und und durch diese lange Erfahrung aufs äußerste vervollkommnet, ihre Herstellung ist rationalisiert und darum recht billig. Darum hat man im französischen Arbeitsministerium an eine Verwendung der Frankfurter Standardbauteile im neuen Bauprogramm gedacht. Es ist bereits durch Vermittlung der Frankfurter Handelskammer und des Hochbauamts eine Aufforderung des französischen Arbeitsministeriums an Frankfurter Firmen ergangen, Preise und Lieferungsbedingungen einzureichen. In den nächsten Tagen wird eine Kommission von zehn Herren aus Paris eintreffen, um weitere Verhandlungen zu führen. Im Interesse des heimischen Gewerbes ist sehr zu wünschen, daß die Verhandlungen zu befriedigenden Abschlüssen führen.

Zugleich darf man die Feststellung machen, daß die vorwärtsdrängende Arbeit Frankfurts auf dem Gebiete des Wohnungsbaus nicht nur seinen Namen in alle Welt hinausträgt, sondern auch beginnt, für das gewerbliche Leben Früchte zu tragen. Es ist bereits vor einiger Zeit mitgeteilt worden, daß als Küchentyp für die standardisierten 260 000 Wohnungen des Loucheur-Programms die „Frankfurter Küche" gewählt worden ist, die Herr Caldoni im August mit seiner Studienkommission in Frankfurt kennen gelernt hat. Nunmehr scheint man sich auch zu weiterer Ausnutzung Frankfurter Erfahrungen und Arbeiten entschlossen zu haben. —ch.

Frankfurter Zeitung
1928.

Zeitungsartikel

SUSANNE BAUMGARTNER-HAINDL

Für Kinder bauen

Zur Bauaufgabe des Kindergartens in den zwanziger Jahren

Zu Beginn des 20. Jahrhunderts lassen sich, abgesehen von wenigen frühen Ausnahmen – zumeist theoretischen Konzepten, Typenentwürfen – erstmals eigenständige Formen für die Bauaufgabe des Kindergartens erkennen.[1]

In der zweiten Hälfte des 19. Jahrhunderts hatte sich der Kindergarten in pädagogischer[2] wie in architektonischer Hinsicht zur schulähnlichen Institution entwickelt. Bis etwa 1920 waren zweibündige Flursysteme mit Aufenthalts- und Versorgungsteil, also Formen, die deutlich vom Schulbau kommen, üblich. Häufig waren Kindergärten in Schul- oder Wohnbauten integriert.

In den zwanziger Jahren wurden unter dem Einfluß der Arbeiten der italienischen Ärztin und Pädagogin Maria Montessori (1870–1952) neue Formen und bauliche Strukturen entwickelt.

Montessori beschäftigte sich zuerst mit geistig behinderten Kindern und erarbeitete Spielmaterialien und Lerngeräte. Später übertrug sie ihre Erfahrungen auf die pädagogische Arbeit in Kindergärten und Schulen. Das Schlüsselwort heißt „Selbsterziehung": Die notwendigen äußeren Mittel werden den Kindern zur Verfügung gestellt, sodaß sie ihre Beschäftigung wählen und selbständig ausführen können, solange sie dazu Lust haben. „. . . (S)ie (die Kinder, A.d.A.) wurden aufmerksam, führten selbsttätig die Beschäftigung fort, vertieften sich darein, wiederholten sie unermüdlich, ließen sich auch durch Ablenkung nicht stören, hörten endlich ebenso spontan wieder auf, wie sie begonnen hatten und waren dann zufrieden, freudig und erquickt. Diese erstaunliche Tatsache wiederholte sich, und in den Kindern schien damit geradezu ein neues inneres Wachstum ausgelöst: sie begannen überhaupt selbständiger und tätiger, aber auch ruhiger, freundlicher und hilfsbereiter zu werden."[3] Die Kinder sollten im Umgang mit Rohmaterialien und Funktionsspielen ihre Fähigkeiten und Intelligenz ausbilden und das Verhältnis zur Gemeinschaft formen, Erwachsene sollten in diesen Prozeß nur unauffällig eingreifen. Einfache hauswirtschaftliche Arbeiten (Tischdecken, Geschirrabwaschen) wurden von den Kindern ausgeführt, Geräte (z. B. Besen und Schaufel) in kindgerechter Größe waren vorhanden.

Montessori, die in ihren Schriften oft auch klare Vorschläge und Konzepte für den Bau und die Einrichtung der Kindergärten formulierte, schrieb 1909: „Das Mittel- und Hauptzimmer des Gebäudes . . . ist das für „geistige Arbeit". An diesen Hauptraum können sich je nach den verfügbaren Mitteln und örtlichen Verhältnissen andere Räume schließen, zum Beispiel ein Baderaum, ein Speisezimmer, ein kleines Sprech- oder Wohnzimmer, ein Raum für Handarbeiten, ein Turnsaal und ein Schlafzimmer."[4] Sie betont aber auch die Wichtigkeit leichter, beweglicher Ein-

---

[1] Erste Ansätze zur außerhäuslichen Kinderbetreuung (zumeist auf Armen- und Waisenhäuser beschränkt) gehen bis ins Mittelalter zurück, sind aber nur wenig dokumentiert. Infolge der Industrialisierung im 18. Jahrhundert entstanden Kleinkinderschulen und „Bewahranstalten", institutionelle Formen der Betreuung von Kindern im Vorschulalter, die aber – in der Namensgebung klar ausgedrückt – kaum pädagogische Zielrichtungen hatten. Einigen Autoren gilt die Einrichtung des ersten Fröbel-Kindergartens in Blankenberg 1839/40 als Geburtsstunde des Bautyps. Hier wird zum ersten Mal der Begriff „Kindergarten" verwendet. Fröbels Lehre, seine Texte über Ball-, Bewegungs- und Baukastenspiele prägen, über das 19. Jahrhundert hinaus, die Pädagogik.

[2] Vergleiche Fröbel, Friedrich: Vorschulerziehung und Spieltheorie, Ausgewählte Schriften, hrsg. von Helmut Heiland, Stuttgart, 1982, S. 225

[3] Gerhards, Karl: Das Werk der Maria Montessori, in: DNF 11/1928, S. 221

[4] Montessori, Maria: Vorbereitete Umgebung im Kinderhaus, in: Grundgedanken der Montessori-Pädagogik, zusammengestellt von Paul Oswald und Günther Schulz-Benesch, Freiburg, Basel, Wien, 1967, S. 70

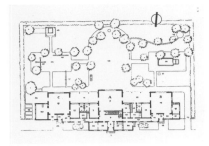

Kindergarten von Franz Schuster

richtungsgegenstände und schlägt die Errichtung von geschützten Spielflächen im Freien vor, Ideen, die in den Montessorihäusern der zwanziger Jahre umgesetzt wurden.

So ist zum Beispiel der 1926 erbaute Kindergarten Franz Schusters am Rudolfsplatz in Wien wesentlich von den pädagogischen Grundsätzen Montessoris geprägt. Das Haus, nach den Worten Schusters ein „einfacher, anspruchsloser Rahmen für eine eigene, kleine Welt der Kinder"[5], besteht aus drei nach Süden orientierten Gruppenräumen, die sich deutlich im Baukörper abzeichnen; die zugehörigen Nebenräume (Spülnische, WC, etc.) liegen dazwischen, der Erschließungsgang nordseitig.

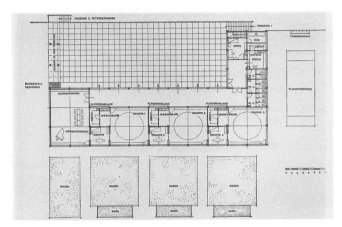
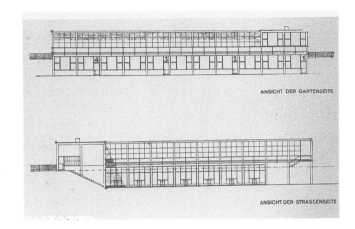

Kindergarten von Ferdinand Kramer

Das Projekt für das Montessori-Kinderhaus Ferdinand Kramers für die Siedlung Bornheimer Hang, ein einhüftiger Bautyp, entstand 1928. Das Erdgeschoß für die Kinder der Siedlung umfaßt drei eigenständige Gruppeneinheiten und ein großes, quadratisches Spielzimmer, in dem sich das Montessorimaterial befindet, Waschraum, Depot und einen kleinen Raum mit Sitzgruppe und Bett als Rückzugsmöglichkeit. Die Kinderräume sind nach Osten gerichtet, die Erschließung nach Westen, alle Fassaden, aber auch Teile der Innenwände, großflächig verglast. Nach Süden liegt der gemeinsame Gymnastik- und Schlafsaal. Eine weitere kleine Einheit, für Kinder aus der Altstadt, mit Tagesraum, Garderobe, Naßzellen und einer großen Dachterrasse, die teilweise überdeckt ist, befindet sich im Obergeschoß.

Im Gegensatz dazu stehen Einraumkonzepte wie das der Architekten Lichtenberg und Gutkind, gegliedert in Liege-, Spiel- und Speiseraum, sowie die Nebenraumzone. Die großen, hellen Räume werden nur durch mobile Wandelemente in Bereiche für die einzelnen Gruppen unterteilt.

Für die Werkbund-Ausstellung in Breslau 1929 entwarfen die Architekten Heim und Kempter den Kindergarten. Sie konzipierten einen gemeinsamen, mittigen Speisesaal, der durch Oberlichtbänder belichtet und belüftet wird und von dem die Gruppenzimmer erschlossen werden. Die Waschanlagen sind wieder zentral angeordnet.

---

[5] zitiert nach: Schuster, Franz, Katalog der Hochschule für angewandte Kunst, Wien, 1976

FÜR KINDER BAUEN

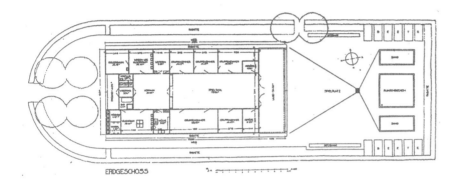

Kindergarten von Heim und Kemper

Überblick über die Kinderbauten Margarete Schütte-Lihotzkys

In Reden, Artikeln und theoretischen Arbeiten wies die Architektin immer wieder auf die Bedeutung der zunehmenden Berufstätigkeit der Frauen und die Erschwernis durch den Mangel an Kindergärten hin. Sie kämpfte für mehr Kindertagesstätten, stellte die gesellschaftliche und sozialpolitische Notwendigkeit dar und beschäftigte sich mit den städtebaulichen Aspekten ebenso wie mit Fragen der Erziehungsarbeit.

In dieser grundlegenden Auseinandersetzung mit dem Thema, in den Beiträgen zur Veränderung des Bewußtseins und der Lebensbedingungen vieler Menschen, aber auch der Planungspraxis sollte ein Schwerpunkt der Arbeit Margarete Schütte-Lihotzkys – ganz im Sinn des Funktionalismus – gesehen werden. Denn wenn die Moderne auch heute noch eine solche Faszination auf uns ausübt, so liegt dies vielleicht daran, daß ihre neuen Fragestellungen und Sichtweisen den Entwurf konkreter Programme und Konzepte – vom Siedlungsbau bis zum Einrichtungsgegenstand – nie von einer umfassenden Vision getrennt haben.

1929 schrieb die Architektin: „Es ist kaum verständlich, daß viele Menschen immer noch die Behauptung aufrecht erhalten wollen, daß der Kindergarten nur die Bequemlichkeit der Mütter unterstützt, denen dadurch, besonders bei geringerer Kinderzahl, eine natürliche, selbstverständliche Pflicht unnötigerweise abgenommen würde. Ganz abgesehen vom Mangel an Zeit und Geld ist es für die Mehrzahl der Mütter kaum möglich, die körperliche und sittliche Entwicklung ihrer Kinder so zu fördern, wie dies geschulte Kräfte, vor allem aber das Zusammensein mit einer größeren Anzahl Altersgenossen, im Kindergarten können... Die Siedlung Praunheim, für die das hier abgebildete Kinderhaus bestimmt ist, umfaßt nahezu 1500 Wohnungen, von denen ungefähr ein Drittel nur ein oder zwei Zimmer haben, fast 100 Wohnungen sind ausschließlich für Kinderreiche bestimmt. Dadurch setzt sich die Bewohnerschaft aus *allen* Schichten der Bevölkerung zusammen. Das Kinderhaus wird demnach von Kindern verschiedenster Kreise besucht werden. Der erzieherische Wert einer derartigen Gemeinschaft der Kinder für das Individuum kann niemals, auch nicht bei den günstigsten häuslichen Verhältnissen, vollkommen durch die Familie ersetzt werden."[6]

Der erste Kindergarten der Architektin, ein eingruppiger Bautyp, entstand in Zusammenarbeit mit Eugen Kaufmann 1929 für die Frankfurter Siedlung Ginnheim.[7] Die klare Struktur des Kindergartens, der mit kleinen Nischen ausgestattete große Hauptraum und die anschließenden Nebenräume zeigen deutlich die Konzeption nach den Grundsätzen der Montessori-Pädagogik, der angestrebte differenzierte Wohnraumcharakter wird deutlich. Der stark gegliederte Baukörper wird durch einen, im rechten Winkel angrenzenden, pergolaüberdeckten Sitz- und Spielbereich im Freien ergänzt, auch dazu finden sich Anregungen in den Schriften Montessoris.

Im selben Jahr entwarf Margarete Schütte-Lihotzky mit dem dreigruppigen Kindergarten für Praunheim[8] einen neuartigen Typus. Die vier Pavillons, die Arme des kreuzförmigen Grundrisses, werden von den drei eigenständigen, jeweils mit Garderobe, Toiletten, etc. ausgestatteten Gruppeneinheiten sowie dem gemeinsamen Spiel-, Turn- und Schlafsaal gebildet. Eine zentrale Halle, die von drei Seiten direktes, von der vierten indirektes Licht erhält, bildet – anstatt eines langgestreckten Ganges – das Erschließungssystem, gleichzeitig aber auch einen zusätzlichen Gemeinschaftsbereich. Die Anlage folgt keiner strengen Symmetrie, durch die leichte Versetzung der nördlichen Gruppe wird Platz für den Eingangsbereich geschaffen.

Die Lage der Gruppengärten in verschiedenen Bereichen des umgebenden Freiraums und die aus hygienischen Gründen so wichtige Trennung ergibt sich ganz selbstverständlich.

Der Kindergarten für Praunheim wurde, wie leider sehr viele infrastrukturelle Einrichtungen in Frankfurt, nicht gebaut.[9] Erst beim 1961 entworfenen Kindertagesheim Rinnböckstraße in Wien konnte diese Idee – in zumindest ähnlicher Form – baulich umgesetzt werden.

Die kreuzförmige Pavillonkonzeption bietet nicht nur den Gruppenräumen optimale Belichtung und Belüftung (Licht von zwei Seiten, Querlüftung) und im Garten windgeschützte Winkel, sondern ermöglicht die Trennung der einzelnen Gruppenräume, Garderoben und Gruppengärten. Das war einerseits eine wichtige hygienische Maßnahme, da relativ häufig Infektionskrankheiten auftraten; andererseits bietet die Einteilung in überschaubare Gruppeneinheiten pädagogische Vorteile, da dadurch die familien- beziehungsweise wohnungsähnliche Struktur betont wird.

In den dreißiger Jahren, während ihrer Zeit in der Sowjetunion, entwickelte Margarete Schütte-Lihotzky ein breites Spektrum von Kinderbauten, außer Kindergärten und Kinderkrippen auch einen Kinderklub und – zusammen mit ihrem Mann – Schulen. Neben den vergleichsweise wenigen Projekten für spezifische Standorte entstand eine Vielzahl von Typenentwürfen, da der große Bedarf nur auf diese

---

[6] Schütte-Lihotzky, Margarete: Das Kinderhaus in der Flachbausiedlung, Manuskript, 1929

[7] siehe Projekt Nr. 79

[8] siehe Projekt Nr. 80

[9] Sowohl Ferdinand Kramers Entwurf als auch der Kindergarten Ginnheim wurden nicht verwirklicht.

FÜR KINDER BAUEN

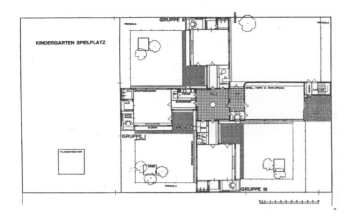

Kindergarten Praunheim, Frankfurt

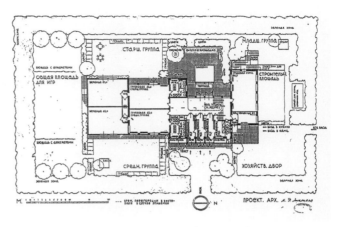

Typenentwurf Kindergarten für 70 Kinder, Sowjetunion

Weise gedeckt werden konnte. Beim Aufbau der neuen Industriestädte wurden die Kindereinrichtungen als wichtiger Bestandteil in die städtebauliche Planung einbezogen. Sie mußten in einer maximalen Gehentfernung von 500 m zum Wohnbereich (Kinderwagenentfernung) liegen. Die unterschiedlichen Klimazonen sowie die Beschränktheit der verfügbaren Baumaterialien wurden berücksichtigt.

Spezifisch ist hier die Trennung in Kindergärten und -krippen, nur bei kleineren Projekten oder bei Platzmangel werden sie in einem Baukörper untergebracht („Kombinate"). Die Bauprogrammme waren jedoch sehr unterschiedlich, sogar allgemeine Räume mußten, bis auf die Wäscherei im Keller, getrennt sein, um jede Infektionsgefahr soweit als möglich zu vermeiden. Aus diesem Grund entstanden hauptsächlich eigenständige Einrichtungen.

Die überdurchschnittlich umfangreichen Bauprogramme (auffällig starke funktionelle Trennung, nahezu jeder Tätigkeit war ein eigener Raum zugewiesen) wurden in interdisziplinärer Zusammenarbeit mit Ärzten und Pädagogen entwickelt, die ausgearbeiteten Entwürfe zur Begutachtung technischen Räten vorgelegt.

Während bei den Konzeptionen für Krippen hauptsächlich medizinische Aspekte im Vordergrund standen, sind für Kindergärten pädagogische Zielsetzungen ausschlaggebend. In ihrer Entwurfslehre schreibt Margarete Schütte-Lihotzky: „Hier bilden die Kinder schon eine menschliche Gemeinschaft, für die Gestaltung des Hauses und der Räume, in denen sich bereits ein gesellschaftliches Leben der Kinder abspielt, hat vor allem der Pädagoge seine Forderungen zu stellen."[10] Im tabellarischen Vergleich werden verschiedene Kindergarten- und Krippentypen gegenübergestellt. Es ergeben sich bei Kinderkrippen cirka 50 m³ pro Kind, bei Kindergärten etwa 30 m³. Dieser große Unterschied hat mehrere Ursachen:

Zum ersten sind bei Krippen wesentlich mehr raumaufwendige, medizinisch notwendige Einrichtungen vorgesehen, da die Gefahr der Krankheitsübertragung bei den ganz kleinen Kindern noch wesentlich höher ist. Zum anderen ist das Raumangebot im Vergleich größer und die Funktionen der Räume noch spezifischer.

Städtebauliche Angaben zu Kindergärten und Krippen
Die Anzahl der Kinder wird der Größe des Einzugsgebietes (angegeben durch die Anzahl der versorgten Bewohner) bei ein- und zweischichtigem Betrieb der Gesamtgröße des Kindertagesheims und der m³/Kind gegenübergestellt.

[10] Schütte-Lihotzky, Margarete: Entwurfslehre für Kindergärten und Kinderkrippen für die DDR, 1954, Projekt Nr. 189, S. 5

Die Größe der von Schütte-Lihotzky geplanten Kinderkrippen reicht von Kleingruppen (zum Beispiel für 22 Kinder) bis zu sehr umfangreichen Krippen – das größte aufgefundene Projekt ist für 108 Kinder projektiert. Die großen Einrichtungen bestehen häufig aus drei bis vier Gruppen für Laufkinder (bis zu drei Jahren), die, wenn möglich, im Erdgeschoß mit direktem Zugang zum Garten untergebracht sind, sowie Säuglings- und Krabbelkindergruppen im Obergeschoß, da die Kleinsten den Gartenausgang ohnehin noch nicht selbständig nützen können. Diese Gruppen sind durch Treppen mit dem Freiraum verbunden.

Nahe dem Eingang liegt der Empfangsraum, von dem aus die Kinder in den Spielraum mit Wasch- und Toiletteräumen, weiter in den Schlafraum und schließlich in die offene Schlafveranda gelangen.

Die Erschließung der Gruppeneinheiten erfolgt anfänglich einhüftig, später auch zweihüftig über einen Gang. An diesem liegen auch die gemeinsamen, zentralen Räume (Arztzimmer, Kanzlei, Küche, Personalräume). In einigen Projekten hat jede Gruppe einen eigenen Eingang, manchmal sind die Zugänge für zwei Gruppen gemeinsam angeordnet, wobei dennoch eine getrennte Führung der einzelnen Gruppen möglich ist.

Die Größe der Kindergärten variierte je nach der Anzahl der Kinder (von 35 bis 240). Am häufigsten sind dreigruppige Kindergärten für 60, 65, zumeist aber 70 Kinder. Eine Gruppe besteht also in der Regel aus 20–24 Kindern, was relativ wenig ist.

Bei den Kindergartentypen behielt Margarete Schütte-Lihotzky trotz der klimatisch bedingten Unterschiede doch einiges vom Prinzip des Pavillonsystems bei, allerdings minimierte sie die Außenwände durch die Zusammenlegung der Gruppenelemente. Die Gruppenkomplexe, nicht mehr äußerlich ablesbar, waren weiterhin eigenständige Einheiten, auch wenn der gesamte Baukörper kompakter werden mußte. Um möglichst ganglose Typen zu erreichen, gruppierte sie die Räume um meist zweigeschossige, zentrale Hallen.

In dieser Zeit entstanden auch viele Kindermöbelentwürfe und Maßtabellen für Einrichtungsgegenstände. Die Maßtabellen müssen als Grundlagen, Entwurfshilfen für Möbel angesehen werden, nicht als Entwürfe.

Spezielle Kindermöbel waren in der Sowjetunion eine Neuheit. Bei der Projektierung ihrer Kindermöbel, auch in den späteren Jahren in Frankreich oder bei den in Österreich entstandenen Entwürfen, legte Margarete Schütte-Lihotzky großen Wert auf optische und physische Leichtigkeit, Stabilität und Raumersparnis. Es sind praktische, klapp-, stapel- und umbaubare, oder ineinanderschiebbare Möbel, einfach zu transportieren, die auch die manuelle Geschicklichkeit der Kinder fördern sollen. Die Oberflächen müssen leicht zu reinigen sein, Tische zum Beispiel werden häufig mit Linoleum belegt.

Schon im November 1945, ein halbes Jahr nach ihrer Befreiung aus dem nationalsozialistischen Zuchthaus in Aichach, arbeitete die Architektin wieder. Sie schlug erstmals die Schaffung eines Zentral-Bau-Instituts für Kinderanstalten vor. Wenig später, 1946 in Bulgarien, entwickelte sie auch die erste Fassung einer Entwurfslehre für Kinderanstalten, die sie später für Österreich, Kuba und die DDR überarbeitete.

FÜR KINDER BAUEN

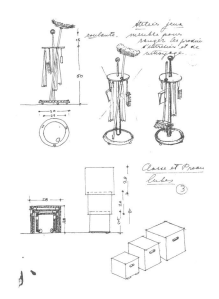
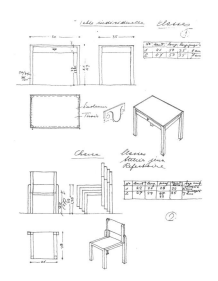
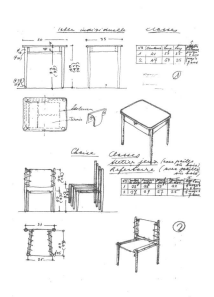

Skizzen für Kindermöbel, entstanden in Frankreich 1938

Bei den bulgarischen Kindergartenkonzepten von 1946 läßt sich die Pavillonstruktur wieder deutlicher ablesen. H-förmige, häufiger noch kammförmige Grundrisse lassen klar die Gliederung beziehungsweise Reihung der Gruppenelemente an breiten Gängen erkennen.

In den fünfziger und sechziger Jahren baute die Architektin zwei Kindertagesstätten für die Gemeinde Wien. 1950–1952 arbeitete sie an den Plänen für den Kindergarten am Kapaunplatz, der innerhalb der Wohnhausanlage des Architekten Perco am Engelsplatz errichtet wurde.[11]

Schließlich folgte der schon erwähnte Kindergarten in der Rinnböckstraße, wo zum ersten Mal der kreuzförmige Pavillontyp gebaut wurde.[12]

In der Folge beschäftigte sich Margarete Schütte-Lihotzky mit der Weiterentwicklung des Pavillonsystems, sie entwarf ein Baukastensystem aus normierten, vorgefertigten Teilen für Holz- oder Betonkonstruktion, ein Projekt, das sie mehrfach überarbeitete und ergänzte.

Die erforderlichen Räume werden in drei Kategorien, den Gruppenpavillon, die Betriebsräume und die zentrale Halle als Verbindungsraum, eingeteilt. Das System ist auf 60 bzw. 120 cm breiten Plattenmaßen aufgebaut und bildet sowohl konstruktiv als auch im Grundriß einen Baukasten. Es ist von der Kinderkrippe bis zur Hortgruppe anzuwenden, bis zu achtgruppige Kindergärten können zusammengesetzt werden.[13]

Zum Arbeitsprozeß

Die interdisziplinäre Zusammenarbeit zur Erstellung der Bauprogramme in der Sowjetunion war für Margarete Schütte-Lihotzky eine sehr wichtige Erfahrung. Immer wieder weist sie in ihren theoretischen Schriften auf die Bedeutung medizinischer und pädagogischer Informationen für die Entwurfsarbeit hin. Die Idee einer umfassenden wissenschaftlichen Grundlagenforschung bildet auch den Ausgangspunkt ihrer Überlegungen zu einer Entwurfslehre und für die Gründung eines Bauinstitutes für Kinderanstalten.

11 siehe Projekt Nr. 172
12 siehe Projekt Nr. 195
13 siehe Projekt Nr. 198

Medizinisch-hygienische Überlegungen

Um 1930 war das seuchenartige Auftreten von Kinderkrankheiten, darunter auch Diphterie und Scharlach, noch keine Seltenheit, Schutzimpfungen und Penizillin waren unbekannt. Um Epidemien in den Kindertagesheimen zu verhindern, mußten strenge hygienische Maßnahmen eingehalten werden.

Aus Beschreibungen der sowjetischen Typenkindergärten und -krippen geht hervor, daß jedes Kind am Morgen an einem hellen Fensterplatz in der Garderobe beziehungsweise in den Krippen im Filterraum untersucht, der Puls gemessen und der Hals angesehen wurde. Zeigte ein Kind Anzeichen einer Krankheit, wurde es gleich in ein angeschlossenes Krankenzimmer, „Isolierraum" genannt, gebracht und in ein Krankenbett gelegt. Die Kindergartenkinder warteten höchstens ein paar Stunden in diesem Raum, bis sich entweder die Harmlosigkeit der Symptome erwies, oder die Kleinen von den Eltern abgeholt oder in ernsteren Fällen gleich ins Spital gebracht wurden. Der Isolierraum hatte daher immer einen direkten Ausgang ins Freie, um jeden weiteren Kontakt mit den übrigen Kindern zu verhindern (auch im Kindergarten Kapaunplatz findet sich so ein Krankenzimmer).

Anders bei den Kinderkrippen: Wurde die Krankheit eines Kindes deutlich, kam es zuerst in die „Isolierbox" (kleiner Isolierraum), um von dort in die Krankenstation, die für 10% der Krippenkinder ausgelegt war, gebracht zu werden. Auch hier gab es wieder, je nach Größe, ein oder zwei von den Gruppeneingängen vollständig getrennte Zu- beziehungsweise Ausgänge. Die größeren „Isolator"stationen bestanden aus zwei fast symmetrischen Gebäudeteilen, die jeweils mit Empfangsraum, Nebenräumen und Krankenzimmer für 4–5 Kinder mit einer vorgelagerten Veranda und einem größeren Badezimmer ausgestattet waren. Die Krankenzimmer waren durch eine Tür verbunden, konnten aber auch getrennt geführt werden (bei zwei verschiedenen Infektionskrankheiten).

Zu den hygienischen Maßnahmen gehörte auch die räumlich klare Trennung der einzelnen Gruppen – sowohl der Gruppenräume und Garderoben als auch der Gärten und Sandspielkästen, die ja Infektionsherde darstellen können.

Während im Kindergarten Praunheim derselbe Raum als Turn-, Spiel- und Schlafsaal gedacht war, wurden bei den Typenentwürfen für die Sowjetunion neben dem gemeinsamen Saal auch eigene, gruppeninterne Räume für den Mittagsschlaf sowie gemeinsame Schlafräume für die Nacht ausgebildet. Diese Schlafzimmer waren aufgrund der Schichtarbeit in der Industrie, zum Beispiel in der Textil- und Schwerindustrie, notwendig. Die Kinder wurden also fallweise auch über Nacht betreut, doch wohnten sie normalerweise bei ihren Eltern.

Anstatt der überdeckten, offenen Spielbereiche, wie sie in Praunheim und Ginnheim geplant waren, entstanden verglaste Veranden. Mittags wurden diese auch zum Schlafen verwendet, da der Aufenthalt im Freien als ausgezeichnete Vorsorge gegen Tuberkulose angesehen wurde. In warmen Gebieten dienten dazu pergolaüberdeckte Dachterrassen, in den kalten Gebieten waren Veranden mit Einfachverglasungen, die im Sommer entfernt werden konnten, vorgesehen. Diese Veranden wurden auch bei tiefen Außentemperaturen nicht geheizt, die Kinder verbrachten den Mittagsschlaf dort in warme Pelzschlafsäcke gehüllt. Die Veranden bildeten also eine Pufferzone zwischen den besonders warm geheizten Gruppenräumen (ca. 22 °C) und den eisigen Außentemperaturen (in Magnitogorsk zum Beispiel bis zu –40 °C).

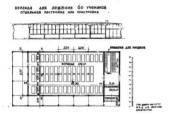

Konzept Liegehalle für 60 Kinder

FÜR KINDER BAUEN

Das Foto zeigt eine solche Veranda, mittlerweile fixverglast, in einem Kindergarten in Magnitogorsk. Leider war nicht mehr feststellbar, ob dieser Kindergarten, der sich in dem von der Gruppe May bebauten ersten Quartal befindet, auf einen Entwurf Margarete Schütte-Lihotzkys zurückzuführen ist. Die grundsätzliche Konzeption mit ebendiesen Veranden erinnert zwar an einige ihrer Typenentwürfe, aber Grundrißgestaltung und Fassade stimmen mit keinem der vorhandenen Projektpläne überein. Nicht zuletzt die Jahreszahl der Errichtung, 1937, bestärken die Zweifel, daß hier nach den Plänen der Architektin gebaut wurde. (Die Gruppe May baute mit Mart Stam als Bauleiter bis 1932, später auch noch unter Leitung von Forbat, Bayer, Schütte etc. und Johan Niegeman bis 1934). Dennoch liegt die Vermutung nahe, daß hier zumindest einige Ideen berücksichtigt wurden, da der Einfluß ihrer Überlegungen spürbar wird.

Die Veranden dienten aber auch zum Spielen, die Liegestühle wurden nur zum Schlafen aufgestellt und danach in anschließenden Räumen oder Schränken, in denen auch Decken und Pelzsäcke untergebracht waren, abgestellt.

Ebenso bei den Kinderkrippen: Hier war an den Schlafraum eine offene Schlafveranda angebaut, die im Winter einfach verglast werden konnte. Die Veranden bildeten zumeist markante, gliedernde Elemente, teilweise wurden die Schlafzimmer aber auch so in den Bau eingegliedert, daß sie an den Fassaden nicht mehr abzulesen sind.

Diese spezifische Ausformung eigener Schlafterrassen findet sich bei den später entstehenden Kindertagesheimen nicht mehr, die Kinder schlafen für gewöhnlich im Gruppenraum, daher achtet die Architektin immer besonders auf gute Durchlüftungsmöglichkeiten.

Die Wichtigkeit der Querlüftung, belegt durch Zahlen aus dem Wohnungsbau[14], ist Margarete Schütte-Lihotzky schon seit ihrer frühen Wiener Zeit bewußt und wird in ihren Entwürfen berücksichtigt.

Pädagogische Überlegungen

In ihrer Entwurfslehre beschreibt die Architektin präzise den Tagesablauf im Kindergarten, schildert bis ins kleinste Detail die unterschiedlichen Beschäftigungen der Kinder. Aus dieser genauen Kenntnis entwickelt sie den Raumorganismus.

Sowohl dem Wohncharakter – der Kindergarten wird als Bindeglied zwischen dem Leben innerhalb der Familie und der Schule gesehen – als auch dem Gemeinschaftsleben soll Rechnung getragen werden.

Allerdings soll den Kindern auch die Möglichkeit des Rückzugs offenstehen, kleine, niedere Räume sind an den großen Gruppenraum angeschlossen. Margarete Schütte-Lihotzky plant zumeist drei Nischen im Anschluß an den Hauptraum, die als Wasch-, Koch-, Ruhe- oder Sitznische genutzt werden. Diese Nischen haben niedrigere Raumhöhen als der Gruppenraum und sind mit Einrichtungsgegenständen im kindgerechten Maßstab möbliert.

---

[14] siehe Schütte-Lihotzky, Margarete: Bauten für Kinder, Manuskript, 1951

Die ideale Gruppengröße für Kindergärten wird in ihrer Entwurfslehre mit 25 bis 30 Kindern angegeben (in der Sowjetunion waren, wie schon erwähnt, noch kleinere Gruppen vorgesehen).

Sie schlägt ein-, zwei-, drei- und viergruppige Kindergärten für maximal 120 Kinder vor: „Einen Kindergarten für mehr als 120 Kinder sollte man nicht bauen, da eine zu große Zusammenballung von Kindern in einem Haus die Infektionsgefahr erhöht"[15] und außerdem die Wegentfernung für die Kinder zu groß wird. Bei Krippen sollten laut Entwurfslehre niemals mehr als 100 Kinder in einem Haus untergebracht werden.

Nicht zuletzt spielt aber in ihren Überlegungen auch die Übersichtlichkeit eine große Rolle.

Viele Fenster, auch Innenfenster zwischen den Elementen der Gruppeneinheit, sorgen für Transparenz, Helligkeit, für die optische Erweiterung, den Ausblick in den Garten und die gute Orientierung der Kinder, somit für Kontakt und Überschaubarkeit. Die Kindergärtnerin soll ihre Gruppe immer im Auge behalten können, deshalb sind auch im Toilettenbereich die Trennwände nur einen Meter hoch und damit für Erwachsene gut überschaubar.

Der Orientierung der Kinder dienen Farben und Symbole, die jeweils einer Gruppe zugeordnet sind: So hat zum Beispiel die Gruppe A die Farbe blau und eine Blume, Gruppe B die Farbe grün und den Vogel als Emblem. In der jeweiligen Farbe sind alle Holzteile gestrichen und die Embleme befinden sich an den Eingangstüren der Gruppeneinheiten. Lebende Fische, Vögel und auch Blumen soll es ebenso im Kindergarten geben, betreut werden sie von den zugehörigen Gruppen.

Architektonische Gestaltung

In der Entwurfslehre (Projekt Nr. 189) schreibt Margarete Schütte-Lihotzky:

„Es müssen wirklich „Häuser der Kinder" sein, die auch in Maßstab, Farbe und Architektur die gerade ihnen eigene Ausdrucksform finden ... Jeder Raum muß möglichst viel Licht, Luft, Garten und Natur in sein Blickfeld einfangen ... Vor allem müssen wir uns in der Architektur dieser Bauten, sowohl im Inneren des Hauses als auch im Äußeren vor jeglicher starrer Repräsentation, vor jeder Monumentalität, vor jeder Kompliziertheit der Formen oder der Konstruktion hüten."[16]

Lage und Größe, Beziehung zur Natur

„Das Grundstück soll so gelegen sein, daß die Mütter die Kinder auf ihrem Weg zur Arbeit abgeben können ... Da die Mütter einen Teil der Kinder in den Krippen alle drei Stunden stillen müssen, kann im allgemeinen gesagt werden, daß man bei neuen großen Siedlungen die Kinderanstalten so legt, daß die Krippen bestimmte Betriebe und Fabriken bedienen, also nahe von diesen gelegt sind, während die Kindergärten bestimmte Wohnviertel bedienen sollen. Falls anzunehmen ist, daß viele Mütter mit der Straßenbahn zur Arbeit fahren, ist es gut, das Grundstück in der Nähe der Haltestelle anzulegen. Liegen die Kinderanstalten inmitten von neu zu projektierenden Siedlungen, dann soll eine Krippe oder ein Kindergarten nur so viele Wohnungen bedienen, daß die Entfernung der am weitesten gelegenen Wohnung nicht größer ist, als man leicht ein Kind im Wagen schieben kann, das nennt man im Städtebau die sogenannte „Kinderwagenentfernung" ... Für Kindergärten rechnet man für das

---

[15] Schütte-Lihotzky: /Entwurfslehre/ Projekt Nr. 189, S. 4
[16] Schütte-Lihotzky: a.a.O., S. 2

FÜR KINDER BAUEN

Grundstück 40–50 m² pro Kind. Bei einem Bauplatz, der ringsum von hohen Bäumen umgeben ist, muß man 50 m² unbedingt einhalten, bei einem Bauplatz aber, der z. B. an einen Park anschließt, oder bei dem auf einer oder mehreren Seiten ein Luftreservoir vorhanden ist, wird man mit 40 m² auskommen. Für Krippen benötigt man weniger Platz, da ein gemeinsamer Spielplatz wegfällt und die Gruppe der Säuglinge überhaupt keinen Garten braucht... Mit dem entsprechenden Luftreservoir aber, mit Vorgarten und Wirtschaftshof ist bei Krippen mit 25–30 m² Grundstück pro Kind zu rechnen."[17]

Die Kindergärten sind nahezu ausschließlich als freistehende Bauten innerhalb kleinerer oder größerer Gärten konzipiert. Als Begrenzung zur Straße sind in der Sowjetunion häufig Schutzzonen vorgesehen: fünf Meter breite bepflanzte Grünstreifen, die das Grundstück von den umgebenden Straßen trennen. Neben den getrennten Gruppengärten mit den Sandkisten gibt es häufig auch gemeinsame Bereiche mit Wasserbecken oder Brunnen und Beete, die von den Kindern gepflegt werden.

„Die Natur in die Erziehung des Kindes einzubeziehen und zwar die Natur, die das Kind selbst durch den Ausbau lebendiger Naturerzeugnisse und durch eigene Leistung pflegt (Blumen und Tierzucht) ist innerhalb der Flachbausiedlung selbstverständliche Forderung",[18] schreibt die Architektin schon 1929. Die Natur wird auch im Inneren des Gebäudes durch Pflanzen und oft auch Tiere (Aquarium, Voliere) und durch die optische Verbindung zum Außenraum (niedrige Parapetthöhen, große Fenster und Glastürflächen) spürbar. Beim Betreten des Hauses kommen die Kinder in einen hellen, gut belichteten Raum, sie sehen direkt ins Freie, in den Garten.

„Der Übergang von Haus zum Garten soll allmählich erfolgen. Dies geschieht durch Tragen der Natur und des Gartens in das Haus – viel Pflanzen im Zimmer, besonders bei den Eingängen und andererseits durch Tragen des Hauses, beziehungsweise der Architektur in die Natur."[19]

Pergolakonstruktionen, die Sitzplätze oder Wege im Freien markieren, Außentreppen als direkte Verbindung der Kinderräume mit dem Garten, viele direkte Ausgänge und geschützte Terrassen bilden diese Übergangsräume.

Orientierung

„Der Bauplatz muß so ausgewählt werden, daß alle Aufenthaltsräume der Kinder, das sind Spielzimmer, Schlafräume, Säle, Veranden und Terrassen, nach Süden, Südosten oder Osten, in windstillen Gegenden auch nach Südwesten und Westen gelegt werden können."[20]

Bei Südlage muß unbedingt auf ausreichenden Sonnenschutz geachtet werden. Bei den Entwürfen Margarete Schütte-Lihotzkys werden häufig die Gruppenräume von zwei Seiten belichtet.

Die Elemente der Gruppeneinheit im Kindergarten

Das sind normalerweise neben dem eigentlichen Gruppenzimmer die angefügten Nischen (Wasch-, Ruhe- und Hauswirtschaftsnischen), Garderobe, Toiletten und die überdeckte Terrasse.

---

[17] Schütte-Lihotzky: a.a.O., S. 6–7
[18] Schütte-Lihotzky, Margarete: Das Kinderhaus in der Flachbausiedlung, Manuskript, 1929, S. 2
[19] Schütte-Lihotzky: /Bauten für Kinder/, S. 6
[20] Schütte-Lihotzky: /Entwurfslehre/ Projekt Nr. 189, S. 7

GARDEROBE

Alles muß offen und abwaschbar sein, cirka 30 Kleiderhaken, Schuhabteile und ein Podium zum Schuhewechseln müssen Platz finden.

SPIELZIMMER

„Hier stehen Tische und 30 Stühle, wobei vorgeschlagen wird, keine runden Tische, wie üblich, zu verwenden, sondern für eine Gruppe 15 rechteckige Tischchen, je 100 cm lang und 50 cm breit, aufzustellen. Diese rechteckigen Tische lassen sich in ganz verschiedenen Kombinationen zusammenstellen, was für den Betrieb pädagogisch wichtig ist ... Außer den Tischen und Stühlen sind im Spielzimmer eingebaute Schränke, und zwar: ein Schrank für gemeinsames Spielzeug, und Schränke, in welchen jedes Kind sein eigenes Fach hat. An der Wand muß im Gruppenzimmer eine Tafel sein, auf die die Kinder zeichnen können. Sehr erwünscht sind an der Wand entlang laufende Leisten, etwa in einer Höhe von 60 cm, auf die Bilder, Zeichnungen u.s.w. aufgestellt werden können. Auch sollen im Spielzimmer mehrere Sperrholzwürfel (Seitenlänge 30 cm) stehen, die zum Sitzen, Bauen und Spielen allerlei Verwendung finden."[21]

NISCHEN

„Jedes Spielzimmer soll eine gemütliche Ecke oder Nische haben, was die Kinder sehr lieben. Dort steht ein Kindersofa oder eine Rundbank, ein runder Tisch, über dem eine Hängelampe ist, und an der Wand ein Regal für Bilderbücher, alles im Kindermaßstab. Diese Nische muß aber durch eine breite Öffnung mit dem Spielzimmer verbunden sein, damit die Pädagogin alles gut überblicken kann.

Das gleiche gilt für die Hauswirtschaftsnische, die bei keinem Spielzimmer fehlen sollte. Sie hat ebenfalls eine Einrichtung im Kindermaßstab mit einem kleinen Spülbecken, mit Tischen und Schränken ...

Auch der Waschraum soll als offene Nische am Spielzimmer ausgebildet sein, damit das Waschen von vornherein in das allgemeine Leben der Kinder einbezogen ist. Die Kinder können da auch während der Spielzeit allein hingehen und sich die Hände waschen, während die Pädagogin vom Spielzimmer aus alles überblickt."[22]

DIE TERRASSE

Die überdeckte Terrasse muß groß genug sein, daß alle 30 Kinder an 5 runden Tischen dort sitzen und spielen können.

„Terrassen, Gruppenzimmer und Gruppengarten bilden im Sommer eine Einheit, in der sich das ganze Leben der Kinder abspielt. Deshalb müssen die Spielzimmer durch breite Öffnungen mit Terrassen und Garten verbunden werden."[23]

DIE HALLE

Der zentrale Erschließungsraum, in Praunheim noch eingeschossig, entwickelt sich später bei den sowjetischen Typen zu einer zwei- bis zweieinhalbgeschossigen Halle mit Galerie, ein stark differenzierter Raum mit mehreren Ebenen, der als Ort des Gemeinschaftslebens konzipiert ist. Hier soll sich das „kollektive Leben der Kinder" abspielen, sogar Aufführungen können stattfinden. Im Vestibül, so wird der Eingangsraum in der Entwurfslehre bezeichnet, sollen sich auch Blumenbeete, Vogelkäfige und Aquarien für Fische befinden. Manchmal, wenn kein eigener

---

[21] Schütte-Lihotzky: a.a.O., S. 13–14
[22] Schütte-Lihotzky: a.a.O., S. 14
[23] Schütte-Lihotzky: a.a.O., S. 15

Veranstaltungssaal gebaut wird, muß die Halle auch Funktionen des Saales aufnehmen können.

DER SAAL

"Ein Saal, der gegebenenfalls alle Kinder des Kindergartens gleichzeitig aufnehmen kann, ist unbedingt erforderlich. Dort werden Feste gefeiert, dort wird Theater gespielt, gesungen, musiziert und getanzt. Aber man darf nicht glauben, daß der Saal nur bei außergewöhnlichen Gelegenheiten benützt wird. Nein, er ist ebenso notwendig für den täglichen Gebrauch im Winter, wenn Bewegungsspiele, Laufen, Springen und Gymnastik nicht im Garten oder auf der Terrasse stattfinden können ... Im Gruppenzimmer, wo alle Tische und Stühle stehen, wo auch gegessen wird, ist es unerwünscht, Laufspiele, Turnen u.s.w. stattfinden zu lassen." [24]

Maßstab und Farben [25]

"Die äußeren Kräfte in der Umwelt des Kindes in einem Círculo Infantile – das Gebäude, der Garten und besonders die Einrichtung bis zum Spielzeug und den Bildern an der Wand – müssen der Aktivität der Kinder entgegenkommen, müssen abwechslungsreich gestaltet werden. Wesentlich ist es, dabei einen der Empfindungswelt des Kindes gemäßen Maßstab zu finden.

Der Architekt muß wissen, welche Größen für das Kind optisch faßbar, überschaubar sind, welche Höhen es bedrücken und welche dem Raum die wohnliche Atmosphäre nehmen. Wie oft sieht man Kindergärten, in denen zum Beispiel die Brüstungshöhe, die Unterkante des Fensters 80 cm über dem Fußboden liegt, sodaß das Kind, dessen Augenhöhe ja viel niedriger ist als die eines Erwachsenen, nicht mehr ins Freie sieht, im Zimmer also keine Verbindung mehr mit der Außenwelt, mit dem Garten und der freien Natur hat. Diese Verbindung aber ist von großer pädagogischer, psychologischer und auch ästhetischer Bedeutung, denn das Kind fühlt sich, wenn es nicht hinaussehen kann, gefangen wie ein Erwachsener in einem Gefängnis in dem die Fenster über seiner Aughöhe liegen. Gleichzeitig aber hüte man sich, Maße im Hause auf Kindermaßstab zu bringen, den die Kinder in ihrer Wohnung bei den Eltern nicht vorfinden, wodurch Unfälle entstehen können. Beispiel: Manche Architekten haben die Stufenhöhe niedriger als 15 cm gemacht, damit die Kinder leichter die Stufen steigen können, und das Ergebnis war, daß die Kinder sich daran gewöhnten und dann zuhause in den Wohnhäusern über die normal hohen Stufen gefallen sind.

Sein schnellstes Wachstum hat das Kind mit dem Säuglingsalter, etwa mit einem Jahr, abgeschlossen. Es wird in diesem Jahr um die Hälfte seiner Körperlänge größer. Vom Kleinkindalter ab geht die jährliche Längenzunahme von 10 cm im zweiten Lebensjahr bis auf 4 cm im zehnten Lebensjahr zurück.

Außerdem ist das Verhältnis der einzelnen Körperteile zur jeweiligen Körpergröße in den verschiedenen Altersstufen ganz verschieden. So beträgt zum Beispiel der Anteil des Kopfes im Säuglingsalter $1/4$ der Körperlänge, bei Sechsjährigen aber nur mehr $1/6$ und die im Verhältnis zum Rumpf kurzen Gliedmaßen der Kleinen strecken sich stark im Vorschulalter.

Von diesen sich stark verändernden Maßen der einzelnen Körperglieder im Verhältnis zur Gesamtkörpergröße hängen natürlich die Sitz- und Reichhöhen und viele andere Maße bei Bau und Einrichtung aller Kinderanstalten ab. Das Kindergartenalter umfaßt oft $3 1/2 – 4$ Jahrgänge, von 3 bis oft weit über 6 Jahren. Der Größen-

---

[24] Schütte-Lihotzky: a.a.O., S. 15

[25] Schütte-Lihotzky, Margarete: Maßstab und Farben, Manuskript, 1954. Die nicht vollständig zitierte Arbeit ist nur handschriftlich und fragmentarisch vorhanden. Offensichtlich wurde das Manuskript als Ergänzung zur Entwurfslehre für Kinderanstalten für Kuba verfaßt. Daher wird hier das spanische Wort „Circulos Infantile" verwendet, wörtlich übersetzt „Kinderkreis", also Einrichtung für Kinder.

unterschied der ein- und austretenden beträgt, rechnet man außer dem Wachstum noch die individuellen Unterschiede dazu, 25 cm!

Im Kindergarten müßte die Greifhöhe der Kleinsten für die Höhe der Garderobenhaken, der Handtuchhalter, des Zahnputzbechers u.s.w. maßgebend sein. Die Höhen der Waschbecken für die Krabbelkinder ist zum Beispiel eine ganz andere wie die für die älteren Gruppen. Die Längen der Liegestühle aber müssen sich nach den Größten richten. Davon hängen Raumgrößen, Höhen, Fensterbrüstungen, Kastenhöhen, Geländer- und Brüstungshöhen und vieles andere ab."[26]

„Das Kind verlangt nach kräftigen, strahlenden Farben – der Säugling greift außer nach klingenden Dingen nach farbigen in seiner Reichweite, dreht sich nach bunten Luftballons um. Das Kleinkind lernt zuerst die reinen Farben unterscheiden – Zwischentöne oder zarte Nuancen sagen ihm nur wenig.

Rot gilt als aktivierend, blaue und grüne Töne als beruhigend, orange und gelb als appetitanregend.

Dinge, die dem Kinde anziehend erscheinen sollen, wie Spielwürfel, Bausteine, Tische und Stühle, Spielzeuge, seine Schublade u.s.w. sollen bunt und kontrastreich gestrichen werden. Der Fußboden als Grundlage der bunten Spiele soll in neutralen Tönen wie grau oder beige gehalten werden. Die Wände der Naßräume blau oder grün im Kontrast zu den weißen Installationsgegenständen.

So ist die farbige Gestaltung der Bauten und Räume in den Circulos Infantiles ganz verschieden von denjenigen der Schulen. Während wir zum Beispiel bei Klassenzimmern starke Helligkeits- und Farbwerte vermeiden, um die Schüler nicht zu ermüden und ihre Konzentrationsfähigkeit nicht zu beeinträchtigen und abzulenken, verwenden wir bei Bauten für das farbfreudige Kleinkind gerade kräftige Töne, um seiner Aktivität entgegenzukommen.

Auch für die Orientierung der Kinder im Gebäude sowie für das Zusammengehörigkeitsgefühl der Kinder in einer Gruppe spielt die Farbe eine große Rolle."[27]

Durchblick von der Eingangshalle in den Garten im Kindergarten Kapaunplatz

[26] Schütte-Lihotzky: a. a. O.
[27] Schütte-Lihotzky: a. a. O.

CHRISTINE ZWINGL

Wohnbau und Gesellschaft

Mit den großen politischen Veränderungen der zwanziger Jahre entstand in Europa die moderne Bewegung in der Architektur und eine neue Bauaufgabe, der „soziale Wohnbau".

Durch die Wohnungsnot der Massen in den großen Städten und durch das Erliegen der privaten Bauwirtschaft während des Ersten Weltkrieges entstand eine so prekäre Situation, daß ein staatliches Eingreifen auf dem Wohnbausektor unumgänglich wurde.

Margarete Schütte-Lihotzkys Tätigkeit als Architektin begann 1919 in Wien. Das allgemeine Wahlrecht war eben eingeführt worden, der öffentliche Zugang für Frauen zu den Hochschulen ermöglicht. Das waren die ersten Auswirkungen der Bestrebungen der Frauenbewegung, die Gleichstellung der Frau vor dem Gesetz und in der Gesellschaft zu erlangen.

Margarete Schütte-Lihotzky beschäftigte sich seit ihrem Studium mit grundsätzlichen Fragen des Wohnens. Sehr früh erkannte sie, daß die Grundlagen der Rationalisierung, angewandt auf den Wohnbau, Reformen vor allem im Bereich der Hauswirtschaft bedeuten müssen. Die Anwendung des Taylorsystems auf den (Re)Produktionsbereich der Hauswirtschaft sollte durch Planmäßigkeit und Arbeitsorganisation für die Frauen Erleichterung der Hausarbeit und Zeitersparnis bringen, die sie für Weiterbildung oder andere Tätigkeiten nutzen konnten. Diese für ihre Zeit fortschrittlichen Gedanken brachte Grete Lihotzky[1] in ihren Beruf ein und wandte sie auf die Planung von Wohnungsgrundrissen an. Bereits mit den ersten selbständig bearbeiteten Projekten, die ab Herbst 1919 entstanden, gelang es ihr, diese Einstellung umzusetzen. Die Aussagen ihres ersten Artikels, der im August 1921[2] erschien, dokumentieren dies nachträglich.

Im Wien der frühen zwanziger Jahre arbeiteten einige Architekten, unter ihnen Grete Lihotzky, für die genossenschaftlich organisierte Siedlerbewegung. Ihr Ziel war es, die Siedler bei deren Selbsthilfebewegung zur Linderung der Hungers- und Wohnungsnot zu unterstützen. Jeder sollte eine Wohnung erhalten, die Mieten wurden von den Baukosten abgekoppelt. Die Einführung der progressiven, zweckgebundenen Wohnbausteuer ermöglichte in weiterer Folge den Wohnbau der Gemeinde Wien, der in großem Maße für die ärmeren Bevölkerungsschichten Wohnraum schuf.

Kleinste Wohnungen wurden gebaut, die für die Menschen, die sie bewohnten, jedoch alle Nutzeranforderungen erfüllen sollten. Diese Aufgabe zu bewältigen, war für Grete Lihotzky das große Ziel ihrer Arbeit. Das Hauptthema war dabei „die Reform der Hauswirtschaft", das Mittel dazu die Rationalisierung.

Auch der Versuch, einfache Möbel mit guter Form serienmäßig billiger zu produzieren und dabei auf dem Gebiet der Wohnkultur erzieherisch zu wirken,

---
[1] 1927 heiratete Margarete Schütte-Lihotzky den Architekten Wilhelm Schütte. In bezug auf die Jahre vor 1927 wird sie Grete Lihotzky genannt, nach 1927 bis heute, Margarete Schütte-Lihotzky.

[2] Lihotzky, Grete: /Einrichtung der Siedlungsbauten/

WOHNBAU UND GESELLSCHAFT

wurde von Grete Lihotzky mit der Gründung der „Warentreuhand", der zentralen Beratungsstelle für Einrichtung des ÖVSK (Österreichischer Verband für Siedlungs- und Kleingartenwesen), unternommen.[3]

Die Architekten und Fachleute in Wien, die für die Siedlerbewegung tätig waren, sahen ihre Arbeit als Teil eines demokratischen Planungs- und Bauprozesses. Grete Lihotzky schrieb darüber: „Je stärker der Kontakt zwischen Hausbewohner und Hauserbauer, desto mehr wird der Wohnhausbau aller Scheinwelt und Dekoration, die nicht wahre Kunst darstellen kann, den Rücken kehren und allen Wohnungsreformen moderner Wohnkultur zugänglich sein. Nicht bestimmten Persönlichkeiten allein werden wir eine Besserung unseres Wohnwesens verdanken, sondern der gesamten gesellschaftlichen Umwandlung unserer Zeit."[4]

Eine der Ideen, die Anfang des 20. Jahrhunderts zur Entlastung der Frauen von Hausarbeit entstand, war die Einführung der Zentralwirtschaft im Wohnungswesen: In Verbindung mit den Grundgedanken des Bauens für anonyme Nutzer enstand das sogenannte „Einküchenhaus".

Fragen des Wohnbaus sind Fragen des sozialen Entwicklungsstandes der Gesellschaft. Die Architektin sah diese Zusammenhänge ganz klar. Sie plädierte für die Realisierung des Nächstliegenden, die tatsächliche Hilfeleistung zur Verbesserung der Lebenssituation der Menschen. Grete Lihotzky dazu: „Schon vor dem Kriege erkannten führende Frauen, daß durch die allgemein veränderte soziale Stellung der Frau Entlastung der Hausfrau unbedingte Notwendigkeit sei. Dieses Ziel glaubt man durch Zentralwirtschaft erreichen zu können ... Bald jedoch erkannte man, daß das Einküchenhaus wohl für die einzelne Frau wesentliche Arbeitsersparnis bedeuten kann, jedoch besonders für Arbeiter und Angestellte mit kurzer Kündigungsfrist gar nicht in Frage kommt. Das Einküchenhaus verlangt nämlich, daß das Niveau der Lebenshaltung stabil bleiben kann. Es sind so und soviel arbeitssparende zentrale Einrichtungen, wie Zentralküche, Zentralheizung, zentrale Überwachung der Kinder vorgesehen, der für jede Familie anfallende Anteil muß unter allen Umständen aufgebracht werden. Dadurch kann derjenige, der binnen kurzer Zeit arbeitslos werden kann, seine Lebenshaltung nicht unter ein bestimmtes Minimum herabsetzen. Nachdem wir erkennen, daß das Einküchenhaus für einen sehr großen Teil der Bevölkerung gar nicht in Frage kommt, müssen wir alles tun, den Einzelhaushalt zu reformieren und der Frau jede unnötige Arbeit abzunehmen."[5]

Diese Haltung war ein Teil der grundlegenden Neuinterpretation der Hausarbeit innerhalb des Neuen Wohnbaus der Moderne, wie er in Frankfurt am Main von der Stadtverwaltung in großem Maße verwirklicht wurde. Hausarbeit wird als Arbeit anerkannt und als Leistung für die Gesellschaft gesehen. In diesem Zusammenhang ist die herausragende Leistung, die die Entwicklung der sogenannten „Frankfurter Küche" darstellte, zu verstehen.

Die Arbeit der neuen Frankfurter Architekten war ein Teil ihrer gesellschaftlichen Utopie. Zu ihren Forderungen als Teil eines grundlegenden Demokratieverständnisses gehörte die Versorgung aller Menschen mit eigenen Wohnungen, die den Grundsätzen des modernen Wohnungsbaus entsprechen sollten.

Der Kleinwohnungstyp „Zwofa"[6] von Margarete Schütte-Lihotzky (1928) entstand aus einem Entwurfssystem innerhalb der Reihenhausstruktur, die normalerweise Familienwohnungen mit drei Zimmern in zwei Geschossen anbot, bei der

---

[3] siehe Zwingl, Christine: Die ersten Jahre in Wien

[4] Lihotzky, Grete: Vergangenheit und Zukunft im Wiener Wohnungsbau, in: Neue Wirtschaft, Wien, 21.2.1924

[5] Uhlig, Günther: Einküchenhaus, S. 172; vergl. auch Grete Lihotzky: Rationalisierung im Haushalt, in: DNF 5/1927, S. 120

[6] siehe Projekt Nr. 62

die Stiege so lag, daß Erd- und Obergeschoß getrennt bewohnt werden konnten. Dadurch waren zwei kleine Wohnungen, jeweils mit Vorraum, Bad und WC, Küche, Wohnraum und Schlafzimmer vorhanden. Weiters war vorgesehen, daß bei Bedarf der kleine Raum von der oberen Wohnung getrennt, also auch gemeinsam mit der unteren Wohnung genutzt werden konnte, z.B. für größere Kinder. Die verbleibende kleinere Wohnung kann von einem kinderlosen Ehepaar oder einer alleinstehenden Person genutzt werden. Bei guten wirtschaftlichen Verhältnissen der Bewohner ist es auch möglich, Erdgeschoß und Obergeschoß gemeinsam zu bewohnen.

Das sind Planungen, die dem Familienzyklus entsprechen, den sich verändernden Bedürfnissen einer Familie, oder auch Paaren und Einzelpersonen mit und ohne Kindern.

Planungen, die auf die Vielfalt der „wohnenden" Bevölkerung und deren unterschiedliche Bedürfnisse eingehen, sind in der Praxis des sozialen Wohnbaus auch nach 1945 nur marginal vertreten. Derartige Konzepte gehen nie über das Versuchsstadium hinaus.

Die neu gegründete CIAM[7] machte beim CIAM Kongreß 1929 in Frankfurt am Main den subventionierten Wohnungsbau zu ihrem Thema. Margarete Schütte-Lihotzkys Projekt zur Ausstellung „Die Wohnung für das Existenzminimum" brachte einen Bauvorschlag, der so ausgelegt war, daß die Miete, die die Entstehungskosten, einschließlich der Einbaumöbel und aller Nebenkosten abdecken sollte, $1/5$ des durchschnittlichen Einkommens der zu erwartenden Bevölkerungsschicht entsprach.

Als Ausgangspunkt bei der Konzeption von Minimalwohnungen wurde formuliert: „... Man hebt hervor, daß die wachsende Emanzipierung der einzelnen Familienmitglieder es ratsam erscheinen läßt, jedem Erwachsenen ein eigenes, wenn auch kleines Zimmer zuzubilligen..."[8]

Fortschrittliche Architekten erklärten also bereits in den zwanziger Jahren, daß die Gleichstellung der Frau als gesellschaftliche Realität anerkannt und als Planungsgrundlage für den Wohnbau eingesetzt werden soll.

Margarete Schütte-Lihotzky entwarf 1928 mit der „Wohnung der berufstätigen Frau"[9] Wohnkonzepte für alleine lebende Frauen. Jede alleinstehende berufstätige Frau sollte das Recht auf eine eigene Wohnung haben, die nicht zusammengefaßt in Ledigenheimen liegen sollten, da Margarete Schütte-Lihotzky eine entschiedene Gegnerin der Isolation von Frauen war.

Sie entwickelte Wohneinheiten unterschiedlicher Größe, deren Errichtung in den obersten Geschossen normaler Wohnbauten geplant war. Die Mietkosten sollten $1/5$ des Einkommens der Frauen nicht überschreiten. Sie entwarf für mehrere Berufsgruppen, abhängig von deren Einkommensverhältnissen, verschiedene Lösungen, die vom kleinen Zimmer mit Gemeinschaftswaschraum und -küche am Gang bis zur geräumigen Eineinhalbzimmerwohnung reichten. Hier schlug sie die Organisation von Dienstleistungseinrichtungen (bezahlte Arbeit) für die Wäsche- und Raumpflege vor.

Die Versorgung der Siedlungsbauten mit Einrichtungen des täglichen Bedarfs, wie Zentralwaschküchen, Läden, Gemeinschaftshäuser usw., wurde als wesentlicher Teil des Wohnbaus erkannt. Ebenso wurde in die Planung der Siedlungsanlagen die Errichtung von Kindergärten und Schulen aufgenommen. Die zunehmende Berufstätigkeit der Frauen brachte es mit sich, die Sorge für die

---

[7] Congrès Internationaux d'Architectures Moderne, 1928 in La Saraz gegründet.

[8] Benevolo, L.: Geschichte der Architektur des 19. und 20. Jahrhunderts, Band 2, München, 1978 (1964), S. 170; vergl. Zusammenfassung des Referates von Walter Gropius – Berlin über die „Soziologischen Grundlagen der Minimalwohnung" in: DNF 11/1929, S. 225f

Kinder und deren Erziehung gemeinschaftlich zu regeln. Das Bewußtsein für diese bedeutende Aufgabe der Gesellschaft entwickelte sich nur langsam in den letzten Jahrzehnten.[10] Zur Wertschätzung für Kinder gehört auch die Verantwortung für das Planen und Bauen ihrer verschiedenen Aufenthaltsstätten. Margarete Schütte-Lihotzky hat auf dem Gebiet „Bauten für Kinder" beispielhaft und zukunftsweisend gearbeitet. Sie ist bis heute als die Spezialistin für den Bau von Kindergärten und Kinderkrippen anzusehen. (siehe Artikel „Bauten für Kinder")

Die Zeit des Faschismus und Nationalsozialismus schlug die Demokratisierungsbestrebungen in Europa nieder. In der Phase des Wiederaufbaus nach dem Zweiten Weltkrieg wurde die Ankurbelung der Produktion und Leistungsfähigkeit der Wirtschaft und deren internationale Konkurrenzfähigkeit in den Vordergrund des politischen und wissenschaftlichen Interesses gestellt. Die Suche nach Konzepten, z.B. für den Wohnbau, blieb zurück. Die Errichtung von Großwohnanlagen in Massenproduktion, ohne ausreichende Versorgungseinrichtungen und ohne diese dem Bedarf der Gesellschaft adäquat anzupassen, führte zu den großen Problemen der „sozialen" und „lokalen Verslumung" der Menschen und ihrer Wohnstätten in diesen Gebieten.

Margarete Schütte-Lihotzky erhielt 1949 und 1952 Aufträge von der Gemeinde Wien für die Planung je eines Wohnbaus. Die Architektin war bis 1970 beruflich tätig, doch wurde sie von der Gemeinde nicht mehr beauftragt.[11] Erfahrung und Können wurden von den öffentlichen Stellen ignoriert.

Der „soziale Wohnbau" in Österreich, die Art der Wohnungen und der Wohnhausanlagen, wird im wesentlichen durch Bauordnungen und Wohnbauförderungsgesetze festgelegt.

Der Wunsch nach Gestaltungsvielfalt innerhalb des vorhandenen gesetzlichen Freiraumes führte zu einer Überbewertung des Formalen, ohne gleichzeitig konzeptuell die Bauaufgaben des sozialen Bereiches zu hinterfragen. Es entstanden die oberflächlichen, aber beredten Baustrukturen der „Postmoderne".

In den siebziger Jahren verfaßte die Architektin Myra Wahrhaftig ihre Arbeit „Emanzipationshindernis Wohnung"[12], einen der wenigen Versuche, ein neues Konzept für den sozialen Wohnbau in der BRD zu entwickeln. Die Situation des Wohnbaus im Deutschland der siebziger Jahre ist mit der in Österreich durchaus vergleichbar.

Mit ihrer Arbeit zeigt sie den Zusammenhang Gesellschaft – Architektur auf dem Gebiet des Wohnungsbaus auf; dazu verwendet sie empirische Untersuchungen und Darstellungen der Rolle der Frau und ihrer sozialen Stellung in der Gesellschaft während der letzten 150 Jahre sowie der Entwicklung des Wohnungsbaus in eben diesem Zeitabschnitt. Weiters stellt sie anhand von Beispielen den Zusammenhang zwischen Gesellschaftssystem, Familienstruktur und Raumaufteilung dar und analysiert Wohnungsgrundrisse und deren Elemente nach ihrer historischen Entstehung, ihrer Beeinflussung durch bestehende Vorschriften[13], die als Grundlage der üblichen Wohnungsplanung dienen, und nach der Benutzung durch die Bewohner.

Mit der Summe dieser Erkenntnisse führt Myra Wahrhaftig den Nachweis ihrer These: „Das Wohnverhalten einer Familie im sozialen Wohnungsbau, welches durch die bauliche Ordnung der Wohnung unterstützt wird, widerspricht der Forderung nach Emanzipation der Frau."[14] Anders ausgedrückt: Der von öffentlichen Stellen festgelegte und geförderte Wohnbau entspricht nicht der gegenwärtigen

---

[9] siehe Projekt Nr. 60

[10] Die UNO-Konvention über die Rechte des Kindes vom 20. 11. 1989 wurde am 26. 1. 1990 von 61 Staaten, darunter auch Österreich, unterzeichnet.

[11] siehe Lindner, Marion: Wien nach 1945

[12] Wahrhaftig, Myra: Emanzipationshindernis Wohnung, Köln, 1985, 2. Aufl.; Erstveröffentlichung: Wahrhaftig, Myra: Die Behinderung der Emanzipation der Frau durch die Wohnung und die Möglichkeit zur Überwindung, Dissertation, TU Berlin, 1978

[13] In Deutschland sind zwei DIN-Normen 18011 und 18022 für die Grundrißgestaltung maßgebend.

[14] Wahrhaftig, Myra: a.a.O., S. 11

WOHNBAU UND GESELLSCHAFT

Gesellschaftsform, nämlich der Gleichstellung der Frau, dem partnerschaftlichen Verhalten und der Erziehung der Kinder in diesem Sinne.[15] Ihre Konsequenz lautet: „Die Überwindung der Ungleichheit der Arbeitsteilung im Reproduktionsbereich heißt auch ‚die Emanzipation der Frau durch die Wohnung.'"[16]

Als Lösungsvorschlag entwickelt sie ein Wohnungsbausystem, das durch eine offene Baustruktur den Bewohnern möglichst viel Variabilität in der individuellen Wohnungsgrundrißplanung bietet; die Entscheidung für ein bestimmtes Wohnverhalten liegt daher weitgehend bei den Nutzern. Dieses Wohnungsbausystem sieht die Ausbildung eines Gemeinschaftsbereiches, in dem gewohnt, gekocht und gegessen wird, und zusätzlich die Ausbildung von individuellen Bereichen vor.

Neuerungsvorschläge einzelner engagierter Architekten, zum Beispiel auf dem Gebiet der Partizipation der Bewohner am Planungsprozeß, haben bis heute noch kaum Einfluß auf Gesetzgebung und Planungspraxis gefunden.

Die Architektin Zaha Hadid nimmt zur Situation des Wohnungsbaues in einem Interview Stellung:

„Es gibt keine Forschung für die Entwicklung eines neuen Wohnungstyps, was ich für sehr wichtig halte, denn eine Untersuchung von Wohnformen und Typologien hätte die heutige Lebensweise der Menschen zu analysieren....

..., daß es zunächst nicht darauf ankommt, wie ein Gebäude aussieht, sondern wie es programmatisch und funktionell wirkt, all das zusammen auf einem gegebenen Gelände, das hat es bisher nicht gegeben. Das ist nicht wirklich gemacht worden. In ganz kleinem Maße vielleicht in Amerika, in geringer Weise in der Sowjetunion, ja, auf der Ebene des Wohnungsbaus in Berlin und in Frankfurt in den zwanziger Jahren. Und es wurde gestoppt. Ich denke heute, das muß man machen, zurückgehen in diese visionären Bedingungen und sie weiterentwickeln....

... Ich denke, der wichtigste Aspekt in der modernen Architektur und das Fundamentale sind die theoretische und die programmatische Basis, daß ein modernes Gebäude nur funktionieren kann, wenn es ein modernes zeitgemäßes Programm hat....

... Der kulturelle Wandel ist wirklich sehr groß. Politisch hat sich vielleicht nicht so viel verändert, wenn du dir das anschaust, es gab keine Revolution. Aber kulturell – die Art zu leben, wie wir arbeiten und leben – hat sich sehr viel verändert. Wir brauchen eine neue Architektur, weil wir anders leben."[17]

Margarete Schütte-Lihotzky beschäftigt sich seit nunmehr 70 Jahren mit dem Wohnen der Menschen. Sie sieht es als die Aufgabe der Architekten, für die Zukunft zu planen, gesellschaftliche Entwicklungen wahrzunehmen und an deren Spitze mitzuarbeiten. Sie schreibt dazu in einem 1990 verfaßten Manuskript „Wohnberge – eine Utopie für künftiges Wohnen": „So entstanden zur Zeit der 20er Jahre in den verschiedensten Ländern Wohnbauten mit voneinander abgeschlossenen Ein-, Zwei-, Drei-, seltener auch Vierzimmerwohnungen. Ein Weltkrieg ist inzwischen über Europa hinweggebraust, – außerordentliche wirtschaftlich-technische und gesellschaftliche Veränderungen sind in den letzten 60–70 Jahren vor sich gegangen, – wir aber bauen seit Jahrzehnten immer noch unsere Ein-, Zwei-, Drei- und Vierzimmerwohnungen, wie wenn nichts gewesen wäre. Ist das nicht grotesk?"[18]

Ausgehend von den heutigen gesellschaftlichen Gegebenheiten – der allge-

---

[15] In Österreich wurde die „partnerschaftliche Ehe" mit der Familienrechtsreform 1976 verankert.

[16] Wahrhaftig, Myra: a.a.O., S. 156

[17] S.T.E.R.N.: Versprünge, Berlin, 1988, S. 33–39

[18] Schütte-Lihotzky, Margarete: Wohnberge – Eine Utopie für künftiges Wohnen, Wien, 1990, unveröffentlichtes Manuskript

meinen Berufstätigkeit der Frauen, dem höheren Lebensstandard, dem größeren Wunsch nach Kommunikation, dem veränderten Freizeitbereich, den Erfahrungen mit den sogenannten „Randgruppen", die zur bewußten Integration verschiedener Bevölkerungsgruppen im Wohnbereich führen – entwickelt sie eine Art Terrassenhausmodell. Keine hohen Wohnblöcke, die die Landschaft zerschneiden, sondern niedrige „Wohnberge", begrünte Hügel. Zentrale Dienstleistungen, als breites Angebot zur Versorgung, sollten die Wohnbauten begleiten und arbeitenden Menschen die Hausarbeit erleichtern oder sie davon befreien.

Das Werk der Margarete Schütte-Lihotzky zeigt seit über 70 Jahren konsequentes Engagement für die Gleichstellung aller Mitglieder dieser Gesellschaft. Ihr Eintreten und ihr Aufgabengebiet lag ihr Leben lang auf der Seite der Benachteiligten. Trotz Hindernissen und Rückschlägen hat sie diese Haltung bis heute bewahrt.

Margarete Schütte-Lihotzky hat den Beruf der/des Architektin/en neu definiert. Sie hat ihn vollständig gelöst von der Erfüllung der Vorstellungen des einzelnen Auftraggebers oder Mäzens und konsequent gefordert, daß die/der Architekt/in ihre/seine Arbeit in den Dienst der Gemeinschaft stellt. Sie hat uns einen Weg für die Architektur des 21. Jahrhunderts vorgezeichnet, den es weiterzugehen heißt, um die Demokratisierungsbestrebungen der Gesellschaft des zukünftigen Europa mitzuverwirklichen und mitzubeeinflussen.

Biographie

1897

23. Jänner: Grete Lihotzky wird in Wien geboren.
Der Vater Grete Lihotzkys war österreichischer Staatsbeamter. Sie beschreibt ihn als einen sehr musikalischen Menschen, der lieber Musiker geworden wäre. Er war Kriegsgegner und begrüßte die Ausrufung der 1. Republik Österreichs.
Die Mutter war eine allgemein interessierte Frau, sie hatte keinen Beruf erlernt. Sie versorgte die Familie, bis sie sich 1914 zu Kriegsbeginn zum Roten Kreuz meldete. Nach dem Krieg mußte der Vater in Pension gehen, da begann sie beim Jugendgericht zu arbeiten.
Die Familie mütterlicherseits: Der Urgroßvater war aus Hannover eingewandert und hatte sich in Preßburg niedergelassen und ein Handwerk ausgeübt. Der Großvater, er hieß Bode, hatte in Wien Bauingenieurwesen studiert und war Direktor der Ersten Wiener Baugesellschaft. Aus diesem Zweig der Familie stammte auch der in Berlin berühmt gewordene Kunsthistoriker Bode.
Die Familie väterlicherseits: Die Großeltern Lihotzky stammten aus Czernowitz in der Bukowina. Der Großvater hatte in Wien Jus studiert und ging danach zurück nach Czernowitz. Er war Richter. Für ein besonderes Gesetz, das er geschaffen hatte, erhielt er den Leopoldsorden, damit verbunden war die Verleihung eines Adelstitels. Er lehnte jedoch den Adel ab und nahm nur den Orden an.

1897–1914

Grete wächst gemeinsam mit ihrer um vier Jahre älteren Schwester Adele auf.
Die Familie wohnt im fünften Wiener Gemeindebezirk in einem schönen Alt-Wiener Haus mit einem großen Garten, das dem Großvater Bode gehörte. 1914 verkauft er das Haus, Eltern und Töchter Lihotzky ziehen in eine Wohnung in der Hamburgerstraße 14, (ebenfalls im fünften Bezirk).

linkes Bild: 1935 in Karlsbad

Familie Lihotzky 1903 in Wien, links Grete

Die beiden Schwestern besuchen die öffentliche Volksschule, danach vier Jahre die Bürgerschule. Adele wird Lehrerin.
Grete verbringt nach diesem Schulabschluß ein Jahr zu Haus und nimmt Privatunterricht bei dem Maler Maierhofer.
Anschließend besucht sie zwei Jahre lang die K. K. Graphische Lehr- und Versuchsanstalt und nimmt am Kopf-, Akt- und Ornamentalen Zeichnen teil.

1915

Im Herbst tritt sie zur Aufnahmeprüfung an der K. K. Kunstgewerbeschule in Wien an.

1915–1919

Studium an der K. K. Kunstgewerbeschule in Wien.
Allgemeine Abteilung und Fachklasse für Architektur bei Professor Oskar Strnad, Baukonstruktionslehre bei Professor Heinrich Tessenow.

1917

Grete Lihotzky wird der Max Mauthner-Preis der Handels- und Gewerbekammer für die beste Lösung der

BIOGRAPHIE

6 Jahre alt, 1903

Grete Lihotzky 1915

1921

Preisaufgabe „Eine Wohnküche in der äußeren Vorstadt" verliehen, sie nimmt als einzige Frau daran teil.

1918
In den Sommermonaten erste Büropraxis bei Prof. Strnad. Bearbeitung von Siedlungsbauten und Modellbauplänen zu einem Theaterprojekt für Max Reinhardt in Berlin und Royards in Amsterdam.

1918–1919
Das „Abgangszeugnis" der Kunstgewerbeschule wird im Juli ausgestellt, Grete Lihotzky schließt jedoch ein weiteres Jahr als Hospitantin in der Fachklasse für Architektur von Prof. Oskar Strnad an.

1919
Grete Lihotzky wird der Lobmeyer-Preis der Gesellschaft zur Förderung der Kunstgewerbeschule für ihre architektonischen Entwürfe und Studien verliehen.
Einige Wochen Mitarbeit im Büro von Architekt Oerley. Eigenes Büro (in der Hofburg), erste selbständige Arbeiten.
Ende des Jahres: Begleitung einer Gruppe von Wiener Kindern, die zu einem Erholungsaufenthalt nach Rotterdam, Holland, eingeladen sind. Vormittags unterrichtet sie die 6–7jährigen Kinder, nachmittags arbeitet sie im Büro von Architekt Vermeer.

1920
Juni: Rückkehr aus Holland
August: 4. Preis bei einem Wettbewerb für eine Schrebergartenanlage auf dem Schafberg, Entwurf gemeinsam mit dem Gartenarchitekten Alois Berger. Eigenständige Beschäftigung, Entwürfe und Skizzen zu Siedlungsbau und Einrichtung.

1921
ab Jänner: Tätigkeit für die „Erste gemeinnützige Siedlungsgenossenschaft der Kriegsinvaliden Österreichs".
Februar bis April: Im Baubüro der Siedlung Friedensstadt am Lainzer Tiergarten gemeinsam mit Adolf Loos tätig.
August: Ihr erster Artikel „Einiges über die Einrichtung österreichischer Häuser unter besonderer Berücksichtigung der Siedlungsbauten" erscheint im „Schlesischen Heim".

1921–1922
Mitarbeit im Büro des Architekten Ernst Egli, Planungen für die Siedlung Eden: Siedlerhäuser und Kinderheim. Vortragstätigkeit an der „Siedlerschule" über die „Einrichtung des Siedlerhauses".

1922
ab März Tätigkeit im Baubüro des „Österreichischen Verbandes für Siedlungs- und Kleingartenwesen".

1927 mit ihrem Mann Wilhelm Schütte   1927

Weitere Beschäftigung mit dem Siedlungsbau und den Fragen der Rationalisierung der Hauswirtschaft.
Gründung und Leitung der Warentreuhand.
Durchführung eines Teiles der 4. Wiener Kleingartenausstellung im Rathaus, ihr Entwurf für eine Kochnischen- oder Spülkücheneinrichtung wird als Modell 1 : 1 gezeigt, Grete Lihotzky wird mit der bronzenen Medaille der Stadt Wien ausgezeichnet.
Entwicklung der Kernhausidee.

1923
Juni: Der Vater stirbt an akuter Tuberkulose
Grete Lihotzky plant einen Teil der 5. Wiener Siedlungs- und Kleingartenausstellung. Aufbau von verschiedenen Kernhaustypen als Modelle 1 : 1 auf dem Rathausplatz, Haustypen nach Entwürfen von Grete Lihotzky, darunter die Type 7, die zur Gänze nach ihren Entwürfen mit „eingebauten Möbeln" eingerichtet ist.
Grete Lihotzky erhält die silberne Medaille der Stadt Wien.

1924
Der Verband erhält den Auftrag zur Planung eines großen Volkswohnhauses – des Winarskyhofes. Grete Lihotzky ist eine der acht planenden Architekten, sie plant einen Teil der Gesamtanlage mit 70 Wohnungen (ausgeführt).
Grete Lihotzky erkrankt an Tuberkulose. Die Mutter stirbt an akuter Tuberkulose.

1924–1925
bis August 1925 Aufenthalt in der Lungenheilstätte Grimmenstein.
Das Projekt für eine „Tuberkuloseheilstätte" entsteht und wird im Frühjahr 1925 im Wiener Messepalast bei der Hygieneausstellung gezeigt.

1925
Sie entwickelt „Das vorgebaute raumangepaßte Möbel".

1926
Jänner: Berufung an das Hochbauamt der Stadt Frankfurt/Main in die Typisierungsabteilung, Abteilungsleiter ist Eugen Kaufmann. Die Architektin beschäftigt sich mit der Rationalisierung der Hauswirtschaft und ihrer Umsetzung im Wohnbau.
Grete Lihotzky entwickelt erste Projekte für den Wohnbau wie die Reihenhaustypen für Praunheim unter der Leitung von Eugen Kaufmann und Ernst May.
26. März: Die Architektin stellt in einem Radiovortrag ihr Küchenkonzept vor.
April: Beginn einer vielseitigen Vortragstätigkeit über Wohnungsbau und Rationalisierung der Hauswirtschaft. Grete Lihotzky spricht zwischen 1926 und 1930 in Hausfrauenvereinen aber auch, vom Hochbauamt beauftragt, in anderen Gremien und Stadtverwaltungen in den meisten Städten Deutschlands.
Intensive Publikationstätigkeit zu den Schwerpunkten ihrer Entwurfsthemen.

BIOGRAPHIE

Unterrichtskurse über Wohnungsbau an der Wohlfahrtsschule in Frankfurt am Main.
Herbst: Einbau der ersten typisierten Küchen in den Siedlungen Bruchfeldstraße, Praunheim und Ginnheim. Eine Musterküche wird im Frankfurter Rathaus aufgestellt.
Grete Lihotzky nimmt an dem Internationalen Wettbewerb für eine Schlafwageneinrichtung gemeinsam mit Max Cetto teil (nicht ausgeführt).

1927
27. März–10. April: Ausstellung „Die neue Wohnung und ihr Innenausbau"
Grete Lihotzky stellt dort das Küchenkonzept aus, was sehr zu ihrer Publizität beiträgt. Ab diesem Zeitpunkt erscheinen viele Artikel über dieses Thema, unterstützt durch die von ihr gehaltenen Vorträge. In der Folge wird sie vom Hochbauamt auch mit anderen Bauaufgaben, die Frauen betreffen, beauftragt.
Kurz nach der Ausstellung heiratet sie Wilhelm Schütte, einen Architektenkollegen, der am Hochbauamt in der Abteilung für Schulbau (unter der Leitung von Martin Elsässer) arbeitet.
Sie übersiedeln in eine Atelierwohnung, die vom Hochbauamt errichtet wurde und die sich Margarete Schütte-Lihotzky noch als Junggesellin als ideale Wohnung für sich selbst aussuchte. Sie existiert heute noch und liegt in der Kranichsteinerstraße 26 in Frankfurt/Main.
Für die Werkbundausstellung in Stuttgart übernimmt Margarete Schütte-Lihotzky die Bauleitung für das vom Hochbauamt präsentierte Plattenhaus, auch eine Küche von ihr ist ausgestellt. Weiters nimmt sie mit dem Projekt „Wohnung für die berufstätige Frau" an einer Ausstellung in Essen teil und hält einen Vortrag auf der Generalversammlung des Hausfrauenvereines, wo auch Ernst May zum Thema Wohnungsbau spricht.

1928
Die Mustereinrichtung wird noch einmal in München auf der Ausstellung „Heim und Technik" gezeigt.
Weitere Bauaufgaben für Frauen werden von ihr entwickelt und zum Teil verwirklicht, unter anderem Schul- und Lehrküchen sowie Zentralwäschereien.
Die von Margarete Schütte-Lihotzky geplanten Kindergärten für die Siedlungen Ginnheim und Praunheim bleiben Projekte.

1929
Ernst May lädt zum 2. CIAM-Kongreß nach Frankfurt ein, das Thema ist „Die Wohnung für das Existenzminimum". Margarete Schütte-Lihotzky ist durch die Mitarbeit an der Ausstellung und durch ein gemeinsames Projekt mit ihrem Mann beteiligt.
Wegen der beginnenden Wirtschaftskrise in Deutschland werden Personaleinsparungsmaßnahmen bei Doppelverdienern vorgenommen, der Vertrag der Architektin wird nicht mehr verlängert.
In dieser Zeit nimmt sie häufig an Wettbewerben gemeinsam mit ihrem Mann teil.

1930–1932
auf Einladung von Josef Frank Planung von zwei Einfamilienhäusern bei der österreichischen Werkbundsiedlung, die auch ausgeführt werden.

1930–1933
Im Oktober 1930 wird Margarete Schütte-Lihotzky als Mitglied der Gruppe May[1] für die Planung der neuen Städte nach Moskau berufen. Zu den ursprünglich 17 Architekten und Spezialisten der „Brigade May" gehören auch ihr Mann Wilhelm Schütte, Werner Hebebrand, Hans Schmidt und Mart Stam. Vertragspartner ist zunächst die Zekombank, später die Gruppe für Wohn- und Städtebautrusts. Als Leiterin der Abteilung für Kinderanstalten plant Margarete Schütte-Lihotzky Individual- und Typenprojekte für Kinderkrippen, Kindergärten, Klubs etc. Sie hält Kurse ab, um die Qualifikation ihrer Mitarbeiter (Konstrukteure und Zeichner) zu erhöhen. Im Verlauf der folgenden drei Jahre erhält sie verschiedene Prämien, unter anderem eine in Form einer Besichtigungsreise in die Aufbaugebiete der Sowjetunion.

1933
findet die Weltausstellung in Chicago statt, auf Aufforderung des örtlichen Architektinnenbundes sendet Margarete Schütte-Lihotzky Pläne und Fotos ihrer Arbeiten, die dort ausgestellt werden.

ab 1933
arbeitet Margarete Schütte-Lihotzky für das wissenschaftliche „Zentralinstitut zum Schutz der Kinder und Heranwachsenden", auch hier entwirft sie Bauten für Kinder.

---

[1] 1930 geht der Architekt und Städteplaner Ernst May mit einer Gruppe deutscher Architekten in die Sowjetunion

1934

unternimmt sie gemeinsam mit ihrem Mann eine längere Reise nach Japan und China. In Japan besichtigt das Ehepaar mehrere Städte und besucht den Architekten Bruno Taut, nach China führt sie eine offizielle Vortragsreise. Margarete Schütte-Lihotzky erstellt Richtlinien für den Bau von Kindergärten für das chinesische Unterrichtsministerium.

1934–1936

Arbeit für die Architekturakademie in Moskau, die Architektin entwirft Kindermöbel, erstellt gemeinsam mit wissenschaftlichen Instituten, Ärzten und Pädagogen Möbelprogramme und -maße, teilweise arbeitet sie auch mit dem Schweizer Architekten Hans Schmidt zusammen.

1935

entstehen zusammen mit Wilhelm Schütte die Entwürfe und Ausführungspläne für zwei Schulen in Makeewka.

1936–1937

erarbeitet sie unter anderem Typenprojekte für Kindergärten und Kinderkrippen sowie Typenmöbel für verschiedene Volkskommissariate.

1937

August: Margarete Schütte-Lihotzky und Wilhelm Schütte[2] verlassen gemeinsam mit der Familie Schmidt die Sowjetunion, um über Odessa, Istanbul, Athen und Triest nach Frankreich zu reisen. In Paris bleiben sie ein Jahr, finden auch kurzfristig Arbeit, doch ist die Stadt von Emigranten überfüllt.

1938–40

Nach einer kurzen Reise im April 1938 nach London, wo die Situation ebenso aussichtslos ist, reist das Ehepaar Schütte auf Vorschlag Bruno Tauts im August nach Istanbul, um dort an der „Academie des Beaux Arts", die dem Erziehungsministerium untersteht, zu arbeiten. Taut stirbt kurz nach ihrer Ankunft. Margarete Schütte-Lihotzky beschäftigt sich hauptsächlich mit Erziehungsbauten. Sie lernt den Architekten Herbert Eichholzer kennen, der eine österreichische antifaschistische Widerstandsgruppe in der Türkei aufbaut.

---

[2] Ihre Pässe sind abgelaufen und das politische Klima verschärft sich

1939

August: Teilnahme am Kongreß des „Internationalen Verbandes für Wohnungs- und Städtebau" in Schweden.

1940–1945

Im Dezember 1940 fährt Margarete Schütte-Lihotzky nach Wien, um für die Verbindung des österreichischen Widerstands mit dem Ausland zu sorgen, wird hier nach einigen Wochen von der Gestapo verhaftet, vom Berliner Volksgerichtshof nach Beantragung des Todesurteils zu 15 Jahren Zuchthaus verurteilt.

1945

29. April: Befreiung aus dem Zuchthaus Aichach, Bayern, durch amerikanische Truppen.
19. Mai: Die Österreicherinnen, darunter Schütte-Lihotzky, werden aus dem Zuchthaus abgeholt und nach München gebracht, der Aufenthalt dauert wegen der schwierigen Transportsituation zwei Monate.
19. Juli: Da Margarete Schütte-Lihotzky in der Haft neuerlich an Tbc erkrankt ist, fährt sie in die Lungenheilstätte Hochzirl in Tirol weiter.
Im September kehrt sie nach Wien in die Wohnung Hamburgerstraße 14 zurück.
November: Margarete Schütte-Lihotzky erarbeitet den Vorschlag zur Schaffung eines österreichischen Zentral-Bauinstitutes für Kinderanstalten, „BIK".

1946

März–Dezember: Aufenthalt in Sofia, Bulgarien, Aufbau einer Abteilung für Kindereinrichtungen am Stadtbauamt in Sofia ab 1. Mai, Planung mehrerer Kindergärten und Kinderkrippen, Entwicklung einer Entwurfslehre für Kindergärten und Kinderkrippen.

1947

Als Wilhelm Schütte, der die Kriegszeit in der Türkei verbracht hat, die Ausreise nach Sofia gelingt, kehrt sie am 1. Jänner 1947 gemeinsam mit ihrem Mann nach Wien zurück.
24.–29. Mai: Teilnahme an der ersten CIAM-Tagung nach dem Krieg in Zürich
September: Der 6. CIAM-Kongreß wird in Bridgewater, Großbritannien, abgehalten, die Bildung einer österreichischen CIAM-Gruppe wird beschlossen.
Margarete Schütte-Lihotzky gestaltet die Abteilung Bau- und Stadtplanung bei der Ausstellung „Wien baut auf" im Rathaus.

BIOGRAPHIE

Margarete Schütte-Lihotzky 1947

1948
März: Margarete Schütte-Lihotzky entwirft das architektonische Konzept bei der Ausstellung „Wien 1848".
Juni: In der großen Frauenausstellung zum Frauentag des Weltbundes demokratischer Frauen in Paris gestaltet die Architektin die österreichische Abteilung.
Margarete Schütte-Lihotzky wird zur ersten Präsidentin des Bundes Demokratischer Frauen Österreichs gewählt, in der Folge nimmt sie als Vertreterin Österreichs an zahlreichen Kongressen der Internationalen Demokratischen Frauenföderation – IDFF teil.

1948–1950
Planung und Ausführung des „Kärntner Volksverlages" gemeinsam mit Fritz Weber.

1948–1953
Gestaltung dreier Denkmäler für Widerstandskämpfer.

1949
Teilnahme am CIAM-Kongreß in Bergamo.
24. Mai: Margarete Schütte-Lihotzky wird die Befugnis als Ziviltechnikerin verliehen.

1949–1950
Margarete Schütte-Lihotzky plant gemeinsam mit Wilhelm Schütte ein Wohnhaus der Gemeinde Wien in der Barthgasse (ausgeführt).

1950
nimmt Margarete Schütte-Lihotzky an der Ausstellung der Zentralvereinigung der Architekten in der Secession in Wien teil.

1950–1952
Margarete Schütte-Lihotzky plant den Kindergarten am Kapaunplatz in Wien, ausgeführt.

1950–1959
Gestaltung verschiedener Festdekorationen für die Volksstimmefeste, den Weltfriedensrat, Pfingstjugendtreffen und Weltjugendfestspiele.

1951
Bei der CIAM-Tagung in Wien hält Margarete Schütte-Lihotzky das Referat „Bauten für Kinder".
Margarete Schütte-Lihotzky trennt sich von ihrem Mann Wilhelm Schütte.

1952
Mitgestaltung der Ausstellung „Unsere Schule" im Wiener Messepalast, sie stellt Typengrundrisse für Kindergärten, eine Kinderkrippe und vier verschiedene Gruppenräume aus.

1952–1956
Die Architektin plant ein Wohnhaus der Gemeinde Wien in der Schüttelstraße (ausgeführt).

1953
15. April–6. Mai: Margarete Schütte-Lihotzky nimmt an der Ausstellung der österreichischen CIAM-Gruppe im Museum für Kunst und Industrie (jetzt MAK) teil, die Gesamtgestaltung der Ausstellung ist von Karl Schwanzer.

1953–1956
Planung und Ausführung der Druckerei und des Verlagsgebäudes „Globus" in Wien gemeinsam mit Wilhelm Schütte, Fritz Weber und Karl Eder.

1956
Studienreise nach China mit einer österreichischen Kulturdelegation, Margarete Schütte-Lihotzky hält einen Vortrag über „Bauen in Österreich" an der Technischen Universität in Peking und beschäftigt sich mit städtebaulichen Fragen.
Teilnahme am Weltkongreß des „Internationalen Verbandes für Wohnungs- und Städtebau" in Wien, der im Rathaus veranstaltet wird.

1958
Teilnahme am UIA-Kongreß in Moskau
Der Artikel über „Peking" Margarete Schütte-Lihotzkys erscheint im „Aufbau", Wien, und setzt sich mit städtebaulichen Fragen auseinander.
Das Buchmanuskript „Millionenstädte Chinas" bleibt unveröffentlicht.

1961
Reise nach Kuba als Präsidentin des BDFÖ mit einer Frauendelegation, Margarete Schütte-Lihotzky besichtigt das Land und die neu erbauten Kindergärten.

1961–1963
Planung und Ausführung des Kindertagesheimes in der Rinnböckstraße für die Gemeinde Wien. Das Pavillonsystem für Kindertagesheime, das Margarete Schütte-Lihotzky in der späteren „Bauentwurfslehre für Kindertagesstätten" in allen Kombinationsmöglichkeiten ausführlich darstellt, ist hier verwirklicht.

1963
dreimonatiger Aufenthalt in Kuba, die Architektin erarbeitet eine Entwurfslehre für Kinderanstalten für das kubanische Erziehungsministerium und nimmt an dem in Kuba gleichzeitig stattfindenden UIA-Kongreß teil.

1964–1968
bearbeitet Margarete Schütte-Lihotzky das „Baukastensystem für Kindertagesheime" für Österreich, das trotz mehrmaligem Vorschlag an öffentliche Stellen nicht verwirklicht wird.

1957 in ihrer Wohnung in der Hamburgerstraße 14

1966
sechsmonatige Arbeit an der Bauakademie in Berlin-DDR, Erstellen einer Forschungsarbeit über Kinderanstalten für die DDR.

1967–1969
plant Margarete Schütte-Lihotzky ihre eigene Wohnung in der Franzensgasse in Wien, in die sie – nach einem Aufenthalt in der Lungenheilstätte Schwarzach – 1970 einzieht.

1975
Bearbeitung des Projektes Terrassenhaus.

1980
1. Mai: Verleihung des Preises des Jahres 1980 für Architektur der Stadt Wien.

1985
Teilnahme an der Ausstellung „1945 – davor und danach" in Wien.
Das Buch der Architektin „Erinnerungen aus dem Widerstand" erscheint in einem Hamburger Verlag.
2. Dezember: Verleihung der Prechtl Medaille der TU Wien.

BIOGRAPHIE

1990 in Venedig

1992 mit ihrem Kater Schurli

1992, der 95. Geburtstag

1986
24.–26. Juni: Teilnahme am Bauhauskolloquium in Weimar.

1987
26. Juni: Ehrenmitgliedschaft der Hochschule für angewandte Kunst, Wien.

1987–1989
Teilnahme an der Ausstellung „Architektinnen in Österreich 1900–1987" in Wien, die dann als Wanderausstellung in mehreren Städten in den USA gezeigt wird.

1989
16. Juni: Verleihung des Ehrendoktorates an der Technischen Universität Graz.
17. November: Verleihung des IKEA-Preises der IKEA-Foundation in Amsterdam für ihr Lebenswerk.

1990
Margarete Schütte-Lihotzky erarbeitet einen Wohnbauvorschlag: „Wohnberge – eine Utopie für künftiges Wohnen" (nicht veröffentlicht).

1990–1991
7. November–1. Februar: Ein originalgetreuer Nachbau der „Frankfurter Küche" wird im Museum für angewandte Kunst (MAK) in Wien ausgestellt.

1991
12. Juni: Ernennung zum Ehrenmitglied der Hochschule der Bildenden Künste in Hamburg.

1992
25. Februar: Verleihung des Ehrendoktorates an der Technischen Universität München.
7. Mai: Vortrag an der Technischen Universität Berlin
30. November: Überreichung der Ehrenmedaille der Bundeshauptstadt Wien in Gold

1993
14. April: Verleihung des österreichischen Ehrenzeichens für Wissenschaft und Kunst.

BIOGRAPHIE

1993
16. Juni – 19. September: große Gesamtausstellung „Margarete Schütte-Lihotzky: Soziale Architektur – Zeitzeugin eines Jahrhunderts" im MAK – Österreichisches Museum für angewandte Kunst

1996
31. Jänner – 14. Februar 1996: Ausstellung „Margarete Schütte-Lihotzky: Una donna progettista per l'architettura sociale" im Polytechnikum in Mailand, Italien

Die Architektin lebt und arbeitet in Wien, sie hält Vorträge und schreibt an ihren „Lebenserinnerungen".

Biographische Daten

Ausstellungsteilnahmen

1921   3. Wiener Kleingartenausstellung im Wiener Rathaus

1922   4. Wiener Kleingartenausstellung im Wiener Rathaus

1923   5. Wiener Kleingarten-, Siedlungs- und Wohnbauausstellung, Wien Rathaus und Rathausplatz

1925   Hygieneausstellung im Wiener Messepalast

1927   „Die neue Wohnung und ihr Innenausbau" und an „Der neuzeitliche Haushalt", beides Sonderschauen der Frankfurter Frühjahrsmesse.

1927   Stuttgarter Werkbundausstellung „Die neue Wohnung"

1927   Ausstellung der Stadt Essen zur Generalversammlung des Hausfrauenvereins

1928   Ausstellung „Heim und Technik" in München

1929   Ausstellung „Die Wohnung für das Existenzminimum" in Frankfurt/Main

1933   aufgefordert vom Architektinnenbund in Chicago auf der dortigen Weltausstellung auszustellen, Absendung von Projekten und Fotos ihrer Arbeiten, die dort ausgestellt werden

1950   Ausstellung der Zentralvereinigung der Architekten Österreichs in der Secession, Wien

1952   Ausstellung „Unsere Schule" im Messepalast, Wien

1953   Ausstellung der Österreichischen CIAM-Gruppe vom 15. April–6. Mai im Museum für Kunst und Industrie (jetzt MAK), Wien

1985   Ausstellung „1945 – davor und danach", Wien

1987   Ausstellung „Architektinnen in Österreich 1900–1987", Passage Stephansplatz, Wien

1987–1989   dieselbe als Wanderausstellung unter dem Titel „Women architects in Austria 1900-1987", gezeigt in:
Austrian Institute, New York/ New York
International Archive of Women in Architecture, Blacksburg/ Virginia
Washington Centre, Alexandria/ Virginia
Ball State University, Muncil/ Indiana
Washington University, Saint Louis/ Missouri
The Tweed Museum, University of Minnesota, Duluth/ Minnesota
University of Kentucky, Lexington/ Kentucky
Miami University, Oxford/ Ohio
Skidmore College, Saratoga Springs, New York/ New York

1990–1991   Ausstellung „Die Frankfurter Küche" gezeigt im MAK – Österreichisches Museum für angewandte Kunst, Wien, vom 7. 11. 1990 bis 1. 2. 1991

1993   große Gesamtausstellung „Margarete Schütte-Lihotzky: Soziale Architektur – Zeitzeugin eines Jahrhunderts" im MAK – Österreichisches Museum für angewandte Kunst vom 16. Juni bis 19. September

1996   Ausstellung „Margarete Schütte-Lihotzky: Una donna progettista per l'architettura sociale" im Polytechnikum in Mailand, Italien, vom 31. Jänner bis 14. Februar

Ausstellungen, die Margarete Schütte-Lihotzky gestaltet hat, sind im Projektverzeichnis zu finden.

Kongreßteilnahmen

1929   2. CIAM-Kongreß[1] in Frankfurt, Deutschland, Thema „Die Wohnung für das Existenzminimum"

1939   Kongreß des „Internationalen Verbandes für Wohnungs- und Städtebau" in Stockholm, Schweden

---

[1] Congres Internationaux d' Architecture Moderne

BIOGRAPHISCHE DATEN

1947   CIAM-Tagung in Zürich, Schweiz, 24.–29. Mai, Vorbereitung des CIAM-Kongresses

1947   6. CIAM-Kongreß in Bridgewater, Großbritannien, im September

1948   Frauentag des Weltbundes demokratischer Frauen in Paris, Frankreich, von Mitte Juni bis Mitte Juli

1948   2. Kongreß der IDFF[2], Budapest, Ungarn

1949   CIAM-Kongreß in Bergamo, Italien

1951   CIAM-Tagung in Wien, Österreich

1952   Internationale Architektentagung in Warschau, Polen

1953   3. Kongreß der IDFF, Kopenhagen, Dänemark

1953   Weltfriedenskongreß[3], Wien, Österreich

1954   Internationaler Architektenkongreß in Warschau, Polen, „Recontre d'Architectes"

1955   BDA – Architektenkongreß in Berlin

1956   Internationaler Städtebaukongreß des „Internationalen Verbandes für Wohnungs- und Städtebau"[4] in Wien, Österreich

1958   UIA[5] Kongreß in Moskau, UdSSR

1958   4. Kongreß der IDFF, Wien, Österreich

1960   Friedenskongreß

1961   Friedenskongreß

1962   Welttreffen der Frauen für Abrüstung, Wien, Österreich; Margarete Schütte-Lihotzky ist Mitglied der auf dieser Konferenz gewählten Delegation, die zur 18-Staaten-Abrüstungskonferenz nach Genf reist.

1963   UIA Kongreß in Havanna, Kuba

1963   5. IDFF-Kongreß, Moskau, UdSSR

1967   Internationales Symposium der Frauen, Moskau, UdSSR, „50 Jahre Revolution"

1970   Konsultativtreffen von Frauen und Frauenorganisationen Europas zur Frage der Europäischen Sicherheit und Zusammenarbeit, Ystad, Schweden

1972   UIA Kongreß in Varna, Bulgarien, im September

1975   Weltkongreß im Internationalen Jahr der Frau, Berlin-Ost, DDR

1975   7. Kongreß der IDFF, Berlin-Ost, DDR

1978   Eröffnung des IDFF-Regionalzentrums für Lateinamerika in Havanna, Kuba

1980   IBA-Tagung über Servicehäuser und Wohnung der berufstätigen Frau, Berlin-West, BRD

1986   4. Internationales Bauhaus-Kolloquium in Weimar, DDR, vom 24.–26. Juni

Zeugnisse und Bestätigungen

1916   Jahreszeugnis 1915/16 der K. K. Kunstgewerbeschule, Allgemeine Abteilung

1917   Jahreszeugnis 1916/17 der K. K. Kunstgewerbeschule, Allgemeine Abteilung

1918   Jahreszeugnis 1917/18 der K. K. Kunstgewerbeschule, Fachklasse Architektur

1918-10-09   Zeugnis von Oskar Strnad, Architekt, über 3 Monate Tätigkeit in seinem Büro

1919-01-15   Abgangszeugnis der K. K. Kunstgewerbeschule, Studium als ordentliche Schülerin, Oktober 1915 bis Juni 1918

1919   Studienzeugnis 1918/19 der Kunstgewerbeschule Fachklasse Architektur, als Hospitantin

1920-11-02   Zeugnis von Melchior en D.A. Vermeer Jr., Architekt, über Tätigkeit in seinem Büro

1921-05-01   Zeugnis von Adolf Loos, Architekt, über Mitarbeit im Baubüro der Lainzer Siedlung im Februar, März, April 1921

1922   Zeugnis von Ernst Arnold Egli, Architekt, über Mitarbeit in seinem Büro vom Mai 1921 bis Ende Februar 1922

1922-09-19   Gutachten der Siedlungs-, Wohnungs- und Baugilde Österreichs über die Kochnischen- und Spülkücheneinrichtung

1922-09-22   Schreiben zur Anerkennung des Entwurfs der Kochnische vom Magistrat der Bundeshauptstadt Wien, Vorstand des Siedlungsamtes, Regierungsrat Dr. Kampffmayer

---

[2] Internationale Demokratische Frauenföderation
[3] veranstaltet vom Weltfriedensrat im Dreherpark
[4] im Rathaus veranstaltet
[5] Union Internationale des Architectes

1922-09-24 Gutachten der österreichischen Gartenstadt- und Siedlungsgesellschaft über die Kochnische

1923 Zeugnis der Siedlungs-, Wohnungs- und Baugilde Österreichs, über die Tätigkeit vom 1.3.1922 bis 1.1.1923

1923-01-08 Gutachten (Abschrift) vom Bundes-, Wohn- und Siedlungsamt im Bundesministerium für Soziale Fürsorge für die Küche samt Spüle

1923-01-11 Gutachten (Abschrift) über die Kochnischen- und Spülkücheneinrichtung, ausgestellt vom Orga-Institut, Untersuchungs- und Forschungsinstitut für Arbeitswissenschaft und Psychotechnik, Berlin, Abteilung für Haushaltsführung, Irene Witte

1923-10-10 Anerkennungsschreiben der Gemeinwirtschaftlichen Siedlungs- und Baustoffanstalt, anläßlich der Siedlerausstellung

1925 Zeugnis des Österreichischen Verbandes für Siedlungs- und Kleingartenwesen, über die Anstellung vom 1.3.1922 bis 30.6.1925 im Baubüro des Verbandes

o.D. Zeugnis für die Arbeit am Hochbauamt in Frankfurt a. M.

1930-04-04 Bestätigung Volkswohnhausbau – Winarskyhof, vom Wiener Magistrat, Abteilung 22

1930-05-16 Zeugnis für die Arbeit an der Wohlfahrtsschule Hessen

1930-06-17 Schreiben des Gesellschafts- und Wirtschaftsmuseums in Wien, Dir. Dr. Neurath als Bestätigung ihrer Tätigkeit im ÖVSK

1930-10-01 Zeugnis von Ernst May, Leiter des Hochbauamtes, für ihre Arbeit am Hochbauamt

1930 Vertrag mit der Zekombank, Sowjetunion

1933-04-15 Zeugnis (Abschrift) von Ernst May über ihre Arbeit als Leiterin der Abteilung für Kindergärten und Kinderkrippen zuerst innerhalb des Verbandes der Zekombank, dann im Trust Standartgorprojekt

1933-06-26 Bestätigung (Abschrift) der Durchführung von Kursen zur Erhöhung der Qualifikation ihrer Mitarbeiter, ausgestellt von N. Gurewitsch, N. Anufrewa, F. Strich, Zeichner

1934-03-19 Bestätigung der Arbeit am Institut für Gesundheitswesen und Hygiene für Kinder und Jugendliche, ausgestellt vom stellvertretenden Direktor

1935-10-08 Bestätigung der eineinhalbjährigen Mitarbeit an der Akademie für Architektur, ausgestellt vom wissenschaftlichen Sekretär Ludwig

1949-04-22 Zeugnis der Ingenieurkammer für Wien, Niederösterreich und das Burgenland zur Erlangung der Befugnis eines Architekten

1949-05-24 Befugnisverleihung durch das Bundesministerium für Handel und Wiederaufbau

Preise und Ehrungen

1917-06-21 Max Mauthner-Preis der Handels- und Gewerbekammer für die beste Lösung der Preisaufgabe „Eine Wohnküche in der äußeren Vorstadt"

1919-06-28 Lobmeyer-Preis der Gesellschaft zur Förderung der Kunstgewerbeschule, für architektonische Entwürfe und Studien

1920-09-09 4. Preis für Schrebergarten-Wettbewerb der österreichischen Gartenbaugesellschaft

1922-11-19 Bronzemedaille der Stadt Wien, anläßlich der 4. Kleingartenausstellung im Wiener Rathaus

1923-11-15 Silbermedaille der Stadt Wien, anläßlich der 5. Wohnbau- und Siedlungsausstellung im und vor dem Wiener Rathaus, für Leistungen des Wohn- und Siedlungswesens

1931-09-15 Preis für ihre Arbeit im Trust „Standartgorprojekt"

1932-06-09 Prämie in Form einer Reise, verliehen vom Volkskommissariat für Volkswirtschaft der Sowjetunion

1977 Joliot-Curie-Medaille für Leistungen in der Weltfriedensbewegung

1978 Ehrenzeichen für die Verdienste um die Befreiung Österreichs

1980-05-01 Preis des Jahres 1980 für Architektur, verliehen von der Stadt Wien

1985-12-02 Prechtl-Medaille der Technischen Universität Wien

1987-06-26 Ehrenmitgliedschaft der Hochschule für angewandte Kunst, Wien

1988-02-15 Ablehnung des Staatspreises für Wissenschaft und Kunst wegen Verleihung durch Bundespräsident Waldheim

BIOGRAPHISCHE DATEN

1989-06-16   Ehrendoktorat der Technischen Universität Graz

1989-11-17   IKEA-Preis, Ikea Foundation, Amsterdam

1991-06-12   Verleihung der Ehrenmitgliedschaft der Hochschule der bildenden Künste, Hamburg

1992-02-25   Ehrendoktorat der Technischen Universität München

1992-11-30   Verleihung der Ehrenmedaille der Stadt Wien in Gold

1993-04-14   Verleihung des Österreichischen Ehrenzeichens für Wissenschaft und Kunst

1993-08-10   Ehrendoktorat der TU Berlin

1993-09-19   Verleihung des Ehrenringes der Bundesingenieurkammer

1994-01-31   Ehrendoktorat der TU Wien

1994-06-30   Ehrenmitglied der Akademie der bildenden Künste in Wien

Werkverzeichnis

Die mit ● gekennzeichneten Projekte werden im Katalog ausführlich behandelt.

Wien bis 1926

1 PLAKAT DIANABAD, 1914
an der K. K. Graphischen Lehr- und Versuchsanstalt

2 BAUKONSTRUKTIONEN, 1916/17
an der K. K. Kunstgewerbeschule in Wien, 2. Studienjahr, bei Tessenow

3 Wettbewerb für „ARBEITERWOHNUNGEN", 1917
an der K. K. Kunstgewerbeschule in Wien, 2. Studienjahr, bei Strnad,

4 KULTURPALAST, März 1918
an der K. K. Kunstgewerbeschule in Wien, 3. Studienjahr, bei Strnad

5 WOHNHAUS, Mai 1918
an der K. K. Kunstgewerbeschule in Wien, 3. Studienjahr, bei Strnad

6 TREPPEN, Juni 1918
an der K. K. Kunstgewerbeschule in Wien, 3. Studienjahr, bei Strnad

7 KRISTALLUSTER, Juni 1918
an der K. K. Kunstgewerbeschule in Wien, 3. Studienjahr, bei Strnad

8 TOILETTETISCHCHEN, 1917/18
an der K. K. Kunstgewerbeschule in Wien, 3. Studienjahr, bei Strnad

9 TÜR- UND FENSTERDETAILS, Oktober 1918
an der Kunstgewerbeschule in Wien, letztes Studienjahr, als Hospitantin bei Strnad

10 INVALIDENHEIMSTÄTTEN, Dezember 1918
an der Kunstgewerbeschule in Wien, letztes Studienjahr, als Hospitantin bei Strnad

11 „EINHEITSMÖBEL" – MÖBELENTWÜRFE, 1919
(Ausführung nicht bekannt)

12 KÜCHENSTUDIE „KENNWORT HAUSHALT", November 1919

13 ZERLEGBARE HOLZHÄUSER FÜR DEN WIEDERAUFBAU IN NORDFRANKREICH, Jänner/Februar 1920
für das Bauunternehmen Ing. Franz & Co., (Ausführung nicht bekannt)

14 WETTBEWERB FÜR EINE SCHREBERGARTENANLAGE AUF DEM SCHAFBERG, August 1920
mit Gartenarchitekt Alois Berger, Wien 17, (4. Preis)

15 ENTWÜRFE FÜR (ARBEITER)REIHENHÄUSER, Oktober–November 1920
Lihotzky, Grete: /Einrichtung der Siedlungsbauten/

16 ENTWURF FREISTEHENDES HAUS TYPE I, November 1920

17 ENTWURF HAUSTYPE FÜR ZWEI FAMILIEN, vermutlich Herbst 1920

18 ENTWURF DREIGESCHOSSIGES REIHENHAUS, vermutlich Ende 1920

19 „ENTWURF ZU EINER KÜCHE", vermutlich Ende 1920
Lihotzky, Grete: /Einrichtung der Siedlungsbauten/

20 STEINHÄUSER UND KINDERHEIM FÜR DIE SIEDLUNG EDEN, Mai 1921–Februar 1922
Mitarbeit im Büro Arch. Ernst Egli, Wien 14, Knödelhüttenstraße 4–12, 20–28, 64, (umgebaut)

21 HAUS FÜR DIE LEHRSIEDLUNG HEUBERG, August 1921
Wien 17, Röntgengasse, (ein den Entwurfsplänen entsprechendes Haus ist nicht auffindbar)

22 HAUS FÜR DIE SIEDLUNG HIRSCHSTETTEN, 1921–1922
Wien 22, Quadenstraße, (ein den Entwurfsplänen entsprechendes Haus ist nicht auffindbar)

23 ENTWURF FÜR EINE SIEDLERHÜTTE, Dezember 1921
Lihotzky, Grete: /Die Siedlerhütte/

24 TYPENENTWÜRFE FÜR SIEDLERHÜTTEN, nach 1. 3. 1922
im Baubüro des Österreichischen Verbandes für Siedlungs- und Kleingartenwesen (ÖVSK) bzw. der Siedlungs-, Wohnungs- und Baugilde Österreichs, (wahrscheinlich ausgeführt)

25 EINGEBAUTER KÜCHENSCHRANK, 1922
im Baubüro des ÖVSK bzw. der Siedlungs-, Wohnungs- und Baugilde Österreichs, (wahrscheinlich ausgeführt)

26 „EINHEITSMÖBEL" FÜR SIEDLERHÄUSER, Herbst 1922
im Baubüro des ÖVSK bzw. der Siedlungs-, Wohnungs- und Baugilde Österreichs, (wahrscheinlich ausgeführt)

27 SIEDLERHAUS TYPE 4, 1922
im Baubüro des ÖVSK bzw. der Siedlungs-, Wohnungs- und Baugilde Österreichs, (wahrscheinlich ausgeführt)

WERKVERZEICHNIS

(28) KOCHNISCHEN- ODER SPÜLKÜCHENEINRICHTUNG, September 1922
im Baubüro des ÖVSK bzw. der Siedlungs-, Wohnungs- und Baugilde Österreichs, Wien, (nicht ausgeführt)
als Musterküche bei der 4. Wiener Kleingartenausstellung im Rathaus als Modell im M 1 : 1 aufgebaut
Lihotzky, Grete: /4. Kleingartenausstellung/

29 4. WIENER KLEINGARTENAUSSTELLUNG, 8.–11. September 1922
im Baubüro des ÖVSK bzw. der Siedlungs-, Wohnungs- und Baugilde Österreichs, Wien, Rathaus
Planung und Bauüberwachung des Ausstellungsteiles des Baubüros, eigene Ausstellungsteilnahme
bronzene Medaille der Gemeinde Wien als Ehrenpreis verliehen
Lihotzky, Grete: /4. Kleingartenausstellung/

(30) EINRICHTUNG EINES HAUSES IN DER SIEDLUNG EDEN, 1922–1923
für den Schriftsteller H. Margulies, Wien 14 (genaue Adresse unbekannt)
Lihotzky, Grete: /Das vorgebaute Möbel/

31 ENTWURF FÜR EIN LANDHAUS, März 1923
für Familie Reiner, Ernestinovo bei Esseg, Jugoslawien

(32) ENTWURF HAUS SCHLESSINGER, 1923
im Baubüro des ÖVSK, Wien 13, Fasangartenstraße

(33) DAS KERNHAUS, 1923
im Baubüro des ÖVSK
Lihotzky, Grete: /Siedlerhüttenaktion/
Neurath, Otto: /Kernhausaktion/

(34) KERNHAUS TYPE 7, 1923
im Baubüro des ÖVSK, (ausgeführt)
bei der 5. Wiener Kleingarten-, Siedlungs- und Wohnbauausstellung auf dem Wiener Rathausplatz als Modell im M 1 : 1 mit Mustereinrichtung aufgebaut.
/Führer durch die 5. Kleingartenausstellung/
Lihotzky, Grete: /Siedlerhüttenaktion/
Neurath, Otto: /Generalarchitekturplan/
o.A.: /Die „GESIBA" – Häuser/
o.A.: /Vorbereitung der 5. Kleingartenausstellung/

35 SIEDLERHAUS TYPE 101, 1923
im Baubüro des ÖVSK, (Ausführung nicht bekannt)
bei der 5. Wiener Kleingarten-, Siedlungs- und Wohnbauausstellung auf dem Wiener Rathausplatz als Modell im M 1 : 1 mit Mustereinrichtung aufgebaut.

(36) 5. WIENER KLEINGARTEN-, SIEDLUNGS- UND WOHNBAUAUSSTELLUNG, 2.–9. September 1923
im Baubüro des ÖVSK, Wien, Rathaus und Rathausplatz,
Planung und Durchführung des Ausstellungsteiles des Baubüros, eigene Ausstellungsteilnahme
silberne Medaille der Gemeinde Wien als Ehrenpreis verliehen
Ermers, Max: /Wohnbauausstellung/
/Führer durch die 5. Kleingartenausstellung/
o.A.: /Fünfte Kleingartenausstellung/
o.A.: /Vorbereitung der 5. Kleingartenausstellung/
o.A.: /Wohnbauausstellung/

37 EINRICHTUNG EINES HAUSBOOTES, vermutlich 1923
für Herrn Foest, im Baubüro des ÖVSK, (Ausführung nicht bekannt)
Möbel: Entwürfe der Warentreuhand des ÖVSK

(38) ENTWURF FÜR EIN WOHNHAUSPROJEKT, 1923
im Baubüro des ÖVSK, Vorstufe zu Projekt Nr. 39

(39) WINARSKYHOF UND OTTO-HAAS-HOF, 1924
im Baubüro des ÖVSK, Wien 20, Stromstraße 36–38, Pasettistraße, Durchlaufstraße, Winarskystraße (früher Kaiserwasserstraße)

40 ENTWURF FÜR EINE PENSION FÜR LUNGENKRANKE, Juli 1925

(41) ENTWURF FÜR EINE „TUBERKULOSESIEDLUNG", 1925

(42) EINRICHTUNG EINES SCHLAFRAUMES FÜR EINE DAME, Oktober 1925
für Frau C. Neubacher, Wien 18, Ruhrhofergasse 12
Lihotzky, Grete: /Das vorgebaute Möbel/

Frankfurt 1926–1930

(43) REIHENHAUSTYPEN FÜR PRAUNHEIM, 1926
am Hochbauamt der Stadt Frankfurt am Main, mit Ernst May und Eugen Kaufmann, Frankfurt am Main, Siedlung Praunheim, Bauabschnitt I
DNF, 2–3/1930, S. 60–70
Kaufmann, Eugen: Frankfurter Kleinstwohnungstypen in alter und neuer Zeit o.A.:/Vom neuen Bauen 1/
o.A.:/Vom neuen Bauen 3/
o.A.: Wohnhaustypen aus den neuen Siedlungskolonien
Risse, Heike: /Frühe Moderne/, S. 262–271
Schürmeyer, Walter: /Mechanisierung/

(44) NORMALKÜCHE EINES REIHENHAUSES, 1926
am Hochbauamt der Stadt Frankfurt am Main, Frankfurt am Main, Siedlung Praunheim

(45) NORMALKÜCHE RECHTS MIT SITZPLATZ, 1926
am Hochbauamt der Stadt Frankfurt am Main, Frankfurt am Main, Siedlung Ginnheim
Schütte-Lihotzky, Grete: Die arbeitssparende Küche

(46) NORMALKÜCHE RECHTS FÜR STOCKWERKSWOHNUNGEN 1. VARIANTE, 1926
am Hochbauamt der Stadt Frankfurt am Main, Frankfurt am Main, Bruchfeldstraße, (nicht ausgeführt)
Lihotzky, Grete: /Arbeitssparende Haushaltsführung 1/
Lihotzky, Grete: /Arbeitssparende Haushaltsführung 2/
Lihotzky, Grete: /Die Frankfurter Küche 1/
Lihotzky, Grete: Die neue Wohnung
o.A.: /Sämtliche Küchentypen/
Pleimes, Henny: Die neuzeitliche Küche
Satoris, Alberto: /cucina standarizzata/
Schütte-Lihotzky, Grete: Die arbeitssparende Küche

(47) ENTWURF FÜR EIN DOPPELWOHNHAUS FÜR EINE GÄRTNERGESELLSCHAFT, 1926
am Hochbauamt der Stadt Frankfurt am Main, mit Eugen Kaufmann, Frankfurt am Main, Siedlung Tellergelände
DNF, 4–5/1930, S. 108
May, Ernst: /Wohnungspolitik/ S. 10

(48) WETTBEWERB SCHLAFWAGENEINRICHTUNG, 1926
für Wagon-Lits, Paris, (es wurden keine Preise vergeben)

WERKVERZEICHNIS

49 AUSSTELLUNG „DIE NEUE WOHNUNG UND IHR INNENAUSBAU – DER NEUZEITLICHE HAUSHALT", 1927
am Hochbauamt der Stadt Frankfurt am Main, Frankfurt am Main, Messegelände Ausstellungsgestaltung und -teilnahme
Nobisch, Werner: Die neue Wohnung und ihr Innenausbau
o.A.: Die neue Wohnung und ihr Innenausbau
o.A.: /Vom neuen Bauen 2/
Schürmeyer, Walter: Die neue Wohnung und ihr Innenausbau

50 KÜCHE FÜR EINEN HAUSHALT OHNE HAUSHALTSHILFE, 1927
am Hochbauamt der Stadt Frankfurt am Main, Musterküche, (ausgeführt)
bei der Ausstellung „Die neue Wohnung und ihr Innenausbau – Der neuzeitliche Haushalt" als Musterküche gezeigt
Brenner, Anton: Die Frankfurter Küche
Fuchshuber, Emmy: Neuzeitliche Küchentypen
Krause, Joachim: La cucina francoforte
Lihotzky, Grete: /Die Frankfurter Küche 2/
Lihotzky, Grete: Rationalisierung im Haushalt
o.A.: Frankfurter Küche
Schütte-Lihotzky, Margarete: Arbeitsküche
Schütte-Lihotzky, Grete: /Der neuzeitliche Haushalt 1/
Schütte-Lihotzky, Grete: /Der neuzeitliche Haushalt 2/
Schütte-Lihotzky, Grete: Die Frankfurter Küche und neuzeitliches Hausgerät
Schütte-Lihotzky, Grete: /Wie kann durch richtigen Wohnungsbau die Hausfrauenarbeit erleichtert werden 2/
Wolff, Paul: Die Frankfurter Küche

51 KÜCHE FÜR EINEN HAUSHALT MIT EINER HAUSHALTSHILFE, 1927
am Hochbauamt der Stadt Frankfurt am Main, Musterküche, (ausgeführt)
bei der Ausstellung „Die neue Wohnung und ihr Innenausbau – Der neuzeitliche Haushalt" als Musterküche gezeigt
Lihotzky, Grete: Rationalisierung im Haushalt
Nobisch, Werner: Die neue Wohnung und ihr Innenausbau

52 KÜCHE FÜR EINEN HAUSHALT MIT ZWEI HAUSHALTSHILFEN, 1927
am Hochbauamt der Stadt Frankfurt am Main, Musterküche, (nicht ausgeführt)
bei der Ausstellung „Die neue Wohnung und ihr Innenausbau – Der neuzeitliche Haushalt" als Musterküche gezeigt
Brenner, Anton: Die Frankfurter Küche
Schütte-Lihotzky, Grete: /Der neuzeitliche Haushalt 2/

53 FORMSTEINKÜCHE, 1927
am Hochbauamt der Stadt Frankfurt am Main, Musterküche, (nicht ausgeführt)
bei der Ausstellung „Die neue Wohnung und ihr Innenausbau – Der neuzeitliche Haushalt" als Musterküche gezeigt

54 METALLKÜCHE, 1927
am Hochbauamt der Stadt Frankfurt am Main, Musterküche, (nicht ausgeführt)
bei der Ausstellung „Die neue Wohnung und ihr Innenausbau – Der neuzeitliche Haushalt" als Musterküche gezeigt
Schütte-Lihotzky, Grete: /Der neuzeitliche Haushalt 2/

55 KÜCHEN IN TYPENGRUNDRISSEN UND SIEDLUNGEN, 1926–1930
am Hochbauamt der Stadt Frankfurt am Main, für diverse Siedlungen in Frankfurt am Main
DNF, 2/1930, S. 52–55
Risse, Heike: /Frühe Moderne/, S. 21–22

56 INDUSTRIEPRODUKTE, 1927–1930
am Hochbauamt der Stadt Frankfurt am Main
DNF, 1/1929, S. 22
Schütte-Lihotzky, Grete: Die Frankfurter Küche und neuzeitliches Hausgerät

57 TYPENENTWÜRFE FÜR KLEINGARTENHÜTTEN UND GARTENLAUBEN, 1927
am Hochbauamt der Stadt Frankfurt am Main, Frankfurt am Main, (ausgeführt in den Siedlungen Lohrberg, Heddernheim und Buchhang)
Typ I bei der Ausstellung „Die neue Wohnung und ihr Innenausbau" als Modell im M 1 : 1 gezeigt.
Grabe, U.: /Kleingärtner/
o.A.: /Typisierte Kleingartenhütten/
o.A.: /Vom neuen Bauen 2/

58 WOCHENENDHAUS, 1927
mit Wilhelm Schütte, (nicht ausgeführt)
bei der Ausstellung „Die neue Wohnung und ihr Innenausbau" als Musterhaus gezeigt, Beitrag zum Wettbewerb „Das Wochenendhaus" der Berliner Messe AG.
Bartschat, Johannes: Wochenendhäuser
o.A.: /Vom neuen Bauen 2/
Schütte, Wilhelm: /Vom Wochenendhaus/
Stroz-Rothweiler: /Das Wochendhaus/

59 MUSTEREINRICHTUNG EINLIEGERWOHNUNG PRAUNHEIM, 1927
am Hochbauamt der Stadt Frankfurt am Main, Praunheim, (Mustereinrichtung veröffentlicht in dem Demonstrationsfilm „Einliegerwohnung Praunheim von Paul Wolff)
Wolff, Paul: /Einliegerwohnung Praunheim/

60 TYPENENTWÜRFE „DIE WOHNUNG DER BERUFSTÄTIGEN FRAU", 1927
(nicht ausgeführt)
Typ III wurde als Mustereinrichtung im M 1 : 1 bei einer Ausstellung in Essen 1927 und bei der Ausstellung „Heim und Technik" in München 1928 gezeigt.
Die kleine Wohnung, S. 56
Heidermanns, Anna: Die Wohnung der berufstätigen Frau
o.A.: /Einundzwanzig eingerichtete Kleinwohnungen/
o.A.: /Kleinstwohnung/
Schoen, Max: /Grundrißtechnische Studie/
Schütte-Lihotzky, Margarete: Die Wohnung der alleinstehenden berufstätigen Frau
Schütte-Lihotzky, Grete: /Die Wohnung der berufstätigen Frau 1/
Schütte-Lihotzky, Grete: /Die Wohnung der berufstätigen Frau 2/

61 ZENTRALWÄSCHEREI PRAUNHEIM, 1928
am Hochbauamt der Stadt Frankfurt am Main, Siedlung Praunheim, (teilweise umgebaut)
DNF, 2–3/1930, S. 47
May, Ernst: /Wohungspolitik/, S. 8
Risse, Heike: /Frühe Moderne/ S. 271

62 ENTWURF KLEINSTWOHNUNGSTYP „ZWOFA" MIT EINRICHTUNG, 1928 am Hochbauamt der Stadt Frankfurt am Main
als Musterhaus mit Einrichtung auf dem Frankfurter Messegelände ausgestellt.
May, Ernst: Ein Wohnbauprogramm für Frankfurt
May, Ernst: Warum bauen wir Kleinstwohnungen?
May, Ernst: /Wohnungspolitik/, S. 28

WERKVERZEICHNIS

63 KOJENSCHULKÜCHE VARRENTRAPP, 1928
am Hochbauamt der Stadt Frankfurt am Main, Frankfurt am Main, Werner Siemens-Straße, (Einrichtung zerstört)
Einrichtung in bestehendem Schulgebäude errichtet
Schütte-Lihotzky, Grete: Neue Frankfurter Schul- und Lehrküchen
Schütte-Lihotzky, Grete: /Neue Schul- und Lehrküchen 2/

64 ENTWURF KOJENSCHULKÜCHE WALLSCHULE, 1928
am Hochbauamt der Stadt Frankfurt am Main

65 KOJENSCHULKÜCHE SCHWARZENBURGSCHULE, 1929
am Hochbauamt der Stadt Frankfurt am Main, (Einrichtung zerstört) Einrichtung in bestehendem Schulgebäude errichtet
Schütte-Lihotzky, Grete: /Neue Schul- und Lehrküchen 1/
Schütte-Lihotzky, Grete: /Neue Schul- und Lehrküchen 2/
Schütte-Lihotzky, Grete: Kojen-, Schul- und Lehrküchen, Abb. 3

66 KOJENSCHULKÜCHE MARIENSCHULE, 1929
am Hochbauamt der Stadt Frankfurt am Main, (Einrichtung zerstört)
Einrichtung in bestehendem Schulgebäude errichtet
Schütte-Lihotzky, Grete: Kojen-, Schul- und Lehrküchen, Abb. 4
Schütte-Lihotzky, Grete: /Neue Schul- und Lehrküchen 2/

67 KOJENSCHULKÜCHE RÖMERSTADT, 1928
am Hochbauamt der Stadt Frankfurt am Main, Schulbau von Wilhelm Schütte und Martin Elsässer, Frankfurt am Main, Siedlung Römerstadt, (Einrichtung zerstört)
heute Geschwister Scholl Schule
Frankfurter Schulbauten
Schütte-Lihotzky, Grete: Hauswirtschaftliche Unterrichtsräume

68 ENTWURF KOJENSCHULKÜCHE LUDWIG-RICHTER-SCHULE, 1929
am Hochbauamt der Stadt Frankfurt am Main, Schulbau von Martin Elsässer, Frankfurt am Main, Erschersheim, (die Sonderräume wurden nicht ausgeführt)
Müller, Michael/Mohr, Christoph: /Funktionalität/, S. 298
Risse, Heike: /Frühe Moderne/, S. 40–41

69 ENTWURF KOJENSCHULKÜCHE VOLKSSCHULE PRAUNHEIM EBELFELD, 1929–1930
am Hochbauamt der Stadt Frankfurt am Main, Schulbau von Eugen Kaufmann und Willi Pullmann, Frankfurt am Main, Siedlung Praunheim, (die Sonderräume wurden nicht ausgeführt)
Müller, Michael/Mohr, Christoph: /Funktionalität/, S. 298
Risse, Heike: /Frühe Moderne/, S. 46–47

70 ENTWURF KOJENSCHULKÜCHE HALLGARTEN-SCHULE, 1930
am Hochbauamt der Stadt Frankfurt am Main, Schulbau von Ernst May, Frankfurt am Main, Bornheimer Hang, (die Sonderräume wurden nicht ausgeführt)
Müller, Michael/Mohr, Christoph: /Funktionalität/ S. 292
Risse, Heike: /Frühe Moderne/, S. 47

71 GASLEHRKÜCHE, 1929
am Hochbauamt der Stadt Frankfurt am Main, Frankfurt am Main, Kaiserstraße, (zerstört)
Schütte-Lihotzky, Grete: Hauswirtschaftliche Unterrichtsräume

72 LEHRKÜCHE DES BERUFSPÄDAGOGISCHEN INSTITUTES, 1929
am Hochbauamt der Stadt Frankfurt am Main, Anbau der Lehrküche an die Voltaschule gemeinsam mit Max Cetto, Frankfurt am Main, Franklinstraße, (zerstört)
Müller, Michael/Mohr, Christoph: /Funktionalität/, S. 294
Risse, Heike: /Frühe Moderne/, S. 50
Schütte-Lihotzky, Margarete: Neue Frankfurter Schul- und Lehrküchen
Schütte-Lihotzky, Grete: Kojen-, Schul- und Lehrküchen

73 ENTWURF KOJENLEHRKÜCHE FÜR DIE GEWERBE- UND HAUSHALTSSCHULE, 1930
am Hochbauamt der Stadt Frankfurt am Main, Entwurf Schulbau Martin Elsässer, nicht ausgeführt (die Lehrküche sollte als halbrunder Anbau ausgeführt werden)
Risse, Heike: /Frühe Moderne/, S 50

74 ENTWURF KOJENLEHRKÜCHE FÜR DAS BERUFSPÄDAGOGISCHE INSTITUT, 1931
am Hochbauamt der Stadt Frankfurt am Main, Entwurf Schulbau Martin Elsässer, nicht ausgeführt (die Lehrküche sollte als halbrunder Anbau ausgeführt werden)
Risse, Heike: /Frühe Moderne/, S. 49

75 ENTWURF HAUS PROF. DR. STRASBURGER, 1928
mit Wilhelm Schütte, Frankfurt am Main

76 AUSSTELLUNG „DIE WOHNUNG FÜR DAS EXISTENZMINIMUM", 1929
am Hochbauamt der Stadt Frankfurt am Main, Frankfurt am Main, Werkbundhaus
Ausstellungsgestaltung und -teilnahme anläßlich des CIAM-Kongresses
Kaufmann, Eugen: /Die Wohnung für das Existenzminimum/

77 ENTWURF: „DIE WOHNUNG FÜR DAS EXISTENZMINIMUM", 1929
mit Wilhelm Schütte,
anläßlich des CIAM-Kongresses ausgestellt
CIAM: /Die Wohnung für das Existenzminimum/, S. 106

78 WETTBEWERB TBC KRANKENHAUS IN MARBURG, 1929
mit Wilhelm Schütte, (nicht prämiert)

79 ENTWURF KINDERGARTEN GINNHEIM, 1929
am Hochbauamt der Stadt Frankfurt am Main, mit Eugen Kaufmann, Frankfurt am Main, Siedlung Ginnheim

80 ENTWURF KINDERGARTEN PRAUNHEIM, 1929
am Hochbauamt der Stadt Frankfurt am Main, Frankfurt am Main, Siedlung Praunheim
May, Ernst:/Wohnungspolitik/ in: DNF, 2–3/1930, S. 46
Müller, Michael/Mohr, Christoph: /Funktionalität/, S. 243
Risse, Heike: /Frühe Moderne/, S. 54

81 WETTBEWERB STRANDHOTEL IN SALESEL, 1930
mit Wilhelm Schütte, Deutsch-Böhmen, (nicht prämiert)
Der Baumeister, 1930, S. 285

82 ENTWURF HAUS T. CHABOT, 1930 mit Wilhelm Schütte, für die Familie Chabot, Amsterdam

83 WETTBEWERB PÄDAGOGISCHE AKADEMIE KASSEL, 1930
mit Wilhelm Schütte, (nicht prämiert)

(84) ENTWURF FÜR EIN STUDENTINNENHEIM, 1930
Frankfurt am Main
DNF, 9/1930 S. 204
Müller, Michael/Mohr, Christoph: /Funktionalität/, S. 302

85 ENTWURF EINRICHTUNG WOHNUNG UND PRAXIS
DR. SCHICK, 1930
Frankfurt am Main

(86) ZWEI HÄUSER FÜR DIE WERKBUNDSIEDLUNG
WIEN, 1930–1932
Wien 13, Woinovichgasse 2, 4
Frank, Josef: Die internationale Werkbundausstellung 1932
o.A.: Die internationale Werkbundsiedlung
Rietveld, Gerrit: /Zelfs/

87 KOMBINATIONSMÖBEL, (Datum unbekannt)
am Hochbauamt der Stadt Frankfurt am Main
(nicht ausgeführt)

88 ENTWURF PAVILLON BAHNHOFSPLATZ, (Datum unbekannt)
am Hochbauamt der Stadt Frankfurt am Main

Sowjetunion 1930–1937

(89) TYPENENTWURF KINDERGARTEN FÜR 60 KINDER, 1930
als Leiterin der Abteilung für Kinderanstalten innerhalb der Gruppe May, für die Projektabteilung der Zekombank[1], (Ausführung nicht bekannt)

(90) TYPENENTWURF KINDERGARTEN FÜR
CA. 120 KINDER, 1930
als Leiterin der Abteilung für Kinderanstalten innerhalb der Gruppe May, für die Projektabteilung der Zekombank, (Ausführung nicht bekannt)
May, Ernst: /Der Bau neuer Städte in der UDSSR/
Michelis/Pasini: /La città sovietica/
Wit, Cor de: /Johan Niegeman/

91 TYPENENTWURF KINDERKRIPPE FÜR 108 KINDER, 1930
als Leiterin der Abteilung für Kinderanstalten innerhalb der Gruppe May, für die Projektabteilung der Zekombank, (Ausführung nicht bekannt)
May, Ernst: /Der Bau neuer Städte in der UDSSR/, Planabbildung S. 287
Michelis/Pasini: /La città sovietica/, S. 114
Wit, Cor de: /Johan Niegeman/

(92) TYPENENTWURF KINDERGARTEN FÜR 65 KINDER, 1931
als Leiterin der Abteilung für Kinderanstalten innerhalb der Gruppe May, für den Trust Sojusstandartschilstroj[2], (Ausführung nicht bekannt)

(93) TYPENENTWURF KINDERKRIPPE FÜR 108 KINDER, 1931
als Leiterin der Abteilung für Kinderanstalten innerhalb der Gruppe May, für den Trust Sojusstandartschilstroj, ausgeführt in Magnitogorsk, Uliza Tschaikowskaja Nr. 34 (umgebaut)

(94) ENTWURF EINES KINDERCLUBS FÜR 340 KINDER, 1932
als Leiterin der Abteilung für Kinderanstalten innerhalb der Gruppe May, wahrscheinlich für den Trust Sojusstandartschilstroj bzw. Standartgorprojekt, Ural, Magnitogorsk
Höhne, Günter: /Aufbaujahre/

95 STÄDTEBAULICHE ANGABEN ZU KINDERGÄRTEN UND KRIPPEN, 1932
als Leiterin der Abteilung für Kinderanstalten innerhalb der Gruppe May, für den Trust Standartgorprojekt[3]

96 TYPENENTWURF KINDERGARTEN FÜR 70 KINDER, 1932
als Leiterin der Abteilung für Kinderanstalten innerhalb der Gruppe May, für den Trust Standartgorprojekt, (Ausführung nicht bekannt)

(97) TYPENENTWURF KINDERGARTEN FÜR 35 KINDER, 1932
als Leiterin der Abteilung für Kinderanstalten innerhalb der Gruppe May, für den Trust Standartgorprojekt, (Ausführung nicht bekannt)

98 TYPENENTWURF KINDERGARTEN FÜR 70 KINDER, 1932
als Leiterin der Abteilung für Kinderanstalten innerhalb der Gruppe May, für den Trust Standartgorprojekt, (Ausführung nicht bekannt)

99 KONZEPT LIEGEHALLE FÜR 60 KINDER
als Leiterin der Abteilung für Kinderanstalten innerhalb der Gruppe May, wahrscheinlich für den Trust Standartgorprojekt

100 TYPENENTWURF KINDERKRIPPE FÜR 90 KINDER, 1932
als Leiterin der Abteilung für Kinderanstalten innerhalb der Gruppe May, für den Trust Standartgorprojekt, (Ausführung nicht bekannt)

(101) TYPENENTWURF KINDERKRIPPE FÜR 100 KINDER, 1932
als Leiterin der Abteilung für Kinderanstalten innerhalb der Gruppe May, für den Trust Standartgorprojekt, Karaganda, Mittelasien, (Ausführung nicht bekannt)
Höhne, Günter: /Aufbaujahre/

(102) KINDERGARTEN UND KRIPPE BRIANSK, 1932
als Leiterin der Abteilung für Kinderanstalten innerhalb der Gruppe May, für den Trust Standartgorprojekt, Ukraine, Briansk, (im 2. Weltkrieg zerstört)
Höhne, Günter: /Aufbaujahre/

103 TYPENENTWURF KINDERKRIPPE FÜR 45 KINDER, 1932
als Leiterin der Abteilung für Kinderanstalten innerhalb der Gruppe May, für den Trust Standartgorprojekt, (Ausführung nicht bekannt)

(104) TYPENENTWURF KINDERKRIPPE FÜR 22 KINDER, KINDERGARTEN FÜR 18 KINDER, 1932
als Leiterin der Abteilung für Kinderanstalten innerhalb der Gruppe May, für den Trust Standartgorprojekt, (Ausführung nicht bekannt)

105 TYPENENTWURF KINDERGARTEN UND KRIPPE FÜR 80 KINDER, 1932
als Leiterin der Abteilung für Kinderanstalten innerhalb der

---

[1] zentrales Finanzinstitut des sowjetischen Wohnbaus
[2] Projektierungsbetrieb für Wohnbauten
[3] Entwurfstrust für Standartstädte

WERKVERZEICHNIS

Gruppe May, für den Trust Standartgorprojekt, (Ausführung nicht bekannt)

106 ZUGANGSPAVILLON DER KINDERABTEILUNG IM SOKOLNIKIPARK, 1932
als Leiterin der Abteilung für Kinderanstalten innerhalb der Gruppe May, für den Trust Standartgorprojekt, Moskau, Sokolnikipark, (wahrscheinlich temporär errichtet)

107 TYPENENTWURF KINDERKRIPPE FÜR 100 KINDER, 1933
als Leiterin der Abteilung für Kinderanstalten innerhalb der Gruppe May, für den Trust Standartgorprojekt, (Ausführung nicht bekannt)

108 TYPENENTWURF KINDERGARTEN FÜR 70 KINDER, 1933
als Leiterin der Abteilung für Kinderanstalten innerhalb der Gruppe May, für den Trust Standartgorprojekt, (Ausführung nicht bekannt)

109 TYPENENTWURF KINDERGARTEN FÜR 70 KINDER, 1933
als Leiterin der Abteilung für Kinderanstalten innerhalb der Gruppe May, für den Trust Standartgorprojekt, (Ausführung nicht bekannt)

110 TYPENENTWURF KINDERGARTEN FÜR 70 KINDER, 1933
als Leiterin der Abteilung für Kinderanstalten innerhalb der Gruppe May, für den Trust Standartgorprojekt, (Ausführung nicht bekannt)

111 TYPENENTWURF KINDERGARTEN FÜR 70 KINDER, 1933
als Leiterin der Abteilung für Kinderanstalten innerhalb der Gruppe May, für den Trust Standartgorprojekt, (Ausführung nicht bekannt)
Höhne, Günter: /Aufbaujahre/

112 TYPENENTWURF KINDERGARTEN FÜR 140 KINDER, 1933
als Leiterin der Abteilung für Kinderanstalten innerhalb der Gruppe May, für den Trust Standartgorprojekt, (Ausführung nicht bekannt)

113 WETTBEWERB FÜR EIN KINDERKOMBINAT FÜR 240 KINDER, 1933
mit Wilhelm Schütte, als Mitarbeiterin des wissenschaftlichen Zentralinstitutes zum Schutz der Kinder und Heranwachsenden, Moskau, Baublock Pokrowka, Potapowsky, Swertschkow, Dessjatinski Pereulok, (1. Preis, nicht ausgeführt)

114 TYPENENTWURF ERWEITERBARER KINDERGARTEN FÜR SOWCHOSEN, 1934
(Ausführung nicht bekannt)

115 TYPENENTWÜRFE WOHNUNGSGRUNDRISSE, 1934–36
mit Hans Schmidt, für die Akademie für Architektur, Moskau, (Ausführung nicht bekannt)

116 SCHULE FÜR 590 SCHÜLER, 1934
mit Wilhelm Schütte, Makeewka, (wahrscheinlich ausgeführt)

117 SCHULE FÜR 800 SCHÜLER, 1935
mit Wilhelm Schütte, Makeewka, (wahrscheinlich ausgeführt)

118 TYPENENTWURF KINDERGARTEN FÜR 100 KINDER, 1935
für das Volkskomissariat für Bildungswesen, (Ausführung nicht bekannt)

119 KINDERMÖBEL FÜR WOHNUNGEN, 1935–1936
für die Akademie für Architektur, Moskau, (Ausführung nicht bekannt)

120 MASSTABELLEN FÜR KINDERMÖBEL FÜR KRIPPEN, 1935–1936
für das Institut für Mutter und Kind

121 KRIPPENMÖBEL, 1935-1937
Möbelentwürfe bezogen auf die Maßtabellen für Krippenmöbel, (Ausführung nicht bekannt)

122 TYPENENTWURF DATSCHA, 1936
für eine Baugenossenschaft des Architektenverbandes, (Ausführung nicht bekannt)

123 TYPENENTWURF KINDERGARTEN FÜR 75 KINDER, 1936
für das Volkskomissariat für Bildungswesen, (Ausführung nicht bekannt)

124 TYPENENTWURF KINDERKRIPPE FÜR 120 KINDER, 1936
für das Volkskomissariat für Gesundheitswesen, Narkomsdraw, (Ausführung nicht bekannt)

125 TYPENENTWURF DORFKINDERKRIPPE FÜR 36 KINDER, 1936
für das Volkskomissariat für Gesundheitswesen, Narkomsdraw, (Ausführung nicht bekannt)

126 EINRICHTUNGSSTUDIE KINDERKRIPPE FÜR 60 KINDER, 1937
für das Volkskomissariat für Gesundheitswesen, Narkomsdraw

127 EINRICHTUNGSSTUDIE KINDERKRIPPE FÜR 120 KINDER, 1937
für das Volkskomissariat für Gesundheitswesen, Narkomsdraw

128 EINRICHTUNGSSTUDIE KINDERKRIPPE FÜR 80 KINDER, 1937
für das Volkskomissariat für Gesundheitswesen, Narkomsdraw

129 RICHTLINIEN FÜR DEN BAU VON KINDERGÄRTEN IN CHINA, 1934 für das chinesische Unterrichtsministerium

130 MÖBELENTWÜRFE, 1930–1937

Frankreich 1937–1938

131 KINDERPRÄVENTORIEN, 1937–1938
Studie im Auftrag des Stadtrats für Gesundheitswesen der französischen Volksfrontregierung

132 WETTBEWERB MÄDCHENSCHULE UND KINDERGARTEN, 1938
mit Tibor Weiner und Pierre Forestier, Paris, (nicht prämiert)

133 MÖBELENTWÜRFE FÜR EINEN KINDERGARTEN, 1938
im Atelier Forestier

Türkei 1938–1940

134 FESTTURM BRÜCKENKOPF KARAKOY, 1938
mit Wilhelm Schütte, Istanbul, (temporärer Bau, verwirklicht)

135 ENTWURF ERWEITERUNG EINES MÄDCHENLYZEUMS IN ANKARA, 1938
für das Unterrichtsministerium in Ankara

136 TYPENENTWÜRFE DORFSCHULEN FÜR ANATOLIEN, 1938–1939
für das Unterrichtsministerium in Ankara (Ausführung nicht bekannt)
Yeni köy okulları bina tipleri üzerinde bir deneme (Versuch einer Gebäudetypologie für neue Schulen), Istanbul 1938

137 ENTWURF HAUS DR. KEMAL ÖZAN, 1939
Istanbul

138 ENTWURF HAUS NUSRET EVCEN, 1940
Cadde Bostani

139 ENTWURF HAUS LÜFTI TOZAN, 1940
Istanbul

Bulgarien 1946

140 SCHEMATA FÜR PAVILLONKINDERGÄRTEN, 1946
erste Skizzen

141 KINDERHAUS IN MAITSCHIN DOM, Planung 1946, fertiggestellt 1947
für die Stadtbaudirektion, Sofia, (Ausführung geringfügig verändert)

142 KINDERHAUS IN RASSADNIKA, Planung 1946, fertiggestellt 1948
für die Stadtbaudirektion, Sofia, Zar Simeon Straße, (Ausführung verändert)

143 KINDERHAUS IN SAMOKOV, Planung 1946, fertiggestellt 1948
für die Stadtbaudirektion Samokov, Samokov, Ulica Hristo Maksimov/ Ulica Knas Dondukov, (Ausführung geringfügig verändert)

144 KINDERHAUS IN TRI GLADENZI, Planung 1946; fertiggestellt 1949
für die Stadtbaudirektion, Sofia, Vazrashdane, Lev Sheljazkov Str., (Ausführung wesentlich verändert)

145 KINDERHAUS IN SACHARNAI FABRIKA, Planung 1946, Bauzeit 1949–1951
für die Stadtbaudirektion, Sofia, Plovdivstraße, (Ausführung wesentlich verändert)

146 KINDERHAUS IN NADESCHDA, 1946, für die Stadtbaudirektion, Sofia, (1987 abgebrochen)

147 KINDERHAUS IN JAMBOL, 1946, Jambol, (Ausführung nicht bekannt)

148 ENTWURFSLEHRE FÜR KINDERGÄRTEN UND KINDERKRIPPEN, 1946
Sofia, theoretische Arbeit und Typenentwürfe, (nicht veröffentlicht)

Wien nach 1945

149 PROGRAMM ZUR SCHAFFUNG EINES ZENTRAL-BAU-INSTITUTS FÜR KINDERANSTALTEN „BIK", November 1945, Januar 1947
Wien, theoretische Arbeit, (nicht veröffentlicht)

150 BAUPROGRAMM FÜR EINE TUBERKULOSE-HEILSTÄTTE FÜR 200 KINDER, vermutlich nach 1947
Wien

151 BEBAUUNGSSTUDIE GEORGENBERG, 1947
mit Wilhelm Schütte, Mauer bei Wien, (nicht ausgeführt)

152 AUSSTELLUNG „WIEN BAUT AUF", 1947
für die Gemeinde Wien, unter der Leitung von Prof. Viktor Slama, Wien, Rathaus
Ausstellungsgestaltung
o.A.: /Großausstellung/

153 HAUS IN RADSTADT, 1947, Umbau 1969
für Adele (die Schwester der Architektin) und Josef Hanakam, Radstadt, Bürgerbergstraße

154 AUSSTELLUNG „WIEN 1848", 1948
für das Amt für Kultur und Volksbildung der Gemeinde Wien, unter der Leitung von Prof. Viktor Slama, Wien, Rathaus
Ausstellungsgestaltung
o.A.: In der Ausstellung „Wien 1848"

155 ENTWURF HAUS FÜR FRAU PAULA KAUFMANN, 1948
Wien 19

156 ENTWURF FÜR EIN KLUBHAUS IN MITTERNDORF, 1948
für die Ortsgruppe der KPÖ, Steiermark, Mitterndorf

157 VORSCHLAG FÜR EINE AUSSTELLUNG „FÜR DIE FRAU", 1948, 1949
für mehrere österreichische Städte, (nicht ausgeführt)

158 EINRICHTUNG WOHNUNG DR. KELEN, 1948, 1955
Wien 5, Wehrgasse, (nicht ausgeführt)
Wien 19, Boschstraße, Möbel (ausgeführt)

159 AUSSTELLUNG „DIE FRAU" DES WELTBUNDES DEMOKRATISCHER FRAUEN, 1948
für den Weltbund demokratischer Frauen, Paris
Ausstellungsgestaltung
o.A.: 42 Nationen stellen aus

160 VORSCHLAG FÜR EINE „WOHNUNGS-AUSSTELLUNG", 1948
Konzept für Ausstellung und Gestaltung, (nicht ausgeführt)

WERKVERZEICHNIS

161 DENKMAL FÜR WIDERSTANDSKÄMPFER, 1948
mit Wilhelm Schütte und dem Bildhauer Fritz Cremer, Wien, Zentralfriedhof
Exenberger, Herbert: /Verscharrt/
o.A.: /Wien ehrt/

162 KÄRNTNER VOLKSVERLAG, 1948–1950
mit Fritz Weber, Klagenfurt, Südbahngürtel 22, (umgebaut)

163 AUSSTELLUNGSSTÄNDE, 1949
für die Firmen Siemens, Afa-Varta, Osram, Entwurf für die Wiener Frühjahrsmesse, Messepalast, (Ausführung nicht bekannt)

164 ENTWURF KINDERGARTEN VOITHWERKE, 1949
St. Pölten

165 WOHNHAUS BARTHGASSE, 1949–1950
mit Wilhelm Schütte, für die Gemeinde Wien, Wien 3, Barthgasse 5–7

166 ENTWURF GRAZER VOLKSVERLAG, 1949
mit Wilhelm Schütte

167 ENTWURF HAUS KLUSACEK, 1950
Niederösterreich, Wolfsgraben

168 VOLKSSTIMMEFESTE, 1950/1951/1952
mit Wilhelm Schütte, Wien, Prater
Festgestaltung
o.A.: Die Bezirke am Volksstimmefest
o.A.: Feststadt „Volksstimme"
o.A.: /Volksstimmefest/

169 VORSCHLÄGE FÜR EINEN KINDERGARTEN FÜR 120 KINDER, 1950
Wien 8, Laudongasse, (nicht ausgeführt)

170 ENTWURF FÜR EIN ERWEITERUNGSFÄHIGES EIN-FAMILIENHAUS, 1950
mit Wilhelm Schütte

171 HAUS SCHINAGL, 1950
mit Wilhelm Schütte, Wien 23, Deisenhofergasse

172 STÄDTISCHER KINDERGARTEN, 1950–1952
für die Gemeinde Wien, Wien 20, Kapaunplatz

173 MAHNMAL KNITTELFELD, 1950–1953
mit dem Bildhauer Fritz Cremer, Steiermark, Knittelfeld Bahnhofsvorplatz
Achleitner, Friedrich: /Österreichische Architektur 2/

174 WETTBEWERB HAUPTSCHULE TERNITZ, 1952
Niederösterreich, Ternitz, (prämiert)

175 AUTOLADEN AN DER RINGSTRASSE, 1951
für „IFA" Fahrzeuge (ein USIA-Betrieb), Wien 1, Schubertring, Umbau und Einrichtung, (ausgeführt, abgebrochen)

176 FESTGESTALTUNG „PFINGSTJUGENDTREFFEN", 1951
mit Wilhelm Schütte, für die KPÖ und FJÖ, Wien, Eislaufverein
o.A.: Fest der Hundertfünfzigtausend

177 ENTWURF HAUS IN PRENNING, 1952
für Herrn Florian Feuerlöscher, Steiermark, Prenning

178 TYPENGRUNDRISSE FÜR KINDERGÄRTEN, GEZEIGT AUF DER AUSSTELLUNG „UNSERE SCHULE", 1952
für die Stadtbaudirektion der Gemeinde Wien, Wien, Messepalast
Ausstellungsgestaltung und -teilnahme

179 ENTWURF MAHNMAL, 1952
Niederösterreich, Amstetten, Friedhof

180 BUCHHANDLUNG, 1952
für die KPÖ, Wien 10, Tolbuchinstraße, (teilweise ausgeführt, abgebrochen)

181 AUSSTELLUNG „WARSCHAU HEUTE", 1952
für die Österreichisch-Polnische Gesellschaft, Wien, Zedlitzhalle Ausstellungsgestaltung
o.A.: Eine Ausstellung, die Beispiel gibt

182 WOHNHAUS SCHÜTTELSTRASSE, 1952–1956
für die Gemeinde Wien, Wien 2, Schüttelstraße 3

183 AUSSTELLUNG „DER POLNISCHE ARBEITER BAUT AUF", 1953
für die Österreichisch-Polnische Gesellschaft, Wien, Zedlitzhalle Ausstellungsgestaltung

184 UMBAU KINDERHAUS, 1953
für die Glanzstoffwerke, St. Pölten, Herzogenburgerstraße – Matthias Gorystraße

185 FESTGESTALTUNG „WELTFRIEDENSKONGRESS", 1953
für den österreichischen Friedensrat, Wien, Dreherpark

186 AUSSTELLUNG „RUMÄNISCHE VOLKSKUNST", vermutlich 1953
Wien, Münchnerhof Austellungsgestaltung

187 WETTBEWERB HAUPTSCHULE ST. VALENTIN, 1953
Niederöstereich, St. Valentin, (nicht prämiert)

188 DRUCKEREI UND VERLAGSGEBÄUDE „GLOBUS", 1953–1956
mit Wilhelm Schütte, Fritz Weber und Karl Eder, Wien 20, Hochstädtplatz 3 – Meldemannstraße 12–14, (teilweise umgebaut)

189 ENTWURFSLEHRE FÜR KINDERGÄRTEN UND KINDERKRIPPEN FÜR DIE DDR, 1954
für die Bauakademie, Berlin Ost, ehemalige DDR, theoretische Arbeit, (nicht veröffentlicht)
entspricht der Entwurfslehre in Bulgarien
/Entwurfslehre/

190 ENTWURF „HEINRICHSHOF", 1955
mit Wilhelm Schütte und Fritz Weber, Wien 1, Opernring

191 WETTBEWERB BUNDESLEHRANSTALT FÜR FRAUENBERUFE GRAZ, 1957
ausgeschrieben vom steirischen Landesbauamt, Fachabteilung 4B Bundeshochbau, Graz, Mariengasse-Wienerstraße-Kleistgasse, (nicht prämiert)

192 ENTWURF HAUS DOBRETSBERGER, 1958
für Prof. Josef Dobretsberger, Wien 19

193 ENTWURF WOCHENENDHAUS, 1959
Niederösterreich, Laab im Walde

194 FESTGESTALTUNG „WELTJUGENDFESTSPIELE", 1959
für das Organisationskomitee des Weltjugendfestivals für
Frieden- und Freundschaft, Wien, Rathausplatz
/Festival Zeitung/

195 STÄDTISCHES KINDERTAGESHEIM, 1961–1963
für die Gemeinde Wien, Wien 11, Rinnböckstrasse 47

196 ENTWURFSLEHRE FÜR KINDERGÄRTEN KUBA, 1963
für das Erziehungsministerium, Havanna, theoretische Arbeit
(nicht veröffentlicht)

197 WETTBEWERB KINDERGARTEN OEDT, 1964
Oberösterreich, Oedt, (nicht prämiert)

198 BAUKASTENSYSTEM FÜR KINDERTAGESHEIME, 1964/1965/1968
Vorschlag für das Wr. Stadtbauamt und andere öffentliche
Stellen, (nicht ausgeführt)

199 TYPENENTWURF NACH DEM BAUKASTENSYSTEM, 1964
für die Firma Interconstruct, (nicht ausgeführt)

200 FORSCHUNGSARBEIT ÜBER KINDERANSTALTEN
FÜR DIE DDR, 1966
für die Bauakademie, Institut für Wohn- und Gesellschaftsbauten, Berlin-DDR, theoretische Arbeit (nicht veröffentlicht),
Typenentwürfe (nicht ausgeführt)

201 WOHNUNG FRANZENSGASSE, 1967–1969
die eigene Wohnung der Architektin, Wien 5, Franzensgasse

202 TERRASSENHAUS – ENTWURF, 1975
(nicht ausgeführt)

203 MÖBELENTWÜRFE, 1950–1960
(Ausführung nicht bekannt)

Anhang

Projekte, die im Lebenslauf von Margarete Schütte-Lihotzky oder in anderen Quellen erwähnt werden, über die keine weitere Information vorhanden ist:

zu Frankfurt am Main, 1926–1930

PROJEKTE MIT UND FÜR DAS HOCHBAUAMT:

- Beteiligung an einer Ausstellung in Ludwigshafen
- Mitarbeit an einer Ausstellung in Berlin
- Ladeneinrichtungen Praunheim 1927*
- Kindergarten Altstadt*
- Entwurf für einen Umbau des Restaurants Ostpark*
- Entwurf für einen Neubau des Restaurants Ostpark*
- Entwurf für die Zentralwäscherei Praunheim II*
- Küchen in Privatwohnungen von 1927–30
- Schulküche Münster i.T.
- Schulküche Hamburg
- Schulküche Griesheim, Frankfurt
- Schulküche Sindlingen, Frankfurt
- Schulküche Nord-West, Frankfurt
- Lehrküche E-Werk, 1928
- Restaurantküche Praunheim
- Küche Heilanstalt, Frankfurt
- Küche Konrad Haenischschule, Frankfurt
- Küche Großmarkthalle, Frankfurt

* Diese Projekte werden in einem Zeugnis von Ernst May über ihre Arbeiten in Frankfurt bestätigt.

PRIVATPROJEKTE:

- Entwurf und Durchführung einer Ausstellung über modernes Ernährungswesen für das Reformhaus Freyax
- Grundrisse Terrassentyp
- Hütte Merzbach
- Wettbewerb Altersheim Rheydt
- Möbel, Eckbank
- Möbel, Sekretär mit Schiebetüre
- Möbel, Sekretär
- Möbel, Kommode
- Möbel, Kommode mit Aufsatz

zur Sowjetunion, 1930–1937

- Freiluftklassen für Schulkinder, 1933
- 2 Kindergärten mit Einrichtungsschemen
- Ladeneinrichtung für Glas- und Porzellanwaren, 1936
- Einrichtung der Kinderabteilung eines Warenhauses, 1936

zu Wien nach 1945

- Einrichtung Dr. Kent, 1950
- Ausstellung: „Niemals vergessen", für den Weltfriedensrat, 1950
- Umbau der Wielandschule, 1950
- Umbau einer Villa in Wien, 1951
- Umbau einer Villa für die Familie Dr. Fischer in Mauer, 1952
- Kioske am Messegelände, 1952
- Umbau eines Wohnhauses zu einem Bürohaus für den Weltfriedensrat, 1953
- Umbau Wien 2, Hollandstraße, und Einrichtung für die ungarische Botschaft, 1953
- Buchhandlung Fleischmarkt für den Globusverlag, 1953
- Wohnung Mozartgasse für den Weltfriedensrat, 1953
- Wohnung Prinz-Eugenstraße für den BDFÖ, 1953
- Umbau eines Hotels zu einem Wohnhaus für den Weltfriedensrat, 1953
- Umbau und Adaptierung eines großen Wohnhauses in Wien 4 für eine internationale Gesellschaft, sowie dazugehörige Repräsentationsräume, Saal, für den Weltfriedensrat, 1954
- Umbau eines Saales für die ÖMV, 1954
- Einbau zweier Wohnungen in einem alten Palais für die ungarische Botschaft in der Bankgasse, 1955
- Umbau einer ausländischen Handelsvertretung, 1956
- Umbau einer Villa in St. Pölten, 1956
- Adaptierung eines Bürohauses in Wien 2, Taborstraße, 1956
- Ausstellung: „Hiroshima 30 Jahre", 1975

Schriftenverzeichnis

Zu den Literaturangaben:

Bei Artikeln mit unvollständigen Angaben stammt das Material aus dem Archiv von Margarete Schütte-Lihotzky. Artikel ohne Autorenangabe, beziehungsweise ohne erkennbare Autorenangabe sind unter *"o.A."* zu finden. Artikel ohne Datumsangabe sind mit *"o.D."* bezeichnet. Zwei Schrägstriche *"/.../"* markieren Kurztitel, oder bei Artikeln ohne Titel, eine gewählte Kennzeichnung *"/.../o.T."*.

Veröffentlichungen

Lihotzky, Grete:

/Arbeitssparende Haushaltsführung 4/ durch neuen Wohnungsbau, in: Für Bauplatz und Werkstatt, Mitteilungen der Württembergischen Beratungsstelle für das Baugewerbe, 8/1927, S. 45–48

/Arbeitssparende Haushaltsführung 5/ durch neuen Wohnungsbau, in: . . ., 5/1927, S. 4–8

/Das vorgebaute Möbel/ Das vorgebaute, raumangepaßte Möbel, in: Schlesisches Heim, Breslau, 7/1926

/Die Frankfurter Küche 1/, in: Mitteilungen, Frankfurt a.M., 5/1927, S. 9

/Die Frankfurter Küche 2/ in: Baumarkt, Berlin-Leipzig-Wien, 1927

Die neuzeitliche Küche, in: . . ., o.D.

Die neuen Siedlungsbauten der Stadt Frankfurt am Main, in: Frau Meisterin, Düsseldorf, 2/1927, S. 11

Die neue Wohnung, in: Rhein Mainische Volkszeitung, Frankfurt a.M., 2.10.1926

/Die Siedlerhütte/, in: Schlesisches Heim, Breslau, 2/1922, S. 33–35

Die Zukunft der Arbeiterbezirke, in: Die Neue Wirtschaft, Wien, 31.1.1924, S. 11.[1]

/Einrichtung der Siedlungsbauten / Einiges über die Einrichtung österreichischer Häuser unter besonderer Berücksichtigung der Siedlungsbauten, in Schlesisches Heim, Breslau, 8/1921, S. 217–222

Modern architecture and the housing problem, in: The labor magazine, London, 1927

Rationalisierung im Haushalt, in: Das Neue Frankfurt, Frankfurt a.M., 5/1927, S. 120–123
    Wiederveröffentlichung: (unter Schütte-Lihotzky, Margartete)
    Rationalisierung im Haushalt, in: Die zwanziger Jahre des deutschen Werkbundes, Gießen, 1982, S. 202–205
    Wiederveröffentlichung:
    Rationalisierung im Haushalt, in: Architektinnenhistorie. Zur Geschichte der Architektinnen und Designerinnen im 20. Jahrhundert. Eine erste Zusammenstellung. Hrsg.: Union Internationale des Femmes Architectes Sektion Bundesrepublik e.V., Berlin, 1984

/Siedlerhüttenaktion/ Wiener Kleingarten- und Siedlerhüttenaktion, in: Schlesisches Heim, Breslau, 4/1923, S. 83–85

Siedlungshäuser und ihre Einrichtung, in: Der Siedler, Wien, 6/1922, S. 56f[2]

Vergangenheit und Zukunft im Wiener Wohnungsbau, in: Die Neue Wirtschaft, Wien, 21.2.1924, S. 11

/Vierte Kleingartenausstellung/ Die Siedlungs-, Wohnungs- und Baugilde Österreichs auf der 4. Wiener Kleingartenausstellung, in: Schlesisches Heim, Breslau, 10/1922, S. 245–247

/Vom neuen Wohnungsbau 1/, in: Vom Leben und der Arbeit unserer allgemeinen Mädchenberufsschule in Hamburg, Hamburg, 1927, S. 32–34
    Wiederveröffentlichung:
    /Vom neuen Wohnungsbau 2/, in: . . ., 1927

/Warentreuhand/ Beratungsstelle für Wohnungseinrichtung, in: Die Neue Wirtschaft, Wien, 31.1.1924, S. 12.[3]

Schütte-Lihotzky, Margarete (Grete):

Allerhand Nützliches, in: . . ., o.D.

Arbeitsküche, in: Form und Zweck, Fachzeitschrift für industrielle Formgestaltung, Berlin DDR, 4/1981, S. 22–26

Arzt der Gesellschaft – Vor 50 Jahren starb Julius Tandler, in: Volksstimme, Wien, 23.8.1986

Bauliche Anlage von Küchen in neuen Siedlungswohnungen, in: Mitteilungen der Reichsforschungsgesellschaft für Wirtschaftlichkeit im Bau- und Wohnungswesen, 26/1929

[1,2,3] Artikel ohne Autorenangabe, der jedoch nachweisbar von Margarete Schütte-Lihotzky stammt.

SCHRIFTENVERZEICHNIS

Begegnung mit Chruschtschow, in: Stimme der Frau, Wien, 1960

Berufsverbote auch in Österreich praktiziert, in: Volksstimme, Wien, 21. 7. 1977

Bodenbelag, Bodenbespannung in unserer Wohnung, in: . . ., o.D.

Clemens Holzmeister, in: Stimme der Frau, Wien, o.D.

Der liebenswerte Gerettete – Zum 50. Todestag von Julius Tandler, in: Volksstimme, Wien, 30. 8. 1986

/Der neuzeitliche Haushalt 1/, in: Der Baumeister, München, Juli 1927, Beilage S. 112–116
    Wiederveröffentlichung:
    /Der neuzeitliche Haushalt 2/, in: Deutsche Hausfrau, 15. 5. 1927, S. 68–72

Der Plan des neuen Warschau, in: Volksstimme, Wien, 31. 8. 1952

Die arbeitssparende Küche, in: Die Mieterzeitung, Wien 2/1926 S. 6

Die architektonische Gestaltung von Kleinbauten, in: Architektura sa rubeschom, Moskau, o.D.

Die Frankfurter Küche und neuzeitliches Hausgerät, in: Neue Frauenkleidung und Frauenkultur, Karlsruhe, 7/1927, S. 196–197

Die Frau hat Recht, in: Klavedo, 23. 2. 1987.

Die Frau, ihr Leben und ihre Hoffnungen, in: Stimme der Frau, Wien, o.D.

Die Poldi zieht nach Wien, in: Stimme der Frau, Wien, o.D.

Die städtische Wohnung des arbeitenden Menschen, in: Lebenswirtschaft und Lebensunterricht, Wien-Leipzig, 1928, S. 40–44

Die Witwe Wagner heiratet wieder (Schusters sind eine große Familie), in: Stimme der Frau, Wien, o.D.

Die Wohnung der alleinstehenden berufstätigen Frau, in: Form und Zweck, Fachzeitschrift für industrielle Formgestaltung, Berlin DDR, 2/1984, S. 33–36
    Wiederveröffentlichung
    Die Wohnung für die alleinstehende berufstätige Frau, in: Das Schicksal der Dinge, Sammelbeiträge, Hrsg.: Form und Zweck, Dresden, 1989

Die Wohnung der alleinstehenden Frau, in: Die Österreicherin, Wien, 1929, S. 7–8

/Die Wohnung der berufstätigen Frau 1/, in: Neue Frauenkleidung und Frauenkultur, Karlsruhe, 1927, S. 102–103

/Die Wohnung der berufstätigen Frau 2/, Teil des Beitrages „Einundzwanzig eingerichtete Kleinwohnungen auf der Ausstellung „Heim und Technik" in München, in: Der Baumeister, München, 7/1928, S. 231–232

Die Wohnung der berufstätigen und studierenden Frau, in: . . ., o.D.

/Die Wohnung der studierenden und berufstätigen Frau 1/, in: . . ., o.D.

Ehrenpromotion an der TU-Graz, in: TU-aktuell, 2/1989

Ein Architekt des Volkes. Herbert Eichholzer, in: Unsterbliche Opfer, Wien, 1947

Ein Fall aus meiner Praxis, in: Stimme der Frau, Wien, o.D.

Ein neues Klima in der Türkei, in: Volksstimme, Wien, 2. 8. 1978

Erinnerungen an Adolf Loos, in: Stimme der Frau, Wien, 29. 4. 1961
    Wiederveröffentlichung in:
    Alle Architekten sind Verbrecher. Adolf Loos und die Folgen. Eine Spurensicherung von Adolf Opel und Marino Valdez, Wien, 1990

Erinnerungen an Gropius, in: Form und Zweck, Fachzeitschrift für industrielle Formgestaltung, Berlin DDR, 2/1983, S. 9

Erinnerungen an Josef Frank, in: Bauwelt, Berlin BRD, 26/1985, S. 1052

/Erinnerungen/ aus dem Widerstand 1938–1945, Hrsg. Chup Friemert, Hamburg, 1985

Es war am 1. Mai, in: Kultur Splitter, März 1985

Es war am 1. Mai, in: Volksstimme, Wien, 1. 5. 1976

Gedanken über Adolf Loos, in: Bauwelt, Berlin BRD, 42/1981, S. 1872

Hausfrauenarbeit – Schwerarbeit, in: Stimme der Frau, Wien, o.D.

Hauswirtschaftliche Unterrichtsräume, in: Der Neubau, Berlin, 17/1929, S. 376–378

Hubers bekommen ein Kind, in: Stimme der Frau, Wien, o.D.

Kindergärten im Ausland, in: Architektura sa rubeschom, Moskau, 8/1935

Kojen-, Schul- und Lehrküchen, in: Der Neubau, Berlin, 19/1929, S. 337–340

Kuba brennt, in: Tagebuch, Wien, 1961

Licht, Luft, Sonne, in: Stimme der Frau, Wien, o.D.

Malke Schorr zum 75. Geburtstag, in: Volksstimme, Wien, 28. 12. 1960

Meine Arbeit mit Ernst May in Frankfurt, in: Bauwelt, Berlin, 28/1986, S. 1051–1055

Mein Freund Otto Neurath, in: Arbeiterbildung in der Zwischenkriegszeit Otto Neurath – Gerd Arntz, Ausstellungskatalog, Wien München, 1982, S. 40 f.

Nach 30 Jahren wieder ein Städtebaukongreß in Wien, in: Der Aufbau, Wien, 1956

Neue Frankfurter Schul- und Lehrküchen, in: Das neue Frankfurt, Frankfurt a.M., 1/1929, S. 18–21

/Neue Schul- und Lehrküchen 1/, in: Lebenswirtschaft und Lebensunterricht, 1928, S. 98–102

/Neue Schul- und Lehrküchen 2/, in: Neue Frauenkleidung und Frauenkultur, Karlsruhe, 1929, S. 37–40

Noch einmal Heinrichshof, in: Tagebuch, Wien, 1955

Ohne Badezimmer, in: Stimme der Frau, Wien, o.D.

/Oskar Strnad/ Grete Schütte-Lihotzky, in: Der Architekt Oskar Strnad zum 100sten Geburtstag, Hochschule für angewandte Kunst Wien 1976, S. 32–34

Pechino antico e nuova, in: Casabella, Milano, 225/1959, S. 19

Peking, in: Der Aufbau, Wien, 2/1958

Planen und Bauen, Frauen, euch geht es an, in: Stimme der Frau, Wien, o.D.

Reisetagebuch aus Kuba, in: Stimme der Frau, Wien, 1961

/Sämtliche Küchentypen/ o.T., in: Stein, Holz, Eisen, Frankfurt a.M., 8/24. 2. 1927

Sanitärtechnische Ausstattung von Wohnungen im Ausland in: „Architektura sa rubeschom" (= Architektur im Westen), Moskau, 1. Teil 3/1936, S. 26–33
        2. Teil 4/1936, S. 29–37

Sputnikstädte, in: Stimme der Frau, Wien, 1955

/Um die Mitte des Jahrhunderts/, Der neuzeitliche Kindergarten, in: Tagebuch, o.D.

Und ich ging hinaus und sah, in: Ratpunkt, 4/1989

Vienne-Francfort, Construction de logements et rationalisation des travaux domestiques. in: Austriaca Cahiers Universitaires d'Information sur Autriche Nr. 12

Volkswohnbau, in: Form und Zweck, Fachzeitschrift für industrielle Formgestaltung, Berlin DDR, 2/1981, S. 38–41
    Wiederveröffentlichung
    Volkswohnbau in Wien, in: Das Schicksal der Dinge, Sammelbeiträge, Hrsg.: Form und Zweck, Dresden, 1989

/Vor einigen Tagen/ o.T., in: Stimme der Frau, Wien, 1950

Was geschieht für Frau und Kind in der neuen Siedlung, in: Das Wohnungswesen der Stadt Frankfurt am Main, hrsg. v. Magistrat der Stadt Frankfurt a.M., 1928–1929, S. 166–168.

Was geschieht für Frau und Kind im neuen Wohnungsbau, in: Wohnen und Bauen, Frankfurt a.M., 1930

Wie kann durch richtigen Wohnungsbau die Hausfrauenarbeit erleichtert werden, in: Technik im Haushalt, Wien, 9/1927

Wie können unsere Städte weiterleben, in: Der Aufbau, 1956

Wie mein Kopf gerettet wurde, in: Volksstimme, Wien, 22. 1. 1977

Wie stelle ich meine Möbel auf, in: Stimme der Frau, Wien, o.D.

Wir bauen ein besseres Leben, in: Tagebuch, Wien, Sept. 1953

Wohnküche, Kochküche, Eßküche, in: Stimme der Frau, Wien, 15. 5. 1950

Wohnungen für berufstätige Frauen, in: Stimme der Frau, Wien, o.D.

Wohnung für die berufstätige Frau, in: „Architektura sa rubeschom" (= Architektur im Westen), Moskau, o.D.

Wohnungsbau der zwanziger Jahre in Wien und Frankfurt, in: Die zwanziger Jahre des deutschen Werkbundes, Gießen, 1982

Wohnungsbau der zwanziger Jahre in Wien und Frankfurt/Main, in: Lernbereich Wohnen 2, Hamburg, 1983, S. 314–324

/Yeni köy okullari/ bina tipleri üzerinde bir deneme (Versuch einer Gebäudetypologie für neue Schulen), Istanbul, 1938

Zeitzeugin, in: Vertriebene Vernunft II, Emigration und Exil österreichischer Wissenschaft, Wien München, 1988

„42 Nationen stellen aus", in: Stimme der Frau, Wien, 30/1948

Zu Hause ist es am schönsten, in Stimme der Frau, Wien, o.D.

Zum 90-jährigen Geburtstag des Architekten Prof. Josef Hoffmann, in: Tagebuch, Wien, 1960

Zum 70. Geburtstag von Prof. Josef Frank, in: Tagebuch, Wien, 1955

Zweckmäßige Raumgestaltung, in: Stimme der Frau, Wien, o.D.

Manuskripte

Lihotzky, Grete:

/Arbeitssparende Haushaltsführung durch neuen Wohnungsbau 1/, Vortragsmanuskript, Radio 26. 3. 1926

/Arbeitssparende Haushaltsführung durch neuen Wohnungsbau 2/, Vortragsmanuskript, Frankfurter Hausfrauenverein 1926

/Arbeitssparende Haushaltsführung des neuen Wohnungsbaus 3/, 1927

Beratungsstelle für arbeitssparende Küchen, Antrag an Magistrat, 10. 3. 1927

Das neue Wiener Wohnbauprogramm der Kommunistischen Partei, Wien 1947

Die neue „Frankfurter Küche"

/Möbelaktion/ Vorschläge zur Durchführung einer Möbelaktion – für die Wohnhausbauten der Gemeinde Wien, 1924

Zentralstelle für Kücheneinrichtung, 23. 9. 1926

SCHRIFTENVERZEICHNIS

Schütte-Lihotzky, Margarete:

Ansprache für Istanbul, Vortragsmanuskript, Oktober 1963

Arbeitsersparnis im Haushalt, 1927

Ausstellung Vorhänge

Barockausstellung Melk

Bauspielplatz in Kopenhagen, für: Stimme der Frau, Wien

Bauprogramm einer Tuberkuloseheilstätte

/Bauten für Kinder/ für den Vortrag beim CIAM-Kongreß, 1951

Beiträge über neue Bauwerke im Westen, für: Sowjetisches Jahrbuch

Bericht über die Speisenzubereitung, deren Transport und Verteilung in den Wiener Kindereinrichtungen, 1967

Das Kinderhaus in der Flachbausiedlung, 1929

/Die Frankfurter Küche 1/

/Die Frankfurter Küche 2/

Die Frankfurter Küche – Eine Rückschau auf die Vorausschau beim Wohnbau der zwanziger Jahre

Die Frankfurter Küche für Ausstellung oder Museum

Die Muster und Kleingartenkolonie Praunheim

Die neue Stadt Nowa Huta, 1954

Die neuzeitliche Küche, 13.12.1929

Die Wohnung der berufstätigen Frau, 1928

Die Wohnung der studierenden und berufstätigen Frau, für: Tagblatt

Disposition der zu behandelnden Fragen bei Projektierung und Einrichtung von Preventorien, 1937

Einrichtung der Wohnung

Eindrücke vom 1. Mai in Sofia

Erinnerungen, Wien, 1980–1990

Erinnerungen, Vortragsmanuskript, Wien, 1980

Es war nicht einfach, Architektin zu werden, 1950

Heinrichshof, Coautor Fritz Weber, 1955

Heinrich Tessenow

Internationale Werkbundausstellung in Wien 1932

Im österreichischen Widerstand

Kinderanstalten in Frankfurt, 1967

Kindergarten Kapaunplatz, 1953

Kojenlehrküche

Kojen-, Schul- und Lehrküchen

Lesebrief über Wohnbau

Maßstab und Farben, 1963

Millionenstädte Chinas, 1958

Nach 30 Jahren wieder ein Städtebaukongreß in Wien

Neue Schul- und Lehrküchen, für: Weltrundschau

Neue Kinderbauten – Ihr Wert für Mutter und Kind, für: Frauen der Welt, 1967

Neue Kinderhäuser in Bulgarien, Sofia 1946

Neue Kinderhäuser in der DDR, wahrscheinlich 1950

Neue Wohnungen in Moskau und Wien, für: Raral

Notizen über Loos, Mai 1961

Planung von vorfabrizierten Kindergärten

Programm der Abteilung Kindergärten der Ausstellung „Unsere Schule", 1952

Programm für eine Beratungsstelle für Wohnungseinrichtung, 3.12.1929

Programm zur Schaffung eines Zentral-Bau-Instituts für Kinderanstalten BIK für die DDR

Rede für Frankfurt am Main zur Ausstellung Wiener Wohnbau der zwanziger Jahre, 1978

Reisebericht China, 1956

Reisetagebuch über Chinareise, 1956

Schaffung einer Stelle für Planung und Ausführung von Kücheneinrichtungen

Schulen auf dem Lande, Türkei, 1939

Situation Warschau, 1952

Vorschläge zum Druck einer Entwurfslehre für Kinderanstalten, 1947

Weniger Arbeit in der Küche

Wohnbau der Zukunft

Wohnbau und Rationalisierung der Hauswirtschaft, ein Rückblick auf die 20er Jahre

Wohnberge – eine Utopie für künftiges Wohnen, Wien 1990

Zweckmäßige Raumgestaltung

Interviews

ZEITSCHRIFTEN

Christoph, Horst: /Veränderungen/ langfristig, in: Profil, Wien, 46/1990

Danneberg, Bärbel: Erst schauen, dann bauen, in: Stimme der Frau, Wien, 1/1991, S. 16–18

Höhne, Günter: Damals in der Sowjetunion. /Aufbaujahre/, Gespräch mit Margarete Schütte-Lihotzky, in: Form und Zweck, Fachzeitschrift für industrielle Formgestaltung, Berlin DDR, 5/1987

Höhne, Günter: Damals in der Sowjetunion. Aufbruch und Ankunft, Gespräch mit Margarete Schütte-Lihotzky, in: Form und Zweck, Fachzeitschrift für industrielle Formgestaltung, Berlin DDR, 4/1987

Kramer, Lore: Rückblicke und Perspektiven, in: Form, Zeitschrift für Gestaltung, Leverkusen 1/1989

Lindegren, Karin: En exotisk pionjär – architekt och designer, in: Form, Stockholm, 3/1989

MANUSKRIPTE

Deutscher Werkbund o.A.: /Wien – Siedlerbewegung, Frankfurt/ o.T., datiert 1978

Geist, Jonas / Krause, Joachim: Das neue Frankfurt, für WDR, 1986

Kramer, Lore: /Frankfurter Küche/ o.T. für Katalog „Frauen im Design", datiert 20.3.1989

RUNDFUNKSENDUNGEN

1926-03-26   Arbeitsparende Haushaltsführung durch neuen Wohnungsbau, Frankfurt

1928   Wohn- und Siedlungswesen, Hamburg

1955   Wohnen und Bauen in der ČSSR, Russische Stunde, ORF, Wien

1958   Wohnbau in der Sowjetunion, ORF, Wien

1959   Wohnbau, in Radio ČSSR, ORF, Wien

1980-04-16   Die Frankfurter Küche, WDR, mit Frau Reidemeister

1984-05-27   Die Frankfurter Küche, WDR III, Köln, von Dominique Tristan

1987-01-21   90. Geburtstag, ORF, von Lieselotte Wächter-Böhm, ORF, Wien

1987   Interview, Teil des Vortrages an der TU Karlsruhe, Süddeutscher Rundfunk Stuttgart

TV-SENDUNGEN

1978-08-21   Besser wohnen, besser leben in den Gemeindebauten der Zwischenkriegszeit, Kultur am Mittwoch, ORF, Wien

1980-05-27   Ausstellung – Stubenring – Josef Frank, ORF, Wien

1980-08-05   Rationalisierung der Hauswirtschaft, Prisma, von Brigitte Langer, ORF, Wien

1981-01-14   Der Kampf gegen das Überflüssige, Kultur am Mittwoch, ORF, Wien

1981-04-03   Die Küche – Arbeits- oder Wohnraum, WDR, Köln

1981-11-19   Das Bauen ist nicht das Primäre, WDR, Köln, HR 3, Dokumentation von Bea Füsser-Novy, Gerd Haag, Günter Uhlig
   unter geändertem Titel:
1981-11-26   Im Mittelpunkt war der Mensch, ORF, Wien

1985-03-28   Die Frankfurter Küche, Interview Geist / Krause, WDR, Köln

1985   Renovierung Werkbundausstellung, ORF, Wien

1985-05-01   Der Architektur kann man nicht entrinnen, ORF, Wien

1985-06-04   Traum und Wirklichkeit, Cafe Central, ORF, Wien

1987-01-22   Eine Minute Dunkel macht nicht blind, Spielfilm von Susanne Zanke nach dem Buch „Erinnerungen aus dem Widerstand 1938–45" von Margarete Schütte-Lihotzky, ORF, Wien

1987-01-22   90ster Geburtstag, Kulturjournal ZIB 1, ORF, Wien

1988-06-07   Zeugen des Jahrhunderts, Interview mit Herrn Nußbaumer, ZDF,

1989-11-20   Ikeapreis, Kulturjournal, ORF, Wien

1990-04-26   /Adolf Loos/, Cafe Central, ORF, Wien

Sekundärliteratur

Veröffentlichungen

Achleitner, Friedrich: Laudatio zum Festakt für Margarete Schütte-Lihotzky, in: Bauforum, Wien, 1/1987

Achleitner, Friedrich: /Österreichische Architektur 2/im 20. Jahrhundert, Band II, Salzburg Wien, 1983

Achleitner, Friedrich: /Österreichische Architektur 3/im 20. Jahrhundert, Band III/1, Salzburg Wien, 1990

Altfahrt, Margit / Bolognese-Leuchtenmüller, Birgit / Förster, Wolfgang / Hoffmann, Robert / Stiefel, Dieter: /Die Zukunft/ liegt in der Vergangenheit. Studien zum Siedlungswesen der Zwischenkriegszeit, Wien, 1983

Andritzky, Michael / Selle, Gert: Funktionsküche – Frankfurter Küche, in: Lernbereich Wohnen, Hamburg, 1979, S. 276–278

Architektinnen in Österreich 1900–1987, Sonderbericht anläßlich der Amerika-Ausstellung, in: Architektur Aktuell, Wien, 121/1987

Bartschat, Johannes: Wochenendhäuser, in: Deutsche Bauzeitung, Berlin, 39/1927, S. 329–336

Bausparkasse Gemeinschaft der Freunde Wüstenrot (Hrsg.): Wüstenrotes Bauplanheft, Wien Salzburg, 1950, S. 14

Bauermeister, Friedrich: Lehrsiedlung /Heuberg/, in: Der Siedler, Wien, 6/1921, S. 91

Bauermeister, Friedrich: Planmäßige Siedlungstätigkeit, in: Der Siedler, Wien, 4/1922, S. 40f.

Benevolo, Leonardo: Geschichte der Architektur des 19. und 20. Jahrhunderts, München, Band 1, 2, 1978 (1964)

Berichte zu den Verhandlungen der Stadtverordnetenversammlung 1918–1932, Stadtarchiv Frankfurt a. M.

Bramhas, Erich: Der Wiener Gemeindebau, Basel Boston Stuttgart, 1987

Breit, Reinhard: Siedlungen in Wien, in: Der Aufbau, Wien, 12/1980, S. 393–394

Brenner, Anton: Die Frankfurter Küche, in: Bauwelt, Berlin, 9/1929, S. 243–244

Busek, Erhard: Wir verneigen uns . . ., in: Salto, Wien, JG. 2, Nr. 6, 7. 2. 1992

Chan-Magomedov, Selim O.: Pioniere sowjetischer Architektur, Wien Berlin, 1983

Chramosta, Walter M.: Für ein würdiges Wohnen, in: Die Presse, Wien, 23. 1. 1992, S. 10

Chramosta, Walter M.[1]: Die Frankfurter Küche im MAK, in: Perspektiven, Wien, 9/1990

Christoph, Horst: Bauen für Kinder und Frauen, in: Die Presse, Wien, 22. 1. 1977

Christoph, Horst: Der Soldat hielt es für Mord, in: Profil, Wien, 3/1987

Christoph, Horst: Identität in der Norm, in: Die Presse, Wien, 24. 8. 1978

Christoph, Horst: Veränderungen langfristig, in: Profil, Wien, 46/1990

CIAM (Hrsg.): Die Wohnung für das Existenzminimum, Frankfurt a. M., 1930

Conrads, Ulrich: Programme und Manifeste zur Architektur des 20. Jahrhunderts, Braunschweig, 1975

Danneberg, Barbara: Späte Ehrung für eine große Frau, in: Stimme der Frau, Wien, 6. 6. 1980

/DNF/ Das Neue Frankfurt, internationale Monatsschrift, Frankfurt a. M., 1926–1933

Das Neue Wien, Wien, Band 1–3, 1926/27

Der Architekt Oskar Strnad, zum hundertsten Geburtstage am 26. Oktober 1979, Bericht 20 der Hochschule für Angewandte Kunst in Wien, Wien, 1979

Der Baumeister, München, 1927–1935

Die kleine Wohnung, Katalog zur Ausstellung „Heim und Technik", München, 1928

Die Wiener Siedlerbewegung 1918–1934, Arch+ Ausstellungskatalog, Aachen, 1981.

Dreibholz, Wolf-Dieter: Die internationale Werkbundsiedlung 1932, in: Der Aufbau, Wien, 12/1980, S. 395–402

Ermers, Max: /Ausstellung Linz 1929/ o.T., in: Der Tag, Wien, 1929

Ermers, Max: /Architektin Grete Schütte-Lihotzky/ Kalenderblatt für 1930

---

[1] Artikel unterzeichnet mit WAC

SEKUNDÄRLITERATUR

Ermers, Max[2]: Ehrung zweier Wiener Architekten durch die Stadt Frankfurt, in: Der Tag, Wien, 19. 12. 1926

Ermers, Max: Gesellschafts- und Wirtschaftsmuseum und noch einiges mehr, in: Der Tag, Wien, 1926

Ermers, Max: Stand und Charakter der österreichischen Siedlungsbewegung, in: Der Siedler, Wien, 1/1921, S .3

Ermers, Max: /Wirtschaftsnische/ Bauvernunft und Hauswirtschaft, Amerikanisierung und Rationalisierung durch die Gemeinde. – Ausstellung der Taylor-Wirtschaftsnische im Rathaushof, in: Der Tag, Wien, 1924

Ermers, Max[3]: /Wohnbauausstellung/ Ein Rundgang durch die Kleingarten-, Siedlungs- und Wohnbauaustellung, in: Der Tag, Wien, 2. 9. 1923, S. 4 f.

Exenberger, Herbert: /Verscharrt/ bei Nacht und Nebel, in: Arbeiterzeitung, Wien, 1. 11. 1974

Festival, Zeitung des internationalen Komitees zur Vorbereitung der VII. Weltfestspiele der Jugend und Studenten für Frieden und Freundschaft, Nr. 1, Wien Juni 1958

Fips: Wir lassen uns überholen, in: Generalanzeiger der Stadt Frankfurt, Frankfurt a. M., 7. 4. 1928

Fischer, Ernst: Erinnerungen und Reflexionen, Frankfurt a. M., 1987

Fischer, Ernst: Das Ende einer Illusion, Erinnerungen 1945–1955, 2. Auflage, Frankfurt a. M., 1988

Förster, Wolfgang: Die Wiener Arbeitersiedlerbewegung vor dem 2. Weltkrieg – eine Alternative zum kommunalen Wohnbauprogramm, in: Der Aufbau, Wien, 12/1980, S. 405–410

Form und Zweck (Hrsg.): Das Schicksal der Dinge, Sammelbeiträge, Dresden, 1989

Frank, Josef: Die internationale Werkbundsiedlung, Wien, 1932, Ausstellungskatalog

Frank, Josef: Siedlungen und Normen, in: Die Neue Wirtschaft, Wien, 14. 2. 1924, S. 9

Frankfurter Architekturmuseum (Hrsg.): Ernst May und das neue Frankfurt, Frankfurt a. M., 1986

Frankfurter Schulbauten, Broschüre, Frankfurt a.M., 1929

Fröbel, Friedrich: Vorschulerziehung und Spieltheorie, Ausgewählte Schriften, Hrsg.: Helmut Heiland, Stuttgart, 1982

Fuchshuber, Emmy: Neuzeitliche Küchentypen, in: Katholisches Blatt, Stuttgart, 1927, S. 155–156

/Führer durch die 5. Kleingartenausstellung/ Führer durch die Wiener Kleingarten-, Siedlungs- und Wohnbauausstellung 2.–9. September 1923 Rathaus, Wien, 1923

Füsser-Novy, Beatrix / Novy, Klaus: Das Rote Wien, in: Tages Anzeiger Magazin, Zürich, 18/1979

Geiger, Brigitte / Hacker, Hanna: Donauwalzer, Wien, 1989

Gerhards, Karl: Das Werk der Maria Montessori, in: Das Neue Frankfurt, Frankfurt a.M., 11/1928, S. 219–224

Grabe, U.: /Kleingärtner/ und Wochenendbewegung, 1927

Hautmann, Hans / Hautmann, Rudolf: Die Gemeindebauten des Roten Wien 1919–1934, Wien, 1980

Heidermanns, Anna: Die Wohnung der berufstätigen Frau, in: Frauenland, Köln, 1927, S. 138–140

Hemken, Kai-Uwe: El Lissitzky Revolution und Avantgarde, Köln, 1990

Heskett, John: Industrial Design, New York Toronto, 1980 S. 83

Hofmann, Dr. Else: Die Werkbundsiedlung wächst. Eine Bauausstellung am Rande Wiens, in: Neues Wiener Tagblatt, Wien, 1930

Hochschule für angewandte Kunst (Hrsg.): Franz Singer – Friedl Dicker, Ausstellungskatalog, Wien, 1988

Holzinger: /Berufsverbot/ in Österreich, in: Volksstimme, Wien, 19. 12. 1976

Hübl, Michael: Dreiviertel eines Jahrhunderts bewußt erlebt, in: Badener Neue Nachrichten, Karlsruhe, 25. 11. 1987

Hurton, Andrea: Jeder Millimeter hat einen Sinn, in: Hochparterre, Glattburg, März 1992

Hurton, Andrea: Modernistin der ersten Stunde, in: Der Standard, Wien, 9. 11. 1990

Imago: Das Ende der männlichen Frau, in: Generalanzeiger der Stadt Frankfurt, Frankfurt a. M., 24. 11. 1928

Jung, Karin Carmen: /Im Spiegel der Fachpresse/: Ernst May in Moskau 1930–34, in: Bauwelt, Berlin, 28/1986

Jung, Karin Carmen: /Planung der sozialistischen Stadt/, in: Hannes Meyer Architekt Urbanist Lehrer 1889–1954, Ausstellungskatalog des Bauhaus-Archivs und des DAM, Berlin Frankfurt a. M., 1989

Jung, Karin Carmen / Worbs Dietrich: Die Einrichtung einer besseren, menschlicheren Welt . . . ! in: Bauwelt, Berlin, 4/1992

Kampffmeyer, Hans: Gemeinwirtschaftliche Siedlungsbestrebungen, in: Der Siedler, Wien, 1/1921, S. 3 f

Kapfinger, Otto: Architektin aus sozialer Berufung, in: Die Presse, Wien, 23. 1. 1987

Kapfinger, Otto / Krischanitz, Adolf: Die Wiener Werkbundsiedlung. Dokumentation einer Erneuerung, Wien, 1985

Kaufmann, Eugen: /Frankfurter Kleinstwohnungstypen/ in alter und neuer Zeit, in: Das neue Frankfurt, Frankfurt a. M., 1926/27, S. 113–118

Kaufmann, Eugen: Die Internationale Ausstellung /„Die Wohnung für das Existenzminimum"/, in: Das Neue Frankfurt, Frankfurt a. M., 11/1929, S. 213–217

---

[2] Artikel unterzeichnet E., oder M.E., als Kürzel für Max Ermers
[3] Artikel unterzeichnet E., oder M.E., als Kürzel für Max Ermers

SEKUNDÄRLITERATUR

K. K. Österreichisches Museum für Kunst und Industrie (Hrsg.): Einfacher Hausrat, Wien, 1916

Kleindel, Walter: Österreich, Daten zur Geschichte und Kultur, Wien Heidelberg, 1978

Koller, Gabriele / Withalm, Gloria (Hrsg): Die Vertreibung des Geistigen aus Österreich, Wien, 1986

Konecny, Felicitas / Wagner, Anna: Lebenslinien, in: Eva + Co., Feministische Kulturzeitschrift, Graz, 16/1989

Kosel, Gerhard: Unternehmen Wissenschaft, Berlin DDR, 1989

Kramer, Lore: Rationalisierung des Haushaltes und Frauenfrage, – Die Frankfurter Küche und zeitgenössische Kritik, in: Ernst May und das neue Frankfurt, Frankfurt a. M., 1986

Krause, Joachim: La Cucina di Francoforte, in: Domus, Mailand, 695/1988

Krawina, Josef: Fast ein Jahrhundert, in: architektur aktuell 152, Wien, 1992, S. 14–16

Kühne, Günther: Fast ein Jahrhundert, in: Tagesspiegel, Berlin, 10. 5. 1992

Lebenslang für die „große Sache": Ernst May 27. 7. 1886–11. 9. 1970, in: Bauwelt, Berlin, 28/1986

Lindegren, Karin: En „exotisk" pionjär – arkitekt och designer, in: Form 3, Stockholm, 1989

Lindner, Marion: Architektur als soziales Engagement, in: Parnass, Linz, 1/1987

Lissitzky, El: 1929 Rußland: Architektur für eine Weltrevolution, Berlin, 1965 (Titel der Originalausgabe: Rußland. Die Rekonstruktion der Architektur in der Sowjetunion, Wien, 1930)

Löffler, Sigrid: Architektin des Widerstands, in: Die Zeit, Hamburg, 22. 5. 1988

Loos, Adolf: Die Einrichtung der Modernen Wohnung, in: Die Neue Wirtschaft, Wien, 14. 2. 1924, S. 9

Loos, Adolf: Wohnen lernen !, in: Der Siedler, Wien, 3/1921, S. 46f.

Magistrat d. Stadt Frankfurt a. M. (Hrsg.): Das Wohnungswesen der Stadt Frankfurt, Frankfurt a. M., 1930

Mang, Eva / Mang, Karl: Kommunaler Wohnbau in Wien, Aufbruch 1923–1934. Ausstrahlung, eine Ausstellung der Stadt Wien, Berlin, 1978

Marchart, Dipl.-Ing., Dr. techn, Peter: Wohnbau in Wien 1923–1983, Wien, 1984

May, Ernst 1886–1970, Ausstellung als Anlaß des 100. Geburtstages im Rahmen des 4. internationalen Bauhaus-Kolloquiums an der Hochschule für Architektur und Bauwesen Weimar, eine Dokumentation, Weimar, 1986

May, Ernst: /Der Bau neuer Städte in der UDSSR/, in: Das Neue Frankfurt, Frankfurt a. M., 7/1931

May, Ernst: Die Frankfurter /Wohnungspolitik/, in: Publikation 2, Hrsg.: Internationaler Verband für Wohnungswesen, Frankfurt a. M., 1929

May, Ernst: /Fünf Jahre Wohnbautätigkeit/ in Frankfurt am Main, in: Das Neue Frankfurt, Frankfurt a. M., 2, 3/1930

May, Ernst: Grundlagen der Frankfurter Wohnungspolitik, in: Das Neue Frankfurt, Frankfurt a. M., 8/1928

May, Ernst: Ein Wohnbauprogramm für Frankfurt am Main, in: Stadt-Blatt der Frankfurter Zeitung, Frankfurt a. M., 1928

May, Ernst: Organisation der Bautätigkeit der Stadt Frankfurt am Main, in: Der Baumeister, München, 4/1929, S. 97–136

May, Ernst: Städtebau und Wohnungswesen in der UDSSR nach 30 Jahren, in: Bauwelt, Berlin, 3/1960

May, Ernst: /Warum bauen wir Kleinstwohnungen?/, in: Stadt-Blatt der Frankfurter Zeitung, Beilage Nr. 16, Frankfurt a. M., 19. 1. 1929

May, Ernst: /Wohnungspolitik/ der Stadt Frankfurt, in: Das Neue Frankfurt, Frankfurt a. M., 7/1927, S. 93–99

Meulenbelt, Anja: Feminismus und Sozialismus, Hamburg, 1980

Michelis, Marco de Pasini, Ernesto: /La città sovietica/ 1925–1937, Venedig, 1976

Möhring, Rubina: Im Westen ging die Sonne auf, in: ORF Nachlese, Wien, 9/1990, S. 2–10

Montessori, Maria: Vorbereitete Umgebung im Kinderhaus, in: Grundgedanken der Montessori-Pädagogik, zusammengestellt von Paul Oswald und Günther Schulz-Benesch, Freiburg Basel Wien, 1967, S. 70

Moser, Ulli: Sie revolutionierte den Wohnbau früh und still, in: Kurier, Wien, 24. 1. 1992

Müller, Katrin Bettina: Muschelgrotte, Beiträge zur Geschichte der kulturellen Identität von Architektinnen, in: Die Tageszeitung, Berlin, 16. 6. 1987

Müller, Michael / Mohr, Christoph: /Funktionalität/ und Moderne, Frankfurt a.M., 1984

Müller, Ursula / Schmidt-Waldherr, Hiltraud (Hrsg.): FrauenSozialKunde. Wandel und Differenzierung von Lebensformen und Bewußtsein, Bielefeld, 1989

Narkov: Kunst und Revolution in Rußland, in: Tendenzen der zwanziger Jahre, Berlin, 1977

Neubacher, Hermann: Zur Gründung der gemeinwirtschaftlichen Siedlungs- und Baustoffanstalt, in: Der Siedler, Wien, 7/1921, S. 108

Neues Bauen – Neues Gestalten, Das Neue Frankfurt – Die Neue Stadt, Berlin BRD, 1984

Neurath, Otto: /Generalarchitekturplan/, in: Das Kunstblatt, Potsdam, 1/1924, S. 105–108

Neurath, Otto: Generalarchitekturplan und Bauorganisation in: Österreichische Städte-Zeitung, Wien, 5/1924, S. 91 f.

SEKUNDÄRLITERATUR

Neurath, Otto: /Kernhausaktion/ der Gemeinde Wien, in: Österreichische Städte-Zeitung, Wien, 7/1923, S. 78–85

Neurath, Otto: Planmäßige Siedlungs-, Wohnungs- und Kleingartenorganisation in: Der Siedler, Wien, 6/1921, S. 90 f.

Niedermoser, Otto: Oskar Strnad 1879–1935, Wien, 1965

Nierhaus, Bi: Die Fabrik des Hauses, in: Frauen-Kunst-Geschichte, Gießen, 1984, S. 158–166

Nobisch, Werner: Die neue Wohnung und ihr Innenausbau. Der neuzeitliche Haushalt, in: Das Neue Frankfurt, Frankfurt a. M., 6/1927, S. 129–133

Novy, Klaus / Förster, Wolfgang : /Einfach bauen/, Katalog zu einer wachsenden Ausstellung, Wien, 1985

o.A.: Abenteuer der Geradlinigkeit, in: Frankfurter Allgemeine Zeitung, Frankfurt a. M., 28. 1. 1987

o.A.: Abschied von Ernst May, in: Rhein-Mainische Volkszeitung, Frankfurt a. M., 19. 7. 1930

o.A.: 6. August-/Volksstimme-Fest/ im Prater, in: Volksstimme, Wien, 29. 7. 1950

o.A.: Architektur als soziale Aufgabe, in: Volksstimme, Wien, 30. 3. 1980

o.A.: Ausgeklügelt bis verspielt, in: Volksstimme, Wien, 21. 10. 1987

o.A.: Das Ende der Siedlerbewegung. Die Fertigstellung der Siedlerhäuser wird mit hohen Strafen belegt, in: Illustriertes Wiener Extrablatt, Wien, 15. 8. 1925, S. 6

o.A.: Das Neue Wien. Die gesundheitlichen Einrichtungen der Gemeindeverwaltung auf der Hygieneausstellung, in: Die Neue Wirtschaft, Wien, Jg. 3/30. 4. 1925, S. 10–11

o.A.: Das Siedlungswesen in der 3. Kleingartenausstellung, in: Der Siedler, Wien, Jg. 1/7/1921, S. 108 f.

o.A.: Der neue Kindergarten in Simmering, in: Stimme der Frau, Wien, 1964

o.A.: Der neue Mensch und das neue Haus, in: Neue Freie Presse, Wien, 15. 6. 1932

o.A.: Die Arbeiterfrau und die neue Wohnung, in: Volksstimme, Frankfurt a. M., 1927

o.A.: Die Architektin der „Frankfurter Küche" Margarete Schütte-Lihotzky feiert den 95. Geburtstag, in: Salzburger Nachrichten, Salzburg, 23. 1. 1992

o.A.: Die Bezirke am Volksstimme-Fest, in: Volksstimme, Wien, 2. 8. 1952

o.A.: Die blaue Küche, in: Der neue Haushalt, Wien Graz

o.A.: Die Frankfurter Küche, in: Frankfurter Nachrichten, Frankfurt a. M., 18. 9. 1927

o.A.: /Die Frau und die neue Wohnung 1/, in: Frankfurter Zeitung und Handelsblatt, Frankfurt a. M., 1. 5. 1926

o.A.: /Die Frau und die neue Wohnung 2/, in: Koblenzer Generalanzeiger, Koblenz, 28/1928

o.A.: /„Die Gesiba" – Häuser/ in: Internationaler Donau Lloyd, Wien, September 1923, S. 12

o.A.: Die internationale Werkbundsiedlung Wien 1932, in: Das Neue Frankfurt – Die Neue Stadt, Frankfurt a. M., 4/1932, S. 82–83

o.A.: Die neuen Wege im Wohnungsbau, in: Frankfurter Nachrichten, Frankfurt a. M., 2. 9. 1928

o.A.: Die neue Wohnung und ihr Innenausbau, in: Frankfurter Zeitung und Handelsblatt, Frankfurt a. M., 1927

o.A.: Die neue Wohnung und der neuzeitliche Haushalt, 1927

o.A.: Die Siedlung auf dem Rathausplatz, in: Arbeiter-Zeitung, Wien, 2. 9. 1923

o.A.: Die Werkbundsiedlung in Lainz, in: Neues Wiener Tagblatt, Wien, 19. 6. 1932

o.A.: Eine Ausstellung, die Beispiel gibt, in: Volksstimme, Wien, 19. 10. 1952

o.A.: Een Modelkeukeneinrichtung, o.D.

o.A.: Eine Neue Wohnungstype, in: Österreichische Städtezeitung, Wien, 9/1924, S. 144–147

o.A.: Eine österreichische Architektin, in: Stimme der Frau, Wien, 25. 5. 1946

o.A.: Eine Wiener Architektin in Frankfurt, in: Der Tag, Wien, 1929

o.A.: /Einundzwanzig eingerichtete Kleinwohnungen/ auf der Ausstellung „Heim und Technik" München 1929, in: Der Baumeister, München, 7/1928, S. 201–234

o.A.: Engagement und Können, in: Volksstimme, Wien, 2. 2. 1986

o.A.: Fest der Hundertfünfzigtausend, in: Der Abend, Wien 7. 8. 1950

o.A.: Feststadt „Volksstimme", in: Volksstimme, Wien, 29. 7. 1952

o.A.: Frankfurter Küche, in: Stein Holz Eisen, Frankfurt a. M., 1927, S. 157–159

o.A.: Frankfurter Typen und Normbauteile, in: Frankfurter Zeitung und Handelsblatt, Frankfurt a. M., 1928

o.A.: /Fünfte Kleingartenausstellung/ Die Wiener Kleingarten-Siedlungs- und Wohnbauausstellung, in: Österreichische Städte-Zeitung, Wien, 9/1923, S. 129 f.

o.A.: Gemeinnützige Wohnungsbauten. Die Wohnverhältnisse in Frankfurt, in: Stadt-Blatt der Frankfurter Zeitung, Frankfurt a. M., 6. 4. 1930

o.A.: Grete Lihotzky, in: Die Fackel, Frankfurt a. M., 28. 1. 1927

o.A.: /Großausstellung/ „Wien baut auf", in: Die Presse, Wien, 6. 9. 1947

o.A.: Ich konnte halt gut zeichnen, in: Frankfurter Allgemeine Zeitung, Frankfurt a. M., 9. 6. 1988

SEKUNDÄRLITERATUR

o.A.: Ihre Küche erleichtert Frauen die Arbeit, in: Hamburger Abendblatt, Hamburg, 24. 1. 1992

o.A.: In der Ausstellung „Wien 1848", in: Österreichische Zeitung, Wien, 9. 4. 1948

o.A.: Karl Ernst Osthaus-Bund, in: Westfälisches Tagblatt, Hagen, 23. 2. 1929

o.A.: /Kernhäuser 1/ Kernhäuser des Baubüros, in: Siedler und Kleingärtner, Wien, 4/1923, S. 8

o.A.: /Kernhäuser 2/ Kernhäuser, in: Siedler und Kleingärtner, Wien, 5, 6/1923, S. 3

o.A.: /Kinderheim Eden/ Eden bei Wien. Das Kinderheim der Theosophen, in: Neues Wiener Journal, Wien, 13. 5. 1924, S. 5

o.A.: /Kleinstwohnung/ für berufstätige Frauen, in: Stein Holz Eisen, Frankfurt a. M., 38/1928, S. 692–693

o.A.: Küchenplanung mit der Stoppuhr, in: Für dich, Magazin für alle Ikearaner, Vösendorf, Februar 1990, S. 8–10

o.A.: La cuisine francfortoise, in: 7 arts, Brüssel, 20. 5. 1928

o.A.: /Lobmeyer Preis/ o.T., in: Neue Freie Presse, Wien, 1919

o.A.: Mieterschutzgesetz und Wohnzwecksteuer, in: Der Siedler, Wien, Jg. 2/3/1922, S. 32

o.A.: Mittelpunkt war der Mensch, in: Volksstimme, Wien, 22. 11. 1987.

o.A.: 42 Nationen stellen aus, in: Stimme der Frau, Wien, 1948

o.A.: New Frankfurt Kitchen, in: Feminine Life, London, 1928

o.A.: Random Notes on a Trip across Europe, in: Feminine life, London, 1928

o.A.: /Sämtliche Küchentypen/ o.T., in: Sonderdruck Stein Holz Eisen, Frankfurt a. M., 8/1927

o.A.: Schütte-Lihotzky: Späte Ehrung, in: Stimme der Frau, Wien, 3. 3. 1992, S. 27

o.A.: Siedlungsbauten vor dem Rathaus, in: Der Tag, Wien, 5. 8. 1923, S. 5

o.A.: Siedlungsmuseum, in: Die Neue Wirtschaft, Wien, 17. 1. 1924, S. 11

o.A.: in: Der Siedler, Wien, Jg. 1/8/ November 1921, S. 125

o.A.: Siedlungs-, Wohnungs- und Baugilde Österreichs, in: Der Siedler, Wien, 1/1922, S. 7

o.A.: Sonderwohnungen für berufstätige Frauen, 1929

o.A.: /Typisierte Kleingartenhütten/ und Lauben, in: Das Schöne Heim, München, o.D., S. 275–276

o.A.: Übergabe des Baubüros an die Gilde, in: Der Siedler, Wien, Jg. 2/6/1922, S. 54

o.A.: Un cuisine pratique et moderne, in: L' Echo de Paris, Paris, März 1930

o.A.: Und ich ging hinaus und sah, in: Volksstimme, Wien, 11. 8. 1989

o.A.: /Die vierte Kleingartenausstellung/, in: Siedler- und Kleingärtner, Wien, Jg. 2/9/10/1922, S. 77

o.A.: /Vom neuen Bauen 1/ in Frankfurt am Main, in: Der Baumeister, München, 5/1927, S. 117–124

o.A.: /Vom neuen Bauen 2/ in Frankfurt am Main, in: Der Baumeister, Beilage, München, 7/1927, S. 105–111

o.A.: /Vom neuen Bauen 3/ in Frankfurt am Main, in: Der Baumeister, Beilage, München, 11/1927, S. 186–190

o.A.: /Vorbereitung der 5. Kleingartenausstellung/ Die Vorbereitung der Kleingarten-, Siedlungs- und Wohnbauausstellung, in: Österreichische Städte-Zeitung, Wien, 9/1923, S. 131–135

o.A.: /Vortrag Frau Schütte-Lihotzky/, o.T., in: Westfälisches Tageblatt, Frankfurt a.M., 23. 2. 1929

o.A.: Was sagt die Frau zum Wohnungsbau, 1929

o.A.: Was wir von den Siedlern lernen können, in: Frau, Wien, 48/1985

o.A.: Wieder zwei neue Werke, in: Die Neue Wirtschaft, Wien, Jg. 4/24. 6. 1926, S. 14

o.A.: Wie die Architektin baut, in: Duisburger General-Anzeiger, Duisburg, 17. 11. 1929

o.A.: /Wien ehrt/ die Opfer des Faschismus, Die Enthüllung des Opferdenkmals im Zentralfriedhof, in: Arbeiterzeitung, Wien, 3. 11. 1948

o.A.: /Die „GESIBA"-Häuser/ Wiener Kleingarten-, Siedlungs- und Wohnbauausstellung 2.–9. September 1923, in: Internationaler Donau Lloyd, Wien, September 1923

o.A.: Wiens fünfte Kleingarten-, Siedlungs- und Wohnbauausstellung, in: Österreichische Städte-Zeitung, Wien, Jg. 10/9/1923, S. 159–162

o.A.: /Winarskyhof/ o.T., in: Tagblatt, Wien, 1925

o.A.: Wirtschaftliche Raumausnutzung und Wohnlichkeit, in: Morgenblatt der Frankfurter Zeitung, Frankfurt a. M., 28. 3. 1927

o.A.: /Wohnhaustypen/ aus den neuen Siedlungskolonien, in: Frankfurter Zeitung und Handelsblatt, Frankfurt a. M., 19. 9. 1926

o.A.: Wohnungsbau und Frauen, in: Frankfurter Nachrichten, Frankfurt a. M., 17. 1. 1927

o.A.: Wohnungsbau und Frauen, 19. 1. 1927

o.A.: Wohnung und Hausrat, in: Stadt-Blatt der Frankfurter Zeitung, Frankfurt a. M., 6. 4. 1930

o.A.: Zusammenarbeit Architekt und Frau, in: Frankfurter Nachrichten, Frankfurt a. M., 2. 9. 1928

Offizieller Führer durch die Hygiene-Ausstellung, Wien, 1925

SEKUNDÄRLITERATUR

Österreichisches Museum für Angewandte Kunst (Hrsg.): Neues Wohnen. Wiener Innenraumgestaltung 1918–1938, Katalog, Wien, 1980

Petsch, Barbara: Ich muß Ihnen das chronologisch erzählen, in: Die Presse, Wien, 7. 11. 1992

Platou: Frankfurter Kjokkenet, 3. 1. 1929

Pleimes, Henny: Die neuzeitliche Küche, in: Frankfurter Nachrichten, Frankfurt a. M., 1926

Posch, Wilfried: Die Gartenstadtbewegung in Wien, Persönlichkeiten, Ziele, Erfolge und Mißerfolge, in: Bauforum, Wien, 77,78/1980, S. 9–23

Posch, Wilfried: Die Wiener Gartenstadtbewegung, Wien, 1981

Reichsforschungsgesellschaft für Wirtschaftlichkeit im Bau- und Wohnungswesen (Hrsg.): Die Entlüftung der Küche, in: RFG, Mitteilungen, Berlin, Juni 1929

Reichsforschungsgesellschaft für Wirtschaftlichkeit im Bau- und Wohnungswesen (Hrsg.): Die Küche der Klein- und Mittelwohnung, in: RFG, Mitteilungen, Berlin, Juni 1928

Reichsforschungsgesellschaft für Wirtschaftlichkeit im Bau- und Wohnungswesen (Hrsg.): Küchen und Hauswirtschaft, in: RFG, Mitteilungen, Berlin, 38/1929

Reichsforschungsgesellschaft für Wirtschaftlichkeit im Bau- und Wohnungswesen (Hrsg.): Spültische und Ausgüsse, in: RFG, Mitteilungen, Berlin, 45/1929

Reinemes: Arbeitserleichterung für die Hausfrau, in: Frankfurter Hausfrau, Frankfurt a. M., o.D., S. 3–4

Reininghaus, Alexandra: Gestaltung hat mit Gesinnung zu tun, in: Art, Hamburg, 2/1992, S. 68–71

Reininghaus, Alexandra: Portrait einer Zeitzeugin, in: du, Die Kunstzeitschrift, Juni 1985

Rietveld, Gerrit:/ Zelfs/ te weenen zit men nog niet bij de pakken neer rietveld, in: DE 8, 21. 7. 1932

Risse, Heike: /Frühe Moderne/ in Frankfurt am Main 1920–1933, Frankfurt a. M., 1984

Rukschcio, Burkhardt / Schachel, Roland : /Adolf Loos/, Leben und Werk, Salzburg Wien, 1982

Satoris, Alberto: Intorno alla /cucina standardizzata/ di Francoforte, in: Casabella, Mailand, 11. 9. 1930

Scheithauer, Erich / Schmeiszner, Herbert / Woratschek, Grete / Tscherne, Werner / Göhring, Walter: Geschichte Österreichs in Stichworten, Wien, Teil VI, 1984

Scheithauer, Erich / Schmeiszner, Herbert / Woratschek, Grete / Tscherne, Werner / Göhring, Walter: Geschichte Österreichs in Stichworten, Wien, Teil VII, 1987

Schmidt, Hans: Das neue Bauen und die Sowjetunion, in: Beiträge zur Architektur 1924–1964, Berlin DDR, 1965

Schmidt, Hans: /Die Tätigkeit deutscher Architekten/ und Spezialisten des Bauwesens in der Sowjetunion in den Jahren 1930 bis 1937, in: Wissenschaftliche Zeitschrift der Humboldt-Universität, Berlin DDR, 1967

Schmölzer, Hilde: Die verlorene Geschichte der Frau, Mattersburg, Bad Sauerbrunn, 1990

Schneider, Stanislaus: Einiges über die Siedlungen in Wien und Umgebung, in: Die Neue Wirtschaft, Wien, Jg. 3/ 15. 10. 1925, S. 10-11

Schoen, Max: /Grundrißtechnische Studie/ an Hand in der Ausstellung „Heim und Technik" gezeigten Wohnungen, in: Deutsche Bauhütte, Hannover, 1928, S. 290

Schreiber, Jürgen: Küche, Kinder und Gesellschaft, in: Frankfurter Rundschau, Frankfurt a. M., 18. 7. 1980

Schürmeyer, Walter: Die neue Wohnung und ihr Innenausbau, in: Deutsche Bauzeitung, Berlin, 47/1927, S. 395–400

Schürmeyer, Walter: /Mechanisierung/ des Wohnungsbaues in Frankfurt am Main, in: Deutsche Bauzeitung, Berlin, 5/1927, S. 31–36

Schütte, Wilhelm: Vom Wochenendhaus, in: Das schöne Heim, München, 1930, S. 42–43

Schuster, Franz: Katalog der Hochschule für angewandte Kunst, Wien, 1976

Seliger, Maren: Sozialdemokratie und Kommunalpolitik in Wien, in: Wiener Schriften, Wien München, 49/1980

Sohn, Susanne: Das Portrait, in: Stimme der Frau, Wien, 17. 4. 1976

Sotriffer, Christian: Nahezu vergessen: Der Werkbund 1912 bis 1934, in: Die Presse, Wien, 1. 12. 1985

Stadtbauamt Wien (Hrsg.): /Der 150. Kindergarten/ der Stadt Wien „Friedrich Wilhelm Fröbel, XX, Kapaunplatz, Wien, 1952

Stadtbauamt Wien (Hrsg.): /"Fröbel„-Kindergarten/ der Stadt Wien am Kapaunplatz, Faltblatt, Wien, 1953

Stadtbauamt Wien (Hrsg.): /Kindertagesheime/ der Stadt Wien, Wien, November 1961

Steinmann, Martin (Hrsg.): CIAM Internationale Kongresse für Neues Bauen, Basel Stuttgart, 1979

Sterk, Harald: Entwarf nicht nur eine Küche, in: Kärntner Arbeiterzeitung, 1980, S. 9

S.T.E.R.N.: Versprünge, Berlin, 1988

Stock, Wolfgang Jean: Eine unbeugsame Frau, in: Süddeutsche Zeitung, München, 25. 2. 1992

Strnad, Oskar: Projekt für ein Schauspielhaus, in: Wasmuths Monatshefte für Baukunst, Berlin, 6/1921

Stroz-Rothweiler: Das Wochenendhaus, in: Neue Frauenkleidung und Frauenkultur, Karlsruhe, 7/1927, S. 194–195

SEKUNDÄRLITERATUR

Tabor, Jan: Das blaue Küchenwunder, in: Arbeiterzeitung, Wien, 8. 11. 1990

Tabor, Jan: Pionierin der Baukunst und des Widerstandes, in: Kurier, Wien, 21. 1. 1987

Uhlig, Günter: Margarete Schütte-Lihotzky zum 85. Geburtstag – Textcollagen aus und zu ihrem Werk, in: Umbau 5, Wien, 1981

Uhlig, Günther: Kollektivmodell „Einküchenhaus", Gießen, 1981

Urban, Barbara: Menschenbilder: Grete Schütte-Lihotzky, in: Besser Wohnen, Wien, 3/1992, S. 26–28

Urban, Gisela: Das Schaffen einer modernen Architektin, 1926

Urban, Gisela: Die Frau als Architektin, in: Neues Wiener Tagblatt, Wien, o.D.

Urban, Gisela: Die neue Küche, in: Neues Wiener Tagblatt, Wien, 18. 1. 1928, S. 8

Urban, Gisela: Die praktische Küche, in: Neues Wiener Tagblatt, Wien, 32/ 1. 2. 1933

Urban, Gisela: Frau und Wohnung, in: Neues Wiener Tagblatt, Wien, 27. 4. 1929

Urban, Gisela: Wie schaffen Wiener Architektinnen, in: Neue Freie Presse, Wien, 15. 2. 1933

Wahrhaftig, Myra: Emanzipationshindernis Wohnung, Köln 1985, 2. Aufl.; Erstveröffentlichung: Wahrhaftig, Myra: Die Behinderung der Emanzipation der Frau durch die Wohnung und die Möglichkeit zur Überwindung, Dissertation TU Berlin, 1978

Walden, Gert: Architektur ändert die Welt, in: Standard, Wien, 23. 1. 1992

Weber, Anton: Der Internationale Wohnungs- und Städtebaukongreß, in: Die Neue Wirtschaft, Wien, Jg. 4/ 20. 5. 1926, S. 14

Weihsmann, Helmut: Das Rote Wien, Sozialdemokratische Architektur und Kommunalpolitik 1919–1934, Wien, 1985

Werkbund (Hrsg.): Die 20iger Jahre und das neue Frankfurt, Darmstadt, o. D.

Wilson, Francesca M.: The resurrection of Vienna, in: The Manchester Guardian, Manchester, 26. Oktober 1923

Wisniewski, Jana: Architektin und Kämpferin, in: Arbeiterzeitung Tagblatt, Wien, 3. 5. 1988

Wit, Cor de: /Johan Niegeman/ 1902–1977, Amsterdam, 1979

Witte, Irene: Die Rationelle Haushaltsführung, betriebswissenschaftliche Studien, Berlin 1922 (1. Auflage Berlin 1920), autorisierte Übersetzung von: Frederick, Christine: The New Housekeeping, efficiency studies in home management

Wolff, Paul: Die Frankfurter Küche, Dokumentarfilm der Stadt Frankfurt am Main, 1930, in: Archiv Landesbildstelle Hessen in Frankfurt a. M.

Wolff, Paul: Einliegerwohnung Praunheim, Dokumentarfilm der Stadt Frankfurt am Main, 1930, in: Archiv Landesbildstelle Hessen in Frankfurt a. M.

Worbs, Dietrich: /Winarskyhof/ Die Wiener Arbeiterterrassenhäuser von Adolf Loos 1923, in: Sonderdruck aus Architektur, Stadt und Politik, Julius Posener zum 75. Geburtstag, (Werkbund Archiv Jahrbuch 4), Gießen, 1979, S. 118–134

Worbs, Dietrich: Zwei Siedlungen von Adolf Loos, in: Bauwelt, Berlin, 42/1981, S. 1898–1902

Yasa, Ibrahim: Hasanoglan, socio-economic structure of a turkish village, Ankara, 1957

Abbildungsverzeichnis

Alle nicht angeführten Abbildungen sind aus dem Archiv der Architektin.

Architectural Design: WIEN NACH 1945/9
Architektur, Sofia: 6/1947: 148/7, 9
Archiv „Volksstimme", Wien: 168/1, 2, 3, 4, 6, 188/1
Aufbau, Wien: 2/1958: WIEN NACH 1945/10
Baumgartner, Ulrich: 162/3, 4, 6, 165/5, 195/10, 13
Bauwelt, Berlin: 9/1927: 52/16, KÜCHEN/17
Brandenstein, Gabriela: BIOGRAPHIE
Chan-Magomedov, Selim: Pioniere sowjetischer Architektur: SOWJETUNION/2, 3, 4, 5, 6, 7
Chmel, Lucca: 172/3, 8
Das Kunstblatt, Potsdam: 1/1924; ERSTEN JAHRE/16, 17
Das Neue Frankfurt, Frankfurt a. M.: 7, 8/1927: FRANKFURT/9 – 12/1927: FÜR KINDER BAUEN/2 – 5/1928: FRANKFURT/10 – 7, 8/1928: 43/3, 47/2, 50/8, FRANKFURT/2, 3a, 6, 7, 8, 13b – 1, 2/1929: 63/1, 2, 72/12, 13, 18 – 11/1929: 14 – 2, 3/1930: 43/5, 7, 55/20, 59/4, 61/2, 80/1, 2, FRANKFURT/3b, 3c
Die Neue Stadt, Frankfurt a. M., Groß Gerau: 9/1930: SOWJETUNION/1 – 7/1931: 90/1 – 7/1932: 86/1, 2, 3
Der Baumeister, München: 5/1927: 43/4 – 7/1927: 54/19, KÜCHEN/6 – 11/1927: FRANKFURT/4 – 9/1929: FÜR KINDER BAUEN/3 – 1930: 81/10
Der Neubau, Berlin: 17/1929: 71/9, S 378
Der Siedler, Wien: 8/1921: ERSTEN JAHRE/10
Deutsche Bauzeitung, Berlin: März 1927: 43/6 – 14. 5. 1927: 58/1
Forschungsgruppe MSL: 43/2, 93/3, 141/1, 142/1, 143/1, 161/1, 161/2, 201/3, 5, 7, FÜR KINDER BAUEN/11, KÜCHEN/2, 8, SOWJETUNION/11, WIEN NACH 1945/13, 14
Frankfurter Schulbauten, Broschüre, Frankfurt a. M.: 1929: 67/6, 7
Führer durch die Wiener Kleingarten-, Siedlungs- und Wohnbauausstellung 2.–9. September 1923: 36/1
Giuliani Paul: 42/5, 172/4, 188/4, 7, 8, 9, 10, 11, 12, 195/7, 8, 9, 11, 12, ERSTEN JAHRE/7, WIEN NACH 1945/6
Grabe, U.: Kleingärtner und Wochenendbewegung: Juli 1927: 57/6
Großkopf, Heinz: 198
Hausner, Franz: Wien nach 1945/12
Historisches Museum der Stadt Frankfurt: FRANKFURT/12b
Kurz, Peter, ORF: WIEN NACH 1945/17
Landesbildstelle Hessen, Frankfurt a. M.: 59/1, 2
Lindner, Gerhard: 184/3, 4, KÜCHEN/15
MAK, Wien: BIOGRAPHIE/8
Mitteilungen der Reichsforschungsgesellschaft, Berlin: KÜCHEN/16
Müller, Michael/Mohr, Christoph: Funktionalität und Moderne: FRANKFURT/1, 3d, 5b
Novy/Förster: Einfach Bauen: ERSTEN JAHRE/4, 5, 9, 14
Österreichische Städtezeitung: 7/1923: 33/1, 2 – 9/1923: 34/8
Bilderdienst, Pressestelle der Stadt Wien: 172/5, 6, 7, 9
Publikation 2, Hrsg.: Internationaler Verband für Wohnungswesen, Frankfurt a. M.: 1929: 62/1
Rhein Mainische Volkszeitung: 1926: 46/3
Risse, Heike: Frühe Moderne in Frankfurt am Main 1920–1933: 43/1, 47/2, 61/1
Schlesisches Heim, Breslau: 8/1921: 15/4, KÜCHEN/4b, – 2/1922: 23/2 – 4/1923: ERSTEN JAHRE/12
Schuster, Franz: Katalog der Hochschule für angewandte Kunst: KINDER BAUEN/1
Secker, Bettina: BIOGRAPHIE/7
Stadtbauamt Wien: „Fröbel"-Kindergarten der Stadt Wien am Kapaunplatz, Faltblatt: 172/3, 8
Stadt-Blatt der Frankfurter Zeitung, Frankfurt a. M.: 1928: 62/2
Stimme der Frau, Wien: 4/1950: BIOGRAPHIE/5
Wissenschaftliche Zeitschrift der Humbolt-Universität, Gesellschafts- und Sprachwissenschaftliche Reihe: 3/1967: SOWJETUNION/8, 9, 10